ler Aufgaben
eihenfolge

entwickeln ■■■	Vorschläge und Maßnahmen vorstellen, die zu einer weiterführenden oder anderen Betrachtung eines Sachverhalts beitragen.
erarbeiten ■■	Aus Texten und Bildern Sachverhalte herausfinden, die nicht klar benannt sind, und Zusammenhänge zwischen ihnen herstellen.
erklären ■■	Ursachen und Folgen bestimmter Sachverhalte in einen Zusammenhang bringen und deuten.
erläutern ■■	Sachverhalte auf der Grundlage verschiedener Informationen verdeutlichen.
erörtern ■■■	Einen Sachverhalt unter Abwägen von Pro- und Contra-Argumenten klären und abschließend eine eigene begründete Meinung entwickeln.
interpretieren ■■■	Materialen (Texte, Karten, Bilder) auswerten, Zusammenhänge verdeutlichen, den Sinn erfassen und Schlussfolgerungen ziehen.
lokalisieren ■	Finden eines Raumbeispiels (Stadt, Staat) auf einer Karte und Beschreiben der Lage (z. B. Himmelsrichtung auf einem Kontinent, in der Nähe großer Flüsse oder Gebirge).
nennen, benennen ■	Sachverhalte oder Informationen ohne Erklärung wiedergeben.
prüfen, überprüfen ■■■	Aussagen auf der Grundlage eigener Kenntnisse oder mithilfe zusätzlicher Materialien auf ihre Angemessenheit und Richtigkeit hin untersuchen.
Stellung nehmen ■■■	Auf der Grundlage von Fachkenntnissen und der Analyse von Materialien einen Sachverhalt einschätzen und eine sachlich begründete eigene Meinung darlegen.
vergleichen ■■	Gemeinsamkeiten und Unterschiede zwischen zwei oder mehreren Sachverhalten oder Räumen erfassen und verdeutlichen.

Gesellschaft bewusst

2

Ausgabe Nord

Moderator:
Jürgen Nebel

Autorinnen und Autoren:
Georg Baumbach, Hannover
Knut Engeler, Wilhelmshaven
Winfried Groß, Garbsen
Nittert Janssen, Braunschweig
Norma Kreuzberger, Lohmar
Jürgen Nebel, Muggensturm
Heike Schaadt, Delmenhorst
Jens Siebert, Braunschweig
Alexander Wiebel, Aurich

westermann

Druck A⁴ / Jahr 2013
Alle Drucke der Serie A sind im Unterricht parallel verwendbar.

Verlagslektorat: Brigitte Mazzega
Layout-Konzept: Thomas Schröder
Umschlaggestaltung: Andrea Heissenberg
Herstellung: Meike Lorenz, Berlin
Druck und Bindung: westermann druck GmbH, Braunschweig

ISBN 978-3-14-**114602**-8

Zeichenerklärung

Kennzeichnung von Teilkapiteln

Gewusst wie Hier werden wichtige Methoden erklärt.

Projekt Hier werden Vorschläge für ein Projekt vorgestellt.

Zeitsprung Hier wird das Thema in einer anderen zeitlichen Epoche dargestellt.

Alles klar? Die beiden letzten Seiten jedes Hauptkapitels enthalten Rätsel und Aufgaben, um das Wissen zu überprüfen. Die Schülerinnen und Schüler müssen selbst aktiv werden. Die Grundbegriffe des Kapitels sind nochmals zusammengestellt.

Vorschläge für fächerverbindendes Arbeiten

GL M „Gesellschaftslehre – Mathematik“

GL D „Gesellschaftslehre – Deutsch“

GL NW „Gesellschaftslehre – Naturwissenschaften“

GL KM „Gesellschaftslehre – Musisch-kulturelle Bildung“ (Kunst, Musik)

GL Rel „Gesellschaftslehre – Religion, Werte und Normen“

Kennzeichnungen in den Texten

Grundbegriff Wichtige Fachbegriffe sind im Buch fett gedruckt. Diese Begriffe sind am Ende jeder Doppelseite und am Ende jedes Kapitels nochmals zusammengestellt. Im alphabetischen Minilexikon am Schluss des Buches werden sie erklärt. Das Minilexikon unterstützt die Selbstständigkeit der Schülerinnen und Schüler bei der Erarbeitung von Unterrichtsinhalten.

Info Texte mit diesem Titel enthalten Informationen und Erklärungen.

Quelle Der unter dieser Überschrift stehende Text ist eine Quelle.

Merke Hier werden die wichtigsten Inhalte der Doppelseite zusammengefasst.

Bei Aufgaben mit diesem Zeichen muss man besonders nachdenken.

Inhaltsverzeichnis

Stadtluft macht frei

M1 *So stellt sich der Zeichner den Markttag in einer mittelalterlichen Stadt vor.* ▶

Lebendige Vergangenheit

M1 *Mit großer Begeisterung und viel Arbeit gestaltet die 7a mit ihren Lehrerinnen und Lehrern sowie Familienangehörigen ein mittelalterliches Fest. Spiele und Gesang, nachgebaute Handwerksstände und Gerichte nach alten Rezepten sind die Hauptattraktionen.*

Das Mittelalter

Das **Mittelalter** ist ein Abschnitt unserer Geschichte von ungefähr 500–1500 nach Christus. Das ist die Zeitspanne zwischen dem Untergang des Römischen Reiches und der Entdeckung Amerikas. Es gibt allerdings auch andere Abgrenzungen des Mittelalters.

Den Zeitabschnitt vor dem Mittelalter nennen wir **Antike** oder **Altertum**. Nach dem Mittelalter beginnt die Neuzeit.

Noch heute sieht man in vielen Städten Bauten aus dem Mittelalter wie den Hildesheimer Dom. Damals wurden Kirchen im **romanischen Stil** und später im **gotischen Stil** erbaut. Typisch für den romanischen Stil sind Rundbögen sowie dicke Mauern und kleine Fenster. Typisch für den gotischen Stil sind Spitzbögen. Dadurch konnte man hohe Fenster in die Mauern einfügen. Die Kirchen wirken so höher und heller. Die Mächtigkeit der Kirchen sollte die Stärke des Christentums verdeutlichen.

Projektvorschlag:
Entwickelt in den nächsten Wochen eine Wandzeitung mit eigenen Ideen zum Thema Mittelalter.

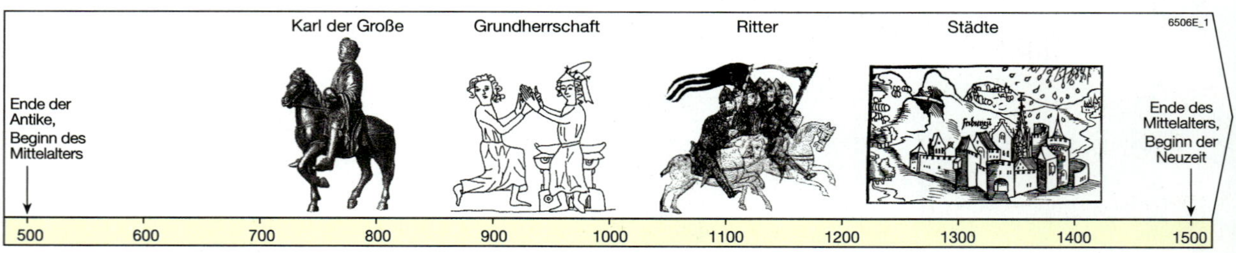

M2 *Zeitleiste des Mittelalters*

M3 *Der Hildesheimer Dom wurde im 11. Jahrhundert im romanischen Stil erbaut. Ein späterer Anbau erfolgte im gotischen Stil.*

M4 *„Arme Ritter" waren noch in den 1950er Jahren – allerdings mit grauem Brot – ein Essen für arme Leute. „Arme Ritter backen" ist ein althergebrachter Ausdruck für „sich in Not befinden".*

M5 *Manche Straßenschilder sind ein Wegweiser in die Vergangenheit.*

Aufgaben

1 Findet mittelalterliche Gebäude in eurem Ort (Rathaus, Ortsgeschichte): Um was für Gebäude handelt es sich? Macht Fotos und ermittelt das Alter der Gebäude.

2 Findet heraus, wann euer Ort gegründet wurde.

3 Informiere dich über mittelalterliche Feste und Märkte in der Umgebung. Schreibe darüber einen Bericht.

4 Erkundet, wo in eurer Nähe eine mittelalterliche Burg liegt. Plant den nächsten Wandertag dorthin.

5 Stelle eine Liste zusammen mit Büchern, Filmen oder Fernsehserien, die im Mittelalter spielen (Internet Adressen dazu: www.rittertum.de; www.tempus-vivit.net).

Merke

Das Mittelalter ist ein Abschnitt in der europäischen Geschichte. Es dauerte etwa von 500 bis 1500 nach Christus.

Grundbegriffe

- Mittelalter
- Antike (Altertum)
- romanischer Stil
- gotischer Stil

Karl der Große – „Vater Europas“

M1 *Reiterstandbild Karls des Großen aus Bronze (9. Jh.). Wie ein römischer Kaiser lässt sich Karl auf einem Pferd darstellen.*

Karl der Große – Ein Herrscher im Mittelalter

Im Mittelalter herrschten die Stämme der Sachsen, Bayern und Franken im heutigen Deutschland. Die Anführer der Stämme hatten eine große Macht. **Karl der Große** regierte das Gebiet der Franken von 771 bis zu seinem Tod 814. Mit nur 29 Jahren übernahm er die Alleinherrschaft über das Frankenreich, das er in vielen Feldzügen erweiterte. Er nahm Norditalien und Bayern ein und eroberte schließlich Sachsen. Der Krieg gegen die Sachsen dauerte 30 Jahre. Als er Sachsen eingenommen hatte, ließ er 10 000 Menschen ins Frankenreich umsiedeln.

Karl, der Reisekönig

Das Frankenreich hatte keine Hauptstadt. Karl der Große reiste mit seinem Hofstaat, der rund tausend Personen umfasste, durch sein Reich und machte jeweils für einige Wochen Station in einer **Pfalz**. So nannte man die im Land verteilten großen Königshöfe.

Die Reisen waren keine Vergnügungsfahrten, sondern politische Notwendigkeit: Karl musste persönlich anwesend sein, um seine Herrschaft auszuüben. Aachen mit seinen Heilquellen entwickelte sich zu Karls Lieblingspfalz.

Aufgaben

1 Begründe, warum Karl der Große die Pfalzen brauchte.

2 Erkläre, welches Ziel Karl der Große hatte, als er 10 000 Menschen aus Sachsen umsiedeln ließ.

3 Betrachte M3 und bestimme die heutigen Namen der Länder, in denen Karl der Große sich aufgehalten hat (Atlas, Karte: Europa – Staaten).

4 Entwickle einen Steckbrief von Karl dem Großen (M1, M2, Quelle).

Karl der Große wird heute auch „Vater Europas“ genannt, weil er als erster einen Großteil des heutigen Europas beherrschte. Er war ein bedeutender Feldherr und musste nur eine einzige Niederlage hinnehmen.
Zeitgenossen nannten Karl auch „Haupt der Welt“ und „Zierde des Volkes“.

M2 *„Vater Europas“*

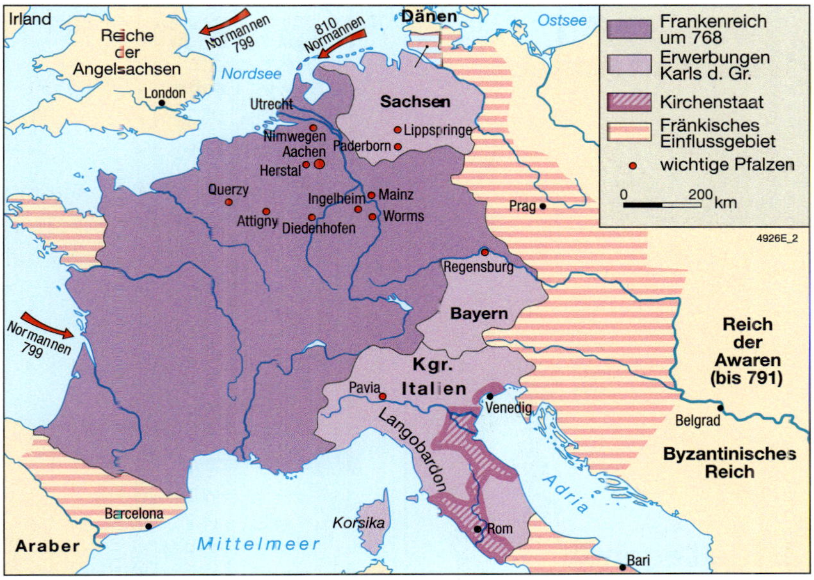

M3 *Das Reich Karls des Großen*

① Pfalzkapelle
② Königshalle
③ Gärten der Pfalz
④ Wohnbezirk der Kaufleute
⑤ Grenze des Pfalzbezirks
⑥ Ställe und Vorratshäuser
⑦ Verbindungsgang

M4 *Zeichnung der Pfalz Karls des Großen in Aachen*

M5 *Karl legte viel Wert auf Bildung seiner Untertanen. Deshalb richtete er viele Schulen ein und schuf die Einheitsschrift „Karolingische Minuskel“, die Urform der heutigen Schrift.*
Die Übersetzung zu oben lautet: In diesem Jahr feierte der Kaiser Ostern in Aachen.

Quelle

Einhard, ein enger Vertrauter des Königs, berichtet über Karl

„Er war von breitem und kräftigem Körperbau und von hervorragender Größe. Seine Augen waren sehr groß und lebendig, die Nase ging etwas über das Mittelmaß. Er hatte schöne weiße Haare und ein freundliches, heiteres Gesicht. So war seine Gestalt, mochte er sitzen oder stehen, höchst würdig und stattlich. Ständig übte er sich im Reiten, Jagen und Schwimmen. Er konnte Lateinisch und Deutsch sprechen und konnte rechnen. Auch zu schreiben versuchte er, brachte es aber darin nicht sehr weit, weil er zu spät angefangen hatte.“

Merke

Karl der Große war der bedeutendste Herrscher des Mittelalters. Er reiste von Pfalz zu Pfalz.

Grundbegriffe

- Karl der Große
- Pfalz

Eine Geschichtskarte auswerten

1. Der Kartentitel

2. Die Legende

3. Die Maßstabsleiste

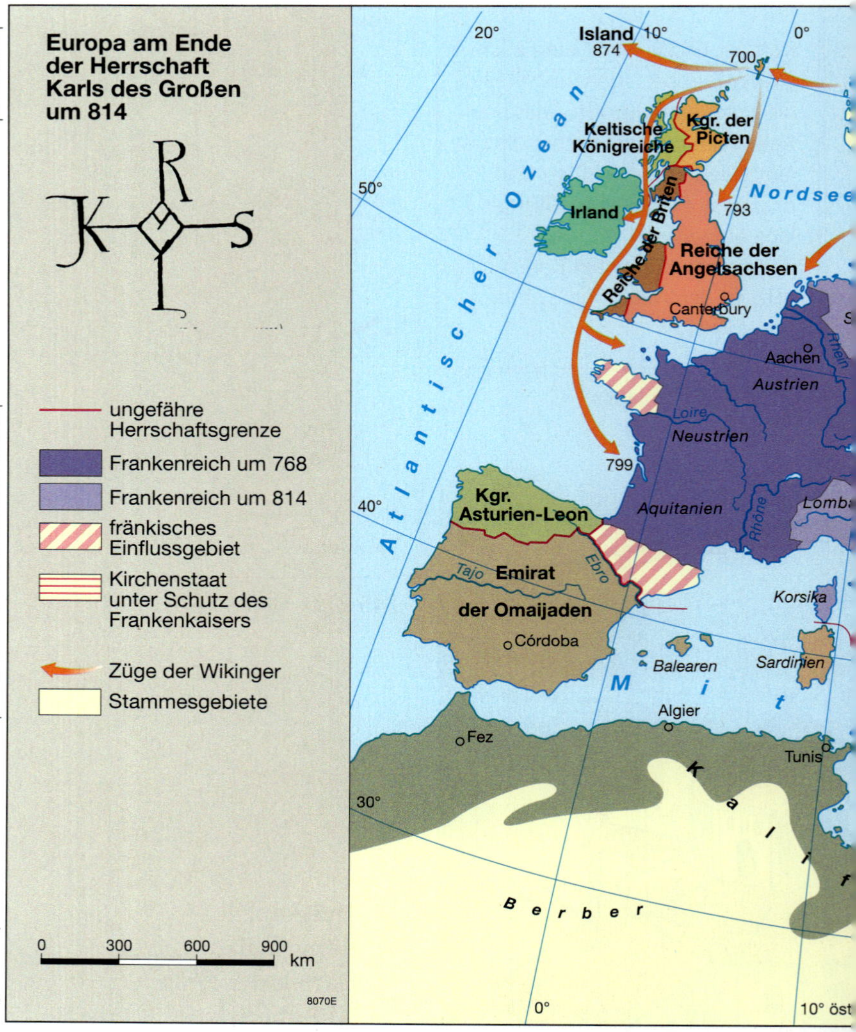

M1 *Geschichtskarte*

Aufgaben

1 Bestimme in M1, welche Gebiete innerhalb des Frankenreichs lagen:
a) um des Jahr 768,
b) um das Jahr 814.

2 Lokalisiere weitere große Reiche im Jahr 814 im Raum des heutigen Kontinents Europa.

3 Zeichne eine eigene Geschichtskarte, die die Züge der Wikinger zeigt (Jahreszahlen, Pfeile, Beschriftung, Legende).

Was alles zu einer Geschichtskarte gehört

Welche Informationen eine Geschichtskarte enthält, kannst du hier lernen:

1. Der Kartentitel: Er gibt Auskunft über das Thema und das Zeitalter, das in einer Karte behandelt wird. Diese Karte hat den Titel: „Europa am Ende der Herrschaft Karls des Großen um 814".

2. Die Legende: Sie gibt Auskunft über die Bedeutung der Farben und Kartenzeichen. Die Flächenfarben in dieser Karte zeigen unter anderem die Ausdehnung des Frankenreichs 768 und 814. Als Signaturen (Kartenzeichen) sind zum Beispiel Pfeile für die Züge der Wikinger eingezeichnet.

3. Die Maßstabsleiste: Sie gibt die Entfernungen auf der Karte an. Ist an ihrer Stelle oder zusätzlich ein Maßstab aufgeführt, so zeigt dieser, wie stark die Inhalte der Karte gegenüber der Wirklichkeit verkleinert sind.

Das Frankenreich hat sich unter Karl dem Großen von 768 bis 814 von seinem Kernraum im heutigen Frankreich bis nach Italien, Bayern und Sachsen ausgeweitet. Das Einflussgebiet Karls ging weit darüber hinaus.
Von Norden drangen die Wikinger (Normannen) in Karls Reich ein.

M2 *Auswertung der Karte „Europa am Ende der Herrschaft Karls des Großen um 814“*

4. Die Beschriftung: Sie enthält wichtige Namen. Auf dieser Karte sind unter anderem die Namen von Ländern und Volksgruppen eingetragen.

5. Die Signaturen (Kartenzeichen): Das können Punkte oder Linien sein. Die Pfeile in dieser Karte zählt man zu den Punkten. Sie zeigen an, in welche Richtung die Wikinger (Normannen) gezogen sind. Sie wanderten vom heutigen Norwegen nach Island, ins Reich der Angelsachsen und ins Reich Karls des Großen. Die roten Linien sind die Staatsgrenzen.

6. Die Flächenfarben: Sie zeigen größere zusammenhängende Gebiete. Auf dieser Karte ist unter anderem die Verbreitung des Frankenreichs um 768 und 814 durch unterschiedliche Farben dargestellt. Es hat sich in diesem Zeitraum bis nach Norditalien ausgebreitet. Die Kennzeichnung des „fränkischen Einflussgebietes“ und des „Kirchenstaates“ nennt man Flächenschraffur.

Merke
Eine Geschichtskarte gibt Auskunft über einen geschichtlichen Zeitraum. Die Legende hilft bei der Auswertung.

Karl der Große – „Vater Europas“

Info 1

Kaiser
Über dem König stand der Kaiser. Er wurde vom Papst gekrönt. Ein Kaiser hatte die Aufgabe, in seinem Reich die Gemeinschaft der Christen zu schützen.

Aufgaben

1 Nenne die Vorteile der Kaiserkrönung im Jahr 800 für Leo III. und Karl den Großen.

2 Begründe die Gestaltung des Namenszeichens von Karl dem Großen als Kreuz (M1).

3 a) Schreibe alle Adjektive auf, mit denen Karl der Große von Papst Leo geehrt wird (Quelle).
b) Entwickle eine Liste mit Erwartungen an einen Herrscher, der so bezeichnet wird.

M2 *Karl wurde im Jahr 800 zum Kaiser gekrönt.*

Die Machtpolitik des Papstes

Im Jahr 800 bat Papst Leo III. Karl den Großen um Hilfe in einem Streit, den er mit den Römern hatte. Karl reagierte sofort: Er zog mit einem Heer nach Rom und es gelang ihm, die Macht des Papstes wieder zu festigen. Dafür wurde er vom Papst zum Kaiser gekrönt. Er war jetzt sowohl römischer Kaiser als auch König der Franken und der norditalienischen Langobarden. Jeder Untertan leistete einen Eid, in dem er Karl Treue und Gehorsam versprach.

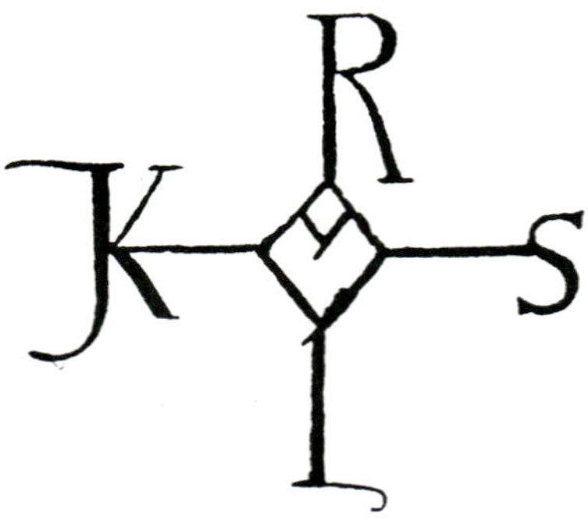

M1 *Das kreuzförmige Namenszeichen (Monogramm) enthält die Buchstaben des lateinischen Namens Karolus. Wenn Karl unterschrieb, brachte er selbst nur den Haken für das L an. Damit war seine Unterschrift gültig.*

Quelle

Die Kaiserkrönung Karls des Großen
Als sich der König gerade am heiligen Weihnachtstag vom Gebet vor dem Grab des seligen Apostels Petrus zur Messe erhob, setzte ihm Papst Leo eine Krone aufs Haupt und das ganze Römervolk rief dazu: „Dem erhabenen Karl, dem von Gott gekrönten großen und Frieden bringenden Kaiser der Römer Leben und Sieg!“ Nach den lobenden Zurufen wurde Karl vom Papst nach der Sitte der alten Kaiser durch Kniefall geehrt und fortan Kaiser und Augustus genannt.
(Nach Wilfried Hartmann: Deutsche Geschichte in Quellen und Darstellungen. Bd. 1. Ditzingen 1995, Seite 53 ff)

Eine Textquelle auswerten

So wertest du eine geschichtliche Textquelle aus

1. Schritt:
Lies die Quelle sorgfältig durch.

2. Schritt:
Schreibe alle unbekannten Wörter auf. Schlage sie in einem Lexikon nach und trage sie in ein Worterklärungsverzeichnis in deiner Mappe ein.

3. Schritt:
Lies die Quelle ein zweites Mal durch und achte dabei auf Folgendes:

a) Textsorte: Eine Quelle kann ein Bericht, eine Rede, ein Gesetzestext oder etwas anderes sein.

b) Zeitpunkt der Abfassung: Die Autorin oder der Autor kann bei dem beschriebenen Ereignis persönlich dabei gewesen sein (Augenzeuge), während des Ereignisses gelebt haben (Zeitzeuge) oder die Quelle wurde später verfasst.

c) Meinung: Die Autorin oder der Autor kann eine eigene Meinung wiedergeben oder einen nüchternen und sachlichen Bericht verfasst haben.

d) Absicht: Die Autorin oder der Autor hat eine bestimmte Absicht beim Aufschreiben des Textes. Häufig soll damit eine Wirkung bei der Leserin oder dem Leser erzielt werden.

4. Schritt:
Schreibe deine Ergebnisse zu den Punkten a)–d) auf.

Wie war es wirklich?

Armin und Knut haben sich im Pausenhof geprügelt und müssen beide aufschreiben, was sich ereignet hat.

Knut:
Armin hat mich schon lange gemobbt und ich wollte mir nicht alles gefallen lassen. Ich borge ihm oft Sachen, die er zu Hause vergessen hat. Als ich mir mal ein Radiergummi bei ihm ausleihen wollte, hat er mir verboten, es zu nehmen. Das fand ich überhaupt nicht in Ordnung. Deshalb habe ich es trotzdem genommen und er ist sofort auf mich losgegangen.

Armin:
Knut versucht ständig, sich aufzudrängen. Ich kann ihn nicht leiden und er ärgert mich ständig. Er wollte unbedingt mein Radiergummi haben, obwohl er sein eigenes Radiergummi mitgebracht hatte. Das habe ich natürlich nicht zugelassen und ihn daran gehindert, sich meins einfach zu nehmen.

M3 *Ein Fall – zwei Schilderungen*

Info 2

Quelle
Eine geschichtliche Quelle informiert über die Vergangenheit. Zu den Quellen gehören Texte, Bilder, Bauwerke, Münzen, Waffen, Schmuck, aber auch Müllsammlungen und alles, was aus der Vergangenheit erhalten ist.
Die wichtigsten Quellen sind Texte, weil sie etwas über das Denken der Menschen verraten.

Aufgaben

4 Nenne die Absichten, die Knut und Armin mit ihren Berichten verfolgen (M3).

5 Die Klasse hat eine Streitschlichterin. Mach einen Vorschlag, wie sie herausbekommt, was wirklich geschehen ist (M3).

6 Werte die Quelle zur Kaiserkrönung Karls des Großen nach dem Schema auf dieser Seite aus.

Merke
Eine Quelle informiert über die Vergangenheit. Die wichtigsten Quellen sind Texte. Sie stammen entweder direkt aus der Zeit, von der sie berichten, oder sie wurden später verfasst.

Ständeordnung und Lehnswesen

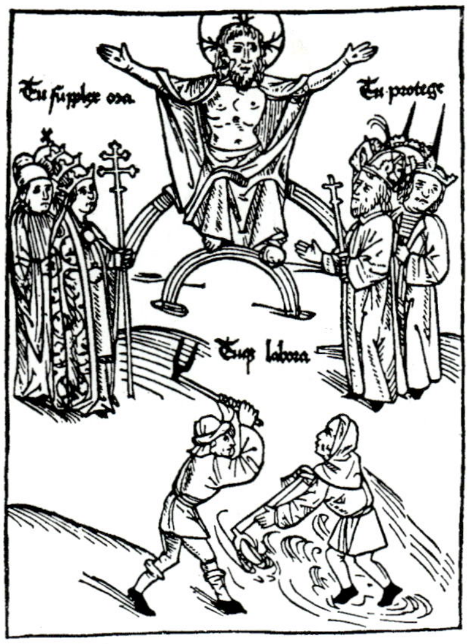

M1 *Ständeordnung*
Christus befiehlt den Ständen:
Du bete demütig! (links)
Du schütze! (rechts)
Und du arbeite! (unten)
(Stich, 1492)

Die Ständeordnung

Im Mittelalter gehörte jeder Mensch einem Stand an. Es gab drei Stände: Geistliche, Adlige sowie Bürger und Bauern. Wer als Bauernkind geboren war, konnte nicht in einen höheren Stand aufsteigen. Dies war nach der Lehre der Kirche von Gott so gewollt.

Quelle 1

Der Bischof von Leon zur Ständeordnung (1016)

Das Haus Gottes ist dreigeteilt: Die einen beten, die anderen kämpfen, die dritten endlich arbeiten. Diese drei miteinander lebenden Schichten können nicht getrennt werden.

Die Dienste des einen sind die Bedingung für die Werke der beiden anderen. Jeder trachtet danach, das Ganze zu unterstützen.

(Nach Otto Gerhard Oexle: Die funktionelle Dreiteilung der Gesellschaft bei Adalbert von Leon. In: Mentalitäten im Mittelalter. Sigmaringen 1987, S. 83)

Quelle 2

Der Bischof von Worms zur Ständeordnung (1010)

Wegen der Sünde des ersten Menschen ist dem Menschengeschlecht als Strafe Knechtschaft auferlegt worden. Gott hat jenen, für die die Freiheit nicht passt, in großer Barmherzigkeit die Knechtschaft auferlegt. Die einen hat er zu Knechten, die anderen zu Herren eingesetzt.

(Nach: Ständelehre des Burchard von Worms. Geschichte in Quellen. Mittelalter. München 1975, S. 711 ff.)

Aufgaben

1 Beschreibe anhand der Zeichnung M2 die mittelalterliche Ständeordnung.

2 Beschreibe M1. Welchem Stand befiehlt Christus zu beten, welchem zu schützen und welchem zu arbeiten?

3 Erkläre mit eigenen Worten anhand des Textes, des Info-Textes und des Schaubildes M4 das Lehnswesen.

4 Berichte, wie der Graf seine Vasallen belehnt (Quelle 3).

5 Interpretiere die Abbildung aus dem Sachsenspiegel (M3).

6 Quelle 3 und M3 ergänzen sich. Erkläre.

M2 *Ständeordnung im Mittelalter (heutige Zeichnung)*

Das Lehnswesen

An der Spitze der Gesellschaft stand der König. Er war für die Verwaltung und den Schutz seines Landes zuständig. Außerdem gehörte ihm der größte Teil des Grund und Bodens. Bei seiner Arbeit halfen ihm die weltlichen und geistlichen Adligen, die Herzöge, Grafen und Bischöfe. Als Gegenleistung für gehorsame Dienste bekamen sie vom König Land geliehen, ein sogenanntes **Lehen**, mit Burgen, Dörfern und Bauern. Nach ihrem Tod fiel das Land an den König zurück.

Im Laufe der Zeit konnten die weltlichen und geistlichen Adligen aber das Land behalten und vererbten es an ihre Söhne weiter. Die Adligen verliehen oft einen Teil ihres Landes an Ritter, die für sie dann Kriegsdienste leisten mussten. Dieses System heißt Lehnswesen.

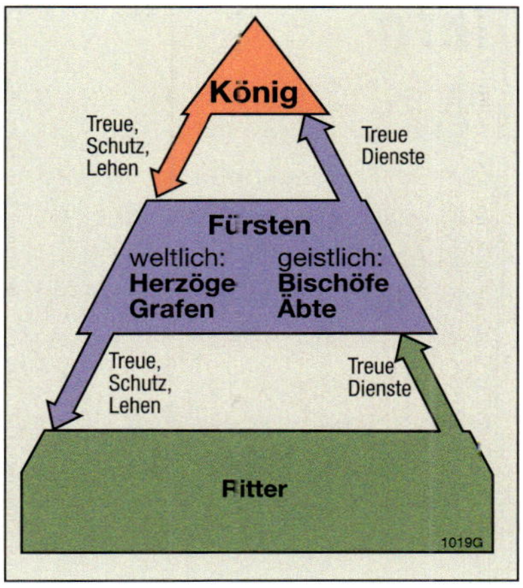

M4 *Das Lehnswesen*

Quelle 3

Übergabe eines Lehens durch den Grafen von Flandern

Der Graf fragte den zukünftigen **Vasallen**, ob er ohne Vorbehalt sein Mann werden wolle, und dieser antwortete: „Ich will es." Alsdann umschloss der Graf die zusammengelegten Hände des anderen mit seinen Händen, und sie besiegelten den Bund durch einen Kuss. Zweitens gab der Vasall dem Grafen mit folgenden Worten sein Treueversprechen: „Ich verspreche bei meiner Treue, von nun an dem Grafen Wilhelm treu zu sein, aufrichtig und ohne Trug." Drittens bekräftigte er sein Versprechen durch einen Eid.

(Nach Walter Koschorrek: Der Sachsenspiegel in Bildern. Frankfurt/M. 1976, S. 118)

Info

Vasall

Im Mittelalter war der Begriff Vasall eine andere Bezeichnung für den Lehnsmann. Der Adlige begab sich in den Schutz eines mächtigen Herrn, erhielt von ihm ein Stück Land – ein Lehen – zum Unterhalt und verpflichtete sich dafür zu Rat und Hilfe.

M3 *Ein Vasall mit zwei Lehnsherren (Darstellung aus dem sogenannten Sachsenspiegel, einer Sammlung von Gesetzen aus dem 13. Jahrhundert). Der Ast und die Fahne sind Symbole für ein Lehen.*

Merke

Im Mittelalter gehörte jeder Mensch zu einem Stand. An der Spitze stand der König. Er vergab Lehen an Geistliche und Adlige. Dafür erhielt er Unterstützung.

Grundbegriffe
- Lehen
- Vasall

Leben auf dem Land

Info

Hörige
Als Hörige werden Bauern im Mittelalter bezeichnet. Sie waren abhängig von einem Grundherrn. Sie bearbeiteten sein Land und mussten Abgaben (auch Zehnt genannt) zahlen. Zusätzlich mussten sie Frondienste leisten.
Die Hörigkeit wurde erst im 19. Jahrhundert aufgehoben.

M1 *Frondienste und Abgaben der hörigen Bauern*

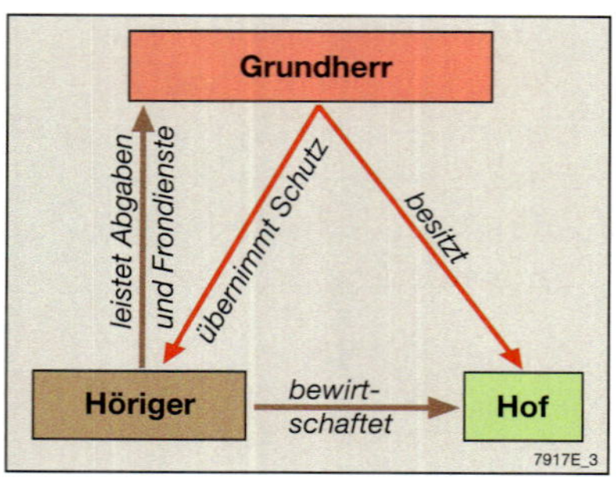

M2 *Die Grundherrschaft*

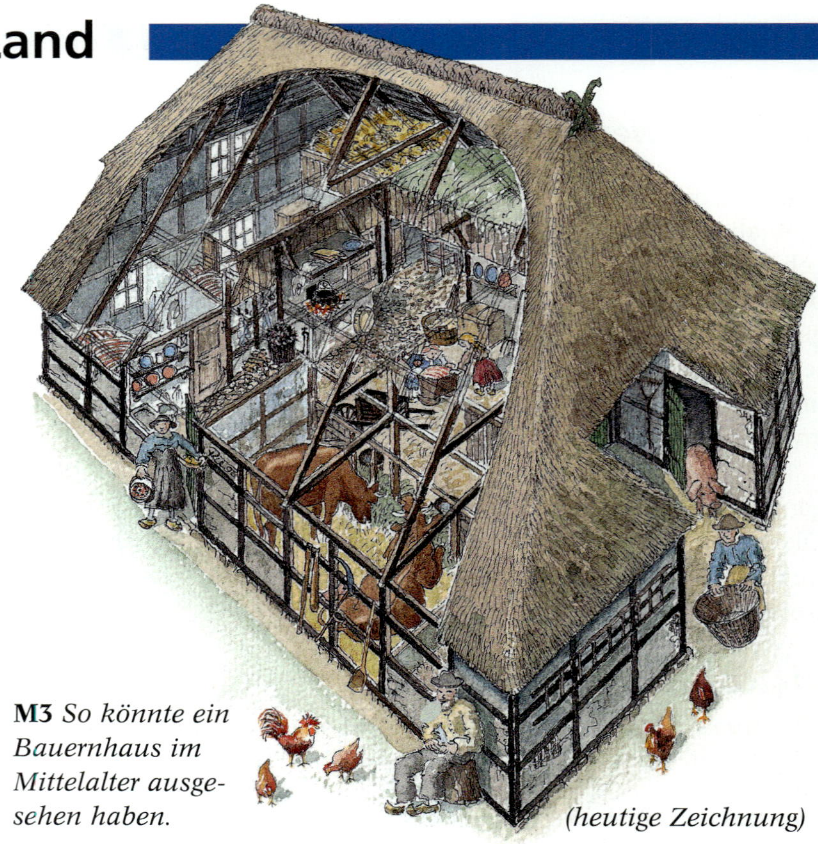

M3 *So könnte ein Bauernhaus im Mittelalter ausgesehen haben.* *(heutige Zeichnung)*

Bauern im Mittelalter

Im Mittelalter waren die meisten Menschen Bauern. Sie lebten auf dem Land der Grundherren in Dörfern oder auf Einzelhöfen.

Ihre Wohnhäuser waren einfach gebaut. Zuerst wurde ein Gerüst aus Holzbalken erstellt. Danach wurden die Zwischenräume mit einem Geflecht aus Weidenruten und Stroh gefüllt und mit Lehm verschmiert. Die Dächer waren mit Stroh gedeckt. Der Rauch der Feuerstelle zog durch eine Öffnung im Dach ab. Der Boden bestand aus festgestampftem Lehm.

Ein solches **Fachwerkhaus** hatte meist nur einen Raum oder zwei Räume. Die wenigen Fensteröffnungen waren mit Tierhäuten bespannt. Es gab kein fließendes Wasser, keine Toilette und keine Heizung. Die Menschen lebten mit ihren Tieren unter einem Dach.

Es war nicht leicht, Bauer zu sein

Im Mittelalter gehörte das Land wenigen Grundherren. In dieser **Gundherrschaft** waren die Bauern **Hörige** ihrer Grundherren.

Das Leben der Bauern war hart und eintönig. Sie arbeiteten von Sonnenaufgang bis Sonnenuntergang. Sie versorgten das Vieh, bearbeiteten die Felder und Wiesen und leisteten ohne Bezahlung zusätzliche Dienste. Sie mussten Besorgungen erledigen und bei der Renovierung oder dem Umbau der Burg helfen. Fast alles, was die Menschen zum Leben brauchten, stellen sie selbst her.

M4 *Arbeiten der Bauern im Jahreslauf (Zeichnung von 1480)*

Quelle 1

Abgaben der Bauern eines Grundherrn

Jeder Bauer gibt als Abgabe 1 Eber, 1 Pfund Garn, 3 Hühner, 18 Eier. Er liefert 5 Wagenladungen Mist und 12 Wagenladungen Holz. Er bäckt Brot, braut Bier, hütet eine Woche lang die Schweine im Wald. Er bestellt 3 Morgen Land – das ganze Jahr hindurch. Das heißt: Er pflügt, sät, erntet, bringt die Ernte zum Hof des Grundherrn und drischt das Getreide. Er bewacht den Besitz, setzt Zäune und pflegt den Garten des Hofes. Seine Frau leistet zwei Tage in der Woche Dienst: Sie näht Hosen, bearbeitet ein halbes Pfund Flachs usw.

(Nach Günther Franz: Quellen zur Geschichte des deutschen Bauernstandes im Mittelalter. Darmstadt 1967, S. 83f)

Quelle 2

Bericht aus dem Mittelalter

Der Bauer wird wie das dumme Vieh in aller Unwissenheit erzogen. Er muss von morgens bis abends auf dem Acker arbeiten. Nachts muss er auf dem Feld wachen, damit das Wild nicht die Saat frisst. Zusätzlich wird er unaufhörlich mit Diensten, Botengängen, als Treiber auf der Jagd sowie mit Arbeiten auf der Burg geängstigt.

(Nach Günther Franz: Quellen zur Geschichte des deutschen Bauernstandes in der Neuzeit. Darmstadt 1963, S. 262)

Aufgaben

1 Beschreibe das Bauernhaus (M3).

2 a) Übertrage M2 in deine Mappe oder dein Heft. Ergänze passende Bilder.
b) Die Grundherrschaft hatte Vorteile und Nachteile für die Hörigen. Erkläre diesen Satz.

3 a) Schreibe die Monate des Jahres in eine Tabelle untereinander und ergänze nach M4 folgende Tätigkeiten an der richtigen Stelle:
Weintrauben in einem Bottich auspressen, ein Schwein schlachten, Getreide ernten, Gras mähen, Weinreben schneiden, auf die Jagd reiten, Mist auf die Felder austragen, den Boden aufhacken, Schweine zur Mast in den Wald treiben, Schafe scheren, Getreide dreschen, Getreide säen.
b) Trage in einer dritten Spalte der Tabelle die notwendigen Arbeitsgeräte ein.
c) Begründe, warum die Arbeiten der Bauern sich im Verlauf des Jahres ändern.

Merke
Das Leben der Bauern war hart und entbehrungsreich. Die Bauern waren unfrei und mussten für die Grundherren arbeiten.

Grundbegriffe
- Fachwerkhaus
- Grundherrschaft
- Höriger

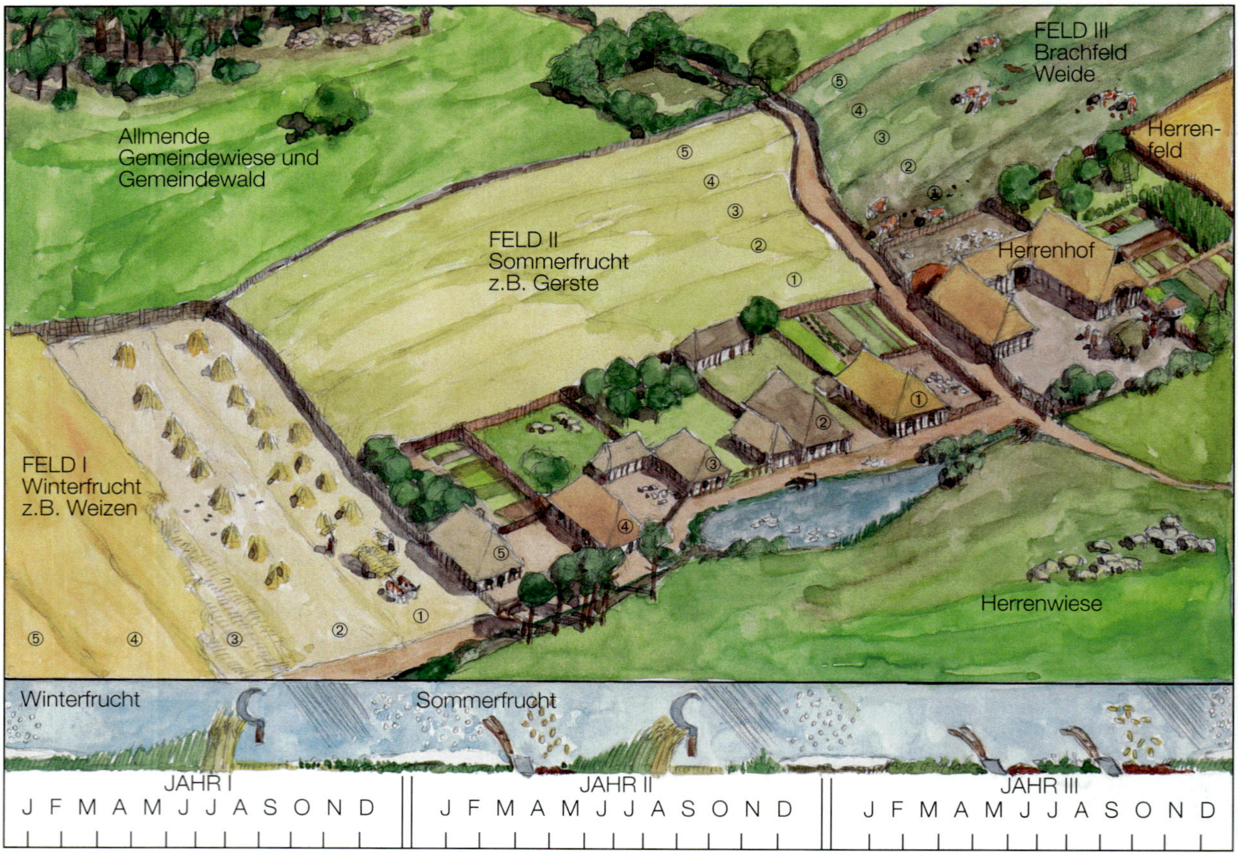

M1 *Dreifelderwirtschaft*

Die Dreifelderwirtschaft

Eine Ernte erbrachte damals nur das Dreifache der Aussaat. Davon musste der Bauer ein Drittel als Saatgut für das nächste Jahr zurücklegen und die hohen Abgaben an den Grundherrn bezahlen. Lediglich vom Rest konnte die Familie leben. Oft führten Unwetter, Kälte, Hitze, Ungeziefer-Plagen oder Kriege zu Missernten und damit zum Hungertod in ganzen Landstrichen.

Zwischen dem 7. und 14. Jahrhundert gab es wenig Seuchen in Europa. Dadurch wuchs die Bevölkerung in Europa von 12 auf 54 Millionen Menschen um das Jahr 1300. Sie alle mussten ernährt werden. Dies war nur möglich mit höheren Ernteerträgen und mehr Ackerland.

Die Einführung der **Dreifelderwirtschaft** mit Fruchtwechsel steigerte die Ernte. Früher ließ man die Hälfte des Bodens brach liegen, damit er sich erholen konnte. Nun teilte man das Ackerland in drei Teile und bepflanzte zwei davon; nur noch ein Drittel blieb ohne Anbau. Im Herbst säten die Bauern die Winterfrucht (Weizen, Dinkel, Roggen), im Frühjahr die Sommerfrucht (Hafer, Gerste und Anpflanzen von Gemüse).

Aufgaben

1 Erkläre anhand von M1 die Dreifelderwirtschaft.

2 Berichte über wichtige Erfindungen und Fortschritte in der Landwirtschaft (M1–M4, Text).

3 Vergleiche die Arbeit von Bauern im Mittelalter mit der Arbeit von Landwirten heute.

M2 *Fortschritte in der Landwirtschaft*

Die alte Zweifelderwirtschaft

1. Jahr	Getreide	kein Anbau
2. Jahr	kein Anbau	Getreide
3. Jahr	Getreide	kein Anbau

Die neue Dreifelderwirtschaft

1. Jahr	Sommergetreide	Wintergetreide	kein Anbau
2. Jahr	kein Anbau	Sommergetreide	Wintergetreide
3. Jahr	Wintergetreide	kein Anbau	Sommergetreide

M3 *Ertragssteigerung durch die Dreifelderwirtschaft*

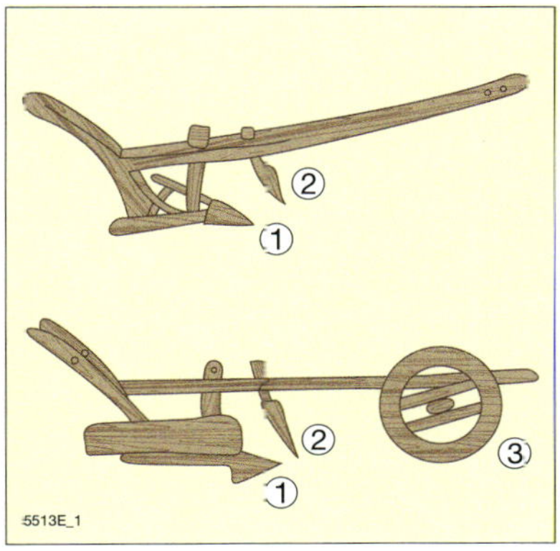

M4 *Erfindungen erleichtern die Arbeit: vom Hakenpflug zum Räderpflug*
① *Pflugschar*
② *Messer*
③ *Rad*

Technischer Fortschritt

Um neues Ackerland zu gewinnen, rodeten die Menschen Waldgebiete und legten Sümpfe und Moore trocken.

Eine große Hilfe im Ackerbau war die Erfindung des sogenannten Räderpfluges. Er hatte ein eisernes Pflugmesser, mit dem der Bauer die Erde wenden, lockern und gleichzeitig das Unkraut untergraben konnte. Der Pflug hatte vorn Räder, ließ sich lenken und konnte auch schwere Böden bearbeiten. Das Pflugmesser drang tief in den Boden ein, sodass Ackerfurchen von 15 Zentimetern und mehr entstanden.

Der neue Pflug war sehr schwer. Bisher hatte man Ochsen vor den Pflug gespannt. Sie hatten jedoch weniger Kraft als Pferde. Durch die Erfindung des Kummets konnten jetzt auch Pferde als Zugtiere eingesetzt werden. Ein Kummet ist ein gepolsterter Kragen, der die Last gleichmäßig auf Schultern und Brust des Tieres verteilt. Ein Pferd erbrachte viermal mehr Arbeitskraft als ein Ochse.

Neuartige Sensen aus Eisen zum Mähen von Getreide und Gras sowie hölzerne Dreschflegel erleichterten zusätzlich die Arbeit der Bauern.

Merke
Technischer Fortschritt sowie die Einführung der Dreifelderwirtschaft in der Landwirtschaft vergrößerten die Ernteerträge. Es konnten mehr Menschen ernährt werden als früher.

Grundbegriff
- Dreifelderwirtschaft

Burgen

Im Mittelalter lebten die Grundherren (die Besitzer des Landes) und die **Ritter** in **Burgen**, während die abhängigen Bauern kleine Häuser bewohnten und das Land bearbeiteten.

Die Ritter waren Berufskrieger. Ihre Burgen dienten zur Verteidigung und zum Schutz der Bewohner, denn in Kriegszeiten fanden auch die abhängigen Bauern dort Zuflucht und Sicherheit. Oft wurden die Burgen von Feinden lange Zeit belagert.

Bildlegende:

① Eingang der Burg mit Zugbrücke, Fallgitter und Wassergraben

② Die Torwächter halten Wache.

③ Pferdeställe

④ Der Brunnen ist sehr wichtig für die Wasserversorgung der Burgbewohner.

⑤ Burgschmiede. Hier werden Waffen geschmiedet.

⑥ Vorratskeller. Vorräte sind bei einer Belagerung lebenswichtig.

⑦ Burgküche

⑧ Die Burgbrauerei liefert täglich frisches Bier.

⑨ Toiletten

⑩ Senkgrube

⑪ Zisterne. Hier wird Regenwasser aufgefangen.

⑫ Der Wehrgang verläuft oben über die gesamte Burgmauer. Hier wird gekämpft.

⑬ Der Bergfried ist der mächtigste Turm der Burg. Er bietet den meisten Schutz.

⑭ Raum des Burgverwalters

⑮ Wohnzimmer des Burgherrn

⑯ Burgkapelle

⑰ Der Rittersaal dient als Versammlungsraum der Ritter.

⑱ Wendeltreppe als Aufstieg zum Wehrgang

⑲ Burgverlies mit den Gefangenen

Merke
Burgen dienten im Mittelalter als Wohnung der Ritter und Grundherrn sowie ihren Bediensteten. Eine Burg bot Schutz vor Feinden.

Grundbegriffe
- Ritter
- Burg

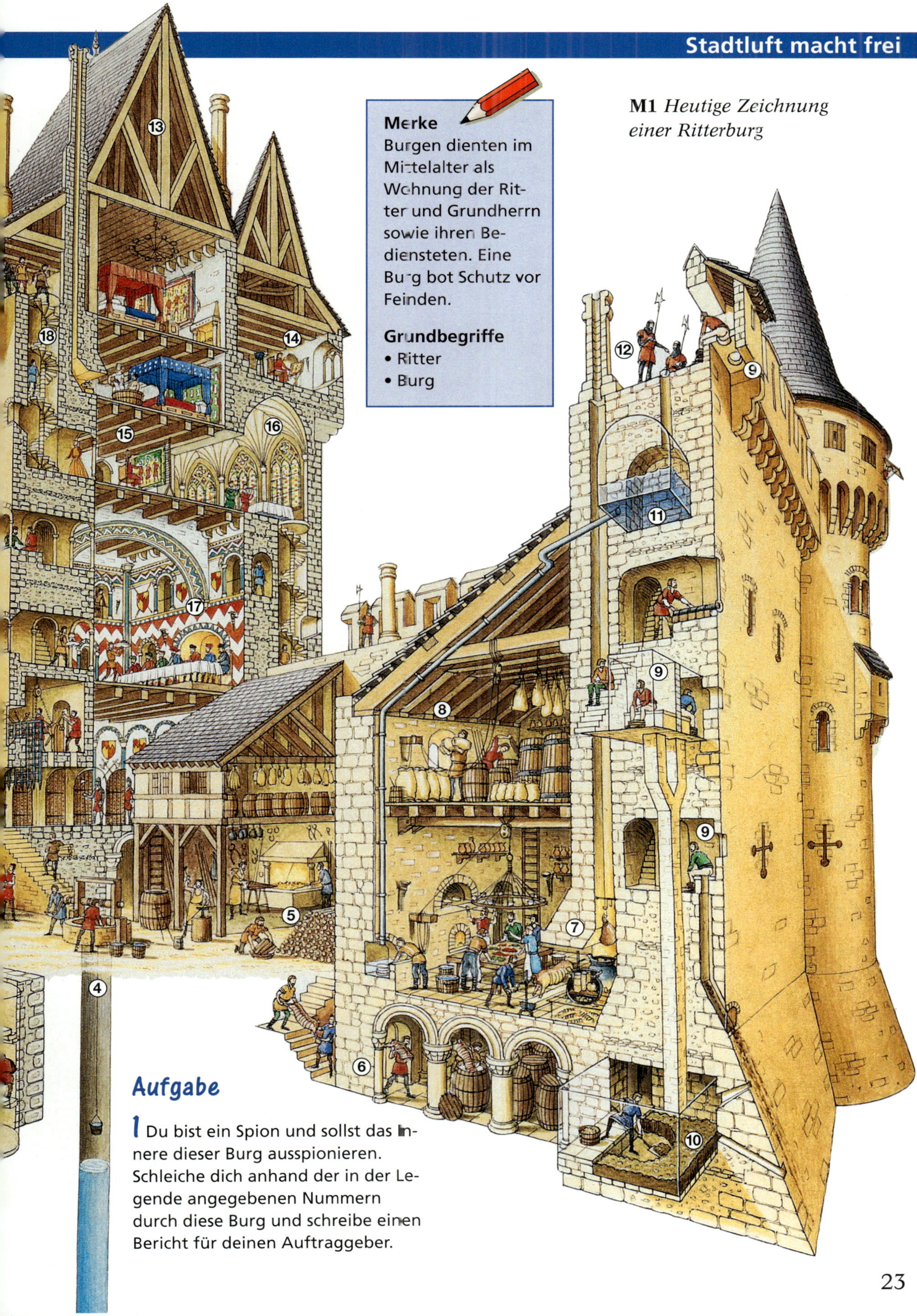

M1 *Heutige Zeichnung einer Ritterburg*

Aufgabe

1 Du bist ein Spion und sollst das Innere dieser Burg ausspionieren. Schleiche dich anhand der in der Legende angegebenen Nummern durch diese Burg und schreibe einen Bericht für deinen Auftraggeber.

Leben in der Stadt

Quelle

Die Bürger einer Stadt sind nicht alle gleich. Sie genießen aber das gleiche Recht, Eigentum zu erwerben und zu vererben; sie genießen Freiheit von grundherrlichen Beschränkungen und den Schutz und Frieden der Stadtgemeinde. Wem es gelang, sich aus grundherrschaftlicher Bindung zu befreien und unbehelligt durch den Grundherrn in der Stadt zu leben, der konnte „nach Jahr und Tag" als Bürger der Stadt aufgenommen werden. Die Stadt wirkte wie ein Sog. Mehr als irgendwo sonst gab es hier die Möglichkeit, in besseren Verhältnissen zu leben.

(Nach Arnold Bühler u.a.: Das Mittelalter. Darmstadt 2004, Seite 38)

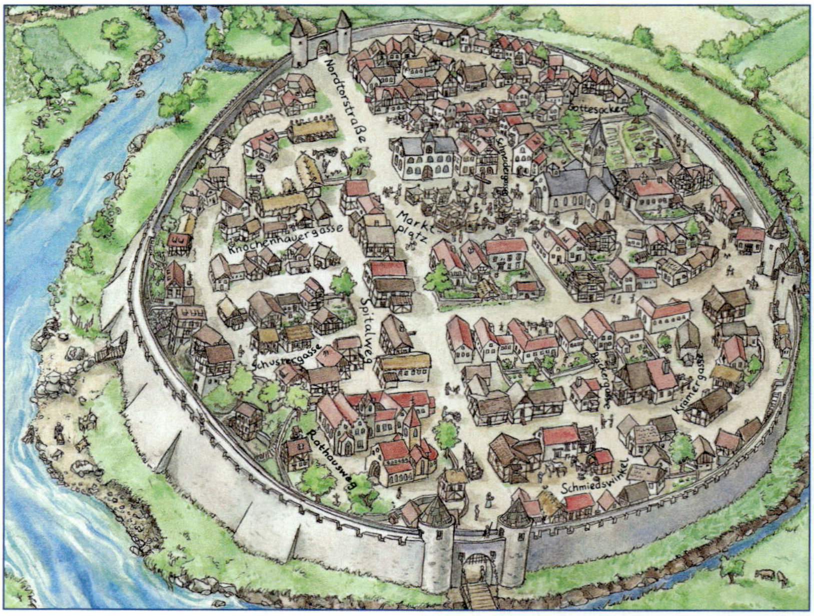

M1 *Plan einer typischen mittelalterlichen Stadt*

Städte entstehen

Die ältesten Städte in Deutschland sind die Römerstädte an Rhein, Mosel und Donau. Seit dem 11. Jahrhundert nahm die Zahl der **Stadtgründungen** rasch zu, weil die Bevölkerung wuchs.

Einige Städte wurden von Königen und Fürsten planmäßig gegründet, andere entstanden in der Nachbarschaft von Burgen und Klöstern oder an Kreuzungen alter Handelswege sowie an Meeresbuchten oder seichten Flussübergängen (Furten). In den Städten war der Marktplatz der Mittelpunkt des Handels.

Manche Städte verwalteten sich selbst und waren freie Städte. Dann hatten sie ein Rathaus. Mit den Fortschritten in der Landwirtschaft brauchte man nicht mehr so viele Bauern. Andere Berufe entstanden. Handwerker siedelten sich in den Städten an und trugen zum Aufblühen der Städte bei.

Info

Freie Städte

Freie Städte waren Städte, die von den Bürgern selbst verwaltet wurden. Sie waren von keinem Herrn abhängig.
Rathaus und Stadtsiegel waren Kennzeichen einer freien Stadt. Die Bürger wählten einen Stadtrat und einen Bürgermeister. Der Bürgermeister besaß die Schlüssel zu den Stadttoren, leitete die Gerichtsverhandlungen und die Ratsversammlungen.

M2

M3 *Ratsversammlung einer mittelalterlichen Stadt*

Das Leben in der Stadt

In der Stadt fühlten sich die Menschen sicher. Eine Stadtmauer mit Türmen und Toren schützte die Bewohner und die Waren der Kaufleute. Nachts wurden die Stadttore geschlossen. Nachtwächter gingen mit Laternen durch die Gassen, um Diebe abzuschrecken. In der Stadt herrschte Friedenspflicht. Keiner durfte Waffen tragen und Streitigkeiten musste ein Gericht klären.

Viele Bewohner der Städte waren **Bürger**. Man wurde Bürger, wenn man einem bestimmten Stand angehörte. Bürger konnten über ihr Eigentum selbst verfügen und sich durch ihre Arbeit Wohlstand erwerben. Allerdings musste jeder, der etwas besaß, an die Stadtverwaltung Steuern bezahlen.

Das Aussehen der Stadt

In einer mittelalterlichen Stadt war wenig Platz. Wegen der Stadtmauer konnte sie nicht ins Umland wachsen. Die Häuser wurden eng aneinander gebaut. In den Gassen war es dunkel und stickig.

Das eindrucksvollste Gebäude war neben den Kirchen das Rathaus. Hier tagte der Stadtrat und beschloss wichtige Angelegenheiten. Oberster Vertreter der Stadt war der Bürgermeister. Die gleichen Handwerker wohnten oft in derselben Straße. So weisen noch heute Straßennamen auf Handwerkeransiedlungen in der Stadt hin, wie zum Beispiel Weber- oder Färbergasse. Für kranke und alte Bewohner der Stadt gab es meist ein Spital, das durch Geldspenden von reichen Bürgern erhalten wurde.

Aufgaben

1 Erkläre den damals entstandenen Satz „Stadtluft macht frei."

2 Du bist ein Grundherr, dem ein Leibeigener in die Stadt entflohen ist. Beurteile deine Möglichkeiten, ihn wiederzubekommen.

3 Besucht das Rathaus eurer Gemeinde und informiert euch über die Aufgaben der Bürgermeisterin oder des Bürgermeisters.

4 Erkläre, warum viele neue Städte ab dem 11. Jahrhundert entstanden sind.

5 Nenne wichtige Gebäude in einer mittelalterlichen Stadt. Wofür dienten sie?

6 Menschen mit gleichen Berufen wohnten oft in der gleichen Straße. Nenne Beispiele aus M1.

Merke
Freie Städte im Mittelalter waren ein sicherer Wohnort für ihre Bürger. Sie wurden von einem Bürgermeister und einem Stadtrat geführt.

Grundbegriffe
- Stadtgründung
- Bürger

Leben in der Stadt

M1 *Bevölkerungsschichten in der Stadt (Bürgerrechte hatten nur die Ober- und die Mittelschicht.)*

Menschen in der Stadt

1. „Ich wohne mit meiner Frau und den Kindern in einem kleinen Fachwerkhaus in der Töpfergasse. Als Handwerker gehöre ich zur ***...schicht***. Meine Werkstatt habe ich im Erdgeschoss. Oben essen und schlafen wir. Ich habe einen Gesellen und einen Lehrling. Sie haben es gut bei mir, geschlagen habe ich noch keinen. Nächsten Monat wird der Geselle auf Wanderschaft gehen. Er will auch bei anderen Meistern noch etwas lernen."

2. „Ich bin Kaufmann und handle mit Gewürzen und Pelzen. In der Schule lernte ich, wie man Briefe schreibt und wie man als Kaufmann rechnet. Früher kaufte ich selbst in ganz Europa Waren ein. Inzwischen erledige ich alle Geschäfte von meinem Kontor (Büro) aus. Ich habe mich mit anderen Kaufleuten zusammengeschlossen. Gemeinsam sorgen wir dafür, dass unsere Waren sicher befördert werden. Ich bin Angehöriger der ***...schicht***."

3. „Ich gehöre zum ‚fahrenden Volk' und damit zu einer ***...gruppe***. Als Musikant unterhalte ich an Markttagen die Leute. Oft sind noch Jongleure, Akrobaten und eine Handleserin da. Die Menschen freuen sich über unsere Unterhaltung, halten uns aber für unehrlich. Jeden Abend müssen wir deshalb die Stadt verlassen. Unser Lager ist außerhalb der Stadtmauer. Bald ziehen wir weiter. Hoffentlich habe ich bis zum Winter so viel Geld verdient, dass ich mir wärmere Kleidung kaufen kann."

4. „Meine Frau und ich zählen zu den reichsten Familien der Stadt. Wir sind adelige Patrizier und bilden die oberste Gruppe der ***...schicht***. Unser Haus ist mit prächtigen Giebeln und Glasfernstern ausgestattet."

5. „Als Angehöriger einer nichtchristlichen Religion gehöre ich zu den ***...gruppen***. Wir müssen in einem eigenen Teil der Stadt leben und sind häufig vom städtischen Leben ausgeschlossen."

6. „Ich habe Glück, dass mich der Bäcker als Magd aufgenommen hat. So habe ich genug zu essen und der Meister erlaubt, dass ich meiner Familie ab und zu ein altes Brot bringe. Mein Vater findet nur selten Arbeit als Knecht, weil er alt ist. Meine Mutter ist krank und schwach. Ich habe noch acht jüngere Geschwister, die bei meinen Eltern in einer kleinen Hütte an der Stadtmauer wohnen. Alle Leute, die so arm sind wie wir, haben kein Bürgerrecht. Wir dürfen nicht ohne Erlaubnis heiraten und sind immer von den Reichen abhängig, deshalb gehöre ich zur ***...schicht***."

M2 *Einwohner in der Stadt*

Aufgaben

1 a) Ordne die Aussagen 1.–6. den Personen auf den Bildern (a)–(f) in M2 zu.
b) Welchen Bevölkerungsschichten gehören die Personen aus den Texten 1.–6. an (M1)?

2 Vergleiche die Situation des Fernhandelskaufmanns mit dem der Magd. Schreibe Unterschiede auf.

3 Erkläre, warum der Töpfergeselle auf Wanderschaft geht.

Merke
Die Menschen in der mittelalterlichen Stadt gehören verschiedenen Bevölkerungsschichten an.

M1 *Zunfthäuser am Hildesheimer Marktplatz: Bäcker (links) und Knochenhauer (rechts)*

M3 *Handwerk und Handel (Holzschnitt von 1568)*

Aufgabe

1 a) Ordne die fünf Zunftwappen (M2) den Handwerker-Bildern (M3) zu.
b) Ein Zunftwappen fehlt in M3, das des Kochs. Entwirf ein Wappen für dieses Handwerk.

Die Zünfte – harte Arbeit, strenge Regeln

In der mittelalterlichen Stadt bildeten die Handwerksmeister mit ihren Familien einen großen Teil der Stadtbevölkerung. Die Meister eines Berufes schlossen sich in einer **Zunft** zusammen. Häufig wohnten sie in der gleichen Straße: zum Beispiel in der Knochenhauergasse oder Webergasse. Werkstatt und Wohnung lagen unter einem Dach. Nur wer Mitglied einer Zunft war, durfte seinen Beruf ausüben. Die Zünfte legten großen Wert auf die Qualität ihrer Waren. Daher führten sie scharfe Qualitäts- und Gewichtskontrollen durch. Sie legten die Löhne und die Preise der Waren fest. So hatte jede Handwerkerfamilie ein gesichertes Auskommen. Die Zünfte empfanden sich als große Familie. Für Versammlungen, für die Verwaltung aber auch für Feste hatte jede Zunft ein eigenes Gebäude: das Zunfthaus. Auch Hochzeiten wurden hier gefeiert. Nach dem Tod eines Handwerkers kümmerte sich die Zunft um Frau und Kinder. Die Mitglieder der Zünfte hatten auch Aufgaben für die ganze Stadt zu erfüllen. Sie mussten ein Stück der Stadtmauer bewachen und verteidigen. Auch bei einem Brand in der Stadt waren sie als Feuerwehrleute tätig.

M2 *Zunftwappen*

Der Markt

Neben der Stadtmauer, dem Rathaus und der Stadtkirche war der Marktplatz das besondere Kennzeichen einer Stadt. Auf dem **Markt** verkauften Handwerker und Kaufleute ihre Erzeugnisse. An den festgelegten Markttagen herrschte lebhaftes und lautstarkes Treiben. Bauern aus der Umgebung kamen mit Geflügel, Eiern, Honig, Gemüse und Vieh in die Stadt. Die Handwerker der Stadt boten Töpfe, Schuhe, Messer und Äxte an. Bäcker und Schlachter arbeiteten an ihren Verkaufsständen. Fernhändler verkauften kostbare Gewürze wie Pfeffer, Ingwer und Muskat, wertvolle Seidenstoffe aus China und Pelze aus Russland. Auf dem Markt traf man Bekannte und tauschte Neuigkeiten aus.

Das Recht, einen Markt abzuhalten, wurde vom Stadtherrn verliehen. Dafür erhielt er für alle verkauften Waren Abgaben. Der Markt war also eine wichtige Einnahmequelle für ihn. Damit der Verkauf reibungslos ablaufen konnte, erließ der Stadtherr eine **Marktordnung**. Hier war beispielsweise festgelegt, wo welche Stände aufgebaut werden durften und welche Maße und Gewichte galten. Wer gegen die Marktordnung verstieß, wurde bestraft.

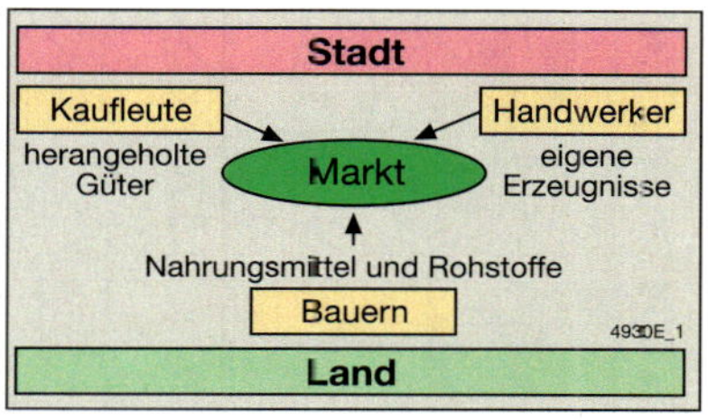

M5 *Treffpunkt Markt*

Quelle

Marktordnung

„Wir verordnen, dass außerhalb des öffentlichen Marktes kein Verkauf stattfinden darf. Wer dagegen verstößt, soll der Stadt 6 Schillinge und dem Richter 60 Pfennige zahlen. Hat er kein Geld, so wird ihm die Hand abgeschlagen.

Wir ordnen ferner an, dass zwei gute und mittelgroße Würste für 1 Pfennig verkauft werden. Sie dürfen nur aus reinem Schweinefleisch hergestellt werden. Von krankem Fleisch dürfen keine Würste gemacht werden. Wer dagegen verstößt, soll 1 Pfund Pfennige zahlen und für die Dauer eines Jahres vom Handwerk ausgeschlossen werden.

Lotterbuben aller Art und fahrende Schüler mit langem Haar halten wir fern. Die Leute, die sie über eine Nacht hinaus beherbergen, verurteilen wir zu 1 Pfund Pfennige."

[1 Pfund Pfennige = 240 Pfennige = 8 Schillinge]

(Nach: Quellen zur Wirtschafts- und Sozialgeschichte mittel- und süddeutscher Städte im Spätmittelalter; ausgewählt und übersetzt von G. Möncke. Darmstadt 1982, S.49ff)

M4 *Marktszene*

Aufgaben

2 a) Betrachte die Marktszene auf den Seiten 6/7 und suche darin den Ausschnitt M4.
b) Begründe die Lage am Rand des Marktes.
c) Liste Waren auf, die auf dem Bild S. 6/7 verkauft werden.

3 Erläutere die Bedeutung des Marktes im Mittelalter.

4 Begründe, warum die Strafen bei Verstößen gegen die Marktordnung aus heutiger Sicht so drastisch waren.

Merke
Städte waren bedeutende Handelsplätze. Der Markt war Treffpunkt und Mittelpunkt des Stadtlebens. Die Handwerker waren in Zünften organisiert.

Grundbegriffe
- Zunft
- Markt
- Marktordnung

Leben in der Stadt

Barbara: „Was sind das für Leute mit den komischen spitzen Hüten?"
Johannes: „Juden. Wir sind hier in der Judengasse. Guck mal, da vorn trägt jemand eine Vase als Pfand zu einem Juden. Er will sich sicher Geld leihen."
Barbara: „Warum geht er denn nicht zu einem Christen?"
Johannes: „Christen dürfen keine Zinsen nehmen und verleihen daher kein Geld. Den Juden sind dagegen fast alle Berufe verboten. Viele von ihnen sind natürlich sehr reich. Darum sind die Christen oft neidisch und schimpfen auf die Juden. Vati sagt aber, wir sollen dabei nicht mitmachen. Es ist schlimm genug, dass die Juden kaum Rechte haben und nur in bestimmten Straßen wohnen dürfen und diese auffallende Kleidung tragen müssen."

M1 *Zwei Kinder in einer mittelalterlichen Stadt (Zeichnung von Rolf Rettich)*

Juden in der mittelalterlichen Stadt

Juden lebten im Mittelalter in vielen Städten Deutschlands. Sie bildeten gegenüber den Christen eine Minderheit. In Braunschweig waren unter den etwa 15 000 Einwohnern im 15. Jahrhundert etwa 200 Juden. Sie durften kein Land besitzen. Auch die Zünfte der Handwerker nahmen sie nicht auf. Viele Juden waren Händler, Ärzte oder Wissenschaftler. Die Herrscher nahmen einige Juden, insbesondere die Fernhändler, unter ihren Schutz. Diese kannten sich aus in den Gesetzen und sprachen Latein und Arabisch. Sie handelten mit begehrten Waren aus fernen Ländern: zum Beispiel mit Seide und exotischen Gewürzen.

Nach und nach jedoch wurden die christlichen Kaufleute immer mächtiger. Sie verdrängten die Juden aus dem Fernhandel, die daraufhin immer mehr vom Geldverleih lebten. Die Juden nahmen hohe Zinsen, um ihr Risiko abzusichern. Außerdem mussten sie hohe Steuern an die Herrscher bezahlen.

M2 *Operation durch einen jüdischen Arzt. Der Beruf des Arztes war einer der wenigen angesehenen Berufe, den Juden ausüben durften. (Buchmalerei im 15. Jh.)*

M3 *Jüdische Kaufmannskarawane auf der „Seidenstraße" nach China (Ausschnitt aus einer spanischen Darstellung im 14. Jh.)*

M4 *Aus einer mittelalterlichen Handschrift von 1220. Der König (rechts) zeigt auf die Friedenslilie.*

Juden als religiöse Minderheit

Die Vertreter der christlichen Kirchen bezeichneten die Juden als verstockt, weil sie sich nicht taufen ließen. Sie wurden immer mehr ausgegrenzt. Sie mussten einen spitzen Hut, einen weiten Umhang und einen gelben Fleck an den Kleidern tragen. Dadurch sollten sie lächerlich gemacht und gemieden werden. Sie mussten häufig im **Getto** leben; das war ein durch Mauern abgetrenntes Wohngebiet in der Stadt. Viele Berufe durften sie nicht ausüben. Vom Geldverleih konnten jedoch nicht alle Juden leben. Nur wenige verdienten damit gut. Sie unterstützten die armen Gemeindemitglieder. In Not geratene Menschen empfanden hohe Zinsen jedoch als Wucher und verfluchten die Geldverleiher. In Zeiten der Not wurden die Juden für alles Unheil verantwortlich gemacht. Sie wurden zum Beispiel verdächtigt, durch die Vergiftung von Brunnen die Pest verursacht zu haben. Dafür wurden sie verfolgt und ermordet.

Quelle

Juden in Braunschweig

1282 wurde erstmals in einer Urkunde ein Jude schriftlich erwähnt. Er hieß David und kam mit seiner Familie nach Braunschweig. Auf Bitten des Herzogs Albrecht erhielt er vom Rat der Stadt ein zeitlich begrenztes Wohnrecht. Mit ihm kamen weitere Juden und bildeten eine größere Gemeinde in der Stadt. Sie waren im Geldgeschäft und als Händler tätig. Wie überall in Europa war auch in Braunschweig eine Judenfeindlichkeit vorhanden. Während der Pest-Epidemie zwischen 1348 und 1351 fielen etwa zwei Drittel der jüdischen Bevölkerung gewaltsamen Ausschreitungen zum Opfer.

(Nach: Fund-Stücke. Nachrichten und Beiträge zur Geschichte der Juden in Niedersachsen und Bremen. 2005, S. 9–11. Zeitschrift des Vereins Spurensuche)

Aufgaben

1 a) Beschreibe das Bild in M1.
b) Lies den Text und erläutere die Wohnsituation sowie die Berufsmöglichkeiten der Juden in der Stadt.
c) Erkläre, was Johannes mit der auffallenden Kleidung meint und welchen Zweck sie hatte.

2 Informiere dich über die in M3 abgebildete Seidenstraße (Internet) und schreibe einen Text, welche Waren im Mittelalter von China nach Europa transportiert wurden.

3 Benenne und erkläre die verschiedenen Ursachen, die zu den Ausschreitungen und Übergriffen gegen Juden geführt haben (Quelle, Text).

4 Betrachte M4 und erkläre, warum der König auf die Lilie zeigt.

5 Informiere dich über die Religion und Geschichte des Judentums. Benutze ein Religionsbuch bzw. ein Werte- und Normenbuch.

Merke
Juden waren im Mittelalter eine religiöse Minderheit in vielen Städten Deutschlands. Sie mussten eine besondere Kleidung tragen und lebten in Gettos. Sie durften kein Land besitzen und nur wenige Berufe ausüben. In Zeiten der Not wurden sie für alles Unheil verantwortlich gemacht. Viele von ihnen wurden ermordet.

Grundbegriff
- Getto

Spurensuche in unserer Stadt

Auf Spurensuche

Noch heute übt das Mittelalter auf viele Menschen eine große Anziehungskraft aus: Zum Vergnügen speisen sie wie an einer Rittertafel, besuchen Ritterfestspiele oder mittelalterliche Handwerkermärkte oder schließen sich zu Vereinen zusammen, um in ihrer Freizeit wie im Mittelalter zu leben.

In vielen Dörfern und Städten finden wir bis in die Gegenwart erhaltene Spuren aus dieser Zeit. Burgen, Klöster, Stadtmauern, Stadttürme, Straßennamen, Fachwerkhäuser geben uns über die damalige Lebensweise Auskunft.

Ein Baudenkmal aus der Nähe zu betrachten, macht mehr Spaß als sich aus Büchern oder Filmen zu informieren. Hier findest du eine Anleitung, wie du ein solches Baudenkmal selbstständig erkunden kannst:

1. Vorbereitung der Erkundung

Wähle ein geeignetes Objekt in der Nähe deiner Heimatgemeinde aus.

Hinweise findest du in Chroniken, Stadtführern, Pfarreien, Bibliotheken usw.

Vor jeder Erkundung ist es wichtig, dass du genau weißt, welches Ergebnis du am Ende haben willst, zum Beispiel einen Bericht, ein Theaterstück, eine Wandzeitung oder eine Fotoausstellung. Historische Baudenkmäler kann man vermessen, zeichnen oder nachbauen. Man kann ihre damalige Aufgabe mit heute vergleichen. Je nach Schwerpunkt deiner Erkundung planst du Termine, Interviews, Besichtigungen und den Zeitaufwand für die Auswertung.

Lege auf jeden Fall den Tag fest, an dem dein Ergebnis vorgestellt werden soll. Erstelle einen Arbeitsplan. Besorge dir das benötigte Arbeitsmaterial, zum Beispiel Notizblock, Kassettenrecorder, Fotoapparat.

2. Durchführung der Erkundung

Wichtige Tipps:

- Achte auf sorgsamen Umgang mit den Gegenständen, Denkmälern.
- Sei freundlich und höflich im Umgang mit Interviewpartnern.
- Frage immer vorher nach, ob Fotografieren oder Kassettenmitschnitt erlaubt sind.

3. Auswertung

- Ordne deine Ergebnisse nach Teilüberschriften.
- Fertige saubere Darstellungen an.
- Achte darauf, dass deine Ergebnisse für andere etwas Neues enthalten.
- Schreibe genau auf, mit welchen Worten du den anderen dein Ergebnis vorstellen möchtest.
- Überlege dir, an welcher Stelle du ein Foto, ein Hörbeispiel, einen Filmausschnitt oder eine Zeichnung einsetzen willst.

4. Präsentation

- Stelle die Geräte bereit, die du brauchst, wie Kassettenrecorder, Pinnwand, Tafel, Computer, Beamer.
- Sprich langsam und deutlich, schau die Zuhörerinnen und Zuhörer an, plane Sprechpausen für Zwischenfragen ein.

5. Nachbereitung

Frage dein Publikum, wie ihm dein Vortrag gefallen hat, was besonders gut gelungen ist und was du beim nächsten Mal verbessern kannst.

Stadtluft macht frei

1. Die Pfalz Karls des Großen

Aus welchen Teilen besteht die Pfalz? Schreibe die Ziffern mit den entsprechenden Begriffen in deine Mappe oder dein Heft.

2. Die Dreifelderwirtschaft

a) Zeichne die untere Abbildung ab oder lege Transparentpapier darauf und übertrage sie. Schreibe die fehlenden Feldfrüchte hinein.

b) Worin unterscheidet sich die Dreifelderwirtschaft von der alten Zweifelderwirtschaft? Warum kann man sie als Fortschritt bezeichnen?

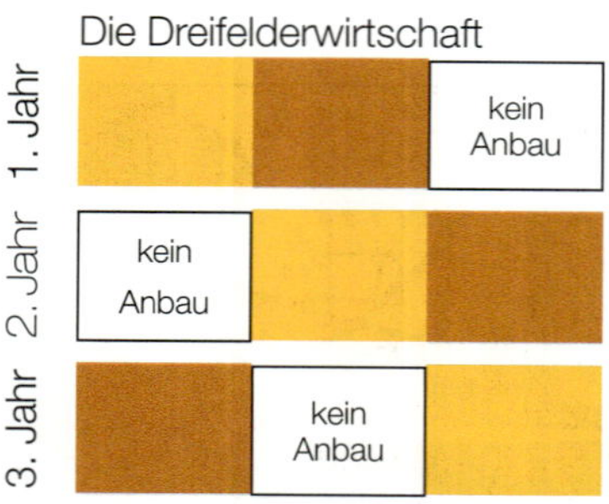

3. Rätsel: Die mittelalterliche Stadt

a) Male das Rätsel in deine Mappe oder dein Heft oder lege Transparentpapier auf das Rätsel. Schreibe die gesuchten acht Begriffe auf. Sie haben alle etwas mit der mittelalterlichen Stadt zu tun.

b) Erkläre jeden Begriff.

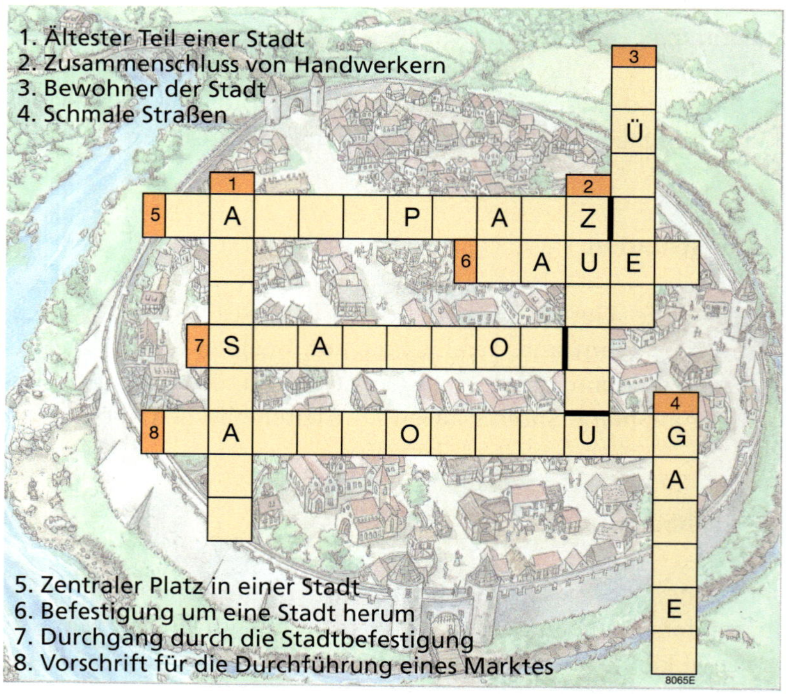

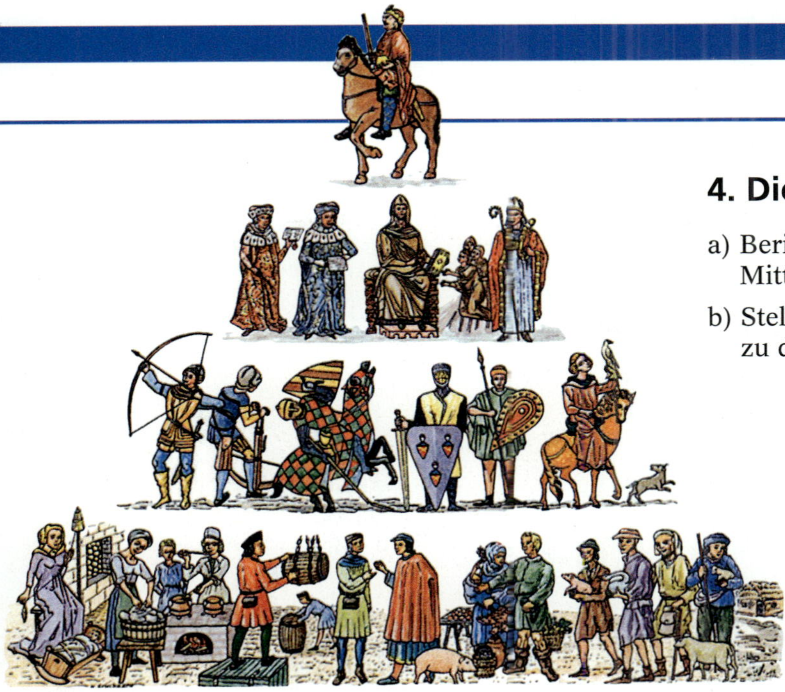

4. Die Ständeordnung

a) Berichte über die Ständeordnung im Mittelalter.

b) Stelle in einer Tabelle zusammen, wer zu den einzelnen Ständen gehörte.

5. Aufgaben für Experten

a) Erkläre das Lehnswesen. Fertige dazu auch eine Skizze an.

b) Erläutere den Begriff „Hörige“ und notiere, wie das Leben eines Hörigen aussah.

c) Freie Städte waren von keinem Herrn abhängig. Notiere die Kennzeichen einer freien Stadt.

d) Nicht alle Bewohner einer Stadt waren Bürger. Erkläre, wie man Bürger wurde und welche Rechte und Pflichten man als Bürger besaß.

e) Die Menschen in der mittelalterlichen Stadt gehörten verschiedenen Bevölkerungsschichten an. Erläutere.

f) Erkläre die Bedeutung des Marktes für eine mittelalterliche Stadt.

g) Fertige eine Skizze an, in der du den Markt als Verbindung zwischen Stadt und Land darstellst.

6. Bauern führen ein hartes Leben

Übertrage die Zeichnung in deine Mappe oder dein Heft und ergänze die fehlenden Begriffe.

Arbeit auf den ... des Grundherrn

...dienste

... der Bäuerin

Das ..., wenn der Bauer stirbt

... nur mit Erlaubnis des Grundherrn

Abgabe des ... von Ernte und Vieh

➡ **Grundherr**

Grundbegriffe

- Mittelalter
- Antike (Altertum)
- romanischer Stil
- gotischer Stil
- Karl der Große
- Pfalz
- Lehen
- Vasall
- Fachwerkhaus
- Grundherrschaft
- Höriger
- Dreifelderwirtschaft
- Ritter
- Burg
- Stadtgründung
- Bürger
- Zunft
- Markt
- Marktordnung
- Getto

Einfluss nehmen in der Gemeinde

Die Gemeinde ist für alle da

Wer soll das bezahlen?

Einen Jugendtreff für unsere Gemeinde

Engagement entwickeln

M1 *Das Rathaus – Mittelpunkt der Gemeinde* ▶

6523E_1

Vir pfeifen's vom Dach. Gemeinde ist pleite!
Wann wird das Naturschutzgebiet ausgewiesen?
Wir brauchen einen größeren Flugplatz.
d die rschriften ung eines eges.
Tut mir Leid. Der Bürgermeister ist sehr beschäftigt!
Hier ist das Jugendamt.
Guten Tag! Ich möchte ein Kind adoptieren.
19 56
RATHAUS
Gleich ist Mittagspause!
Wir gehen jetzt rein. Los!
Du zuerst!
Alles von unseren Steuergeldern!
Auch ich bin Steuerzahler.
Ooh, Aise...
Oturma müsadesinin uzatilsami= Aufenthaltsgenehmigung
Der kennt mich nicht!
Ich habe einen Koffer gefunden. Hoffentlich finden sie den Besitzer.
Hier dürfen wir nicht spielen.
Wann wird der Abenteuerspielplatz fertig?

Die Gemeinde ist für alle da

3. Stock
Grünflächenamt
Tiefbauamt
Vermessungsamt/
Abteilung Straßenbenennung
Naturschutzbehörde/
Umweltamt

2. Stock
Sozialamt
Ordnungsamt
Entsorgungsbetriebe

1. Stock
Kulturamt
Jugendamt
Stadtkasse
Städtisches Steueramt
Standesamt

Erdgeschoss
Einwohnermeldeamt
Ausländerbehörde
Gesundheitsamt
Fundbüro

M1 *Wegweiser im Rathaus*

M3 *Das Rathaus der Stadt Aurich in Ostfriesland wurde 1976 erbaut. Das Stein-Relief mit dem historischen Stadtwappen ist aus dem Jahr 1846, als die Stadt zum Königreich Hannover gehörte.*

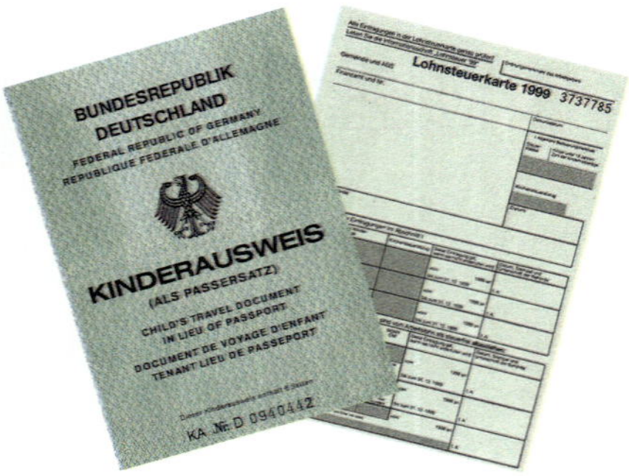

M2 *Dienstleistungen für die Bürgerinnen und Bürger*

Die Gemeinde

Ständig erleben wir Dinge, die von der Gemeinschaft in dem Ort, in dem wir leben, geregelt werden müssen. Dafür ist die Stadt oder die **Gemeinde** zuständig. Kleine Gemeinden schließen sich häufig zu einer Samtgemeinde zusammen. Sie umfasst dann mehrere kleinere Gemeinden.

Die Bürgerinnen und Bürger wählen Ratsfrauen und Ratsherren, die im **Gemeinderat** wichtige Angelegenheiten besprechen und Entscheidungen treffen. Außerdem wählen die Einwohner die **Bürgermeisterin** oder den **Bürgermeister**. Sie oder er leitet die Ämter im Rathaus. Die Ämter sind zuständig für Schule, Gesundheit, Sport, Jugend, Ordnung usw. In Deutschland ist es Gesetz, dass die Gemeinden möglichst viel selbst bestimmen dürfen. Deswegen haben die Gemeinden verschiedene Aufgaben. Die Bürgermeisterin oder der Bürgermeister vertritt die Gemeinde.

Aufgabe

1 Die Sprechblasen auf den Seiten 36/37 enthalten Wünsche, Anliegen und Feststellungen von Bürgerinnen und Bürgern. Weise den Leuten den Weg zu der zuständigen Stelle im Rathaus (M1).

Info

Gemeinderat
In Niedersachsen wählen die Bürgerinnen und Bürger einer Gemeinde den Gemeinderat.
Er entscheidet über wichtige Angelegenheiten der Gemeinde wie zum Beispiel über den Bau von Kindergärten, Schulen, Gemeindestraßen und Jugendfreizeitstätten. Er bestimmt die Höhe der Abgaben und Gebühren, unter anderem für Müll und Abwasser. Die Aufgaben der Gemeinde gliedern sich in **Pflichtaufgaben** und **freiwillige Aufgaben**. Weiterhin kann der Staat der Gemeinde bestimmte Aufgaben übertragen.

M4 *Sitzung eines Gemeinderats*

Pflichtaufgaben:
- Wasserversorgung
- Abwasser-, Müllentsorgung
- Verwaltung von Schulen und Kindergärten
- Feuerwehr
- Unterhaltung von Straßen
- Friedhofseinrichtungen

Freiwillige Aufgaben:
- Einrichtung und Unterhaltung von Sport- und Spielplätzen, Museen, Theatern, Büchereien, Jugendzentren, Altenheimen

Vom Staat übertragene Aufgaben können sein:
- Ausstellung von Personalausweisen, Reisepässen, Lohnsteuerkarten
- Ausstellung von Geburts- und Sterbeurkunden
- Mitwirkung bei allen Wahlen

M5 *Aufgaben der Gemeinde*

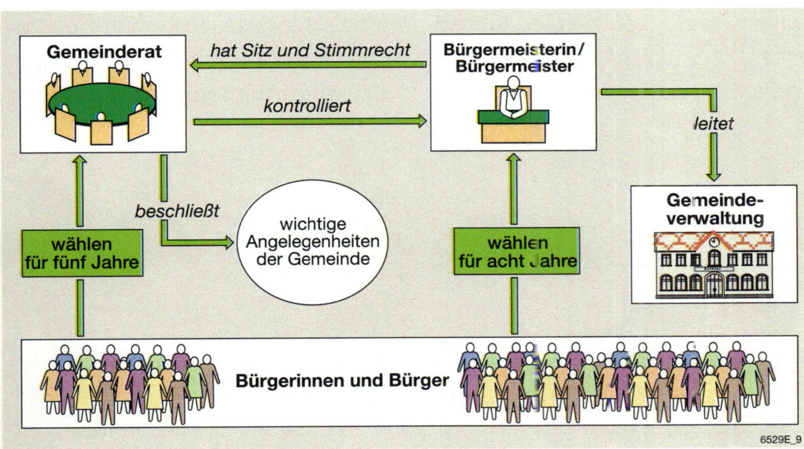

M6 *Schaubild zur Wahl und zu den Aufgaben eines Gemeinderats in Niedersachsen*

Aufgaben

2 Erstelle eine Liste mit Angelegenheiten, die in der Gemeinde vor Ort besser geregelt werden können als vom Staat.

3 Verfasse ein schön gestaltetes Info-Blatt über deinen Wohnort, zum Beispiel zu folgenden Punkten:
- Gemeindewappen
- Einwohnerzahl
- Geschichte
- Sehenswürdigkeiten
- Freizeiteinrichtungen

usw.

4 a) Nenne Gründe für die Pflichtaufgaben (M5).
b) Begründe, warum es vom Staat übertragene Aufgaben gibt.

5 Diskutiert, welche freiwilligen Aufgaben eure Gemeinde übernehmen sollte (M5).

6 Beschreibe das Amt der Bürgermeisterin oder des Bürgermeisters. Beachte die Pfeile im Schaubild.

Merke
Die Städte und Gemeinden erfüllen Aufgaben für das Zusammenleben der Bürgerinnen und Bürger.
Bestimmte Angelegenheiten regelt die Gemeinde im Auftrag des Staates.

Grundbegriffe
- Gemeinde
- Gemeinderat
- Bürgermeisterin/Bürgermeister
- Pflichtaufgabe
- freiwillige Aufgabe

Wer soll das bezahlen?

M1 *Viele Interessen – eine Gemeinde*

Erst die Pflicht, dann die Kür

Die Bürgerinnen und Bürger haben verschiedene Wünsche, die die Gemeinde erfüllen soll, denn je nachdem ob es sich um Jugendliche, Senioren, Sportler, Radfahrer, Naturschützer usw. handelt, sind die Interessen unterschiedlich. Doch der Bau von Sportanlagen, Radwegen und Naturschutzmaßnahmen ist teuer. Die Gemeinde muss zunächst Geld für die Pflichtaufgaben (siehe Seite 39 M5) bereitstellen. Erst wenn diese erfüllt sind, kann sie sich den freiwilligen Aufgaben widmen. Der Gemeinderat entscheidet dann, ob zum Beispiel eine Skaterhalle unterstützt oder ein Altenheim gebaut wird.

Aufgaben

1 Führt eine Befragung durch: Welche Wünsche haben Jugendliche an eure Gemeinde?

2 In M2 sind fünf Projekte abgebildet, die von der Gemeinde durchgeführt und bezahlt werden sollen.
Legt in Gruppen eine Reihenfolge für die Durchführung der Projekte fest. Beachtet, dass Pflichtaufgaben Vorrang haben (Seite 39 M5).

3 a) Erkläre, wann der Zeiger der Waage (M3) ausschlägt.
b) Sammle Vorschläge, wie das Gleichgewicht wiederhergestellt werden kann.

4 Mache Vorschläge, welche Ausgaben in M3 gekürzt werden können und erörtere die Folgen dieser Kürzungen.

M2

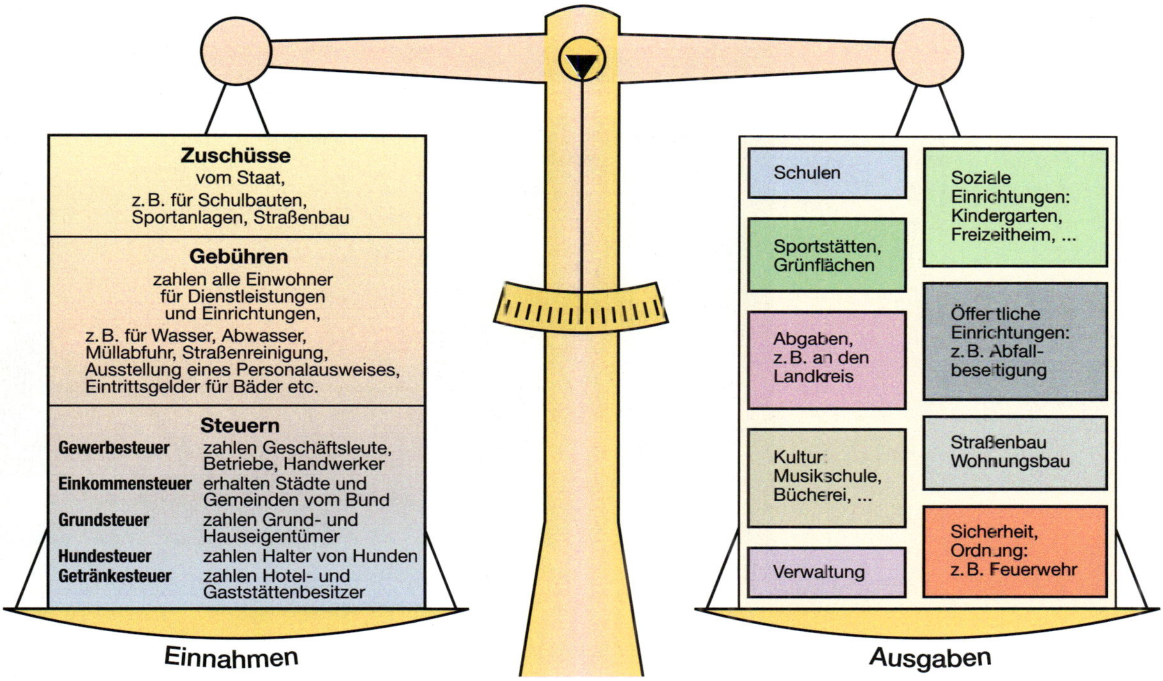

M3 *Haushalt einer Gemeinde: die wichtigsten Einnahmen und Ausgaben*

Eine Gemeinde muss haushalten

Für Schulen, Sportanlagen, Müllbeseitigung, Straßenbau und vieles andere benötigt die Gemeinde Geld, das heißt Einnahmen. Sie nimmt von allen Bürgern und den Betrieben Steuern ein und erhält Zuschüsse vom Staat. Außerdem verlangt die Gemeinde für bestimmte Leistungen Gebühren, zum Beispiel für die Müllentsorgung.

Es wird ein **Haushaltsplan** für ein Jahr mit allen vorgesehenen Ausgaben und Einnahmen erstellt. Der Gemeinderat berät über den Haushaltsplan und verabschiedet ihn. In der Regel sollen sich Einnahmen und Ausgaben die Waage halten. Viele Gemeinden haben sich jedoch Geld geliehen, weil die Ausgaben für einige Aufgaben sehr schnell gestiegen sind.

Merke
Um ihre Aufgaben zu erfüllen, stellt die Gemeinde jedes Jahr einen Haushaltsplan auf. Er enthält alle geplanten Einnahmen und Ausgaben. Der Haushaltsplan soll ausgeglichen sein.

Grundbegriff
- Haushaltsplan

Einen Jugendtreff für unsere Gemeinde

Quelle

Jugendbeteiligung
„Kinder und Jugendliche sind entsprechend ihrem Entwicklungsstand an allen sie betreffenden Entscheidungen zu beteiligen."
(Kinder- und Jugendhilfegesetz §8, Abs.1).

M2 *Sinnvoller Treff für die Jugend?*

Aufgabe

1 Einrichtung eines Jugendzentrums: Schreibe eine Stichwortliste mit den Stationen von der Anfrage bei der Bürgermeisterin (M1) bis zum Beschluss.

Wir wollen einen Jugendtreff!

Mehrere Jugendliche führen auf dem Marktplatz eine erregte Diskussion. Sina sagt: „Junge Leute werden hier in unserer Gemeinde doch völlig allein gelassen! Keiner kümmert sich um uns; aber ständig wird gemeckert. Nirgends haben wir einen Treffpunkt. Wir brauchen einen Raum oder ein Haus, in dem wir zusammensein können." Sie erhält Zustimmung von allen Seiten. Sahib meint: „Wir sollten uns an den Gemeinderat wenden." – „Ja", ergänzt Petra, „wir bitten die Bürgermeisterin um ein Gespräch." Eine Woche später lädt die Bürgermeisterin die Jugendlichen ins Rathaus ein.

An die
Damen und Herren des Gemeinderates
und an die Bürgermeisterin Frau Brandt.

Antrag der SPD

Die Gemeinde plant die Einrichtung eines Jugendzentrums und hält dafür die finanziellen die Mittel bereit.

Begründung

1. Trotz hohen Anteils an Jugendlichen gibt es im Ort keinen geeigneten Treffpunkt für Jugendliche.
2. Die Jugendlichen müssen auf öffentliche Plätze ausweichen, was ständig zu Beschwerden führt.
3. Ein sinnvolles Freizeitangebot ist unbedingt notwendig.
4. Ein großer Teil der anfallenden Kosten wird von den Jugendlichen selbst in Eigenleistung erbracht.

M1 *Antrag an den Gemeinderat*

Frage: „Frau Bürgermeisterin, wann bekommen wir endlich einen eigenen Jugendtreff?"

B.: „Ich werde mich dafür einsetzen, dass Ihr ein Jugendzentrum bekommt."

Frage: „Wie lange kann das noch dauern?"

B.:„Von der Antragstellung bis zur Ausführung müsst Ihr schon mit einem halben Jahr rechnen."

Frage: „Können wir nicht wie in der Nachbargemeinde einen Bauwagen aufstellen um diese lange Durststrecke zu überwinden? Wir würden den Wagen selbst herrichten und selbst verwalten. So könnten wir erste Erfahrungen sammeln, bis wir ein richtiges Jugendzentrum bekommen."

B.: „Ich finde, das ist eine prima Idee. Ich werde mich umhören, ob eine Baufirma Euch einen Bauwagen zur Verfügung stellen kann. Habt ihr schon eine Idee für einen Standort, bei dem es keine Beschwerden und Ärger mit Anwohnerinnen und Anwohnern gibt?"

M3 *Auszug aus dem Interview mit der Bürgermeisterin*

Unsere Gemeinde

Einladung
35. Sitzung des Gemeinderates
Am Donnerstag, 25. November
Um 14:00 Uhr im Rathaus
Sitzungssaal

Tagesordnung der öffentlichen Sitzung

1. Genehmigung der Niederschrift der öffentlichen Sitzung vom 27. Oktober
2. Anfragen aus aktuellem Anlass
3. Antrag der CDU zur Sanierung der Schulsporthalle
4. Antrag der CDU zur Erweiterung des Waldfriedhofes
5. Antrag der SPD zur Einrichtung eines Jugendzentrums
6. Antrag von Bündnis 90/Die Grünen zur Verbesserung des Radwegenetzes
7. Antrag des Heimatvereins für einen Zuschuss zur Ausstellung „Unsere Gemeinde wird 1000 Jahre alt“

M4 *Tagesordnung einer öffentlichen Sitzung des Gemeinderates*

Info

Ausschuss
Ein Ausschuss ist eine Arbeitsgruppe der gewählten Volksvertretung, zum Beispiel des Gemeinderats. Im Ausschuss werden bestimmte Themen beraten. Hier arbeiten Fachleute der verschiedenen Parteien zusammen.
Der Ausschuss prüft Vorlagen der Verwaltung und entwickelt eigene Vorschläge, über die der Gemeinderat in einer Sitzung abstimmt.
Geht es zum Beispiel um den Bau eines neuen Radwegs, befasst sich der Verkehrsausschuss mit diesem Thema.

Entscheidung im Gemeinderat

Seit dem Antrag an den Gemeinderat (M1) sind acht Monate vergangen. In dieser Zeit hat ein **Ausschuss** einen Abstimmungsvorschlag erarbeitet. Es wurde ein leer stehendes, kleines Haus gefunden, das die Gemeinde gemietet hat. Bevor es den Jugendlichen zur Verfügung gestellt werden kann, ist eine Entscheidung des Gemeinderats notwendig. Die Sitzung ist öffentlich. Der Sitzungstermin und die Tagesordnung wurden in der Zeitung veröffentlicht.

Pünktlich um 14:00 Uhr eröffnet die Bürgermeisterin die Sitzung. „Ich stelle fest, dass die Einladung zur heutigen Sitzung ordnungsgemäß erfolgt ist. Die Tagesordnung liegt Ihnen vor. Da mehr als die Hälfte der Gemeinderäte anwesend ist, sind wir beschlussfähig. Ich rufe Punkt 1 der Tagesordnung auf … .“ Die Jugendlichen interessiert vor allem Punkt 5. Der Antragsteller begründet die Notwendigkeit eines Jugendzentrums. In der anschließenden Diskussion wird auf einen Vertrag hingewiesen, den die Gemeinde mit den Jugendlichen abschließen will. Er regelt Fragen des Jugendschutzes und der Versicherung. Besonders wichtig ist die Selbstverwaltung des Gebäudes durch die Jugendlichen. Sie verpflichten sich, die Renovierung zu übernehmen und bestimmte Regeln einzuhalten (z. B. Ordnung in den Räumen, Müll wegräumen, Lärm vermeiden).

Die Bürgermeisterin verliest noch einmal den Antrag. Dann wird abgestimmt und das Ergebnis verkündet. „Für den Antrag stimmten 16 Gemeinderäte, gegen den Antrag 4 Gemeinderäte. Es gab keine Stimmenthaltungen. Der Antrag ist angenommen.“

Aufgabe

2 Der Gemeinderat hat der Einrichtung eines Jugendzentrums zugestimmt. Nenne die Argumente, die dafür gesprochen haben könnten.

Merke
Ein Antrag an den Gemeinderat wird von der Verwaltung bearbeitet. Sie entwickelt eine Vorlage. Diese wird in dem zuständigen Ausschuss beraten. Der Ausschuss trifft einen Beschluss, der dem Gemeinderat zur Entscheidung vorgelegt wird.

Grundbegriff
- Ausschuss

Engagement entwickeln

Info 1

Sich engagieren
Das Wort „engagieren" kommt aus dem Französischen und heißt „einsetzen". Menschen, die sich engagieren, treten für eine Sache oder eine Person besonders ein. Jugendliche können sich zum Beispiel für den Umweltschutz in ihrer Gemeinde engagieren oder sich um hilfsbedürftige Menschen kümmern.

M2 *Kinder protestieren 1951 in Braunschweig gegen eine Steuer auf Süßigkeiten.*

Aufgaben

1 Nenne Anliegen von Bürgerinitiativen. Benutze folgende Internetseite: www.buergerinitiative.de

2 Beschreibe, welche Möglichkeiten Bürgerinitiativen haben, um auf ihre Forderungen aufmerksam zu machen.

3 Diskutiere den Bau der Umgehungsstraße.

Bürgerinnen und Bürger machen mit

Oft sind Bürgerinnen und Bürger mit den Vorhaben, die in der Gemeinde geplant sind, nicht einverstanden oder sie wollen eigene Vorstellungen verwirklichen. Sie engagieren sich für ihre Interessen, indem sie Unterschriften sammeln, einen Leserbrief an ihre Zeitung schreiben, Flugblätter drucken, mit Gemeindemitgliedern diskutieren oder eine Demonstration veranstalten. Finden sich viele Bürgerinnen und Bürger zusammen, können sie eine **Bürgerinitiative** gründen. Anders als Parteien setzen sich diese nur für ein bestimmtes Ziel ein, zum Beispiel für den Erhalt eines Naturraumes.

Bürgerinitiativen protestieren häufig gegen große Bauvorhaben wie den Bau von Atomkraftwerken, Umgehungsstraßen oder Großflughäfen. Dazu veranstalten sie Aktionen. Haben die Bürgerinitiativen ihr Ziel erreicht, lösen sie sich wieder auf.

Bei einer Nichtverwirklichung der Umgehungsstraße drohen unserer Gemeinde erhebliche wirtschaftliche Nachteile, die sich zugleich auf den gesamten Landkreis auswirken können. Wir befürchten, dass die Gewerbesteuer-Einnahmen deutlich zurückgehen. Ebenso droht uns ohne eine leistungsfähige Umgehung in zehn bis zwanzig Jahren in der Innenstadt der Zusammenbruch des Verkehrs.

M1 *Argumente der Befürworter einer Umgehungsstraße*

Ortsumgehung? Nein Danke!

Ob Südumgehung oder Umgehungsstraße, ob Autobahnanbindung oder Autobahnzubringer:
Wir wollen diese Straße nicht!

- Kein Lärm in die Wohngebiete!
- Keine Zerstörung der Flussniederung und der Wallhecken rund um die Stadt!
- Denkmäler und der Lebensraum seltener Tiere am Kanal sollen ungestört erhalten bleiben und nicht durch eine acht Meter hohe Brücke verbaut werden!

M3 *Forderungen einer Bürgerinitiative gegen eine Umgehungsstraße*

Castor-Transport erreicht Endlager nach heftigen Protesten

Die Fahrt ist zu Ende: In der Nacht traf der Castor-Transport im Zwischenlager Gorleben ein. Zuvor hatten die heftigsten Blockade-Aktionen die Atommüll-Container fast einen ganzen Tag lang aufgehalten.

Am Ende ging es plötzlich ganz schnell. Am Dienstagmorgen um 0:17 Uhr fuhren die elf Tieflader mit den Castor-Behältern auf das Gelände des Zwischenlagers in Gorleben. Die Fahrt auf dem letzten Teilstück sei reibungslos vonstatten gegangen, sagte ein Sprecher der Polizei. „Damit ist der Einsatz beendet." Erst eine gute Stunde zuvor, um 23:11 Uhr, hatte sich der Konvoi doch noch am Verladebahnhof im niedersächsischen Dannenberg in Bewegung gesetzt. Bewacht von Hunderten Polizisten rollten die Tieflader in das gut 20 Kilometer entfernte Gorleben.

Der Atommülltransport enthält die Reste alter Brennelemente aus deutschen Kernkraftwerken. Der Müll war für die Zwischenlagerung in der Wiederaufarbeitungsanlage La Hague in Frankreich in Container verpackt worden. Der Sonderzug nach Gorleben war von dort am Freitagabend gestartet. Insgesamt brauchte er für die Fahrt nach Gorleben fast 80 Stunden.

(Nach: Spiegel online vom 11.1.2008)

M4 *Pressebericht*

M5 *Transparent gegen eine Umgehungsstraße*

Info 2

Bürgerbeteiligung

Das Gesetz sieht eine Reihe von Möglichkeiten vor, mit denen sich Einwohner einer Gemeinde engagieren können, wenn sie mit einer Entscheidung des Rates nicht einverstanden sind. Sie können zunächst einmal den Bürgermeister oder einzelne Mitglieder des Gemeinderats nicht wieder wählen, wenn die Amtszeit vorbei ist.

Sie können aber auch mit einem schriftlichen **Einwohnerantrag** den Gemeinderat verpflichten, sich mit einem Problem zu beschäftigen.

Mit einem **Bürgerbegehren** kann beantragt werden, dass die Bürgerinnen und Bürger selbst über eine Angelegenheit ihrer Gemeinde entscheiden. Der Antrag muss schriftlich in Form einer Frage bei der Gemeinde eingereicht werden, die nur mit ja oder nein beantwortet werden kann. Das Bürgerbegehren muss je nach Einwohnerzahl von einer bestimmten Anzahl (etwa 10 %) der Bürgerinnen und Bürger unterschrieben sein. Dann kann ein **Bürgerentscheid** durchgeführt werden. Er ist erfolgreich, wenn die Mehrheit der Beteiligten zustimmt und mehr als die Hälfte der Bürger tatsächlich zur Abstimmung geht.

Merke

Bürgerinitiativen engagieren sich für Projekte. Sie versuchen auch, auf Entscheidungen in der Gemeinde Einfluss zu nehmen.

Grundbegriffe

- Bürgerinitiative
- Einwohnerantrag
- Bürgerbegehren
- Bürgerentscheid

Alles klar?

Einfluss nehmen in der Gemeinde

1. Chaos in der Gemeinde

In der Abbildung ist Einiges durcheinander geraten. Zeichne ein richtiges Schaubild in dein Heft oder deine Mappe.

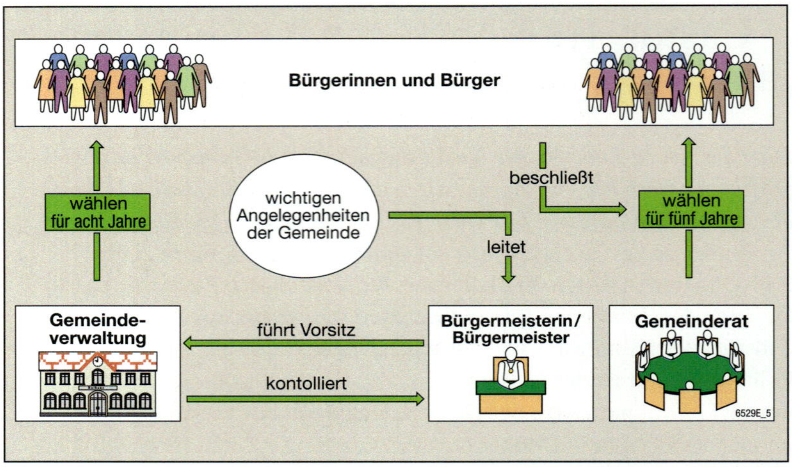

2. Kennst du dich aus? Fragen für Experten

a) Wer wählt den Gemeinderat?
b) Nenne zwei Aufgaben, für die der Gemeinderat zuständig ist.
c) Wozu dient der Haushaltsplan?
d) Wer stellt den Haushaltplan auf?
e) Was passiert vom Antrag bis zur Ausführung eines Vorschlags in einer Gemeinde?
f) Was ist eine Bürgerinitiative?
g) Welche Handlungsmöglichkeiten einer Bürgerinitiative gibt es?

3. Was gehört zusammen?

Ordne die Begriffe der jeweils passenden Überschrift zu:
a) Pflichtaufgaben
b) Freiwillige Aufgaben

Einrichtung eines Kindergartens
Verwaltung von Schulen
Abwasser- und Müllentsorgung
Feuerwehr
Unterhaltung einer Gemeindestraße
Unterhaltung einer Bücherei
Unterhaltung eines Theaters
Wasserversorgung
Einrichtung eines Sportplatzes

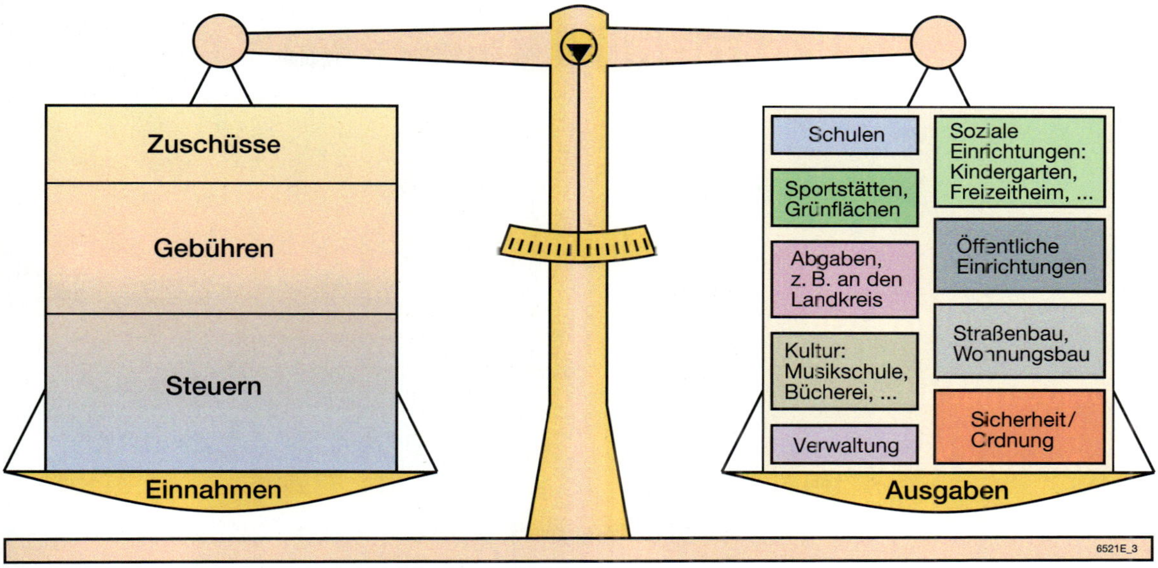

4. Einnahmen und Ausgaben in der Waage

a) Erkläre, wer einer Gemeinde Zuschüsse gewährt.
b) Notiere drei Beispiele von Gebühren, die ein Einwohner an die Gemeinde zahlt.
c) Nenne drei Beispiele, woher die Steuereinnahmen einer Gemeinde stammen.
d) Wähle drei Bereiche aus den Ausgaben einer Gemeinde aus und notiere Beispiele.

5. Wir brauchen Radwege

a) Begründe, ob der Bau von zusätzlichen Radwegen zu den Pflichtaufgaben einer Gemeinde gehört oder eine freiwillige Aufgabe ist.
b) In einem Antrag werden zusätzliche Radwege gefordert. Erläutere den Weg, den ein Antrag an den Gemeinderat nimmt.

Grundbegriffe
- Gemeinde
- Gemeinderat
- Bürgermeisterin/Bügermeister
- Pflichtaufgabe
- freiwillige Aufgabe
- Haushaltsplan
- Ausschuss
- Bürgerinitiative
- Einwohnerantrag
- Bürgerbegehren
- Bürgerentscheid

Die Erde – ein Himmelskörper

Die Erde im Sonnensystem

Mit dem Internet arbeiten

Tageszeiten und Zeitzonen

Jahreszeiten

Rekorde der Erde

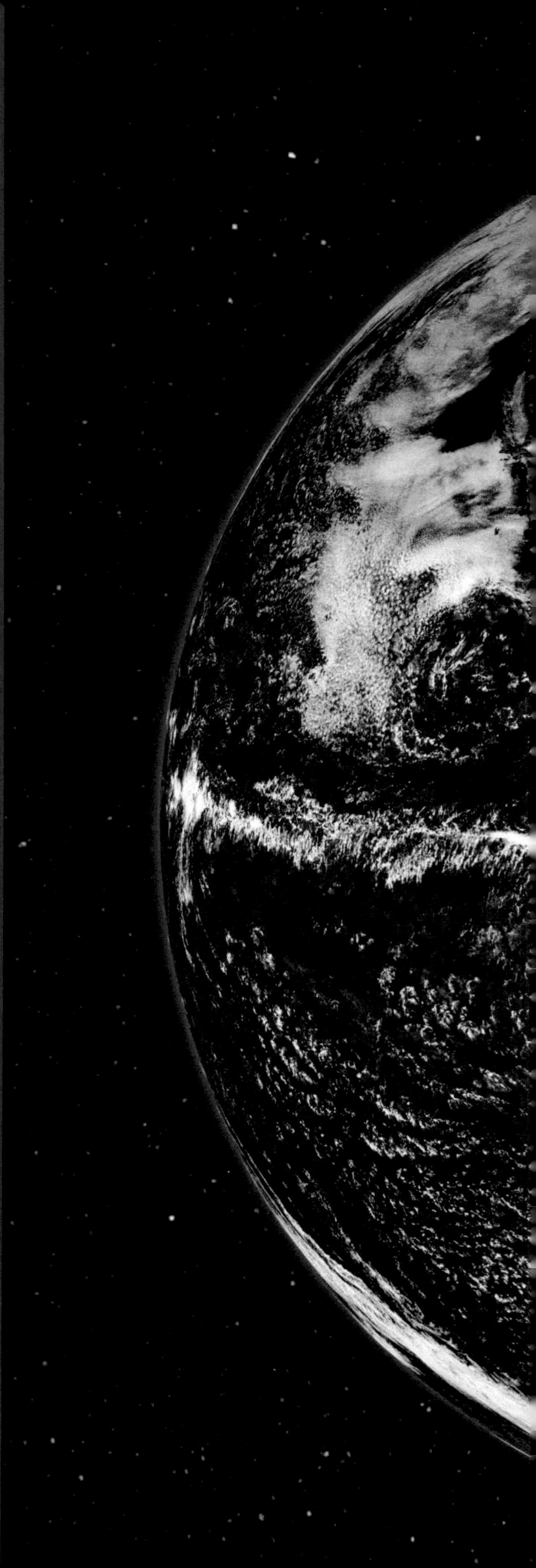

M1 *Erde und Mond im Weltall* ▶

Die Erde im Sonnensystem

Die Erde – ein Planet der Sonne

Das **Weltall** ist so groß, dass wir uns das nicht mehr vorstellen können. Hier gibt es unzählige **Sterne**, auch **Sonnen** genannt. Einer dieser Sterne ist unsere Sonne. Sie ist der Mittelpunkt unseres **Sonnensystems**. Ein Stern (bzw. eine Sonne) leuchtet selbst. Unsere Sonne hat einen Durchmesser von etwa 1400000 km.

Acht **Planeten** umkreisen unsere Sonne. Früher waren es neun, aber 2006 haben Wissenschaftler dem Pluto die Bezeichnung „Planet“ aberkannt; er ist nur noch ein „Zwergplanet“. Die Planeten leuchten nicht selbst. Man sieht sie nur, weil sie von der Sonne angestrahlt werden. Einer der Planeten ist die Erde. Die Erde braucht ein Jahr, um die Sonne einmal zu umkreisen. Die meisten Planeten werden von **Monden** umkreist. Auch sie leuchten nicht selbst. Der Mond der Erde braucht etwa einen Monat, um die Erde zu umkreisen.

Aufgaben

1 Analysiere M4:
a) Welches ist der größte und welches der kleinste Planet?
b) Nenne die Planeten mit den meisten und den wenigsten Monden.

2 Nenne die Namen aller Planeten in der Reihenfolge der Entfernung von der Sonne und schreibe sie auf. Die „Eselsbrücke“ hilft dir dabei.

3 a) Ein Stecknadelkopf mit einem Durchmesser von einem Millimeter soll die Erde sein. Wie groß muss dann die Sonne sein (Text und M4)?
b) Stellt die Entfernung von der Sonne zur Erde auf dem Schulhof nach.

M1 *Die Sonne mit ihren Planeten im Weltraum*

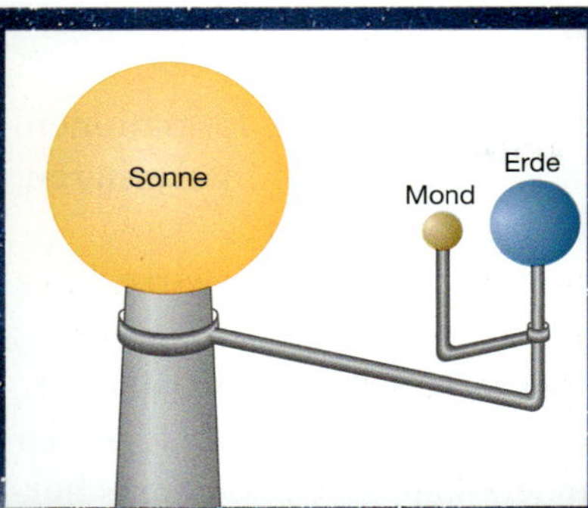

M2 *Modell: Sonne, Erde, Mond*

M3 *Merkhilfe*

Planet	Durchmesser	Monde	Abstand zur Sonne
Jupiter	143 000 km	63	779 Mio. km
Saturn	120 000 km	47	1 432 Mio. km
Uranus	51 100 km	27	2 884 Mio. km
Neptun	49 500 km	13	4 509 Mio. km
Erde	12 760 km	1	150 Mio. km
Venus	12 100 km	–	108 Mio. km
Mars	6 970 km	2	228 Mio. km
Merkur	4 800 km	–	58 Mio. km

M4 *Die Planeten des Sonnensystems, geordnet nach ihrer Größe*

Merke
Sterne (oder Sonnen) im Weltall leuchten selbst. Unsere Sonne wird von der Erde – als einem der acht Planeten unseres Sonnensystems – in einem Jahr umkreist. Der Mond umrundet die Erde in etwa einem Monat.

Grundbegriffe
- Weltall
- Stern (Sonne)
- Sonnensystem
- Planet
- Mond

Mit dem Internet arbeiten

Info 1

Begriffe aus dem Internet

Suchmaschine
Suchmaschinen durchforsten ständig das Internet nach neuen Seiten und speichern die Ergebnisse in Datenbanken ab. Der Nutzer greift mit seiner Suchanfrage auf diese Datenbank zu. Anfragen bei Suchmaschinen bringen daher sehr schnell sehr viele und aktuelle Treffer.
Beispiele für Suchmaschinen sind:
www.google.de
www.fireball.de
www.altavista.de

Portal
Webverzeichnisse sind „Portale"; sie bieten sich als Einstieg für Recherchen an. Sie beinhalten eine Sammlung von Adressen, die nach bestimmten Themen sortiert sind. Außerdem vereinen sie verschiedene Informationen und Angebote, wie Suchmaschinen und Verzeichnisse.
Auch Seiten von Museen, Fernsehsendern oder Behörden zählen zu den Portalen.
Beispiele für Portale sind:
www.blinde-kuh.de
www.milkmoon.de
www.bpb.de

Internet-Adresse (URL)
Die Internet-Adresse ist die Adresse der aufgerufenen Seite im Netz. Um die Information wiederzufinden oder um nachzuweisen, woher sie stammt, musst du sie angeben. Du findest sie in der Adressleiste deines Browsers, wenn du die Seite aufgerufen hast.

Eine unüberschaubare Fülle?

Das Internet bietet eine unüberschaubare Fülle von Informationen. Wie kommst du aber an die Informationen, die dich interessieren, ohne dabei stundenlang vor dem Computer zu sitzen?

- Zunächst: Nur wenn du weißt, wonach du suchst, wirst du es auch finden.
- Und: Du musst wissen, wo und wie du am besten suchst.

Angenommen, du sollst eine Präsentation zum Thema „Die Planeten unseres Sonnensystems" erstellen. Im Schulbuch hast du bereits herausgefunden, welche Planeten dies sind. Nun möchtest du genauere Informationen sammeln, zum Beispiel über deren Entstehung, Alter, ob dort ein Leben möglich ist oder warum Pluto kein Planet mehr ist. Außerdem hättest du gern ein paar Bilder für die Präsentation.

Wenn du also genau weißt, was du suchst, und dir passende Suchbegriffe überlegt hast, dann kannst du dich an den Computer setzen. Vorher legst du noch eine Zeit fest, die du maximal für die Recherche aufwenden willst.

Bei einer **Suchmaschine** gibst du deine Suchwörter ein und bekommst dann meist mehr Treffer in einer **Link-Liste** angezeigt, als du jemals anschauen kannst. Genauer wird die Suche, wenn du mehrere Suchwörter zusammen eingibst. Außerdem kannst du gezielt nach Bildern suchen. Klickst du die Treffer an, dann wirst du auf die Seiten geleitet, die deine Suchwörter enthalten. Du musst nun selbst prüfen, ob du die Informationen verwerten kannst.

Bei einem Webverzeichnis helfen dir deine Suchwörter, die richtigen Seiten zu finden. Das Portal „Blinde Kuh" bietet ein Webverzeichnis und außerdem eine Suchmaschine. Die Auswahl ist speziell für Kinder und Jugendliche zusammengestellt, sodass die Informationen auch verständlich sind. Du musst die Inhalte natürlich auch hier selbst prüfen.

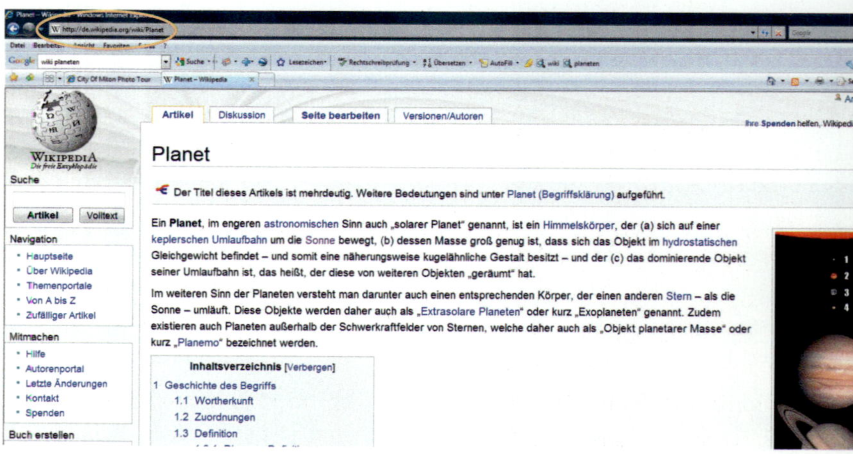

M1 *Ein Beitrag bei Wikipedia, Internet-Adresse umrandet.*

M2 *Trefferliste einer Suchanfrage bei „Blinde Kuh“*

Blinde-Kuh.de begann als Suchmaschine für Kinder und Jugendliche im Internet. Der Name wurde in Anlehnung an das gleichnamige Kinderspiel gewählt. Sie besteht seit 1997 und wurde mittlerweile mehrfach ausgezeichnet. Seit 2004 wird Blinde-Kuh.de vom Bundesministerium für Familie, Senioren, Frauen und Jugend gefördert.
Die Suchmaschine und das Webverzeichnis bieten zusammen mit den vielen anderen Informationen des Portals eine gute Hilfe bei der Internet-Recherche. Besonders hilfreich ist die Angabe der Altersgruppe, für die sich die verlinkten Inhalte besonders eignen.

M3 *Blinde Kuh*

Tipps für die Internet-Recherche

1. Überlege dir, was du wissen willst. Je genauer deine Vorstellungen sind, desto leichter werden die Suche und die Auswahl.
2. Sammle Suchbegriffe und bringe sie in eine dir sinnvolle Beziehung zueinander (evtl. mit einer Mindmap o.ä.).
3. Lege fest, wie lange du maximal recherchieren willst.
4. Recherchiere im Internet, kombiniere dabei die Suchbegriffe.
5. Überprüfe die Informationen: Sind sie verständlich, passen sie zu deiner Fragestellung, erscheinen sie dir glaubwürdig?
6. Speichere ausgewählte Informationen und notiere dir die URL sowie das Zugriffsdatum.

Info 2

Online-Lexika

Einige Verlage bieten einen Zugriff auf ihre Lexika im Internet an. Diese sind oft beschränkt.
Kostenlos und sehr populär sind dagegen Online-Lexika, an denen jeder mitschreiben kann. Am bekanntesten ist Wikipedia. Das Überprüfen der Richtigkeit übernimmt nicht eine Redaktion, sondern der Nutzer selbst. Die Inhalte können in der Regel unter Angabe der Quellen frei kopiert und verwendet werden. Viele Wikipedia-Artikel gibt es in mehreren Sprachen.
Beispiele für Online-Lexika sind:
http://de.wikipedia.org/
http://de.encarta.msn.com/
www.bpb.de/wissen/

Aufgaben

1 Führe eine Internet-Recherche durch und gestalte mit den gewonnenen Informationen ein Plakat zum Thema „Die Erde – ein Planet im Weltall“.

2 Schreibe einen Text zum Thema „Wie das Sonnensystem den neunten Planeten verlor“. Recherchiere im Internet, dokumentiere deine Recherche.

3 Viele Suchmaschinen bieten die Möglichkeit der Expertensuche. Informiere dich über die Expertenfunktionen einer Suchmaschine. Schreibe eine Gebrauchsanleitung für deine Mitschülerinnen und Mitschüler. Erläutere darin, welche Vorteile sie dadurch haben.

Tageszeiten und Zeitzonen

Tag-Nacht-Experiment
Benötigte Materialien:

- Globus
- Overheadprojektor
- Verdunklung im Raum

Der eingeschaltete Overheadprojektor soll die Sonne darstellen und der Globus die Erde.
Drehe den Globus entgegen dem Uhrzeigersinn, wenn du von oben schaust.

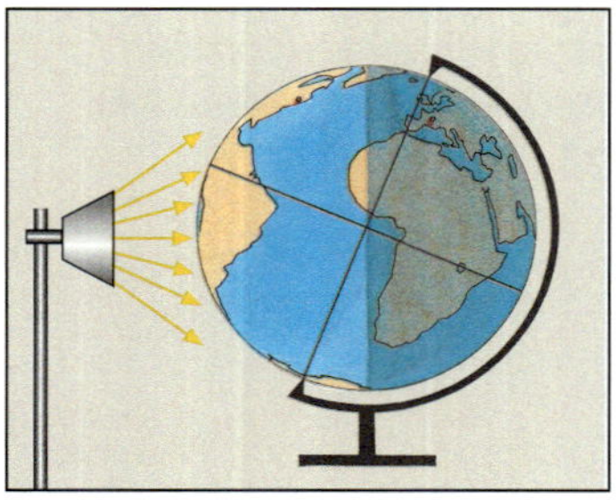

Aufgaben

1 a) Führe das Experiment durch. Erkläre, wie Tag und Nacht entstehen.
b) Stelle folgende Situation nach: Die Sonne steht über dem Null-Meridian. Suche die Städte Kalkutta und Caracas auf dem Globus. In welcher der beiden Städte geht die Sonne auf und in welcher geht sie unter?

2 a) Du fliegst auf dem kürzesten Weg von Hannover nach New York. Musst du die Uhr vor- oder zurückstellen (M3)?
b) Wann musst du den Fernseher einschalten, um live ein Rockkonzert um 20 Uhr in Melbourne/Australien zu sehen (M3)?

3 Warum muss es auf der Erde eine Datumsgrenze geben? Erkläre.

Wie entstehen Tag und Nacht?

Das Licht der Sonne bestrahlt die Erde. Dabei dreht sich die Erde einmal in 24 Stunden um ihre eigene Achse. Diese Bewegung nennt man **Erdrotation**. Sie geschieht entgegen dem Uhrzeigersinn von West nach Ost. Da die Erde etwa die Gestalt einer Kugel hat, wird immer nur eine Hälfte von ihr angestrahlt. Dort ist dann Tag. Die andere Hälfte liegt im Dunkeln. Dort ist Nacht. In 24 Stunden ist es also überall auf der Erde einmal Tag und einmal Nacht.

Jede Zeit hat ihre Zone

Durch die Drehung der Erde um ihre eigene Achse erreicht die Sonne über jedem Längengrad einmal am Tag ihren höchsten Stand. Dort ist es dann 12 Uhr Mittags. Bei 360 Längengraden braucht die Erde vier Minuten von einem Längengrad zum anderen. In einer Stunde ziehen also 15 Längengrade an der Sonne vorbei. Jeder Ort der Erde hätte somit seine eigene Zeit. In Berlin erreicht die Sonne fast eine halbe Stunde früher ihren Höchststand als in Essen.

Im Jahr 1883 haben sich die Länder der Erde auf **Zeitzonen** geeinigt. Das sind Gebiete der Erde, die die gleiche Zeit haben. Eine Zeitzone umfasst in der Regel 15 Längengrade. Bei der Festlegung wurde aber auch der Verlauf von Staatsgrenzen berücksichtigt. Deutschland liegt in der sogenannten Mitteleuropäischen Zeitzone (MEZ).

In östliche Richtung musst du für jede Zeitzone eine Stunde dazuzählen, in westliche Richtung eine Stunde abziehen.

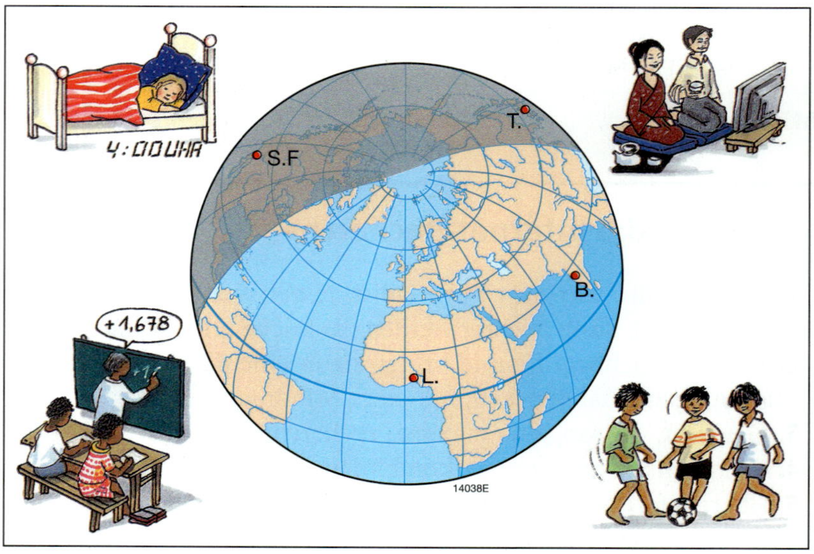

M1 *Zur selben Zeit auf der Erde. Ermittle mithilfe von M3: Wie viel Uhr ist es in den vier Städten? (Bedenke: Indien hat eine Zwischenzeit!)*

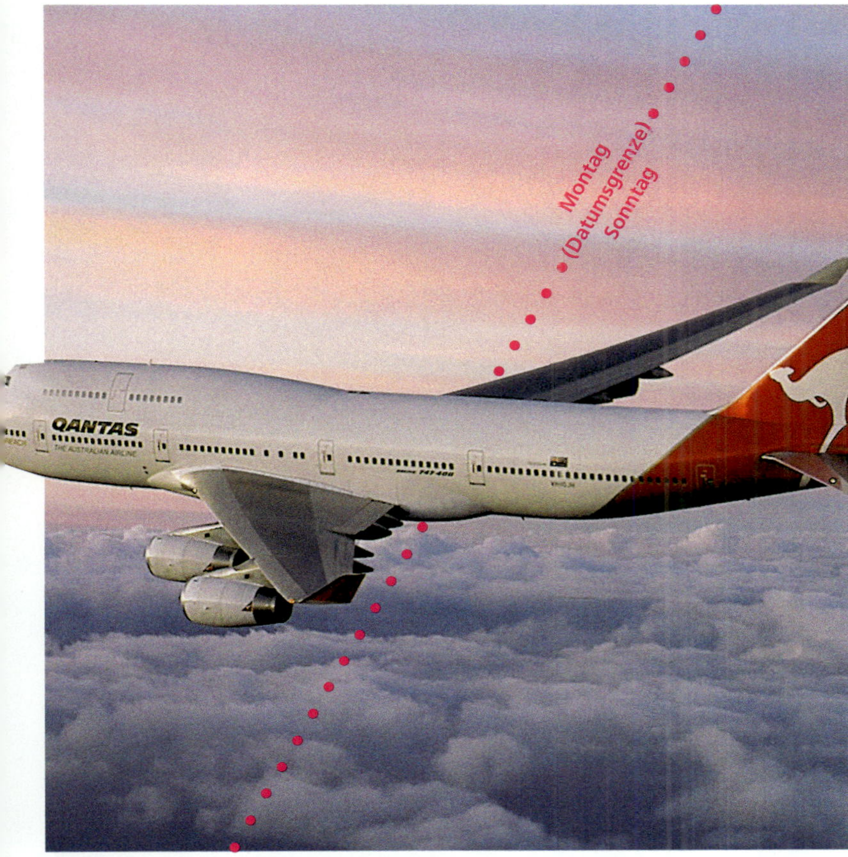

Fliegt man von Hannover in westlicher Richtung um die Erde wieder zurück nach Hannover, durchquert man alle 24 Zeitzonen. Man müsste die Uhr 24 Mal um eine Stunde zurückstellen (Sonderzeiten nicht berücksichtigt). Bei der Ankunft in Hannover würde der Kalender dann einen Wochentag später anzeigen, als es tatsächlich ist. Dieses Problem wurde mit der Festlegung der **Datumsgrenze** gelöst.

M2 *Gleiche Uhrzeit – anderer Wochentag: Flug nach Hannover von Osten nach Westen*

Merke
Tag und Nacht entsteht durch die Erdrotation. Auf der Erde gibt es 24 Zeitzonen. Im Pazifik liegt die Datumsgrenze.

Grundbegriffe
- Erdrotation
- Zeitzone
- Datumsgrenze

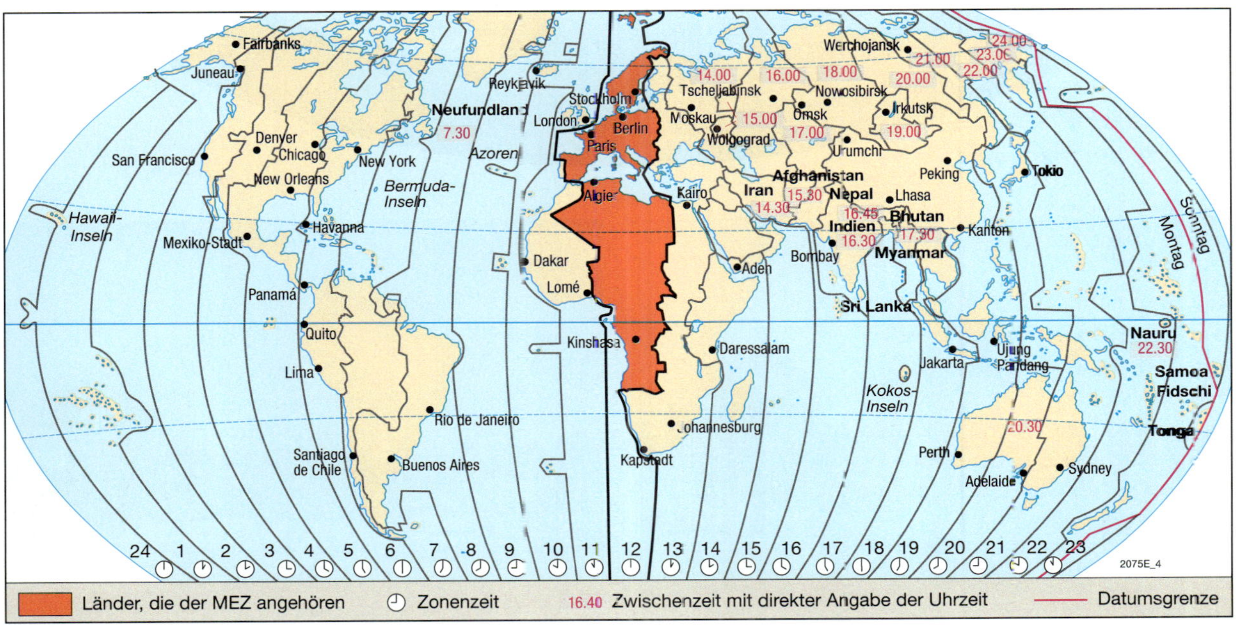

M3 *Die 24 Zeitzonen der Erde (schematisch)*

Jahreszeiten

M1

M2

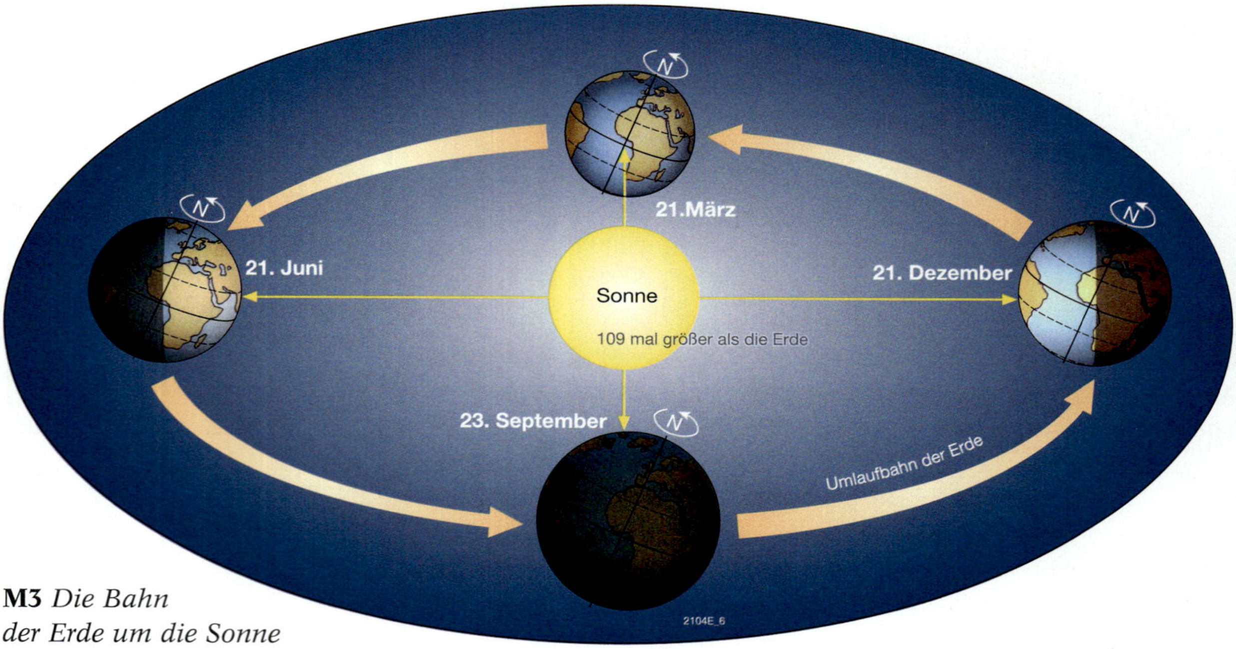

M3 *Die Bahn der Erde um die Sonne*

M4

M5

Wie entstehen die Jahreszeiten?

In unseren Breiten gibt es außer den Tageszeiten noch die **Jahreszeiten**. Auch sie hängen mit der Bestrahlung der Sonne und der Bewegung der Erde zusammen. Die Erde dreht sich im Verlauf eines Jahres um die Sonne. Dabei ist die Achse der Erde gegenüber der Umlaufbahn um 23,5° geneigt. Auf ihrem Weg um die Sonne bleibt die Erde immer in derselben schrägen Lage. Dadurch werden Teile von ihr mal länger und mal kürzer und mal gar nicht bestrahlt. Einmal ist der Nordpol und einmal der Südpol mehr zur Sonne geneigt. Wird die Nordhalbkugel stärker von der Sonne beschienen, so ist bei uns Sommer; wird die Südhalbkugel stärker von der Sonne beschienen, ist bei uns Winter.

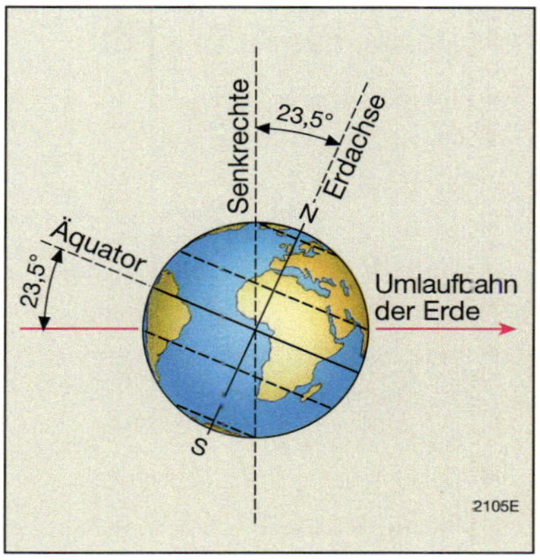

M6 *Die Erde „steht schief"*

Experiment zu den Jahreszeiten

Benötigtes Material:
– eine starke Lichtquelle (Diaprojektor oder Overheadprojektor)
– einen Rollwagen
– einen Globus

Durchführung:
Ein Globus (Standglobus mit geneigter Erdachse) wird auf einen kleinen Tisch gestellt.
Der Projektor wird auf einen Rollwagen gestellt und angeschaltet.
Der Raum wird verdunkelt.
Zwei Kinder umrunden mit dem Rollwagen den Globus.
Sie stellen anschließend noch einmal den 21. Juni, den 21. März, den 21. Dezember und den 23. September nach.
Beobachtet genau, welche Teile der Erde der Sonne jeweils zugewandt sind.

Aufgaben

1 Betrachte M3.
a) Die Abbildung enthält vier Datumsangaben. Was bedeuten sie?
b) Ordne M1, M2, M4 und M5 den Datumsangaben in M3 zu.
c) Die vier Datumsangaben sind bei uns die Anfänge von Jahreszeiten. Welche sind es (Kalender)?

2 Erkläre die Bedeutung der Wendekreise.

3 Beschreibe, wie Sommer und Winter auf der Nordhalbkugel entstehen.

4 Erkläre, warum es am Äquator keine Jahreszeiten gibt.

Woher haben die Wendekreise ihre Namen?

Am 21. Juni wird der Breitenkreis 23,5° n. B., der sogenannte nördliche **Wendekreis**, um 12 Uhr mittags senkrecht von oben beschienen; man sagt: Die Sonne steht im **Zenit**. Jetzt „wendet" die Sonne scheinbar in ihrem Lauf und steht am 21. Dezember über dem Breitenkreis 23,5° s. B., dem südlichen Wendekreis, um 12 Uhr im Zenit. Nun „wendet" die Sonne ihren Lauf scheinbar wieder nach Norden. Auf ihrem Weg zwischen den Wendekreisen steht sie am 21. März und am 23. September jeweils über dem Äquator im Zenit. Am Äquator spielt die Neigung der Erdachse kaum eine Rolle. Dort ist es ständig warm und die Tage sind das ganze Jahr über fast gleich lang. Hier gibt es keine Jahreszeiten.

Merke
Die Jahreszeiten bei uns entstehen durch die Drehung der Erde um die Sonne in einem Jahr und die Schrägstellung der Erdachse.

Grundbegriffe
- Jahreszeit
- Wendekreis
- Zenit

Rekorde der Erde

Material, das ihr braucht:

- Overheadprojektor
- Weltkarte im Atlas zum Durchpausen
- Folie
- wasserlöslicher Folienstift zum Zeichnen der Karte auf Folie
- helle Pappe oder ein Stück Tapetenrolle (z. B. 80 x 60 cm)
- Klebestreifen zum Befestigen der Pappe an der Wand oder Tafel
- schwarze Filzstifte zum Nachzeichnen der Weltkarte
- farbige Filzstifte zum Einzeichnen der „Rekorde"

9305E

M1

Die Karte der „Rekorde der Erde" – ein Klassenschmuck

Ihr sollt selbst eine Karte wie in M4 anfertigen, allerdings groß, auf einem Plakat zum Aufhängen. Wenn ihr wisst, wie es geht, könnt ihr auch andere Themen (nicht nur die „Rekorde"), die im Unterricht behandelt werden, in einer solchen Karte veranschaulichen.

So geht ihr vor:

Legt das benötigte Material bereit. Dann geht es los.

1. Übertragt eine Weltkarte im Atlas auf die Folie. Zeichnet die Umrisse der Kontinente nur grob nach.
2. Befestigt helle Pappe mit Klebestreifen an der Wand oder an der Tafel.
3. Legt die Folie auf den Tageslichtprojektor und bildet die Karte auf der Pappe ab. Zeichnet die Umrisse der Kontinente mit einem schwarzen Filzstift nach.
4. Färbt das Meer hellblau ein.
5. Zeichnet nun die „Rekorde" ein und beschriftet sie.

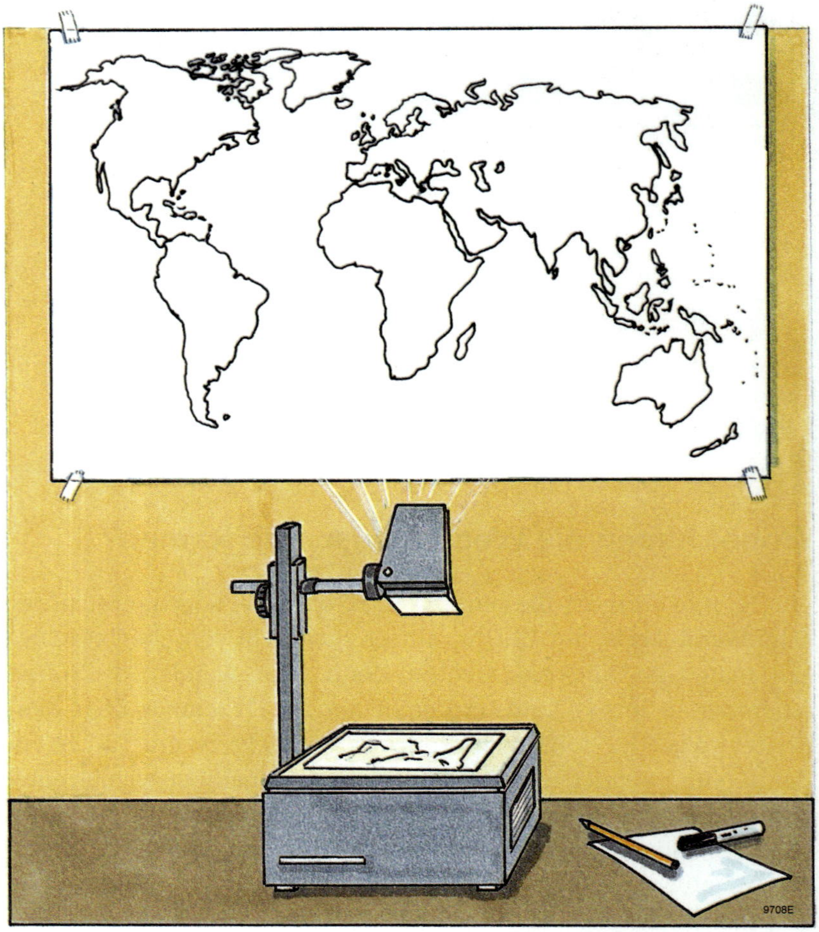

M2 *Der Trick mit dem Tageslichtprojektor*

Ein Tipp:
Zeichnet die „Rekorde" nicht direkt in die Karte, sondern auf Papier und schneidet sie aus. Steckt sie dann mit Pinn-Nadeln auf die Karte.
So könnt ihr die Weltkarte auch noch für andere Themen im Unterricht verwenden.

Das ist Spitze!

Spitzenleistungen gibt es nicht nur im Sport. Auch unsere Erde kann solche „Rekorde" bieten. Immer wieder wird in einem Rätsel oder bei einem Quiz nach dem höchsten Berg oder dem längsten Fluss gefragt.

Hier sind einige „Rekorde" aufgelistet:

Die TOP 13 der Erde

Das Gebirge mit den höchsten Bergen:	Himalaya
Der höchste Berg:	Mount Everest (8846 m)
Die tiefste Meeresstelle:	Witjas Tief (-11 034 m)
Die tiefste Stelle der Landoberfläche:	am Toten Meer (-401 m)
Der höchstgelegene schiffbare See der Erde:	Titicacasee (3812 m)
Das längste Gebirge:	Rocky Mountains/Anden (14 000 km)
Der längste Fluss:	Nil (6671 km)
Der tiefste See:	Baikalsee (1620 m)
Die größte Insel:	Grönland (2 Mio. km^2)
Die größte Halbinsel:	Arabien (3 Mio. km^2)
Der größte Kontinent:	Asien (44 Mio. km^2)
Der größte See:	Kaspisches Meer (371 800 km^2)
Der höchste Vulkan:	Cotopaxi (5897 m)

M3

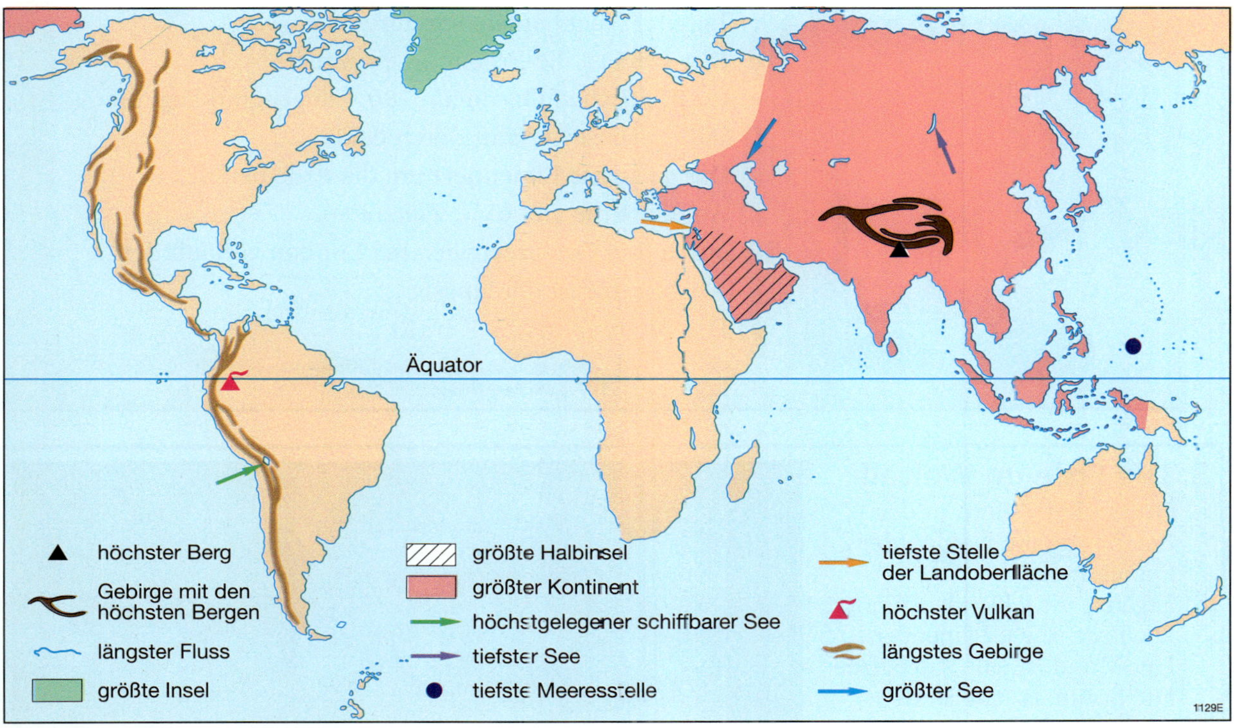

M4 *Karte der Rekorde der Erde*

Aufgabe

1 Ordne die „TOP 13 der Erde" den Kontinenten zu. Beginne so: Das Gebirge mit den höchsten Bergen liegt in A … .

Die Erde – ein Himmelskörper

1. Hier hat sich der Fehlerteufel eingeschlichen

Korrigiere die Fehler und schreibe den richtigen Text in deine Mappe oder dein Heft.

Die Sonne wird von der Erde bestrahlt. Dabei dreht sich die Erde einmal in 12 Stunden um ihre eigene Achse. Man nennt das Evolution. Es leuchtet immer nur eine Hälfte der Erde. Dort ist dann Nacht.
Durch die Drehung der Erde um den Mond erreicht die Sonne über jedem Längengrad zweimal am Tag ihren höchsten Stand. Dort ist es dann 12 Uhr am Mittag.
Es gibt 340 Längengrade. Die Erddrehung bewirkt, dass sich der Höchststand der Sonne von einem Längengrad zum nächsten in zwei Minuten verschiebt.

2. Kennst du dich aus?

Ergänze die fehlenden Begriffe.

a) Jupiter ist ein ... des Sonnensystems.
b) Der Mond umrundet die Erde in etwa ... Monat/en.
c) Tag und Nacht entstehen durch die ... .
d) Seit 1883 ist die Erde in ... eingeteilt.
e) Im Pazifischen Ozean am 180. Längengrad liegt die ... .
f) Die Erdachse verläuft durch beide ... .
g) Das gedachte Liniennetz um die Erde heißt ... .
h) Auf der Erde gibt es ... Zeitzonen.
i) Durch den Ort Greenwich bei London verläuft der ... .
j) Der Äquator ist der längste ... .
k) Der Breitenkreis 23,5° heißt ... .

3. Die Erde im Weltall

a) Ordne den Ziffern in der Zeichnung die Namen der Planeten zu.
b) Ergänze die fehlenden Wörter:
Die Erde ist ein Planet der ... .
Der Mond ist ein ... der Erde.
Die Sonne ist ein Stern der ... .

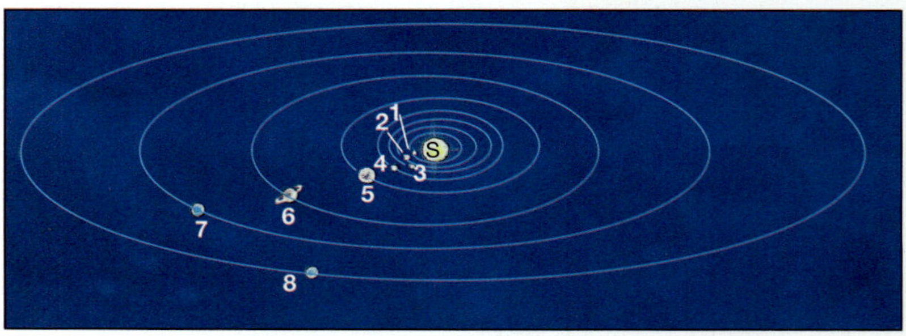

4. Jahreszeiten

Die Abbildung zeigt die Stellung der Erde zur Sonne an einem bestimmten Tag im Jahr.

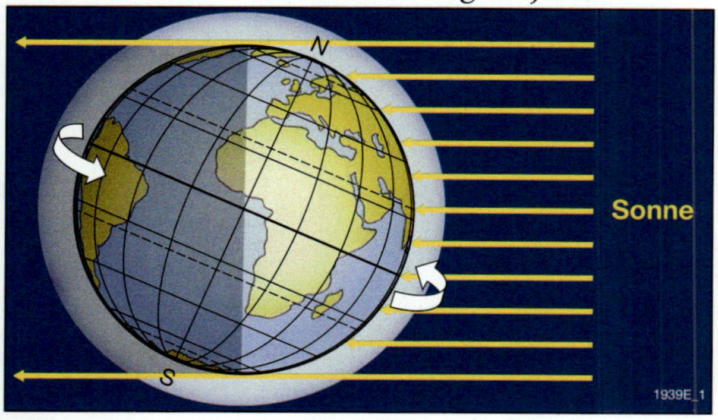

Welcher Tag ist es? Datum: ...

Die Sonne steht an diesem Tag senkrecht, das heißt im ... , über dem ... . Auf der Nordhalbkugel ist ... (Jahreszeit), auf der Südhalbkugel ist ... (Jahreszeit). Auf der Nordhalbkugel ist es der ... Tag des Jahres und die ... Nacht. Nun beginnt die „Wanderung“ des ... zum ... .

5. Was ist an der Datumsgrenze los?

Sebastian fliegt am 21.3. von Kolonia in Mikronesien (A) auf die Phönix-Inseln im Staat Kiribati (B). An welchem Tag kommt er dort an? Notiere das Datum.

Susanne fliegt am 23.12. von Apia im Staat Samoa (C) nach Suva auf den Fidschi-Inseln (D). An welchem Tag kommt sie dort an? Notiere das Datum.

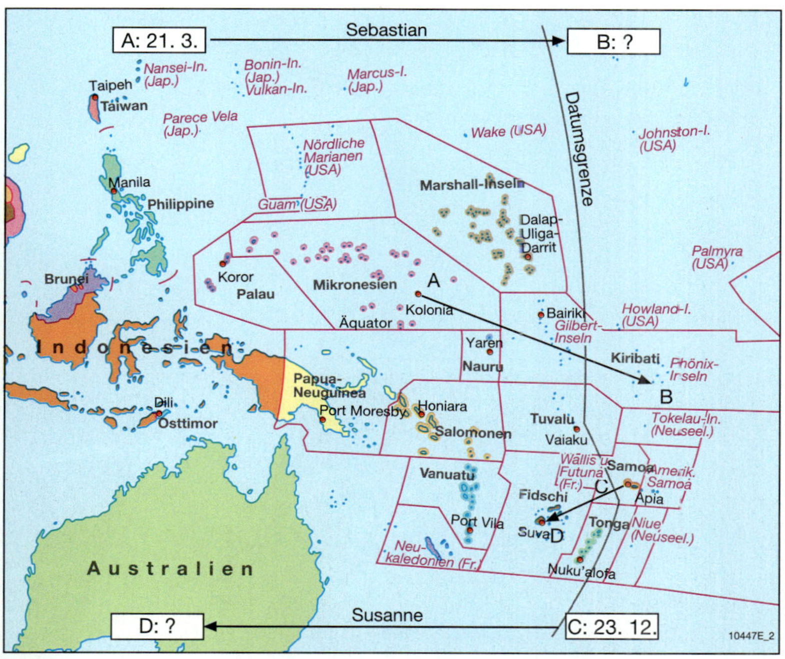

Grundbegriffe
- Weltall
- Stern (Sonne)
- Sonnensystem
- Planet
- Mond
- Suchmaschine
- Link-Liste
- Erdrotation
- Zeitzone
- Datumsgrenze
- Jahreszeit
- Wendekreis
- Zenit

Leben in kalten und heißen Gebieten

Klimadiagramme lesen

Klimadiagramme zeichnen

Klimazonen im Überblick

Klima und Vegetation entsprechen sich

In den Polargebieten

Einen Text auswerten

In der Wüste

In der Savanne

Eine Kausalkette anfertigen

Im tropischen Regenwald

Eine Mindmap erstellen

Eine Karikatur auswerten

Afrika

Klimadiagramme lesen

Info

Klima
Das Zusammenwirken von Temperatur, Niederschlag, Bewölkung, Wind und Luftdruck über einen längeren Zeitraum nennt man Klima.
Das Klima eines Ortes ergibt sich aus den langjährigen Durchschnittswerten der Wetterelemente.

Das Klima

Wetter- und Klimakundler (Meteorologen) messen Temperaturen und Niederschläge und berechnen die Mittelwerte (siehe Info). Diese Mittelwerte für einen Zeitraum von mindestens 30 Jahren geben Auskunft über das **Klima** eines Ortes. Sie werden in einem **Klimadiagramm** dargestellt.

Die Temperaturkurve

Die Temperaturen der einzelnen Monate stellt man zeichnerisch als Temperaturkurve (rot) dar. Dazu muss man zunächst die Tagesmittel aller Tage eines Monats in Grad Celsius (°C) und daraus dann das Monatsmittel errechnen. Mithilfe der Monatsmittel wird die Jahresmitteltemperatur errechnet.

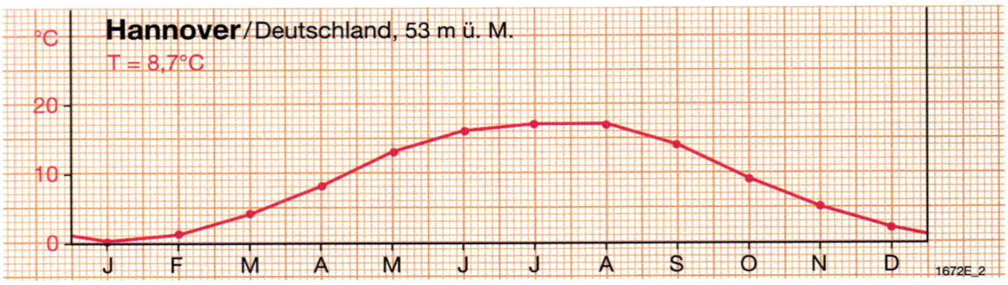

M1 *Temperaturkurve*

Wie errechnet man Mitteltemperaturen?

Tagesmittel: Meteorologen messen stündlich die Temperatur. Sie addieren die Messwerte und teilen die errechnete Zahl durch 24, denn ein Tag hat 24 Stunden. So erhalten sie das Tagesmittel der Temperatur.
Monatsmittel: Aus den Tagesmitteln errechnet man das Monatsmittel. Zuerst zählt man alle Tagesmitteltemperaturen eines Monats zusammen. Danach teilt man die Zahl durch die Anzahl der Tage des Monats (31, 30, 28 oder 29).
Jahresmittel: Aus den zwölf Monatsmitteln errechnet man das Jahresmittel. Zuerst zählt man alle Monatsmitteltemperaturen zusammen. Danach teilt man die Zahl durch die Anzahl der Monate (12).

Die Niederschlagssäulen

Bei den Niederschlägen zählt man die Niederschlagsmengen aller Tage eines Monats zusammen. Dann erhält man den Monatsniederschlag in Millimetern. (Man teilt nicht durch die Zahl der Tage eines Monats!)

Die Monatsniederschläge zeichnet man als Niederschlagssäulen (blau).

Die Niederschlagsmengen der zwölf Monate eines Jahres ergeben zusammengezählt den Jahresniederschlag.

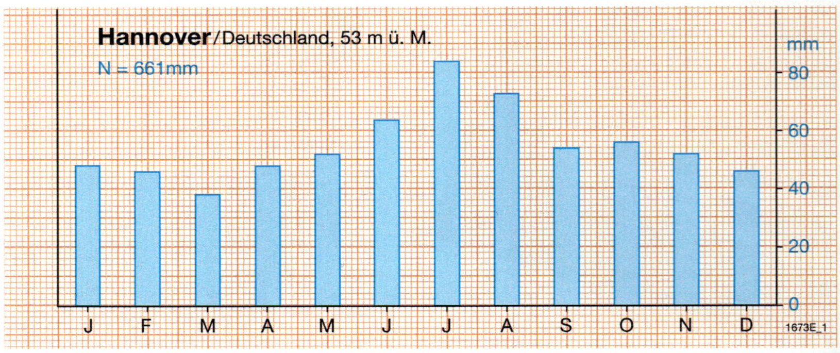

M2 *Niederschlagssäulen (Monatsniederschläge)*

So liest du die Temperaturkurve:

a) Beginne mit dem Januar (J). Lege deinen Finger auf den Buchstaben J (Januar).

b) Fahre mit dem Finger senkrecht nach oben, bis du auf die Kurve triffst.

c) Lies die Zahl waagerecht am linken Rand ungefähr ab (→ Monatsmittel für den Januar).

d) Tue dasselbe bei den übrigen Monaten.

e) Lies die Jahresmitteltemperatur ab (rote Zahl oben links im Diagramm).

So liest du die Niederschlagssäulen:

a) Beginne mit dem Januar (J). Lege deinen Finger auf den Buchstaben J (Januar).

b) Fahre mit dem Finger senkrecht nach oben, bis du an das obere Ende der Säule gelangst.

c) Lies die Zahl waagerecht am rechten Rand ungefähr ab (→ Monatsniederschlag Januar).

d) Tue dasselbe bei den übrigen Monaten.

e) Lies den Jahresniederschlag ab (blaue Zahl oben links im Diagramm).

M4

Das Klimadiagramm

In einem Klimadiagramm sind die Temperaturkurve und die Niederschlagssäulen zusammen eingezeichnet.

Mithilfe des Klimadiagramms kannst du zum Beispiel folgende Fragen beantworten:

- Welches ist der wärmste, welches ist der kälteste Monat im Jahr?
- Wie viel Niederschlag fällt in den einzelnen Monaten?
- Wie hoch ist die Jahresmitteltemperatur und wie viel Niederschlag fällt im Durchschnitt in einem Jahr?

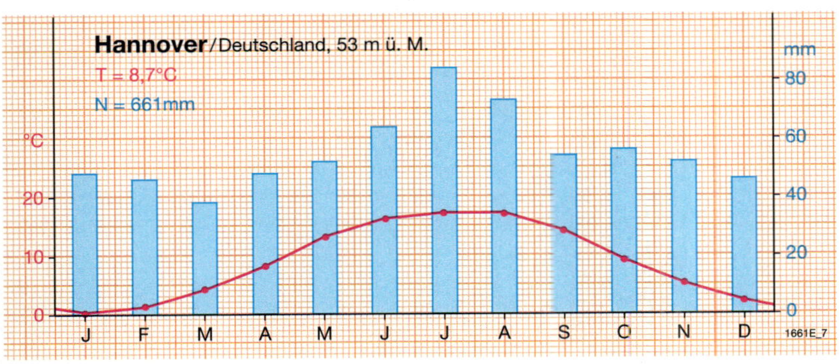

M3 *Klimadiagramm*

Aufgaben

1 Erkläre, wie das Jahresmittel der Temperatur für 30 Jahre errechnet wird.

2 Benenne den wärmsten und kältesten Monat in Hannover (M1). Vergleiche die Niederschläge in den Monaten März und Juli (M2).

3 Charakterisiere das Klima von Hannover (M3).

Klimadiagramme zeichnen

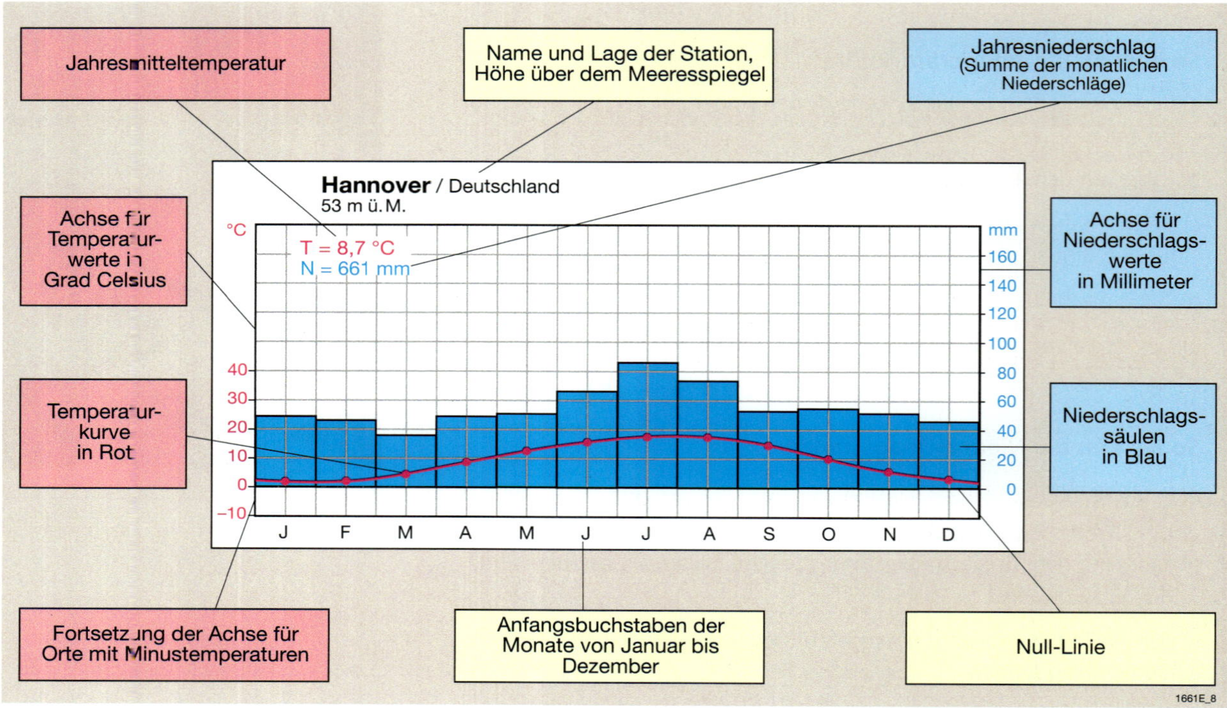

M1 *Das Klimadiagramm in seinen Einzelheiten*

M3 *Materialien, die du für das Zeichnen eines Klimadiagramms brauchst*

Aufgaben

1 Benenne die Klimastation in M2, die zu der Temperaturkurve auf Seite 67 passt.

2 Zeichne selbst ein Klimadiagramm von einem Ort aus M2.

		J	F	M	A	M	J	J	A	S	O	N	D	Jahr
Köln-Wahn (Deutschland) 68 m ü. M.	T (°C)	1	2	5	9	13	17	18	18	15	10	6	3	10
	N (mm)	50	45	40	50	55	85	75	80	60	55	55	50	700
Ghadames (Libyen) 360 m ü. M.	T (°C)	11	13	17	22	27	31	33	31	28	23	17	11	22
	N (mm)	5	3	5	2	2	1	0	0	1	2	5	1	27
Iquitos (Peru) 104 m ü. M.	T (°C)	27	27	27	26	26	26	26	26	27	27	27	28	27
	N (mm)	255	275	350	305	270	200	165	155	190	215	245	215	2840
Frobisher Bay (Kanada) 7 m ü. M.	T (°C)	–27	–26	–22	–14	–3	4	8	7	2	–5	–12	–21	–9
	N (mm)	25	30	20	20	25	40	55	60	45	40	40	25	425

M2 *Klimawerte verschiedener Orte auf der Erde*

1. Schritt:
Null-Linie zeichnen.

- Zeichne mit einem Bleistift die Null-Linie (Länge 12 cm, 1 Monat = 1 cm oder 2 Rechenkästchen). Unterteile die Null-Linie in Abschnitte von 1 cm.
- Schreibe die Anfangsbuchstaben der Monate unter die Null-Linie. Hinweis: Bei Orten mit Minus-Temperaturen werden die Anfangsbuchstaben der Monate unter die Abschlusslinie geschrieben (M1).

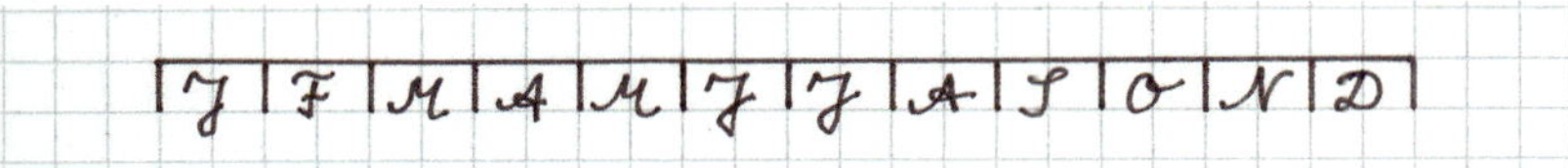

2. Schritt:
Temperaturkurve zeichnen.

- Zeichne mit Bleistift links eine senkrechte Achse für die Temperaturwerte. Unterteile die Achse (1 cm = 10 °C) und beschrifte sie in Rot.
- Trage die Temperaturwerte der Monate Januar bis Dezember jeweils mit einem roten Punkt ein.
- Verbinde die Punkte von Hand mit einem roten Buntstift zu einer Temperaturkurve.

3. Schritt:
Niederschlagssäulen zeichnen.

- Zeichne mit Bleistift rechts eine senkrechte Achse für die Niederschlagswerte ein. Unterteile die Achse (1 cm = 20 mm) und beschrifte sie in Blau.
- Zeichne die Niederschlagswerte der Monate Januar bis Dezember jeweils mit einem blauen Querstrich ein. Verbinde die Querstriche senkrecht mit der Null-Linie.
- Färbe die Niederschlagssäulen mit einem blauen Buntstift ein.

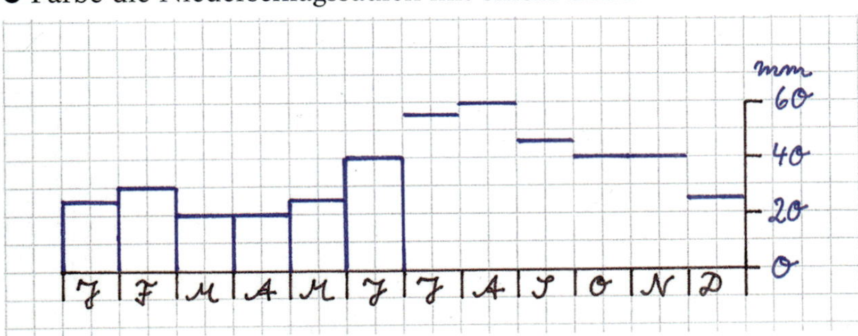

4. Schritt:
Angaben zur Klimastation eintragen.

- Vervollständige das Klimadiagramm mit folgenden Angaben:
  Name und Lage der Station (z. B. Hannover),
  Höhe über dem Meeresspiegel in Metern (z. B. 53 m ü. NN.),
  Jahresmitteltemperatur (z. B. T = 8,7 °C),
  Jahresniederschlag (z. B. N = 661 mm).

Klimazonen im Überblick

Aufgaben

1 a) Beschreibe die Landschaften (M2–M5). Verwende dabei folgende Wörter: kalt, warm, trocken, gemäßigt, hohe Niederschläge.
b) Ordne die Landschaftsbilder (M2–M5) mithilfe von M1 einzelnen Klimazonen zu.

2 a) Die Klimadiagramme (M6–M9) passen zu den Fotos (M2–M5). Ordne zu.
b) Begründe deine Zuordnung.

Merke
Auf der Nord- und Südhalbkugel gibt es Zonen mit ähnlichem Klima.

Grundbegriff
- Klimazone

Kalt, warm, gemäßigt

Temperatur und Niederschlag sind die Hauptmerkmale des Klimas. Landschaften mit einem ähnlichen Klima werden zu einer **Klimazone** zusammengefasst. Auf der Erde gibt es mehrere Klimazonen.

In den Polarzonen ist es das ganze Jahr über kalt. Der Niederschlag fällt meistens als Schnee. Die Polarzonen werden ungefähr von den Polarkreisen sowie dem Nordpol und Südpol begrenzt.

In den gemäßigten Zonen ist es nicht so kalt wie in den Polarzonen und nicht so warm wie in der tropischen Zone. Die Temperaturen sind gemäßigt. Das ganze Jahr fallen Niederschläge. Die gemäßigten Zonen liegen zwischen der tropischen Zone und den Polarzonen.

In der tropischen Zone ist es das ganze Jahr über warm. Es fallen hohe Niederschläge. Die Zone liegt am Äquator. Sie reicht etwa vom nördlichen bis zum südlichen Wendekreis.

Außer diesen drei Klimazonen gibt es Übergangszonen mit der Vorsilbe „sub“: die Subpolarzone und die subtropische Zone.

Die Klimazonen ziehen sich wie Gürtel um die Erde. Sie folgen aber nicht genau den Breitenkreisen. Das liegt zum Beispiel an den kalten und warmen Meeresströmungen, die das Klima beeinflussen.

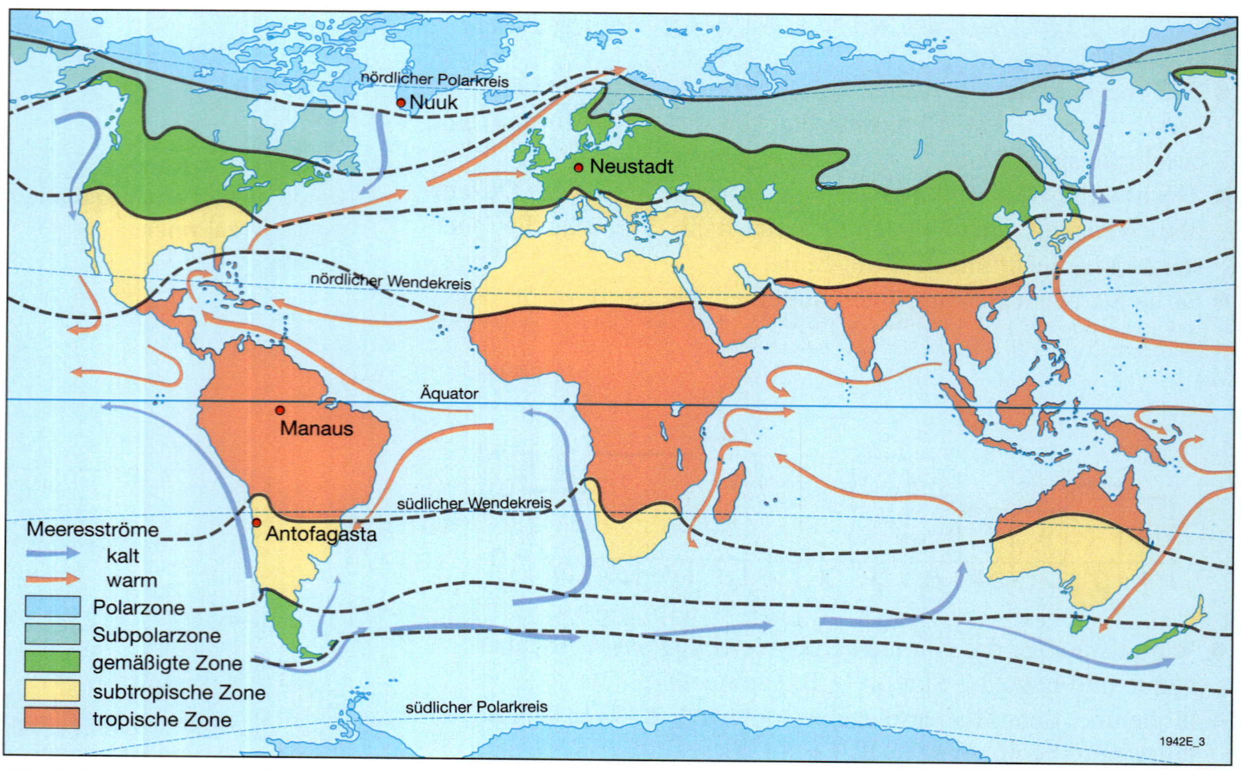

M1 *Klimazonen auf der Erde*

M2 *In Grönland*

M3 *An der Weinstraße*

M4 *In der Atacama*

M5 *Am Amazonas*

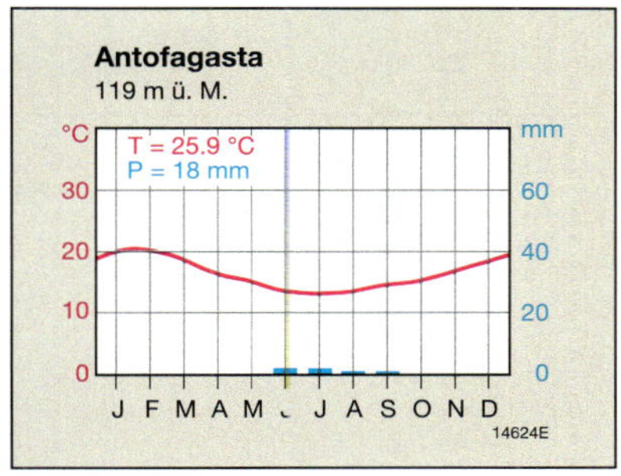

M6

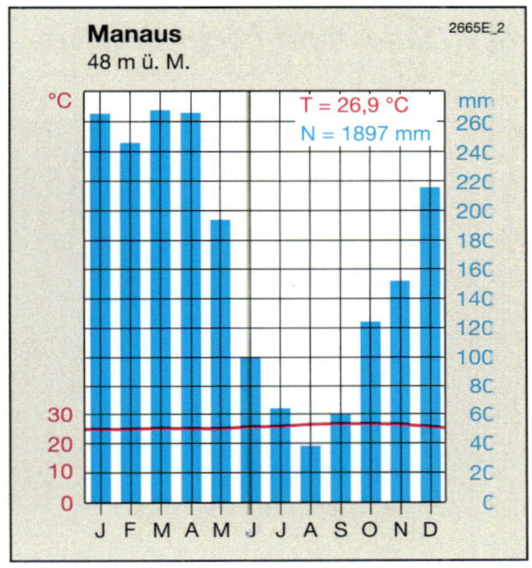

M7

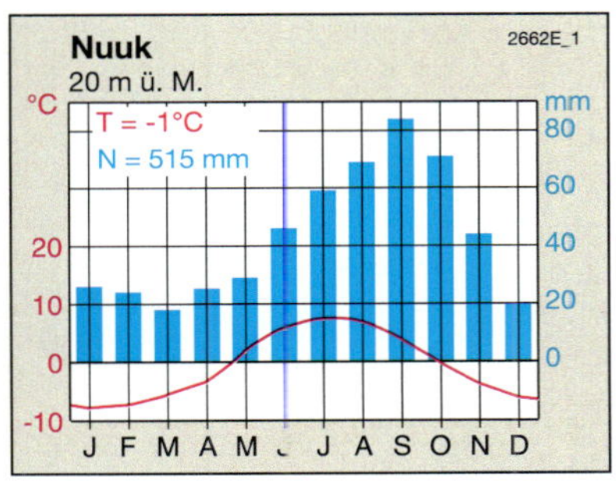

M8

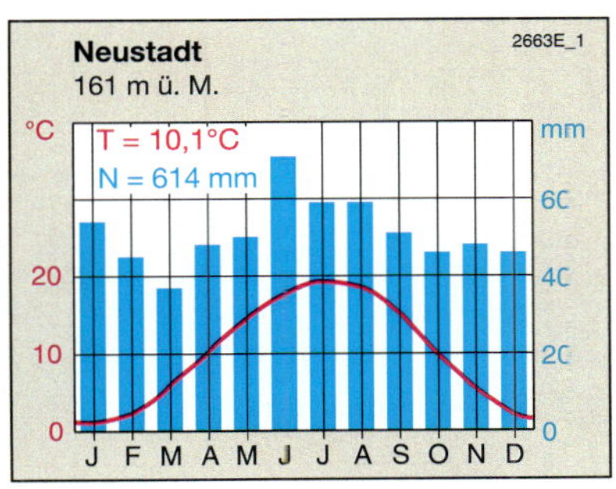

M9

Klima und Vegetation entsprechen sich

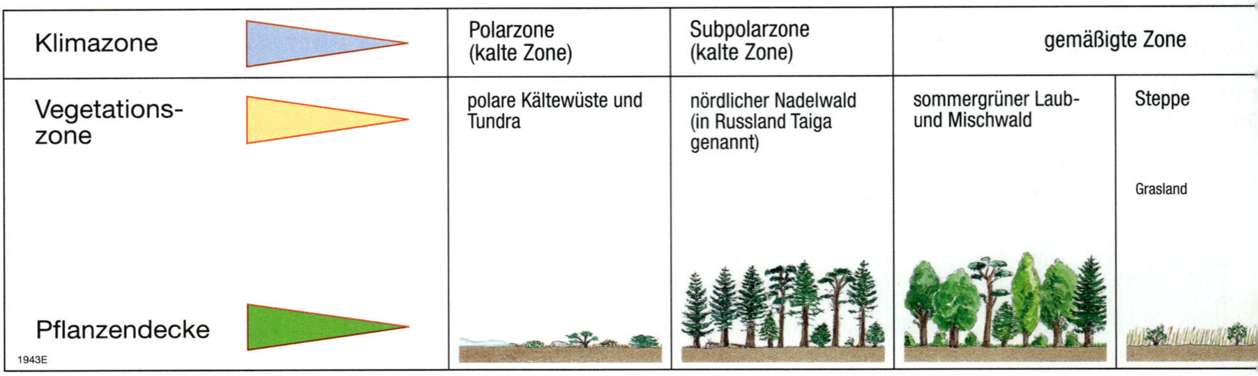

M1 *Das Klima beeinflusst die Pflanzendecke.*

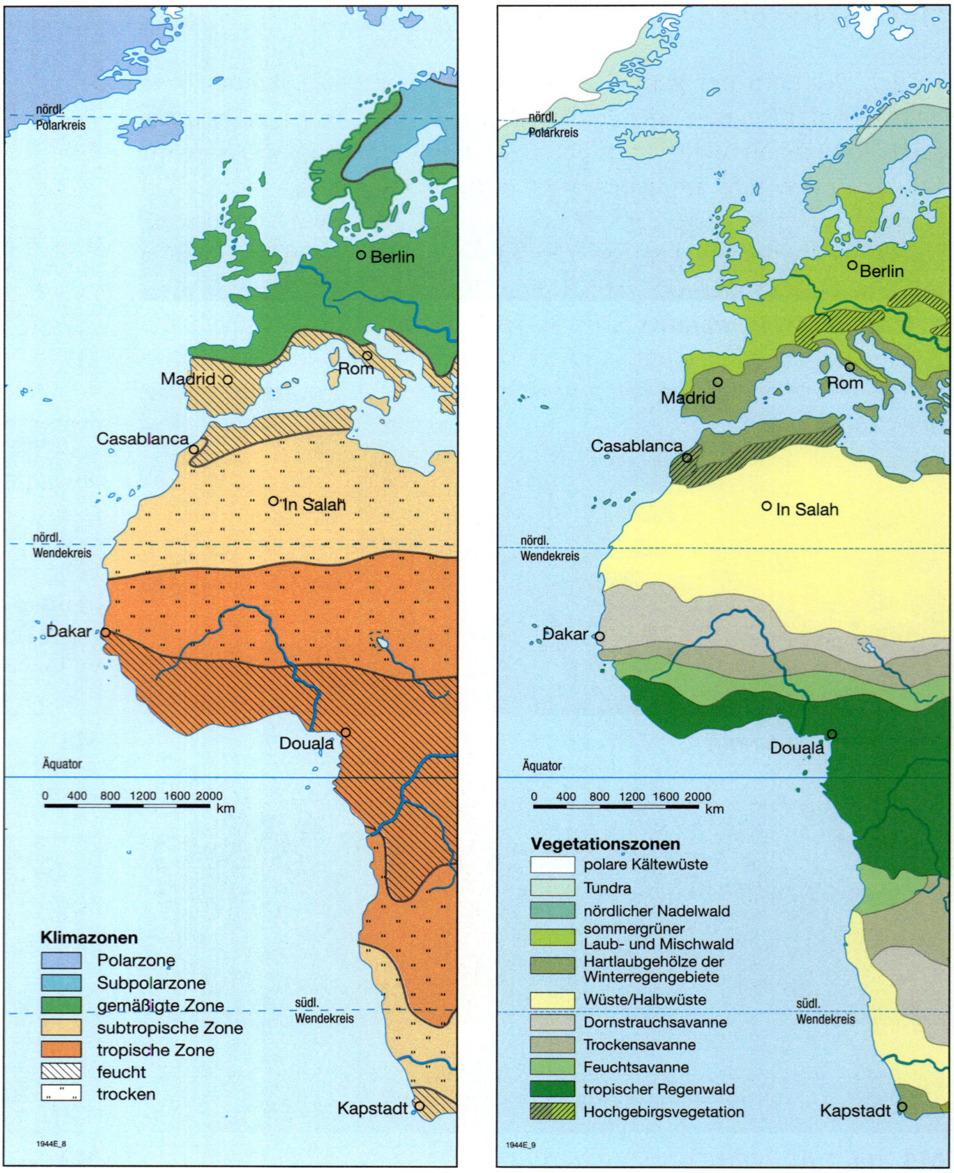

M2 *Klimazonenkarte und Vegetationszonenkarte* ▷

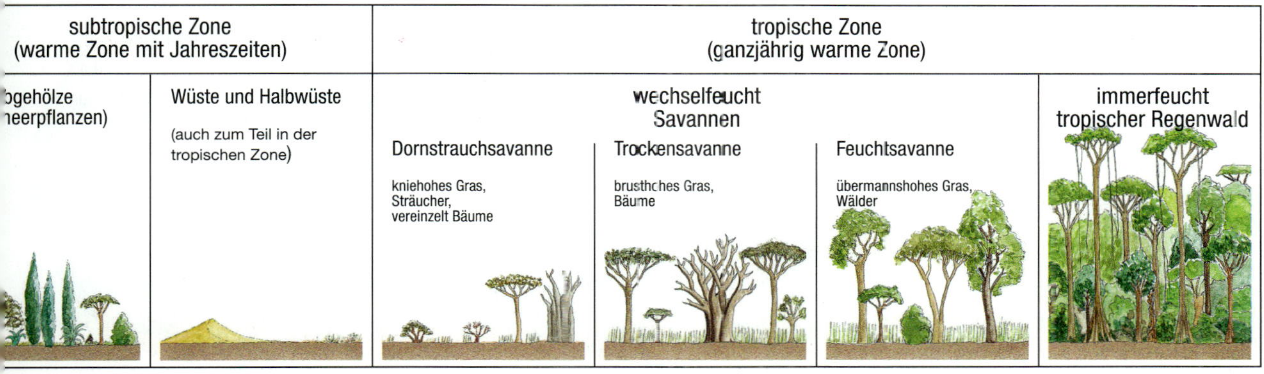

Unterschiedliches Klima – verschiedene Pflanzen

In den Wäldern der gemäßigten Zone wachsen Laubbäume, wie zum Beispiel Buchen oder Eichen. Diese Bäume könnten in anderen Klimazonen nicht überleben. In der Polarzone wäre es für Laubbäume zu kalt und sie würden erfrieren. In der subtropischen Zone wäre es zu heiß und in den Wüsten vor allem zu trocken. Auch das warme und feuchte tropische Klima vertragen die Bäume und andere Pflanzen der gemäßigten Zone nicht.

In den Klimazonen der Erde wachsen verschiedene Pflanzen, die sich an das jeweilige Klima angepasst haben. Daher gibt es entsprechend den Klimazonen auch verschiedene **Vegetationszonen** auf der Erde.

M3 *Bilder aus zwei Vegetationszonen*

Aufgaben

1 Ordne die Vegetationszonen (M2 rechte Karte) den Klimazonen (M2 linke Karte) zu.

2 Charakterisiere, wie sich die Pflanzendecke (Vegetation) von Nordeuropa bis nach Südafrika verändert (M1, M2 rechte Karte).

3 Lokalisiere, in welcher Klimazone und in welcher Vegetationszone die folgenden Länder liegen: Portugal, Schweden, Namibia, Deutschland, Tschad (Atlas, M2).

4 a) Ordne die Fotos in M3 der entsprechenden Vegetationszone (M1) zu.
b) Benenne die beiden Klimazonen, zu denen sie gehören.

Merke

Die Vegetation (Pflanzenwelt) hat sich den jeweiligen Klimabedingungen auf der Erde angepasst. Die Vegetationszonen entsprechen den Klimazonen.

Grundbegriff
- Vegetationszone

In den Polargebieten

Aufgaben

1 Beschreibe die Naturerscheinungen Polartag und Polarnacht.

2 Begründe, warum es Polartag und Polarnacht gibt (M3).

3 Die Dauer von Polartag und Polarnacht ist abhängig von der Lage eines Ortes zwischen Polarkreis und Pol.
Suche die in M5 genannten Orte mithilfe von M1 im Atlas (Karte: Nordamerika, nördlicher Teil – physisch).
Stelle fest, wie weit sie vom Polarkreis entfernt sind.

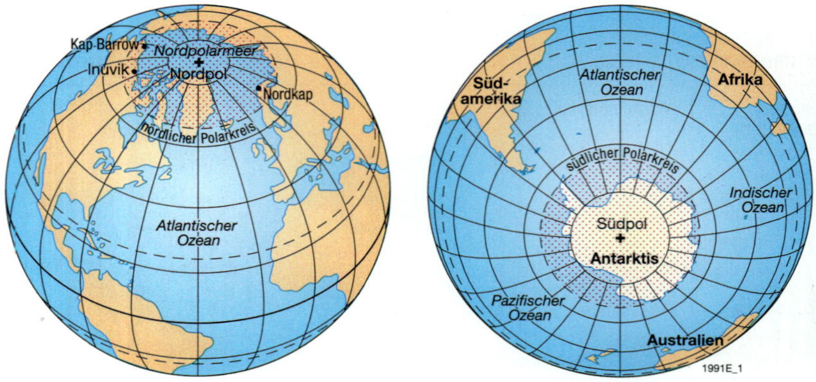

M1 *Nordpolargebiet (Arktis) und Südpolargebiet (Antarktis)*

Leben mit Kälte und Dunkelheit

Inuvik/Nordkanada, 15. Januar: Am Horizont taucht wieder die Sonne auf. 48 Tage lang brannten auch tagsüber die Straßenlaternen. Inuvik liegt im Nordpolargebiet, auch **Arktis** genannt.

Von Ende November bis Mitte Januar herrscht hier in der Stadt nördlich des Polarkreises die **Polarnacht**. Es ist die Zeit ohne Sonnenlicht. Die Temperaturen sinken dann auf minus 50 °C. Mit jedem Tag nach der Polarnacht wird es etwas heller und wärmer.

Ab Mitte Mai beginnt in Inuvik der **Polartag**. Dann geht die Sonne für fast zwei Monate nicht unter. In der kurzen Sommerzeit steigt die Temperatur auf über 15 °C. Die Küste ist dann eisfrei und im Hafen von Inuvik herrscht Hochbetrieb. Versorgungsschiffe mit Lebensmitteln, Brennstoffen, Bekleidung und Haushaltsgegenständen werden entladen.

Bereits Mitte Juli werden in Inuvik die Nächte länger und die Tage kürzer. Bald setzen die ersten Schneefälle ein. Ende November beherrscht wieder die Dunkelheit der Polarnacht das Leben.
Je weiter nördlich des Polarkreises noch Menschen wohnen, desto länger ist für sie die Dauer von Polartag und Polarnacht.

M2 *Tageslauf der Sonne im Juni im Nordpolargebiet*

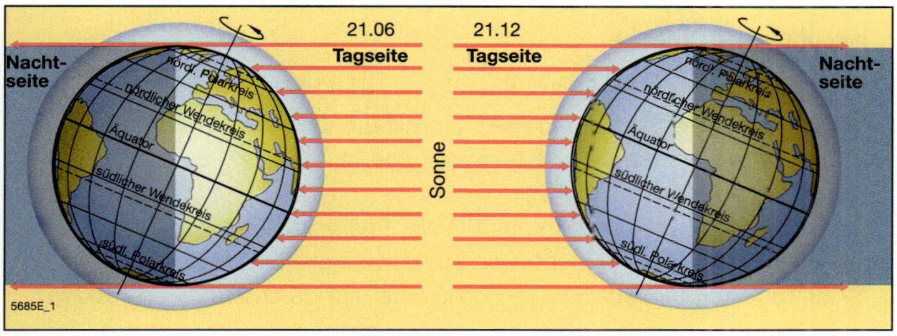

M3 *Polartag und Polarnacht*

	Dauer des Polartages	Dauer der Polarnacht
Nordpol	186 Tage*	179 Tage*
Kap Barrow	76 Tage	69 Tage
Inuvik	54 Tage	48 Tage
Polarkreis	1 Tag	1 Tag

* Aufgrund der unregelmäßigen Form der Erde ist es nicht genau ein halbes Jahr. 5685E_1

M5 *Die unterschiedliche Dauer von Polartag und Polarnacht*

Info

Polartag und Polarnacht

In den Gebieten zwischen den Polen und den Polarkreisen gibt es Polartag und Polarnacht. Während des Polartages geht die Sonne nicht unter. Die Polarnacht ist die Zeit ohne Sonnenlicht. Am Nord- und am Südpol dauern Polartag und Polarnacht jeweils etwa ein halbes Jahr. An den Polarkreisen dauern sie nur einen Tag. Je weiter man sich vom Pol in Richtung Polarkreis bewegt, desto kürzer ist die Dauer von Polartag und Polarnacht.

Merke

In der Arktis und der Antarktis gibt es Polartag und Polarnacht. Während des Polartages geht die Sonne nicht unter. Die Polarnacht ist die Zeit ohne Sonnenlicht.

Grundbegriffe
- Arktis
- Polarnacht
- Polartag

M4 *Inuvik in Nordkanada*

In den Polargebieten

Aufgaben

1 Stelle dar, welche Forschung Wissenschaftler in der Antarktis betreiben.

2 Eine Forschungsstation hat viele Einrichtungen, damit die Wissenschaftler dort leben und arbeiten können. Erläutere sie (M2).

3 Begründe, warum die Antarktis lebensfeindlich ist (M1, M4).

4 Das atomgetriebene U-Boot „Nautilus" der US-Marine tauchte unter einem Pol durch. Nenne ihn.

5 a) Beschreibe anhand von M4 Lage und Verteilung der Lebensräume antarktischer Tierarten.
b) Informiere dich über Tiere in der Arktis und der Antarktis und präsentiere das Ergebnis in der Klasse.

WWW

www.awi-bremerhaven.de

Die Antarktis ist ...

... ein fast menschenleerer Kontinent (etwa 4000 Menschen leben hier gelegentlich in Walfang- und Forschungsstationen).
... der kälteste Kontinent (tiefste gemessene Temperatur: –89,2 °C; Durchschnittstemperatur –49 °C).
... der lebensfeindlichste Kontinent (Tiere, Pflanzen nur an den Küsten).
... der stürmischste Kontinent (Windgeschwindigkeiten bis 300 km/h).
... zu 98 % mit Eis bedeckt. Die Eisdicke beträgt durchschnittlich 2500 m.

M1

Forschung in der Antarktis

Während das Nordpolargebiet ein Meer mit einer zusammenhängenden Eisdecke sowie Eisschollen ist, ist die **Antarktis** ein eisbedeckter Kontinent. Wegen der großen Kälte gibt es hier keine Orte, aber feste Forschungsstationen. Eine davon ist die deutsche Neumayer-Station. Sie besteht aus zwei rund 90 Meter langen Stahlröhren mit je acht Metern Durchmesser. Eine Windkraftanlage sowie Dieselgeneratoren, deren Abwärme für Heizung und Schneeschmelze genutzt wird, versorgen die Station mit Energie. Im antarktischen Winter leben und arbeiten hier neun Monate lang maximal zehn Personen. Über Funk sind sie mit der Außenwelt verbunden.

Rund 40 Staaten der Erde haben das Ziel, die Polargebiete der Nord- und Südhalbkugel zu erforschen. Wissenschaftler nehmen Wasser-, Eis- und Luftuntersuchungen vor. Sie versuchen zum Beispiel herauszufinden, welchen Einfluss die Eisregionen auf das Klima der Erde haben.

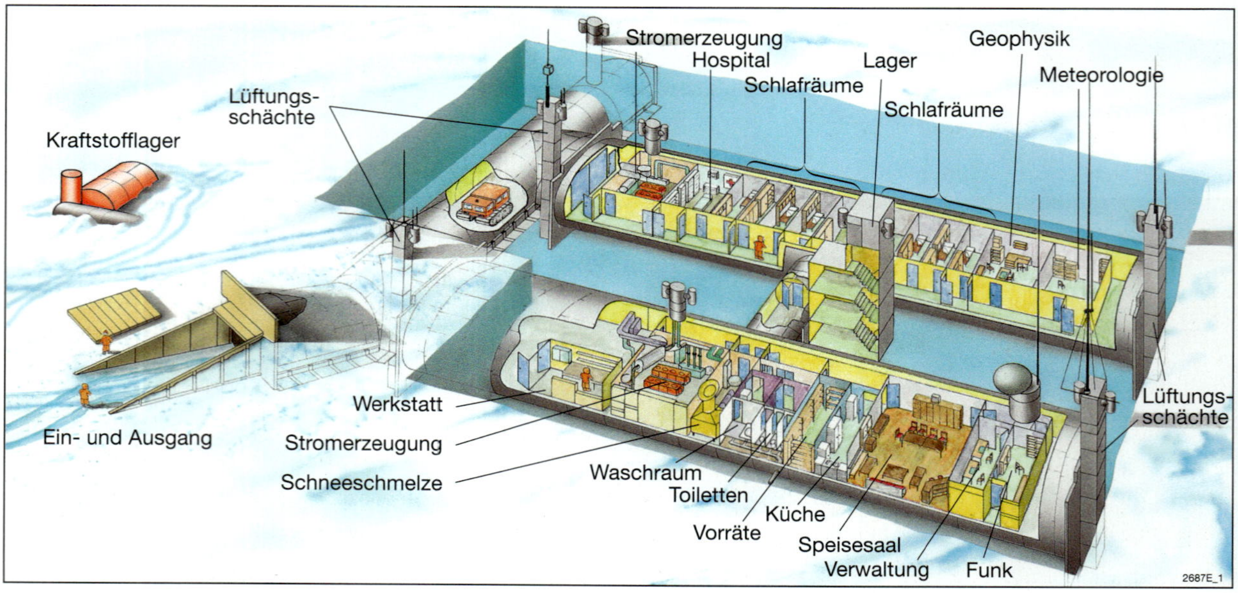

M2 *Das Innere der im Eis liegenden deutschen Neumayer-Forschungsstation*

M3 *Pinguine in der Antarktis*

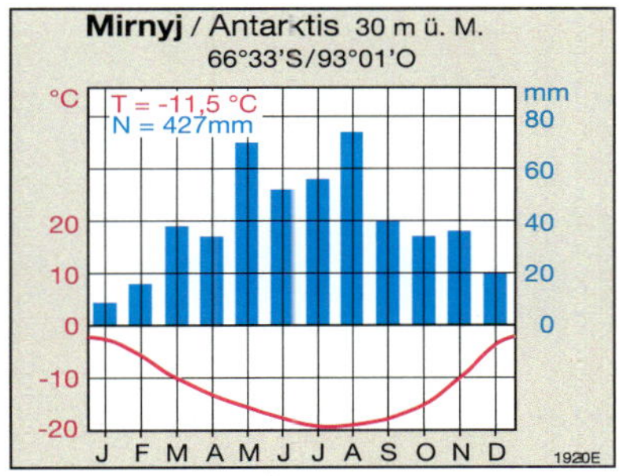

M5 *Das Klima in Mirnyj*

Krill – Grundlage für das Tierleben der Antarktis

Weit vor der Küste der Antarktis mischt sich das wärmere Wasser der Ozeane mit dem eisigen, sauerstoffreichen Wasser des Südpolarmeeres.

Dies ist eine ideale Voraussetzung für die Entstehung von Algen und von Massen winzig kleiner Lebewesen, dem Plankton.

Plankton ist die Grundlage einer **Nahrungskette**. Von Plankton ernährt sich der Krill, eine rund sechs Zentimeter große Krebsart. Sie wiederum ist die Hauptnahrung für Wale, Robben, Pinguine und andere Vögel. Der Krill tritt hier in solchen Mengen auf, dass das Polarmeer auf riesigen Flächen rötlich-braun schimmert.

Aufgabe

6 Begründe, warum Pinguine nicht von Eisbären gefressen werden können (Internet).

Merke
Die Antarktis ist ein eisbedeckter Kontinent. Dort arbeiten Wissenschaftler in Forschungsstationen.

Grundbegriffe
- Antarktis
- Nahrungskette

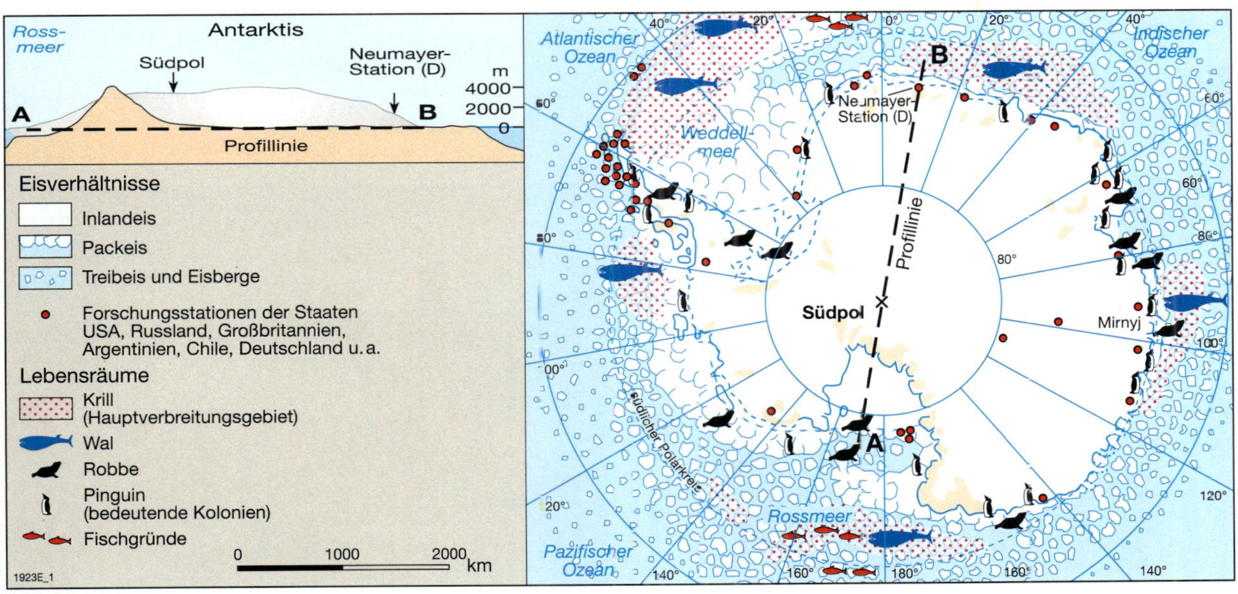

M4 *Die Antarktis (Südpolargebiet) – Lebensräume*

In den Polargebieten

M1 *Lebensraum der Inuit auf dem nordamerikanischen Kontinent*

Inuit – früher Jäger der Arktis

Der Norden des amerikanischen Kontinents ist der Lebensraum der **Inuit**, früher Eskimos genannt. Ein kleiner Teil dieser Volksgruppe lebt noch so wie seine Vorfahren als **Selbstversorger**. Das heißt, es wird nahezu alles, was zum Leben benötigt wird, selbst erzeugt. Diese Inuit sind Jäger und wohnen meist in „Outpost-Camps“. Das sind kleine Siedlungen von selten mehr als zehn Häusern an der Küste.

Direkt bei den Häusern lagern die Schlittenhunde. Die Boote sind auf dem schmalen Küstenstreifen abgestellt. Das Jagdrevier ist in den Sommermonaten das offene Meer und im Winter die Eiswüste.

Eine Schule gibt es hier nicht. Die Söhne der Inuit werden ab dem sechsten Lebensjahr von ihren Vätern auf die Jagd mitgenommen. Diese dauert manchmal viele Wochen. Währenddessen lernen die Mädchen das Anfertigen von Kleidung aus Tierhäuten und Fellen.

Zur Jagdbeute der Inuit zählen Robben, Fische, Eisbären, Walrosse und Karibus, die wilden Rentiere Nordamerikas. Die erlegten Tiere dienen nicht nur als Nahrung, sondern sie werden auch anders verwendet.

Aufgaben

1 a) Berichte über das Leben der Inuit-Jäger (M2–M5).
b) Erkläre den Begriff Selbstversorger.

2 Begründe, warum die Inuit zu Beginn des vorigen Jahrhunderts um ihr Überleben kämpfen mussten.

3 Beschreibe die heutigen Lebensbedingungen der Inuit.

Fleisch, Speck	Nahrungsmittel
Häute, Felle	Kleidung, Schuhe, Boots- und Zeltbespannungen, Fütterung für Kleidungsstücke, Jacken und Hosen
Därme, Sehnen	Angelschnüre, Kleidung, Hundeleinen und Riemen
Knochen	Messer, Speerspitzen und Lampen
Fett	Tran für Licht und Wärme
Reste	Hundefutter

M2 *Verwertung einer erlegten Robbe*

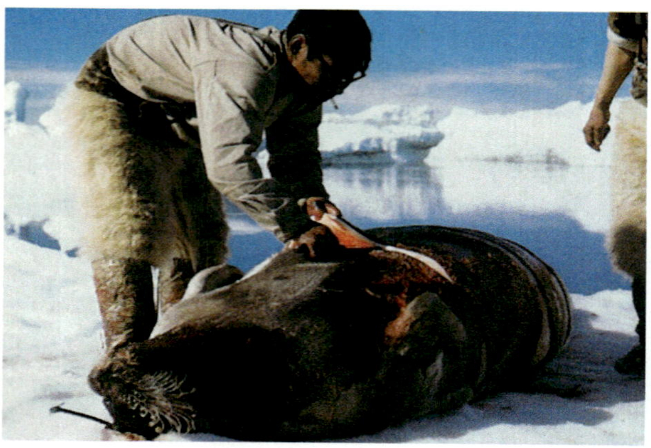

M3 *Zerlegung einer Robbe*

M4 *Der Iglu – Haus während der Jagdzeit*

Monat	J	F	M	A	M	J	J	A	S	O	N	D
Durchschnittstemperaturen (°C) von Inuvik und Stuttgart	-14	-14	-13	-8	1	6	8	7	3	-4	-8	-11
	-0,8	0,4	4,5	8,5	12,7	15,8	17,6	17,0	13,9	8,6	3,9	0,3
Wohnverhältnisse	feste Hütten aus Torf und Stein oder Holzhäuser an der Küste											
	Iglu auf Wanderungen					Zelte auf Wanderungen				Iglu auf Wanderungen		
Fischerei, Robbenfang	Heilbutt					Heilbutt und Dorsch						
	Robbenfang mit Netzen vom Eis aus					Robben- und Walfang im offenen Wasser				Robbenfang vom Eis aus		
Jagd	Eisbär Polarfuchs Schneehase				Rentiere, Moschusochsen, Vögel (z.B. Schneehühner)							
Verkehrsmittel	Hundeschlitten					Kajak				Hundeschlitten		
Lichtverhältnisse	Polarnacht		Wechsel von Tag und Nacht			Polartag (Mitternachtssonne)			Wechsel von Tag und Nacht		Polarnacht	
Eisverhältnisse	Packeis				Treibeis		offenes Wasser		Treibeis		Packeis	

8287E_1

M5 *Lebensbedingungen der Inuit-Jäger im Jahresverlauf*

Das Leben heute

Für die große Mehrheit der Inuit haben sich seit 100 Jahren die Wohn- und Lebensverhältnisse stark verändert. In ihren Lebensraum drangen weiße Pelzjäger und Walfangschiffe ein. Dadurch ging die Zahl der Beutetiere stark zurück. Manche Tierart, so der Eisbär und der Polarfuchs, war vom Aussterben bedroht.

Heute betreiben zwar noch viele Inuit an der Südwestküste Grönlands und im Norden Kanadas Fischfang, jedoch reicht der Verdienst meist nicht mehr zum Leben aus. Weil es zu wenig Arbeitsplätze gibt, können nur wenige Inuit einer geregelten Arbeit nachgehen. Dauerhafte Arbeitsplätze bieten vor allem die Betriebe zur Verarbeitung von Fisch, die Geschäfte und öffentliche Einrichtungen wie Postämter und Schulen. Zeitweise gibt es Arbeitsmöglichkeiten in den Häfen oder als Reiseleiter bzw. Jagdführer für Touristen.

Die früheren Inuit-Häuser, die aus Steinen, Torf und Erde errichtet waren, sind längst verlassen. Damit die Inuit-Familien überleben können, brauchen sie staatliche Hilfen. So ließ die kanadische Regierung an der Küste der Baffinbai neue Siedlungen für die Inuit errichten. Die Häuser sehen nahezu gleich aus. Sie bestehen aus vorgefertigten Teilen und waren daher in wenigen Tagen aufgebaut.

In den größeren Orten leben einige hundert Inuit-Familien, die Mehrzahl mit einer Unterstützung vom Staat. Hier gibt es auch elektrischen Strom, Zentralheizungen, manchmal Satelliten-TV, eine Schule und einen Supermarkt. Zur Kleidung gehören Daunenjacke und Jeans. In den eisfreien Monaten werden die benötigten Waren mit Schiffen geliefert.

M6 *Häuser auf der Baffin-Insel*

Merke
Die Inuit im Norden Amerikas waren ursprünglich Selbstversorger, die von der Jagd lebten. Heute wohnt ein Großteil in neu erbauten Siedlungen. Arbeitsplätze sind kaum vorhanden.

Grundbegriffe
- Inuit
- Selbstversorger

Einen Text auswerten

GL D

Beispiel für den ersten Textabschnitt

1. Bearbeitungsschritt:
unbekannte Wörter (Textanfang):
Huskies: Hunderasse der Polargebiete
Hudsonbai: Gebiet im Norden Kanadas

2. Bearbeitungsschritt:
Gliederung des Textes in Abschnitte.
Erste Zwischenüberschrift:
Mit Huskies über das Treibeis

3. Bearbeitungsschritt:
Schlüsselwörter (Textanfang):
Robbenjäger, Schlitten, Huskies

Hundeschlitten oder Ski-doo?

Avataq, ein erfahrener Robbenjäger, trennt mit der Axt ein Stück hart gefrorenes Robbenfleisch ab und wirft es in den Schlitten. Die zwölf Huskies, noch vor wenigen Augenblicken vom Schnee fast zugeweht, sind nicht zu bändigen. Ständig zerren sie an den Leinen. Als der Inuit auf dem Schlitten steht, laufen sie los. Der Leithund reagiert auf Zuruf. Nach drei Stunden Fahrt über Schollen aus zusammengeschobenem Treibeis der Hudsonbai kommt der erste Halt. Nun beginnt die Robbenjagd. Die Hunde ruhen sich auf dem Eis aus. Avataq hält nach den Robben Ausschau. Vor einem Luftloch kauernd will der Jäger die Beute erlegen. Zuvor aber hat er die Hunde mit einem Teil des mitgebrachten Fleisches gefüttert. Jetzt beginnt die Zeit des Wartens. Mit dem Wurfspeer in der Hand, an dem er ein langes Seil aus Seelöwenhaut befestigt, hockt er auf dem Eis und harrt regungslos aus. Für Silak, seinen Freund, ist diese Jagdmethode längst überholt. Er jagt statt Robben Karibus – und zwar mit dem Ski-doo, einem Motorschlitten. Der braucht zwar Benzin und ist auch manchmal defekt, dafür ist er aber viel schneller als ein Hundeschlitten. Sein größter Nachteil ist, dass der Motorlärm die Tiere vertreibt. Oft gelingt es Silak nur nach langer Zeit und mit viel Geschick, sich dem Karibu bis auf Schussweite zu nähern. Am heutigen Tag verschießt er für zehn Dollar Munition, bevor er ein Karibu erlegt hat. Die Beute wird in den angehängten Schlitten hinter dem Ski-doo gelegt und nach Hause gefahren. Für die nächste Zeit hat Silaks Familie genügend Fleischvorrat. Den leeren Benzinkanister stellt Silak zu den anderen neben sein Haus. Mit dem nächsten Versorgungsflug wird auch wieder Benzin geliefert.

M1 *Spicker von Jannik und Daniel*

1. Bearbeitungsschritt: Lies den Text aufmerksam durch. Schlage in einem Lexikon unbekannte Wörter nach.

2. Bearbeitungsschritt: Gliedere den Text in sinnvolle Abschnitte. Schreibe für jeden Abschnitt eine Zwischenüberschrift auf.

3. Bearbeitungsschritt: Markiere die wichtigsten Schlüsselwörter.

4. Bearbeitungsschritt: Fertige einen Spicker an (Info, M1).

5. Bearbeitungsschritt: Trage den Inhalt des Textes mithilfe deines Spickers vor. Überprüfe, ob du alle wichtigen Inhalte mit eigenen Worten wiedergeben kannst. Überarbeite bei Bedarf deinen Spicker.

M2 *Fünf Schritte für die Textauswertung*

Die Erforschung der Pole

Seit mehr als einhundert Jahren beschäftigen sich Forscher mit den Regionen des ewigen Eises an den beiden Polen. Immer wieder versuchten sie sich Wege durch das Eis zu bahnen.

Einer dieser Forscher war der Amerikaner Robert E. Peary. Er glaubte, der erste Mensch gewesen zu sein, der zusammen mit einigen Inuit den Nordpol erreicht hatte. Ausgangspunkt für seine Expedition zum Nordpol war die Siedlung Etah im Norden Grönlands. 1908 ging er mit 49 Inuit und 246 Huskies an Bord der „Roosevelt". Das Schiff war so stabil gebaut, dass es auch im Packeis von den Eismassen nicht zerdrückt wurde. Ende Februar erreichte Peary mit seiner Mannschaft Kap Columbia auf der Ellesmere-Insel, den nördlichsten Punkt der Schiffsreise. Die letzten 750 Kilometer im Eis der Arktis wurden mit wenigen Begleitern und vier Hundeschlitten bewältigt. Entlang der Strecke legten die Inuit Vorratslager für den Rückweg an. Am 6. April 1909 war das Ziel erreicht.

Zurück in Etah berichteten Inuit, dass der Amerikaner Frederik A. Cook bereits ein Jahr vor Peary am Nordpol gewesen sein soll, aber das ist nie bewiesen worden. Sicher ist es auch nicht, ob Peary genau am Nordpol war oder nur in dessen Umgebung.

Um die Jahreswende 1911/12 wollten zwei Menschen als erste den Südpol in der Antarktis erreichen: der Norweger Roald Amundsen und der Brite Robert F. Scott. Während Amundsen für seine Expedition Hundeschlitten wählte, vertraute Scott der Technik. Mit eigens entwickelten Motorschlitten wollte er schneller sein. Seine Fahrzeuge versagten jedoch in der Kälte. Die Schlitten mit Proviant und Ausrüstung waren schwer. Die wenigen Island-Ponys, die er mitnahm, musste er bald zurücklassen. Scott und seine Begleiter zogen die Schlitten selbst. Sie erreichten den Südpol erst 34 Tage nach Amundsen. Auf dem Rückweg starben Scott und seine drei Begleiter an Entkräftung ohne Nahrungsmittel und Brennmaterial – nur 18 Kilometer vom rettenden Vorratslager entfernt.

M3 *Erforschung von Arktis und Antarktis*

Aufgaben

1 a) Trage mithilfe des Spickers (M1) den Inhalt des Textes „Hundeschlitten oder Ski-doo?" einem Partner vor.
b) Prüft gemeinsam, ob der Spicker noch ergänzt oder verändert werden muss.

2 Bearbeite M3. Nutze die Schritte zur Textauswertung (M2).

Info

Spicker
Ein Spicker ist ein kleiner Zettel. Er enthält die Schlüsselwörter eines Textes sowie kleine Zeichnungen. Er soll dir helfen, einen Text zu verstehen und wiederzugeben. Die Bilder und Begriffe werden in Beziehung zueinander gesetzt. Ob das funktioniert, kannst du am besten feststellen, wenn du einen Vortrag hältst und dabei nur deinen Spicker benutzt.

Donnerstag, 18. Januar 1912: Lager 68, Höhe 2970 Meter. Das Furchtbare ist eingetreten. Ein natürliches Schneegebilde war das nicht, sondern eine schwarze, an einem Schlittenständer befestigte Fahne. In der Nähe ein verlassener Lagerplatz, Schlittengleise, Schneeschuhspuren, deutlich erkennbare Eindrücke von Hundespuren. Die Norweger sind uns zuvorgekommen. – Amundsen ist der erste am Pol!

3641E

M4 *Auszug aus Scotts Tagebuch*

In der Wüste

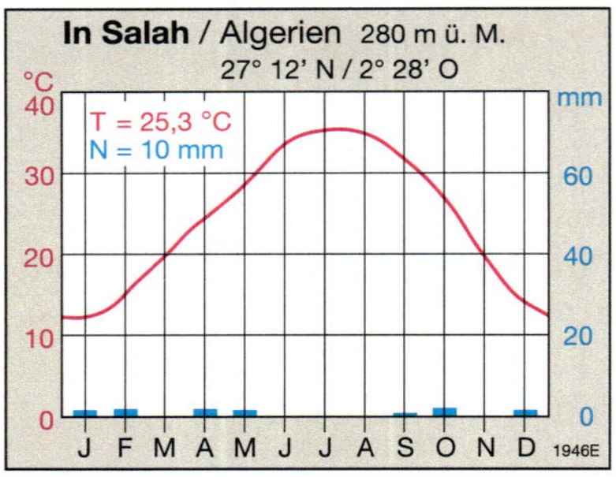

M1 *Das Klima in In Salah*

Aufgaben

1 Zeichne den Stockwerk-Anbau in einer Oase.

2 Die Dattelpalme ist vielseitig nutzbar. Erläutere (M6).

3 Werte M1 aus.

Wüsten haben viele Gesichter

Wüsten bestehen nicht nur aus Sand. Nur etwa ein Fünftel aller Wüsten der Erde sind **Sandwüsten**. Der Wind lagert den Sand ständig um und schüttet ihn zu Dünen auf. **Kieswüsten** bestehen aus Geröll. Der Wind hat den feinen Sand ausgeblasen. **Felswüsten** sind besonders lebensfeindlich. Am Tag kann es hier bis zu 70 °C heiß werden. Nachts sinken die Temperaturen im Winter unter den Gefrierpunkt. Diese großen Temperaturunterschiede führen zu Spannungen im Gestein. Es kann auseinander brechen. Manchmal klingt es wie ein Pistolenschuss, wenn ein Stein mit lautem Knall zerspringt.

Von den Gebirgen am Rand der Wüste führen Täler in die Wüste. In diesen Tälern fließt nur selten Wasser. Es sind Trockentäler. Sie heißen **Wadis**. Nur nach den seltenen, aber heftigen Regengüssen füllen sie sich mit Wasser. Dann sind sie eine Gefahr für Reisende. Wie „Inseln“ liegen Oasen im „Meer“ der Wüste. Die wichtigste Oasenpflanze ist die Dattelpalme. In ihrem Schatten wachsen Obstbäume, darunter wiederum Melonen, Gurken und Tomaten. Durch diesen **Stockwerk-Anbau** verdunstet weniger Wasser und der Boden wird nicht so schnell ausgetrocknet.

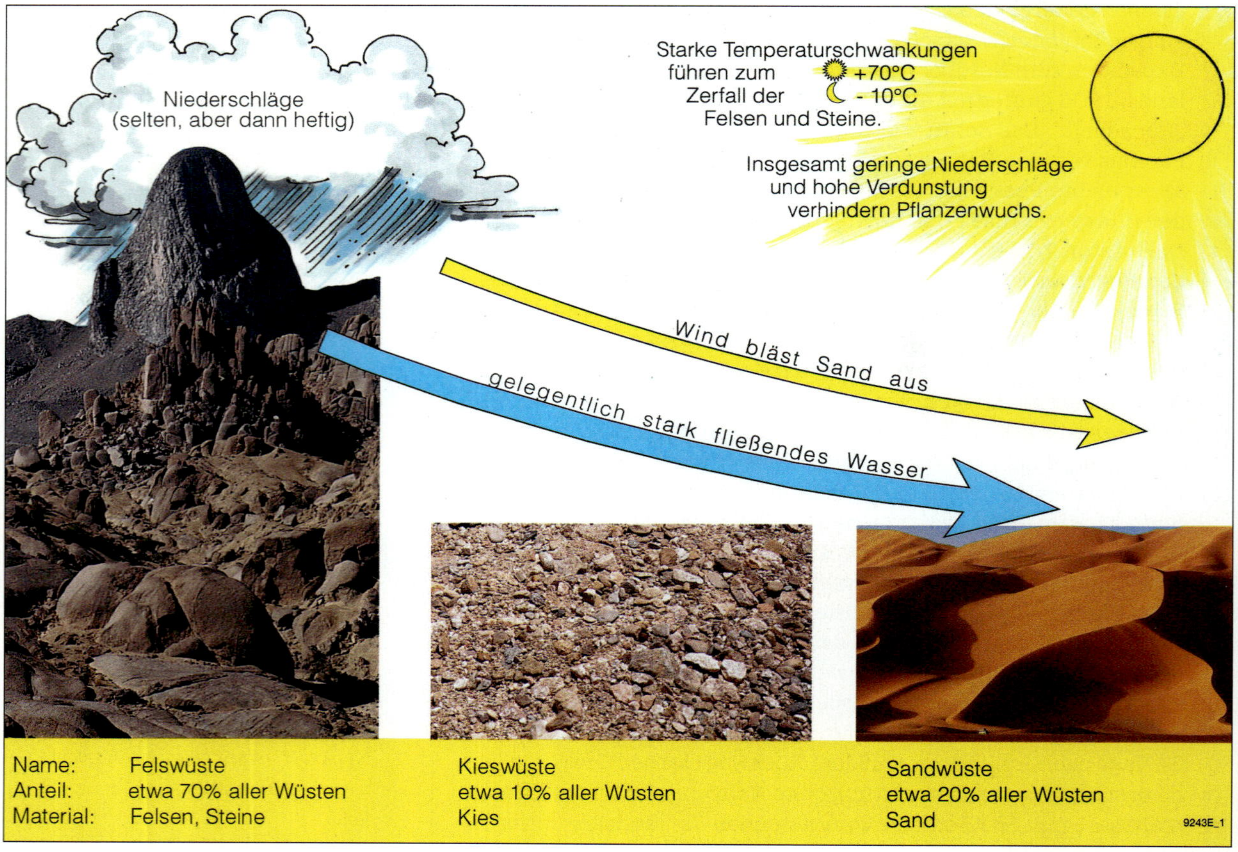

M2 *Wüstenarten und ihre Entstehung*

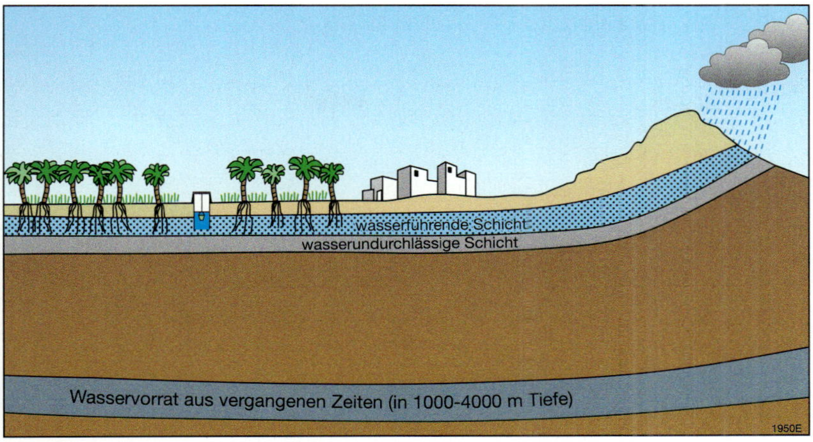

M3 *Grundwasseroase (Schema)*

Das Wasser der Oasen kommt zum Teil aus dem Atlasgebirge am Nordrand der Sahara. Wenn es hier regnet, versickern die Niederschläge. Sie treffen auf eine wasserundurchlässige Gesteinsschicht und fließen unterirdisch oft viele hundert Kilometer bis weit in die Sahara hinein. Hier kann das Grundwasser nur wenige Meter unter der Erdoberfläche durch Brunnen angezapft werden. In einer solchen **Grundwasseroase** erreichen die Dattelpalmen mit ihren Wurzeln das Grundwasser.
Vor einigen Jahren wurden in einer Tiefe von 1000 bis 4000 Metern riesige unterirdische Wasservorräte entdeckt. Dieses Wasser ist etwa 20 000 Jahre alt. Mithilfe von Motorpumpen wird es gefördert und zur Bewässerung in den Oasen genutzt.

M4 *Wie kommt das Wasser in die Wüste?*

M5 *Die Grundwasseroase El Golea, Algerien*

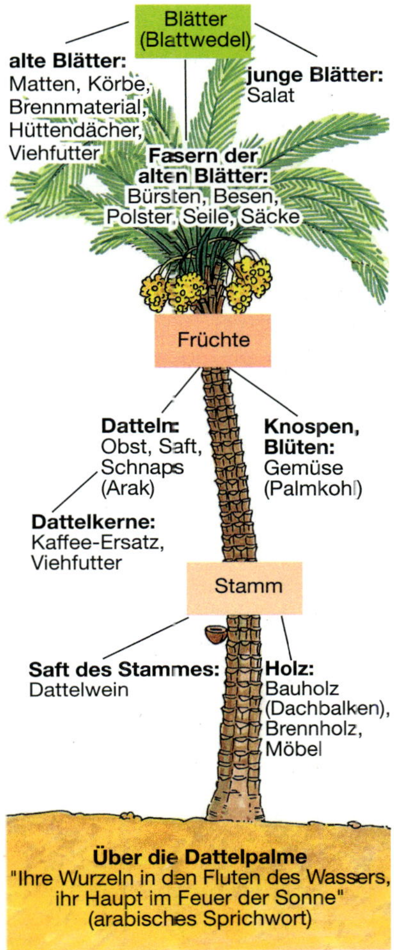

M6 *Nutzung der Dattelpalme*

Merke
Sandwüsten, Kieswüsten und Felswüsten sind verschiedene Wüstenarten. Hier fällt kaum Niederschlag. Oasen kommen nur dort vor, wo Wasser ist. Die wichtigste Nutzpflanze der Oasen ist die Dattelpalme.

Grundbegriffe
- Sandwüste
- Kieswüste
- Felswüste
- Wadi
- Stockwerk-Anbau
- Grundwasseroase

In der Wüste

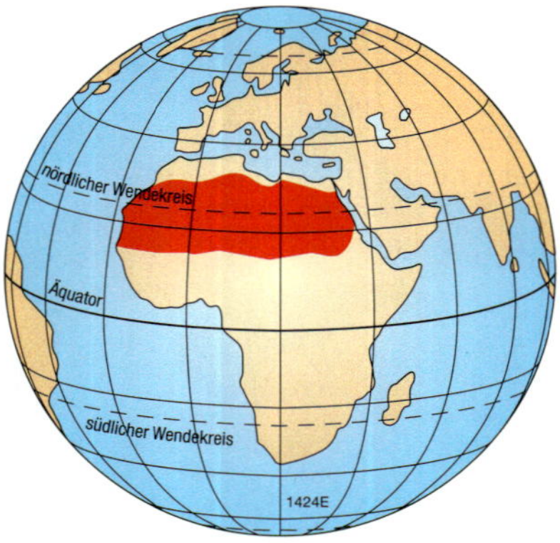

M1 *Lage der Sahara*

Kamel
- Tagesleistung: ca. 30 km
- Zahl der Kamelführer pro 10 Kamele: 2–3
- Last pro Tier: ca. 200 kg
- „Verbrauch" pro Tag: ca. 10 Liter Wasser

Lkw
- Tagesleistung:
  Piste: ca. 150 km
  Straße: ca. 500 km
- Zahl der Fahrer pro Lkw: 1
- Last pro Lkw: zwischen 5 und 20 Tonnen
- Verbrauch pro 100 km: 20 Liter Diesel

M2 *Transportleistungen*

M4 *Neue Oase Hassi-Messaoud in Algerien*

Von der Oase aufs Ölfeld

Um 1960 wurden in Algerien, Tunesien, Libyen und Ägypten riesige Lagerstätten von Erdöl und Erdgas entdeckt. Die Funde lagen zum Teil weitab von der Küste im Inneren der Sahara. „Neue Oasen", sogenannte Industrie-Oasen, entstanden. Ihre Kennzeichen sind Fördertürme, Werkstätten, Tankstellen, Wassertanks, Wohn- und Bürocontainer, vielfach mit Duschen und Klimaanlagen. Das geförderte Erdöl und Erdgas wird in Pipelines transportiert. Viele Arbeitskräfte wurden gebraucht. Oasenbauern gaben ihre Felder auf, Nomaden verließen ihre Stämme. Sie fanden gut bezahlte Arbeitsplätze auf den Ölfeldern. Mamadou arbeitet seit drei Jahren als Fahrer in der Industrie-Oase Hassi-Messaoud. Er verdient gut, hat geregelte Arbeitszeiten und wohnt in einer komfortablen Unterkunft der Ölgesellschaft.

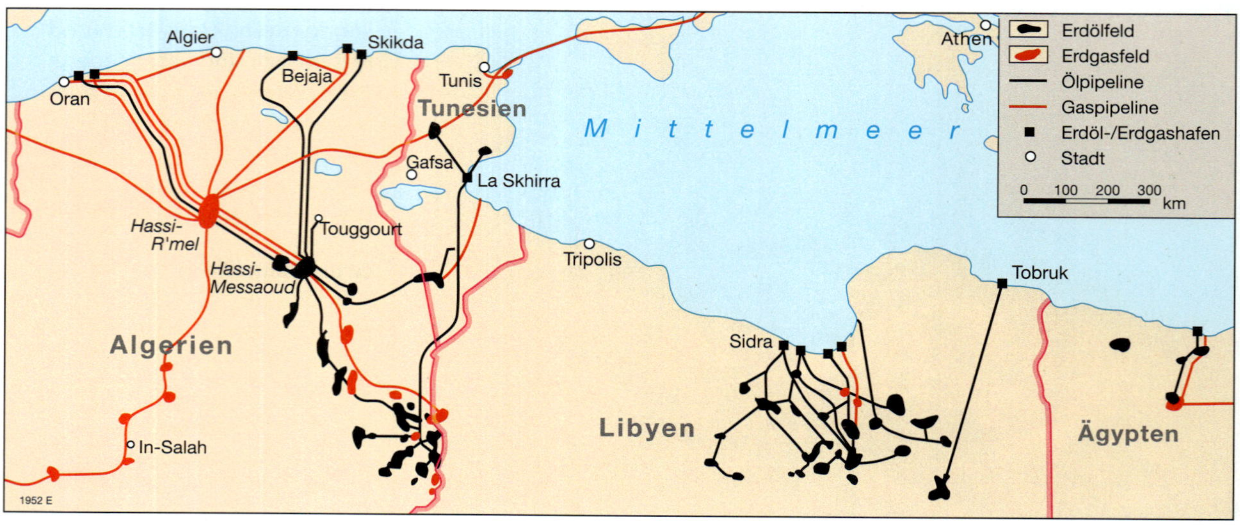

M3 *Erdöl und Erdgas in der Sahara*

M5 *Hotelswimmingpool in der Oase Ouargla*

Lkw statt Kamel

In vielen Oasen der Sahara ändert sich die Wirtschaftsweise. Lkws bringen auf asphaltierten Straßen Getreide und andere Nahrungsmittel hierher. Die Preise sind so niedrig, dass sich der Anbau von Nutzpflanzen in den Oasen kaum noch lohnt. Zahlreiche Oasengärten sind schon verfallen.

Vor allem die jungen Oasenbewohner wandern ab. Gut bezahlte Arbeit finden sie in den großen Städten, den Ferienzentren an der Küste, auf den Ölfeldern oder in Fabriken im Ausland. Sie wollen ein moderneres Leben führen als ihre Eltern. Ein eigener Jeep ist für sie interessanter als eine Herde Ziegen.

In einigen Oasen bringt jedoch der Tourismus neue Einnahmen. Hotels und Campingplätze werden gebaut. Satellitenfernsehen und Telefon sind selbstverständlich.

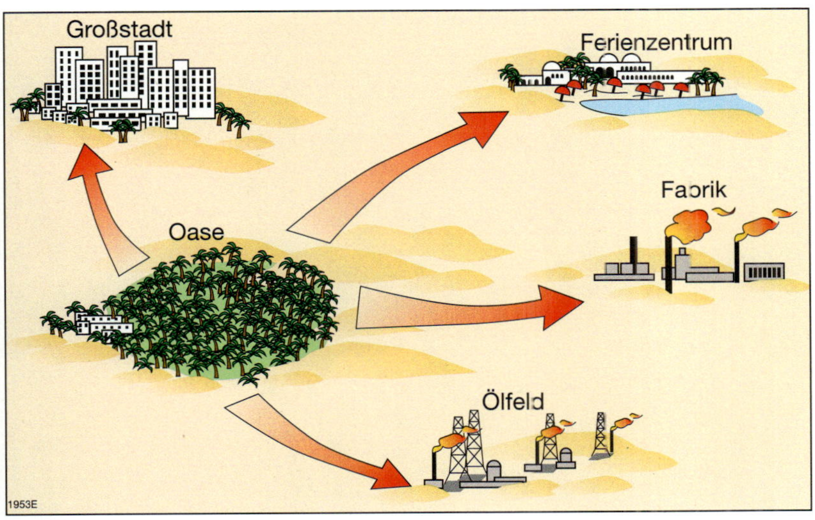

M6 *Wanderbewegungen in der Wüste*

Aufgaben

1 Beschreibe die Veränderungen in der Wüste durch die Erschließung der Erdöl- und Erdgaslagerstätten der Sahara.

2 Miss die Länge der Erdölpipeline von Hassi-Messaoud nach Skikda (M3) und vergleiche sie mit der Entfernung von Hamburg nach Stuttgart.

3 Beschreibe die Wanderbewegungen in der Wüste (M6).

4 a) Bestimme, in welchem Staat die Oase Ouargla liegt (Atlas: Karte Afrika [nördlicher Teil] – physisch).
b) Hotels benötigen viel Wasser. Bewerte die möglichen Folgen für den Grundwasserspiegel.

Merke
Um 1960 wurden in der Sahara große Erdöl- und Erdgaslagerstätten entdeckt. In vielen Oasen änderte sich dadurch die Wirtschaftsweise. Auch der Tourismus bringt neue Einnahmen.

In der Savanne

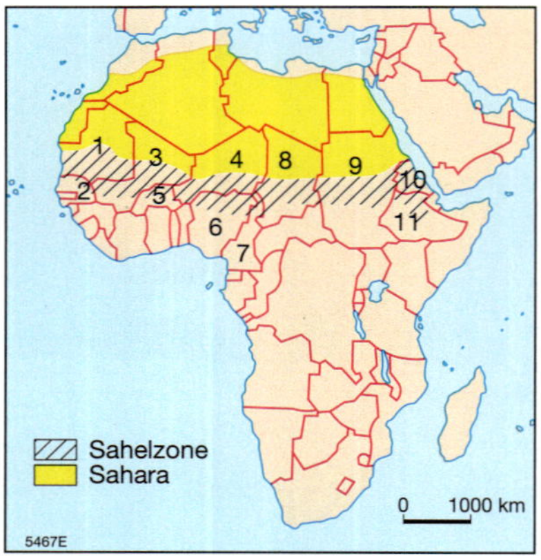

M1 *Die Sahelzone südlich der Sahara*

Aufgaben

1 Die Sahelzone (M1) zieht sich in einem 600 km breiten Band durch den Norden Afrikas. Schreibe die Staaten (Zahlen 1 – 11) auf, die im Sahel liegen (Atlas, Karte: Afrika, [nördlicher Teil] – physisch).

2 Erkläre, von welchen Bedingungen die Wanderung der Nomaden abhängt. Benutze für deine Antwort auch die Begriffe Regenzeit, Trockenzeit (M4).

Wandern, um zu überleben

Weniger lebensfeindlich als die Wüste sind die **Savannen**. Hier wachsen schon Pflanzen, weil mehr Regen als in der Wüste fällt. Die Savannen schließen sich in Afrika südlich an die Sahara an. Der Übergangsraum von der trockenen Wüste zur Savanne heißt in diesem Raum **Sahelzone**.

Wenige Monate im Jahr fällt in den Savannen Regen – und zwar während der **Regenzeit** zwischen Juni und September. Für den Anbau von Mais oder Hirse reichen die Niederschläge nicht aus. Ackerbau ist daher hier nicht möglich. Die Lebensgrundlage der Menschen sind ihre Viehherden. Fällt Regen, wächst sehr schnell frisches Gras. In der übrigen Zeit des Jahres ist **Trockenzeit**. Sengende Hitze liegt dann über dem Land. Die Brunnen haben kaum noch Wasser.

In diesem Gebiet leben **Nomaden** wie der Stamm der Zelyadiya. Mit ihren Schafen, Rindern und Ziegen sind sie ständig auf Wanderschaft. Zelte und der gesamte Haushalt werden meist auf Kamelen transportiert.

Das Stammesgebiet der Zelyadiya liegt im Sudan. Sie haben sich mit ihren Wanderungen den Naturbedingungen angepasst. Aus Erfahrung wissen sie, wann und wo der Regen einsetzt. Zu Beginn der Regenzeit treiben sie ihre Herden nach Norden. Dort fällt weniger Niederschlag als im Stammesgebiet. Nur für kurze Zeit finden die Tiere Nahrung und Wasser. Zum Ende der Regenzeit ziehen die Zelyadiya wieder nach Süden. Weil hier mehr Regen fällt, ist auch in der Trockenzeit noch genügend Gras zum Weiden für die Tiere vorhanden.

M2 *Nomaden im Sahel*

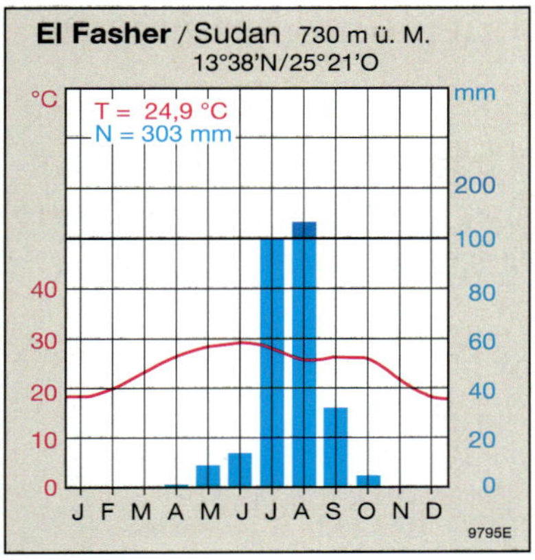

M3 *Das Klima von El Fasher*

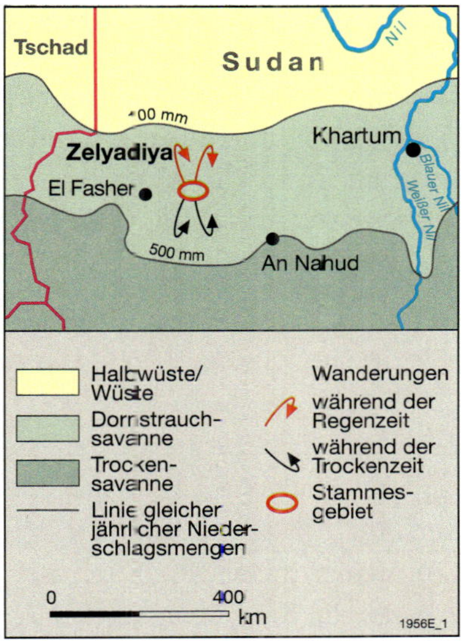

M4 *Wanderungen der Zelyadiya*

Aufgaben

3 Beschreibe die Lebensbedingungen in den verschiedenen Arten der Savanne.

4 Werte das Klimadiagramm (M3) aus.

Allerdings schwanken die Niederschlagsmengen von Jahr zu Jahr. In manchen Regenzeiten fällt nur wenig Niederschlag. Dann herrscht eine solche **Dürre**, dass sich in den Wasserstellen nicht genügend Regen zum Tränken des Viehs sammeln kann und auch kaum Gras wächst. Viele von den Tieren sterben und die Nomaden haben geringe Einnahmen.

Die Zelyadiya leben in der Dornstrauchsavanne. Es gibt noch zwei weitere Savannen-Arten, die sich südlich davon anschließen.

Merke
Die Sahelzone ist der Übergangsraum von der Wüste zur Savanne. Sie wird von Nomaden mit ihren Herden genutzt.

Grundbegriffe
- Savanne
- Sahelzone
- Regenzeit
- Trockenzeit
- Nomade
- Dürre

Info

„Kleine Savannenkunde"
Südlich der Wüste Sahara schließen sich in Afrika drei Savannen-Arten an:

Dornstrauchsavanne

(Raum im Anschluss an die Sahara; der nördliche Teil heißt Sahelzone)
Niederschlag im Jahr: 100 – 500 mm
Regenzeit: 3 – 6 Monate
Pflanzen: Dornsträucher/Dornbäume (Akazien), an einzelnen Stellen kniehohes Gras

Trockensavanne

(Raum zwischen Dornstrauchsavanne und Feuchtsavanne)
Niederschlag im Jahr: 500 – 1100 mm
Regenzeit: 6 – 8 Monate
Pflanzen: einzelne Bäume (Akazien, Affenbrotbäume), Sträucher, dichtes, mannshohes Gras

Feuchtsavanne

(Übergangsraum zum tropischen Regenwald)
Niederschlag im Jahr 1100 – 1500 mm
Regenzeit: 8 – 10 Monate
Pflanzen: an Flüssen bereits Wälder; größere Sträucher, übermannshohes Gras

Eine Kausalkette anfertigen

Info

Kausalkette
Eine Kausalkette ist die grafische Darstellung von Ursachen und Folgen eines Problems.

Tiefbrunnen und Motorpumpen und ihre Folgen

In den Nachrichten wird über eine Hungersnot in Afrika berichtet. In der Berichterstattung werden auch die Gründe genannt: Tiefbrunnen und Motorpumpen. Mit einer Kausalkette kannst du in einzelnen Schritten die Zusammenhänge aufzeigen.

- Grundwasserspiegel sinkt
- Wasser fehlt
- Hungersnot
- Büsche und Gräser vertrocknen
- Boden ist schutzlos dem Wind ausgeliefert
- Boden wird abgetragen
- Wüste dehnt sich aus
- Bau von Tiefbrunnen
- Motorpumpen fördern viel Wasser

Wenn der Grundwasserspiegel sinkt

Mit Sorge blicken die Dorfältesten in den einzigen Brunnen, der sie und ihre Nachbarn in einem Umkreis von zehn Kilometern mit Wasser versorgt. Seit Jahren sinkt der Wasserspiegel beständig ab.
„In meiner Jugend förderten wir Wasser aus 20 Metern Tiefe. Heute müssen die Brunnen mindestens 60 Meter tief gegraben werden“, sagt einer der Ältesten. „Wann wird unser Brunnen versiegen? Fehlt das Brunnenwasser, dann können wir unsere Gärten nicht bewässern und ohne Gärten droht eine Hungersnot. Die Mango- und Papayabäume, die wir vor 20 Jahren pflanzten, beginnen bereits an Wassermangel zu leiden und tragen kaum noch Früchte. Wenn der Grundwasserspiegel weiter sinkt und die Büsche und Gräser vertrocknen, dann ist der Boden schutzlos und dem heißen Wüstenwind ausgeliefert. Der Boden wird abgetragen; die Wüste dehnt sich aus.
Viele glauben, dass der Bau von Tiefbrunnen in benachbarten Dörfern und Kleinstädten für die Absenkung des Grundwasserspiegels verantwortlich ist. Die starken Motorpumpen fördern nämlich viel Wasser, mehr als durch die Regenfälle nachfließen kann.“

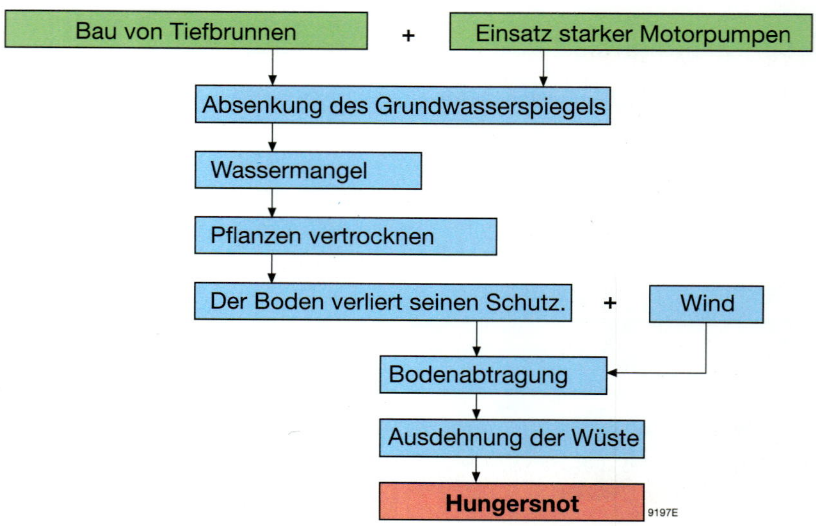

M1 *Kausalkette*

M2 *Überweidung an einer Wasserstelle*

Die Savannen erhalten zu wenig Niederschläge. Außerdem wächst die Bevölkerung, die Herden der Nomaden werden größer. Um sie mit Wasser zu versorgen, wurden Tiefbrunnen gebohrt. Sie liefern gleichzeitig sauberes Trinkwasser. Damit könnte der Tod von Tausenden von Kindern, die an den Folgen von verschmutztem Trinkwasser sterben, vermieden werden.
Die scheinbar unbegrenzte neue Wasserversorgung verleitet aber vor allem die Viehzüchter dazu, noch größere Herden zu halten. Dadurch sinkt der Grundwasserspiegel. Mit ihren Herden bleiben die Nomaden viel länger in der Nähe der Brunnen. Dadurch wird das Grundwasser verschmutzt.
Die Tiere fressen die Pflanzen bis auf die Wurzeln ab. Die Pflanzen können nicht mehr nachwachsen. Außerdem reißen die Hufe der Tiere die obere Bodenschicht auf. Jetzt kann der Wind den Boden wegtragen.
Die Wüste dehnt sich aus. Um zu überleben, müssen neue tiefere Tiefbrunnen gebohrt werden. Damit beginnt ein verhängnisvoller Kreislauf.

M3 *Tiefbrunnen und die Folgen*

- Ausgetrocknete Flüsse führen wieder Wasser
- Die Sahelzone wird grün
- Brunnen füllen sich mit Wasser
- Grundwasserspiegel steigt
- Nomaden weichen nach Norden aus
- Bauern aus dem Süden wandern in die Sahelzone
- Konflikte zwischen Bauern und Nomaden
- Steigende Niederschläge in der Sahelzone

M4 *Stichwörter für eine Kausalkette*

Gehe beim Anfertigen einer Kausalkette in fünf Schritten vor:

1. Markiere oder unterstreiche im Text wichtige Begriffe und Aussagen. (In Büchern musst du das auf Transparentpapier tun!)
2. Notiere die Begriffe oder Aussagen stichwortartig auf einzelne Zettel.
3. Überlege dir, mit welchen Stichwörtern die Kausalkette beginnt und mit welchen sie endet.
4. Ordne die Zettel so, dass eine logische Folge entsteht.
5. Verbinde die einzelnen Zettel mit Pfeilen. Diese haben die Bedeutung „hat zur Folge“.

Sind mehrere Gründe für eine Wirkung verantwortlich, dann verbindest du die Aussagen mit einem Pluszeichen.

M5 *Schritte zum Anfertigen einer Kausalkette*

Aufgaben

1 Fertige zu dem Text M3 eine Kausalkette an. Gehe dabei nach den Schritten 1 bis 5 vor (M5).

2 Marc hat einen Text gelesen, der die Folgen behandelt, wenn die Niederschläge in der Sahelzone zunehmen. Die Stichwörter für eine Kausalkette (M4) sind durcheinander geraten. Ordne sie.

Im tropischen Regenwald

GL NW

Info

Tropen
Als Tropen (tropische Zone) werden die Gebiete der Erde bezeichnet, die zwischen den beiden Wendekreisen liegen. Hier gibt es keine Jahreszeiten, aber einen regelmäßigen Ablauf des Wetters.

Aufgaben

1 Liste auf, was du mit den Begriffen „tropisch" und „Regenwald" verbindest.

2 Beschreibe beim täglichen Ablauf des Wetters im tropischen Regenwald die Situation um 6 Uhr, 8 Uhr, 12 Uhr und 16 Uhr (M3).

3 Im tropischen Regenwald gibt es keine Jahreszeiten. Erkläre (M1, M3, Text).

4 Begründe, warum der tropische Regenwald auch „Schatzkammer" genannt wird.

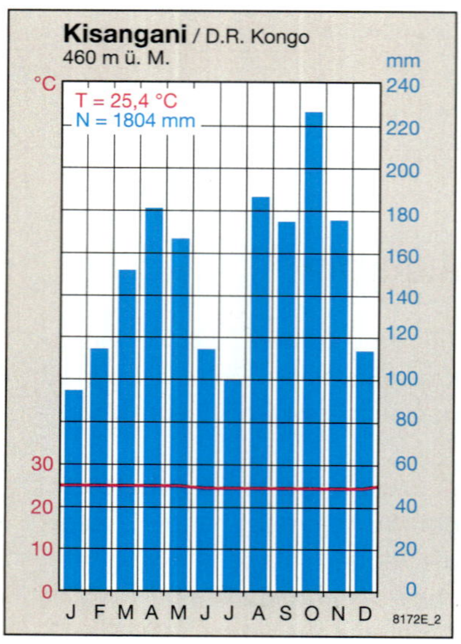

M1 *Klimadiagramm*

Im tropischen Regenwald am Äquator

Der **tropische Regenwald** ist eine Schatzkammer. Er liefert nicht nur Nahrungsmittel wie Zuckerrohr, Bananen, Kakao, Kaffee und Nüsse, sondern auch Grundstoffe für Kosmetika und Arzneimittel sowie Rohstoffe wie Gummi, Öle, Fasern und Harze.

Im tropischen Regenwald gibt es verschieden hohe Sträucher und Bäume. Kraut- und Strauchschicht und drei Baumschichten bilden den **Stockwerkbau** des Regenwaldes. Das dichte Blätterdach der oberen Baumschicht wird von einzelnen, zum Teil 60 Meter hohen Bäumen überragt. Diese „Urwaldriesen" besitzen **Brettwurzeln**, die viele Meter hoch sind und die Form von sternförmig ineinander gesteckten Tafeln haben. Sie sorgen dafür, dass die riesigen Bäume standfest sind. Schlingpflanzen (Lianen) spannen sich von Baum zu Baum, Moose hängen herab. Auf verschiedenen Bäumen wachsen Blumen oder andere Pflanzen, zum Beispiel Orchideen.

Die Bäume werfen ihre Blätter im Verlauf des Jahres zu unterschiedlichen Zeiten ab. Neue Blätter wachsen nach. So erscheint der Wald immergrün. Es gibt keine Jahreszeiten wie bei uns. Der tropische Regenwald beherbergt 40–50 Prozent aller Tier- und Pflanzenarten der Erde.

Im tropischen Regenwald ist es das ganze Jahr hindurch heiß und schwül. Täglich gibt es Gewitter.

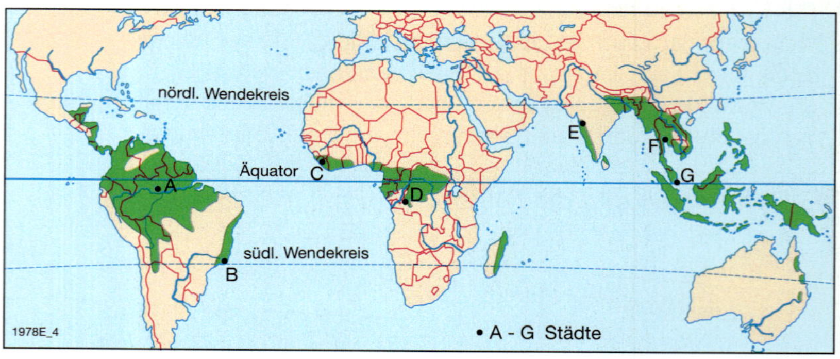

M2 *Verbreitung der tropischen Regenwälder*

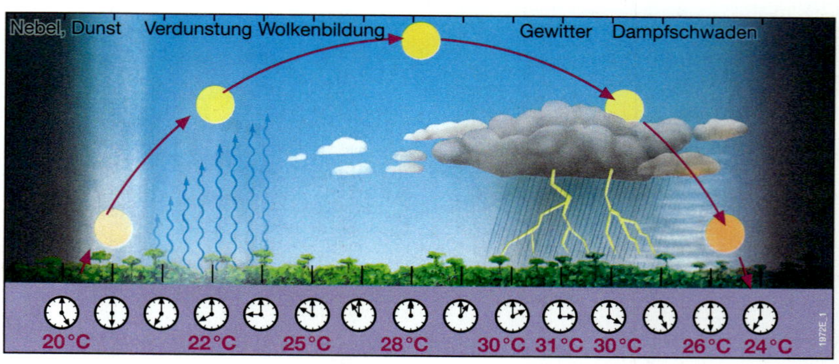

M3 *Täglicher Ablauf des Wetters*

M4 *Kolibri. Seine Flügel schlagen bis zu 90-mal in der Sekunde. Wärst du so aktiv, müsstest du am Tag 300 Gläser Honig essen.*

M5 *Mindestens 25 000 Orchideenarten wachsen in den tropischen Regenwäldern.*

Aufgaben

5 Beschreibe den Stockwerkbau des tropischen Regenwalds (M6, Text).

6 Erkläre, warum die großen Bäume im tropischen Regenwald Brettwurzeln haben.

7 Bestimme in M2 die Städte im tropischen Regenwald.

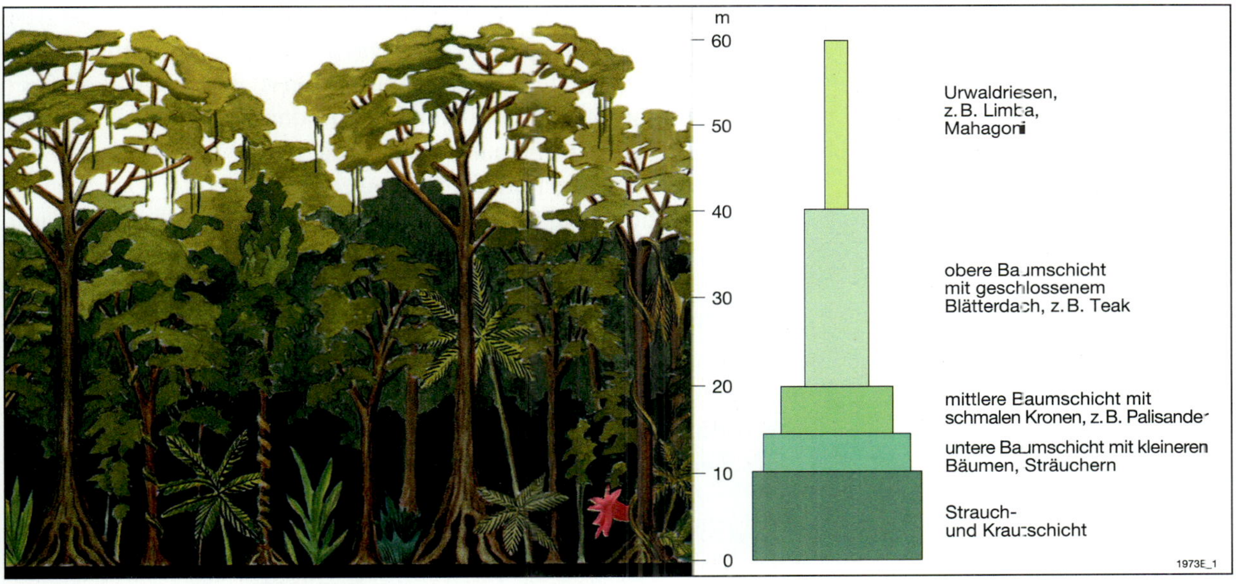

M6 *Stockwerkbau im tropischen Regenwald (Schema)*

M7 *Palmenlanzenotter: Ihr Gift wird zur Blutdrucksenkung benutzt.*

M8 *Pfeilgiftfrosch: Aus seinen Hautabsonderungen gewinnt man ein starkes schmerzlinderndes Mittel.*

Merke
Im tropischen Regenwald bilden die Pflanzen einen Stockwerkbau. Es gibt keine Jahreszeiten und fast täglich kommt es zu Gewittern.

Grundbegriffe
- tropischer Regenwald
- Stockwerkbau
- Brettwurzel

Info 1

Die Bantus
Ackerbauern
Hütten aus Lehm und Stroh
Nahrung: Anbaufrüchte wie Bananen, Mais, Knollenfrüchte (Maniok, Yams und Batate)
Ackergeräte: Grabstock, Hacke, Haumesser

M2 *Bantusiedlung*

Bei den Bantus wandern die Felder

Die Bantus sind ein **Naturvolk**, das im tropischen Regenwald Afrikas lebt. Sie betreiben Ackerbau. Dazu legen sie **Pflanzungen** an. Diese Arbeit erledigen die Männer. Zuerst werden die kleinen Bäume und die Sträucher abgeschlagen, dann wird die Fläche abgebrannt. Dies nennt man **Brandrodung**. Die größeren Bäume und die Baumstümpfe verkohlen. Ihre Asche ist ein guter Dünger. Die Frauen bearbeiten anschließend die Felder mit Grabstöcken und Hacken. Sie pflanzen zum Beispiel Mais und Knollenfrüchte.

Der Boden im tropischen Regenwald ist viel nährstoffärmer als unsere Böden. Er ist schon nach wenigen Jahren ausgelaugt. Die Bantus roden dann ein neues Waldstück und legen ein neues Feld an. Das alte Feld bleibt brach liegen. Nach einiger Zeit wächst wieder Wald nach. Nach vielen Jahren wird oft die gleiche Fläche gerodet. Diese Form der Landnutzung nennt man **Wanderfeldbau**.

Aufgaben

1 a) Beschreibe die Hütten der Bantus (M2).
b) Begründe die Bauweise.

2 Lege eine Tabelle an, in der du die Tätigkeiten der Bantus aufschreibst. Unterscheide Frauen- und Männertätigkeiten.

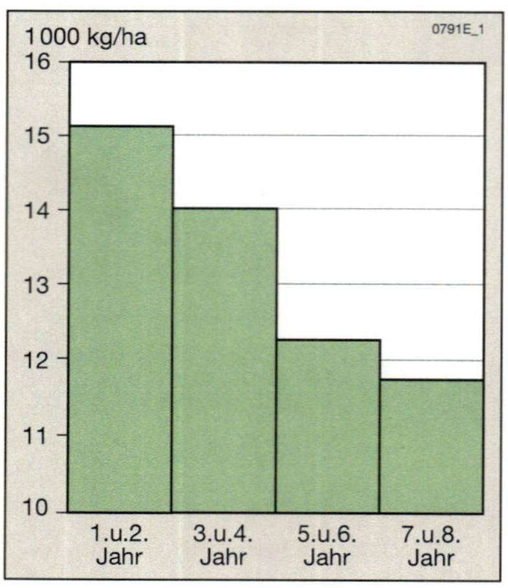

M1 *Maniok-Ernte im Dauerfeldbau in Süd-Ghana*

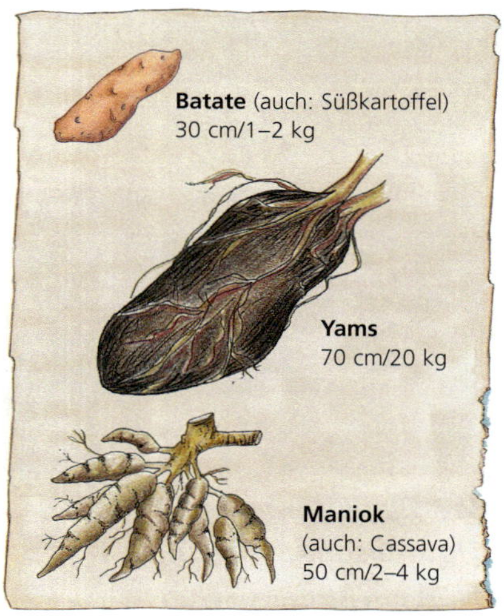

M3 *Tropische Knollenfrüchte*

Info 2

Knollenfrüchte
In den Tropen bauen Naturvölker wie die Bantus andere Knollenfrüchte an als wir in Europa. Während bei uns die Kartoffel eine wichtige Knollenfrucht ist, sind es in den tropischen Ländern Maniok, Batate, Taro, Süßkartoffel und Yams.
Die Knollen werden gekocht oder gebraten. Ihr Mehl wird zu Brei, Brot oder Fladen verarbeitet.

Eine Mindmap erstellen

M4 *Im tropischen Regenwald Afrikas*

So fertigst du eine Mindmap an:

Eine **Mindmap** ist eine Zeichnung, in der Beziehungen zwischen verschiedenen Begriffen hergestellt werden. Sie hilft, das Wissen über ein Thema zu gliedern und bildlich darzustellen, damit du die Inhalte besser behalten kannst.

1. Schritt: Nimm ein Blatt Papier im Querformat. Schreibe das Thema deiner Mindmap in die Mitte und kreise es ein.

2. Schritt: Zeichne hiervon ausgehend für jeden Hauptgedanken eine dicke Linie und beschrifte sie mit einem Schlüsselwort.

3. Schritt: Von den eingezeichneten Linien können dünne Linien ausgehen, auf denen die Hauptgedanken untergliedert werden.

4. Schritt: Falls nötig, kannst du weitere Nebenäste anfügen.

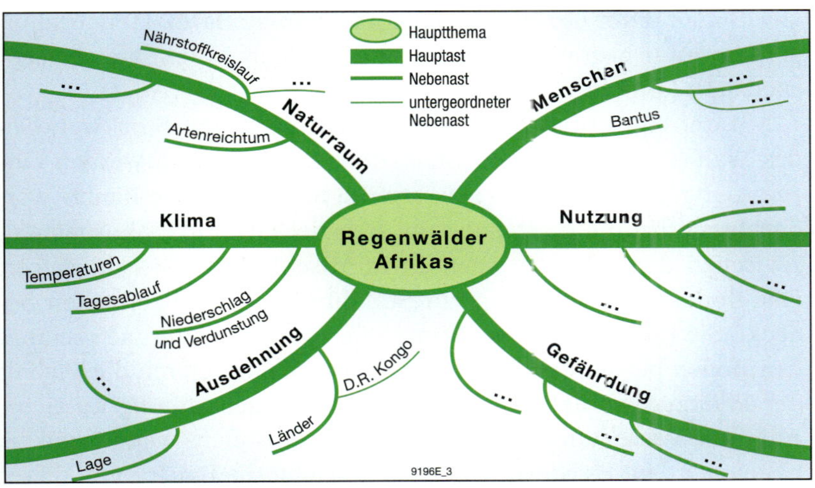

M5 *Mindmap zum Thema „Regenwälder Afrikas"*

Aufgaben

3 Erkläre den Begriff Wanderfeldbau.

4 Ordne die Sätze zum Wanderfeldbau in eine Kausalkette: Wald wächst nach. – Pflanzen werden abgebrannt. – Bäume und Büsche werden abgeschlagen. – Maniok, Mais und Bananen werden gepflanzt. – Das Feld wird aufgegeben. – Größere Bäume verkohlen. – Die Nährstoffe im Boden sind nach drei bis vier Jahren verbraucht. – Asche dient als Dünger.

5 Übertrage M5 in deine Mappe oder dein Heft und ergänze die Haupt- und Nebenäste mit weiteren Schlüsselwörtern.

6 Erstelle eine Mindmap zum Thema: Die Nutzung der Dattelpalme (siehe Seite 81 M6).

Merke

Im tropischen Regenwald von Afrika leben noch Naturvölker wie die Bantus. Sie sind Ackerbauern und betreiben einen Wanderfeldbau mit Brandrodung.

Grundbegriffe
- Naturvolk
- Pflanzung
- Brandrodung
- Wanderfeldbau
- Mindmap

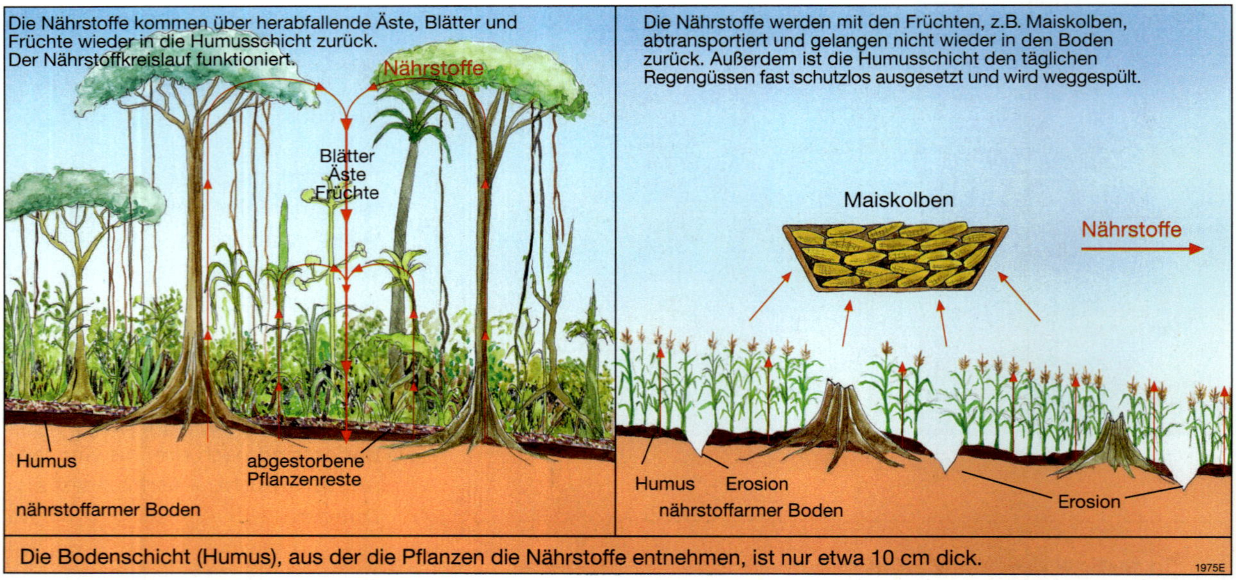

M1 *Der unberührte tropische Regenwald …* **M2** *… und seine landwirtschaftliche Nutzung*

Info

Nährstoffkreislauf im Regenwald

Pflanzen und Boden bilden einen **Nährstoffkreislauf**: Abgestorbene Äste und Laub sammeln sich in der obersten Schicht des Waldbodens. Ameisen, Würmer und andere Lebewesen zerkleinern sie. Es entsteht **Humus**. Pilze und Kleinstlebewesen zerlegen den Humus, bis Nährstoffe entstehen, die von den Wurzeln der Bäume wieder aufgenommen werden können.

Aufgaben

1 Stelle dar, welche Probleme sich beim Dauerfeldbau ergeben (M1, M2).

2 Analysiere die Gemeinsamkeiten zwischen der Agroforstwirtschaft und dem unberührten tropischen Regenwald (M1–M3).

3 Arbeite ein Merkblatt aus, das die Bauern überzeugen könnte, Agroforstwirtschaft zu betreiben.

Dauerfeldbau statt Wanderfeldbau

Die Bevölkerung in den Ländern Zentralafrikas hat sich in den letzten 25 Jahren nahezu verdoppelt. Für den Wanderfeldbau gibt es in manchen Regionen nicht mehr genug Flächen. Deshalb gehen viele Bauern zum **Dauerfeldbau** über. Die Regenwälder werden großflächig gerodet, und auf den Flächen wird jedes Jahr Anbau betrieben. Dadurch wird der gut funktionierende Nährstoffkreislauf unterbrochen. Es fehlen die Brachezeiten, in denen sich der Boden wieder erholen kann.

Die Ernteerträge gehen schnell zurück, denn den angebauten Nutzpflanzen fehlt der Nährstoffnachschub. Außerdem tragen die kräftigen Regengüsse die jetzt wenig geschützte Humusschicht ab. Der Boden unter der Humusschicht ist nährstoffarm. Handelsdünger kann nur begrenzt helfen, weil die Böden Nährstoffe schlecht speichern können.

Mit der **Agroforstwirtschaft** versucht man, den Stockwerkbau des Waldes nachzuahmen: Beim Roden der Flächen werden einzelne Urwaldriesen stehen gelassen. Im Schatten dieser Bäume werden Fruchtbäume gepflanzt, zum Beispiel Öl- und Kokospalmen. Zwischen den Bäumen wachsen in **Mischkultur** die Feldfrüchte. Der Boden wird sorgfältig mit Stalldung und Pflanzenresten bedeckt. Sie führen ihm neue Nährstoffe zu. Das Blätterdach schützt den Boden bei starken Regenfällen vor **Erosion**. Durch die Vielfalt der Pflanzen werden die Nährstoffe im Boden ständig erneuert. Auf diese Weise kann die Fruchtbarkeit des Bodens weitgehend erhalten werden. Es ist jedoch oft nicht leicht, die Bauern von dieser neuen, ungewohnten Wirtschaftsweise zu überzeugen.

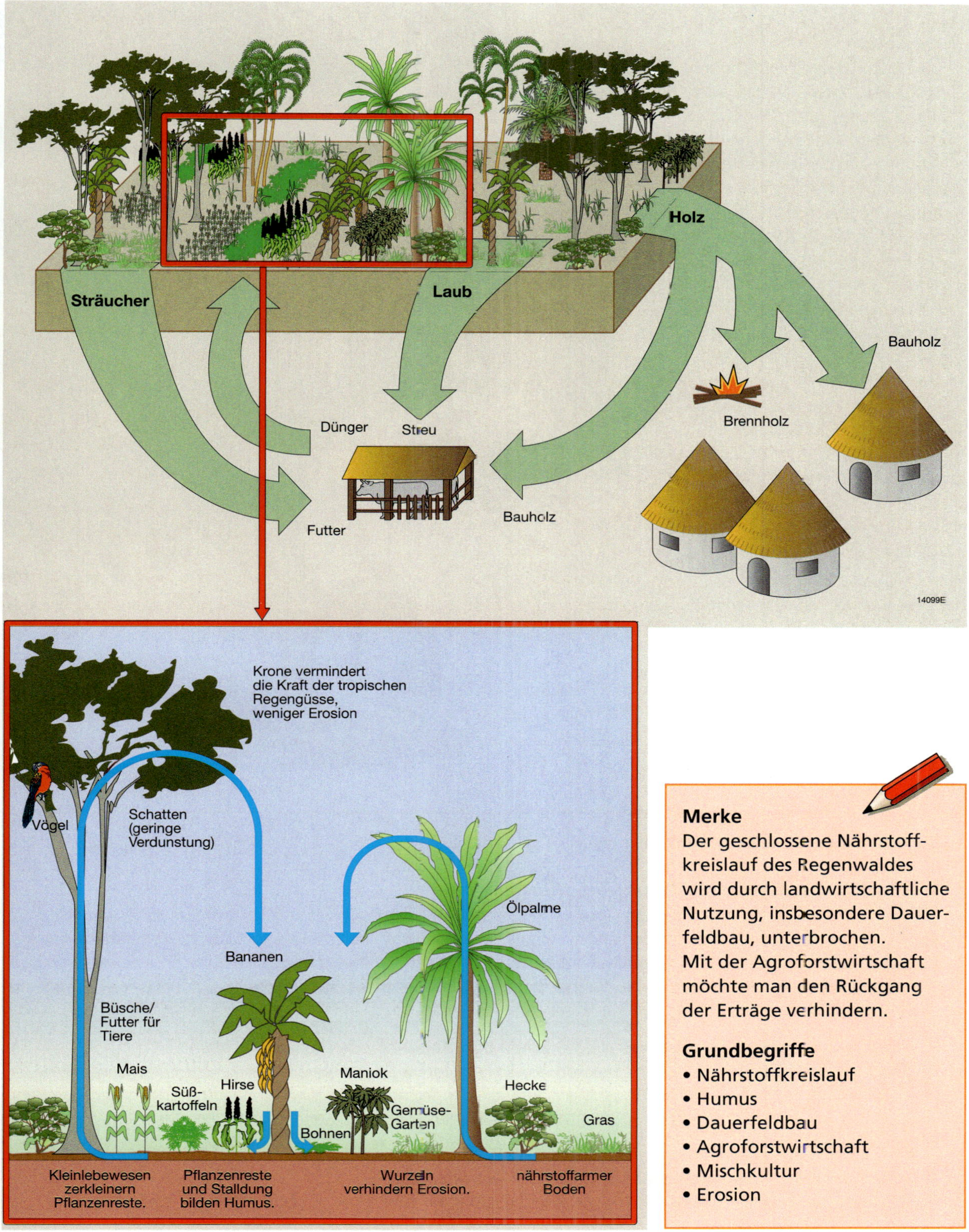

M3 *Agroforstwirtschaft – eine schonende Regenwald-Nutzung*

Merke
Der geschlossene Nährstoffkreislauf des Regenwaldes wird durch landwirtschaftliche Nutzung, insbesondere Dauerfeldbau, unterbrochen.
Mit der Agroforstwirtschaft möchte man den Rückgang der Erträge verhindern.

Grundbegriffe
- Nährstoffkreislauf
- Humus
- Dauerfeldbau
- Agroforstwirtschaft
- Mischkultur
- Erosion

Eine Karikatur auswerten

GL D

Info

Karikatur
Die Karikatur ist eine Zeichnung, in der ein Sachverhalt besonders herausgestellt wird. Schwierige Zusammenhänge werden auf ein Kernproblem zurückgeführt. Die Karikatur wird insbesondere benutzt, um gesellschaftliche Sachverhalte zu bewerten.
Die Personen und Gegenstände in einer Karikatur müssen in die Wirklichkeit übertragen werden. Sie werden häufig „überzeichnet" und wirken deshalb komisch. (Das Wort Karikatur kommt von italienisch „caricare": „überladen"). Karikaturen begegnen dir in Zeitungen, Zeitschriften, Filmen, Büchern und im Internet.

M1

Aufgaben

1 Begründe, warum M1 eine Karikatur ist.

2 Werte M3 aus.

So wertest du eine Karikatur aus

1. Schritt: Du beschreibst die dargestellte Situation.
M1 zeigt einen Wald mit einem bunten Gewirr von Pflanzen und Tieren. Du erkennst zum Beispiel Brettwurzeln, Blätter, Orchideen, Schlingpflanzen, Schlangen, Vögel, Schmetterlinge, Käfer und Affen. Der Wald mündet in einen kräftigen Arm aus Holz, der in eine Hand übergeht.
Die Hand trägt einen Globus. Auf der Weltkugel sitzt ein Mann. Der Mann hat angefangen, mit einer Kettensäge den hölzernen Arm durchzusägen, der ihn trägt.

2. Schritt: Du erklärst, wen oder was die Personen und Gegenstände darstellen sollen.
Der Wald mit den Pflanzen und Tieren stellt den tropischen Regenwald dar. Der Globus kennzeichnet unsere Erde. Der Mann mit der Kettensäge steht für die Menschen, die den tropischen Regenwald zerstören. Der Mann sägt den „Ast" ab, der ihn trägt. Wir zerstören unsere Lebensgrundlagen, wenn wir weiter Raubbau mit dem tropischen Regenwald treiben.

3. Schritt: Du fasst zusammen, was die Karikatur aussagen soll.
Durch die Ausbeutung des tropischen Regenwaldes zerstören die Menschen auf Dauer einen Teil ihrer Lebensgrundlagen. Sie sägen den Ast ab, auf dem sie sitzen.

Afrika

M2 *Übungskarte Afrika*

M3 *Karikatur*

Aufgabe

3 Finde die Namen in der Übungskarte (Atlas).

Leben in kalten und heißen Gebiete

1. In Regionen mit extremem Klima

Es gibt auf der Erde kalte und heiße Gebiete. Die Menschen haben sich ihrem jeweiligen Lebensraum angepasst. Doch überall gibt es auch Veränderungen.

Gestalte in deinem Heft oder deiner Mappe zu jedem der hier abgebildeten Räume eine Seite, auf der du zu den angegebenen Aspekten einen Bericht schreibst oder eine Erklärung gibst.

a) In den Polargebieten

- Menschen in den Polargebieten
- ihre Lebensweise
- Veränderungen

- Kennzeichen des Klimas
- Kennzeichen der Vegetation

b) In der Wüste und Savanne

- Menschen in der Wüste
- ihre Lebensweise
- Veränderungen

- Menschen in der Savanne
- Ihre Lebensweise
- Veränderungen

- Kennzeichen des Klimas
- Kennzeichen der Vegetation

c) Im tropischen Regenwald

- Menschen im tropischen Regenwald
- ihre Lebensweise
- Veränderungen

- Kennzeichen des Klimas
- Kennzeichen der Vegetation

2. Landschaftspuzzle

a) Welche Landschaften sind hier abgebildet?

b) Schreibe zu jeder Landschaft einige typische Anbauprodukte auf (Atlas).

3. Fragen für Experten

a) Was versteht man unter „Agroforstwirtschaft"?

b) Zeichne eine Skizze, in der du die Wechselwirkungen bei der Agroforstwirtschaft verdeutlichst.

c) Erkläre die Begriffe „Polartag" und „Polarnacht".

d) Fertige eine Zeichnung einer Forschungsstation in der Antarktis an, in der du verdeutlichst, welche Einrichtungen für das Überleben notwendig sind.

e) Schreibe ab und ergänze: Plankton ist die Grundlage einer … . Von … ernährt sich der … , eine rund sechs Zentimeter große … . Sie wiederum ist die Hauptnahrung für … , … , … und … .

f) Wüste ist nicht gleich Wüste. Erläutere.

g) Erkläre, wo Oasen entstehen können.

h) Durch die Förderung von Erdöl und Erdgas in der Wüste änderte sich in vielen Oasen die Wirtschaftsweise. Erkläre.

Grundbegriffe
- Klima
- Klimadiagramm
- Klimazone
- Vegetationszone
- Arktis
- Polarnacht
- Polartag
- Antarktis
- Nahrungskette
- Inuit
- Selbstversorger
- Sandwüste
- Kieswüste
- Felswüste
- Wadi
- Stockwerk-Anbau
- Grundwasseroase
- Savanne
- Sahelzone
- Regenzeit
- Trockenzeit
- Nomade
- Dürre
- tropischer Regenwald
- Stockwerkbau
- Brettwurzel
- Naturvolk
- Pflanzung
- Brandrodung
- Wanderfeldbau
- Mindmap
- Nährstoffkreislauf
- Humus
- Dauerfeldbau
- Agroforstwirtschaft
- Mischkultur
- Erosion

Welt im Umbruch – vom 15. bis 17. Jahrhundert

M1 *Am 12. Oktober 1492 landet Christoph Kolumbus auf der Karibik-Insel San Salvador (Filmszene).* ▶

Auftakt in eine neue Zeit

GL KM

Neue Karten
Um etwa 1500 begannen die Europäer, die Ozeane zu befahren, um neue Länder und Schätze zu entdecken. Von ihren Fahrten brachten die Kapitäne noch einen weiteren „Schatz“ mit. Es waren Seekarten, auf denen sie Länder, Meeresströmungen und Windverhältnisse festgehalten hatten. So entstand in Europa um 1500 ein neues Kartenbild von der Erde.

M1 *Weltkarte des Francesco Rosselli (um 1508)*

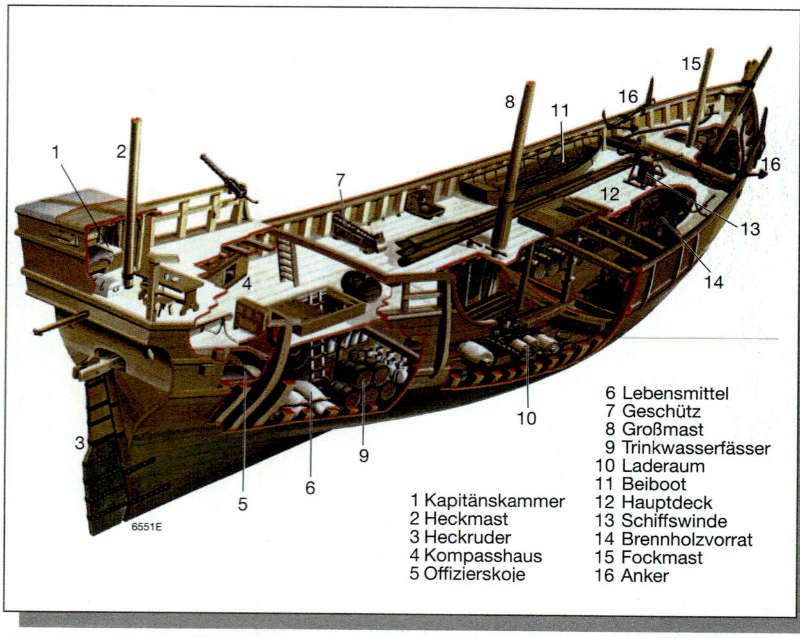

Neue Wege
Von Ländern weit im Osten hörte man in Europa um 1500 Erstaunliches. Dort sollte es ungeheure Mengen an Gold und Silber geben. Alte Handelswege über Land zu den fernen Ländern Asiens wurden jedoch durch islamische Völker versperrt. Somit mussten die Seefahrer neue Wege suchen. Sie konnten sich auf See besser orientieren, weil es große Fortschritte in der Schiffbaukunst gab und moderne Navigationsgeräte erfunden wurden.

M2 *Die Karavelle war mit ca. 21 Meter Länge und 7 Meter Breite ein schnelles und gut steuerbares Hochseeschiff, das mit ca. 40 Mann Besatzung ab dem 15. Jahrhundert die Weltmeere befuhr.*

Neue Ideen
Ende des 15. Jahrhunderts gab es zahlreiche neue wissenschaftliche Erkenntnisse und Erfindungen. Sie führten dazu, dass wir diese Zeit heute als das Ende des Mittelalters und als Beginn der Neuzeit bezeichnen.
Die Ärzte begannen Krankheiten zu erforschen und den menschlichen Körper zu erkunden. Bisher galt er als „Gottes Werk“ und es war verboten, ihn aufzuschneiden.
Bereits um 1455 gelang dem Mainzer Goldschmied Johannes Gutenberg auf einem anderen Gebiet eine bahnbrechende Erfindung: der Buchdruck mit beweglichen Buchstaben.

M4 *Buchdruckerwerkstatt um 1500. Ein Kunde bespricht mit dem Meister den Druckauftrag. Ein Drucker schwärzt mit zwei Stempeln die Druckform mit den eingesetzten Buchstaben.*

Aufgaben

1 Beurteile die Genauigkeit der Weltkarte Rossellis gegenüber einer heutigen Weltkarte (M1; Atlas, Karte: Erde – Topographie).

2 Liste sieben technische Erfindungen der letzten Jahrzehnte auf und beschreibe, inwieweit sie dein Leben veränderten.

Merke
Um 1500 endet das Mittelalter. Die Neuzeit beginnt.
Neue Erfindungen verändern das Weltbild. Seefahrer entdecken neue Erdteile.

M3 *Darstellungen des menschlichen Körpers nach den Studien des Dr. Vesalius*

Neuer Glaube
Die meisten Christen in Deutschland gehören heute der katholischen und der evangelischen Glaubensgemeinschaft an. Um 1500 gab es in unserem Raum nur eine christliche Kirche, die katholische Kirche. Doch vielen Gläubigen passten damals die Zustände in der Kirche nicht. Unter Martin Luther kam es zur Spaltung der Kirche und es entstand eine neue Glaubenslehre, die seit etwa 1520 als evangelischer Glaube bezeichnet wird.

Auftakt in eine neue Zeit

Die Kleidung wohlhabender Bürger und Bürgerinnen

Von Italien aus breitete sich die Renaissance als Kunststil zunächst in Malerei, Architektur und Dichtung, später auch in Musik, Tanz und Kleidung nach West- und Mitteleuropa aus. Die Renaissance-Kunst verstand sich als Wiederbelebung der klassischen Formen. So zeichnet sich die Architektur zum Beispiel durch Säulenfassaden an Häusern, durch Hallen- und Kuppelbauten aus. Allen Renaissance-Künstlern gemeinsam war das Streben nach Harmonie und idealen Proportionen (Formen). Als eines der bekanntesten Renaissance-Bauwerke gilt der große Kuppelbau der Peterskirche in Rom.

Der Kuppelbau des „Tempietto San Pietro in Montorio" in Rom verdeutlicht, dass die Baumeister Bauformen nach den Gesetzen der Geometrie anstreben.

M1 *Der Renaissance-Stil – eine Kunstepoche in Europa*

Schauplatz: Italien um 1400

Viele Gelehrte und Künstler in dieser Zeit nahmen sich die Werke von Philosophen, Dichtern, Wissenschaftlern und Baumeistern aus der griechischen und römischen Antike als geistiges Vorbild. Sie bezeichneten sich selbst als **Humanisten** nach dem lateinischen Wort „humanus" (menschlich, gebildet). Im Gegensatz zum Mittelalter rückten die Humanisten nun den einzelnen Menschen in den Mittelpunkt; das Individuum wurde zum Maß aller Dinge. So bildeten sich Geisteshaltungen heraus, die unser Leben bis heute beeinflussen, zum Beispiel die Betonung der Freiheit jedes einzelnen Menschen, der Selbstständigkeit und des Selbstbewusstseins. Viele Gelehrte wendeten sich nun den Naturwissenschaften und der Forschung zu und zeigten offen ihre kritische Haltung gegenüber der Kirche.

Die Humanisten waren davon überzeugt, dass der Mensch durch die Aufnahme der klassischen Vorbilder des Altertums in gewisser Weise „wiedergeboren" wurde. So nennt man heute die Zeit, in der der einzelne Mensch und seine Umgebung in den Mittelpunkt von Kunst und Wissenschaft rückten, **Renaissance**.

M2 *Florenz, die italienische Stadt am Arno, gilt als Hochburg der Renaissance. Die Stadt war um 1400 eine der mächtigsten Handelsmetropolen Europas. Sie hatte zu dieser Zeit um 100 000*

Natur und Mensch – Mittelpunkte der Malerei

Während der Renaissance sahen sich viele Künstler nicht mehr als bloße Handwerker, so wie sie es in der mittelalterlichen Vergangenheit getan hatten. Sie suchten nach neuen Wegen des Gestaltens. Als ein Ergebnis wurden gemalte Bilder wie ein Blick durch ein Fenster gesehen, das man öffnet um die natürliche Welt zu betrachten. So widmeten sich viele Renaissance-Maler der Wiedergabe von Landschaften, der Darstellung von Bäumen, Blumen, Pflanzen, Tieren und Bergen. Doch vor allem sahen es Künstler wie Leonardo da Vinci, Raffael und Michelangelo als ihre Aufgabe, Menschen – zum Teil in ihrer Bedeutung überhöht – ins Zentrum ihrer Kunst zu rücken.

M3 *Die Malerei verändert sich.*

M4 *Zwei Künstler haben das gleiche Bildmotiv gemalt: die Madonna mit dem Jesuskind. Beide Maler stammen aus der Nähe von Florenz. Das linke Bild wurde 1260 von einem Künstler des ausgehenden Mittelalters angefertigt, dessen Name unbekannt blieb. Das rechte Bild wurde 1465 von dem Mönch Fra Filippo Lippi gemalt. Es ist ein Beispiel der Renaissance-Malerei.*

Aufgaben

1 Informiere dich in Nachschlagewerken oder im Internet über Malerei, Architektur, Kleidung und Musik der Renaissance. (Internet-Adresse: www.renaissance.de)

2 Vergleiche die beiden Bilder in M4:
a) Erarbeite die Unterschiede in der Darstellung der Gesichter, der Körper und der Kleidung.
b) Beschreibe die Gestaltung des Bildhintergrunds.
c) Erläutere die Wirkung der beiden Bilder auf dich.

Einwohner. Im weltoffenen Florenz gab es eine breite Schicht geschäftiger Bürger und ihrer Familien, die durch Handel zu großem Reichtum gekommen waren.

Projektvorschlag:
Stellt unter dem Thema „Leben in der Renaissance" eine Werkschau mit Gemälden, Skulpturen, Gebäuden, Grundrissen, Fassaden, Stadtansichten usw. in der Schule aus.

Info

Renaissance
Die Renaissance ist eine **Kulturepoche** in Europa, die sich über etwa 200 Jahre von 1400–1600 erstreckt. Zentrum der Renaissance war Italien. Der Epochen-Begriff der „Renaissance" (französisch: „Wiedergeburt, Erneuerung") wurde 1550 erstmals von dem italienischen Kunsthistoriker Vasari gebraucht. Er beschreibt mit dem italienischen Wort „Rinascimento" die Erneuerung der Malerei nach der „barbarischen" dunklen Gotik des Mittelalters.

Merke
Die Renaissance ist eine Kulturepoche in Europa. Sie dauerte etwa von 1400–1600. Wissenschaft und Forschung entwickelten eine kritische Haltung gegenüber der Kirche. Mensch und Natur standen im Mittelpunkt der Kunst.

Grundbegriffe
- Humanist
- Renaissance
- Kulturepoche

Entdeckungen und Eroberungen

Kolumbus

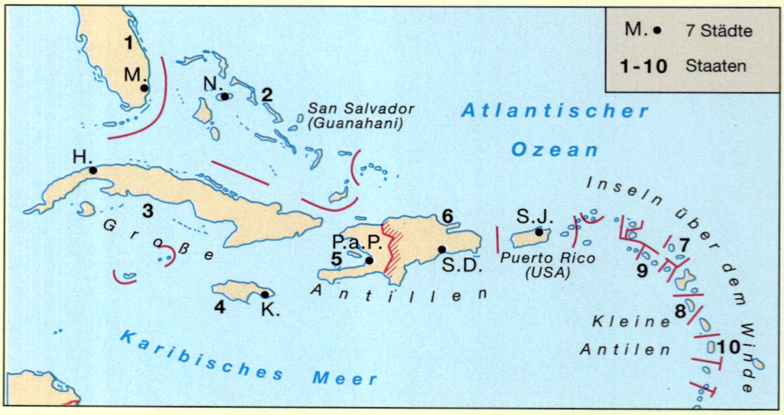

Ein spannender Augenblick in der Geschichte

Christoph Kolumbus und seine Männer betraten im Morgengrauen des 12.10.1492 die Insel Guanahani, eine von über 700 Inseln der heutigen Bahamas. Im Auftrag des spanischen Königshauses war er seit dem 3.8.1492 unterwegs, um nach Indien zu gelangen und von dort Reichtümer wie Gold und Gewürze zu holen. Stattdessen war Kolumbus in einer bis dahin „unbekannten Welt" gelandet, die man später **Neue Welt** nannte. Er ließ hölzerne und steinerne Kreuze errichten. Damit wollte er den christlichen Glauben Europas verbreiten.

M1 *Besitznahme in der Neuen Welt*

Seit 1415 Portugiesische Kapitäne erkunden im Auftrag von Heinrich dem Seefahrer die Westküste Afrikas.
1485 Entdeckung der Kongomündung durch den Portugiesen Diego Cão und den Deutschen Martin Behaim bei einer gemeinsamen Fahrt.
1486 Der Portugiese Bartholomeu Diaz umfährt als Erster das Kap der Guten Hoffnung.
1492 Entdeckung von Amerika durch Christoph Kolumbus.
1498 Der Portugiese Vasco da Gama umfährt mit drei Schiffen die Südspitze Afrikas und erreicht auf dem Seeweg Indien.
1513 Der Spanier Vasco de Balboa erreicht als erster Europäer den Pazifischen Ozean, den er „Südsee" nennt.
1519–1522 Weltumsegelung des Portugiesen Fernando Magellan.

M2 *Zeittafel der Entdeckungsfahrten*

Der Irrtum des Kolumbus

Kolumbus begab sich später auf weitere Reisen in die Karibik. Er wusste allerdings bis zu seinem Tod 1506 nicht, dass er auf den Inseln oder an der Küste eines neuen Erdteils angekommen war. Er war sich sicher, in Indien oder Japan gelandet zu sein.

Amerigos Amerika

Von 1497–1504 unternahm der Seefahrer Amerigo Vespucci in spanischen und portugiesischen Diensten Fahrten ins heutige Südamerika. Er allerdings erkannte, dass die Länder einem eigenständigen, bis dahin unbekannten Erdteil angehören mussten. Deshalb wurde der neue Kontinent auch nach ihm benannt. Amerika ist die lateinische Form für den Namen des Seefahrers Amerigo.

Aufteilung der neu entdeckten Gebiete

Sowohl Spanien als auch Portugal waren in jener Zeit Mächte, die die Seefahrt beherrschten. Mit den Entdeckungen neuer Gebiete kam es zu Spannungen zwischen beiden Ländern um die Aufteilung der Neuen Welt. Im Teilungsvertrag von Tordesillas (1594) grenzten die beiden Seemächte schließlich ihre Einflussbereiche ab.

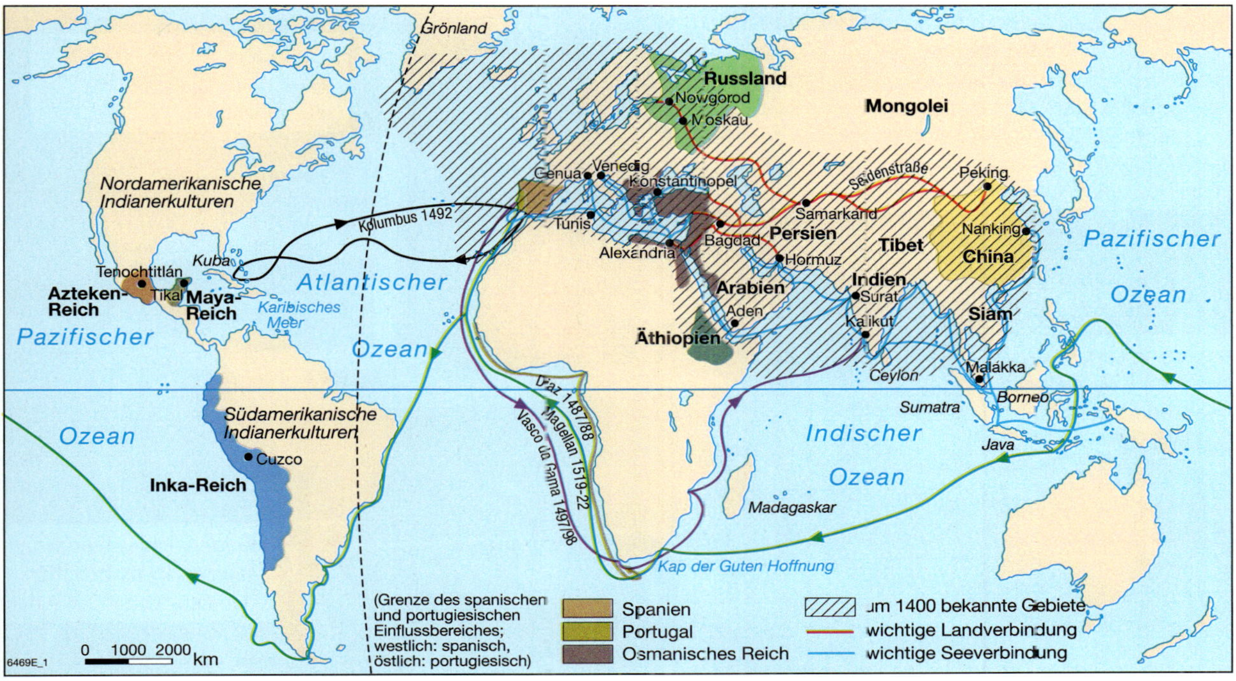

M3 *Seefahrer und Entdecker finden Wege zu unbekannten Kontinenten.*

Der Vertrag von Tordesillas

Am 7. Juni 1494 schlossen die Königreiche Portugal und Spanien in der Stadt Tordesillas folgenden ***Teilungsvertrag:***

„Hiermit wird bekundet, dass Spanien alle Gebiete, die 370 Seemeilen (ca. 700 km) westlich der Inselgruppe der Azoren liegen, erhält; Portugal soll alle Gebiete erhalten, die östlich dieser Linie liegen.

Anno domini 1494

8083E

M4

Spanische und portugiesische Kapitäne unternahmen weitere Entdeckungsfahrten. Das neue Kartenbild der Erde verfestigte sich mehr und mehr. Um 1519 setzte sich die Erkenntnis durch, dass man China auf dem westlichen Seeweg nur erreichen kann, wenn man Amerika umfährt und dann den Pazifik von Osten nach Westen durchquert.

Dies gelang dem portugiesischen Kapitän Fernando Magellan, der im Dienst Spaniens stand. Mit seiner Fahrt war die Kugelgestalt der Erde bewiesen. Er selbst erlebte das Ende der Reise nicht. Er starb 1521 auf den Philippinen.

Aufgaben

1 Bestimme in M1 die heutigen Namen der eingetragenen Staaten und Städte.

2 a) Berichte über drei „Entdeckungsfahrten" (M2, M3, Lexikon).
b) Erläutere, welche Aufträge die Seefahrer hatten.

Merke
1492 landete Christoph Kolumbus in Amerika. Der Name des Kontinents stammt von dem Seefahrer Amerigo Vespucci, der die Neue Welt ebenfalls bereiste. Magellan umsegelte als Erster die Erde und bewies damit ihre Kugelgestalt.

Grundbegriff
- Neue Welt

M1 *„Platz der drei Kulturen" in Mexiko-Stadt*

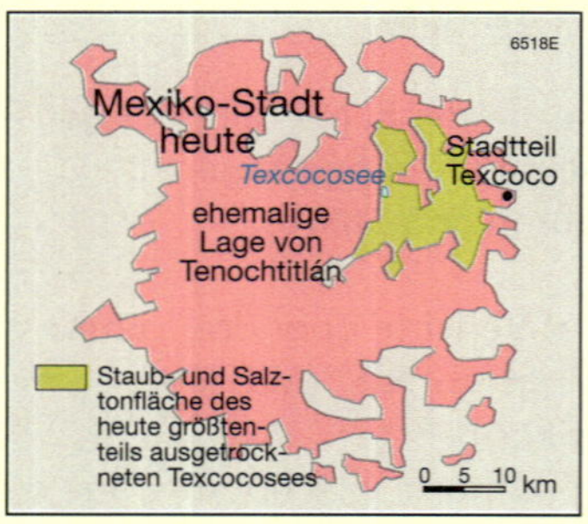

Seit 1325 hatten die Azteken eine Insel im Texcocosee zu ihrer Hauptstadt Tenochtitlán gemacht. Hier lebten über 300 000 Azteken. Die Häuser der Oberschicht (Priester, Kaufleute, Krieger) waren zweistöckig und hatten Innenhöfe mit Gärten. Die Bauern lebten in Lehmhütten. Sie hatten ihre Felder auf dem Festland. Auf Märkten boten Händler Lebensmittel, aber auch Stoffe, Kleidung, Tongefäße und Goldschmuck an. Die Azteken kannten kein Geld und tauschten ihre Waren.

M2 *Tenochtitlán*

Die indianische Welt um 1500

Vor etwa 20 000 Jahren wanderten Völker aus Nordasien über die Inselkette der Alëuten im Beringmeer auf den Kontinent Amerika. Es waren Jäger und Sammler, die nach Süden hin den Kontinent besiedelten. Vor 12 000 Jahren erreichten einige dieser Völker das heutige Mittel- und Südamerika. Die Völker der Azteken und Mayas siedelten sich in Mittelamerika im Sumpfland an der Küste und auf den Ebenen des Hochlandes an. Die Inkas verbreiteten sich in Südamerika vor allem im Hochgebirge. Viele Siedlungen entwickelten sich zu großen Städten. In den Zentren der Städte befanden sich die Tempel sowie die Paläste der Herrscher und der Oberschicht. Das einfache Volk lebte in den Außenbezirken der Städte.

Die Städte konnten sich so prachtvoll entfalten, weil die Landwirtschaft hoch entwickelt war und die Nahrungsversorgung vom Land in die Stadt klappte. Durch Pflanzenzucht und ausgeklügelte Bewässerungssysteme waren die Ureinwohner Amerikas zur Zeit der Entdeckung durch Kolumbus die fortschrittlichsten Ackerbauern der Welt. Ihnen verdanken wir zum Beispiel Mais, Kartoffeln, Tomaten, Bohnen und Kürbisse. Ackerbau, Jagd und Fischfang waren die Grundlagen der indianischen **Hochkultur**, die vor ungefähr 3000 Jahren entstand.

Die Azteken und die Inkas schufen mächtige Reiche, die sie von den Hauptstädten Tenochtitlán und Cuzco aus regierten.

Machu Picchu

Ungefähr 80 Kilometer nordwestlich von Cuzco liegt die Inka-Festung Machu Picchu. Sie wurde um 1450 erbaut und erst 1911 von dem Amerikaner Hiram Bingham entdeckt. Er gab ihr den Namen Machu Picchu (deutsch: „alte Bergspitze").

Die Anlage liegt etwa 600 Meter über dem Fluss Urubamba auf einem Bergsporn. Vom Tal aus ist sie nicht zu erkennen, oben stößt man plötzlich auf Treppen, Türme, Tempel und Häuser aus Stein. Alle Gebäude zeugen vom hohen technischen und handwerklichen Können ihrer Erbauer. Die Ruinenstadt wird vom fast senkrecht aufsteigenden Berg Huaya Picchu überragt.

M3 *Machu Picchu – Ruinenstadt der Inkas in den Anden*

Mittelpunkt von Tenochtitlán war ein großer, gepflasterter Platz. Hier standen mehrere Tempel, das Schloss des Azteken-Herrschers Moctezuma sowie Paläste der Priester.
Das Bild zeigt die Doppelpyramide des Sonnengottes Huitzilopochtli und des Regengottes Tlaloc, weiterhin Heiligtümer anderer Götter, Teile eines Gerichtssaales und eines Ballspielplatzes (beides unten rechts).
Moctezuma war einer der Könige der Azteken. Das Volk verehrte ihn wie einen Gott.

Der Tempelbezirk von Tenochtitlán (Rekonstruktion)

M4 *Der Tempelbezirk – Zentrum der Azteken-Hauptstadt*

Aufgaben

1 Das Reich der Azteken war eine Hochkultur. Begründe (M2, M4, Text).

2 Bestimme, in welchen heutigen Staaten Lateinamerikas sich die Reiche der Azteken, Mayas und Inkas erstreckten (Atlas, Karten: Amerika – Staaten und Geschichte).

Merke
Die Azteken und Inkas schufen mächtige Reiche. Sie entwickelten Hochkulturen und regierten von ihren Hauptstädte Tenochtitlán und Cuzco aus.

Grundbegriff
- Hochkultur

Einer der Eroberer war Hernán Cortés. Im Februar 1517 setzte er im Auftrag des spanischen Königshauses mit etwa 600 Soldaten und elf Schiffen von Kuba aus nach Mexiko über. Die Gier nach Gold, Silber und anderen Schätzen trieb ihn von der Halbinsel Yucatán ins Landesinnere. Damit die indianische Bevölkerung ihr Gold hergab, behaupteten die Spanier, sie hätten eine Krankheit, die nur mit Gold heilbar sei.
Wenn Eingeborene Widerstand leisteten, wurden sie erbarmungslos niedergemetzelt.
Cortés machte von Anfang an reiche Beute und sandte gewaltige Schiffsladungen mit Gold- und

Aztekische Goldmaske

Silbergegenständen nach Spanien. Auf seinem Beutezug wurde Cortés von Kriegern anderer indianischer Stämme, die die Azteken unterworfen hatten, unterstützt. Kenntnisse über Land und Leute erhielt Cortés durch Malinche, der Tochter eines verstorbenen Indianerhäuptlings. Cortés hatte sie von besiegten Indianern geschenkt bekommen. Malinche und Cortés hatten einen Sohn.
Der aztekische Herrscher Moctezuma versuchte vergeblich, die Spanier zu verzaubern. Dann schickte er Cortés Gesandte mit Geschenken entgegen: Schmuck und einem kostbaren Federkopfputz. Es half nicht, er konnte die Spanier nicht zur Umkehr bewegen. Am 8. November 1519 erreichte Cortés mit seinen Soldaten Tenochtitlán, die Hauptstadt des Aztekenreiches.

M1 *Der Beutezug des Hernán Cortés*

Auf der Jagd nach Gold

Als die europäischen Seefahrer nach Amerika kamen, wussten sie nicht, dass dieser Kontinent von Völkern mit Hochkulturen besiedelt war, die große Reiche beherrschten, herrliche Bauwerke geschaffen hatten und bei denen die Religion das ganze Leben bestimmte.

M2 *Cortés und Moctezuma*

M3 *Spanische Soldaten ermorden unbewaffnete Indianer.*

Aufgabe

1 Bewerte, mit welchen Erwartungen sich Moctezuma und Cortés begegneten.

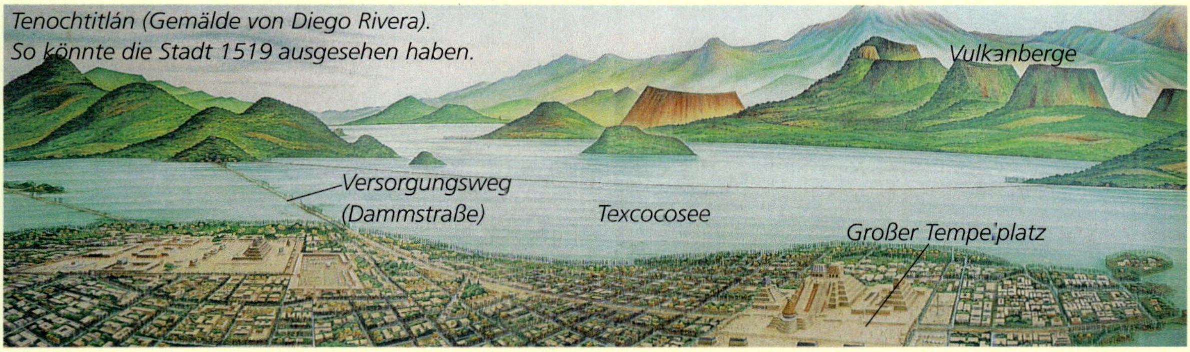

Tenochtitlán (Gemälde von Diego Rivera).
So könnte die Stadt 1519 ausgesehen haben.

Als Cortés mit seinen 600 Soldaten in Tenochtitlán ankam, hatte er einen Vorteil: Die Azteken hielten ihn für den erwarteten Gottkönig Quetzalcoatl, als dessen Kennzeichen eine weiße Haut, helle Haare und ein Bart galten. Beim Eintreffen in der Hauptstadt begrüßte der Azteken-Herrscher Moctezuma Cortés mit prächtigen Geschenken wie Gold, Edelsteinen und kunstvollem Federschmuck. Moctezuma erkannte zu spät, dass Cortés kein Gott war. Bereits einige Tage nach dem Eintreffen in Tenochtitlán wurde er von Cortés als Geisel genommen. Die Soldaten zerstörten die Götterbilder und richteten unter den Einwohnern ein Massaker an. Als 1520 die spanischen Eroberer aztekische Priester töteten, löste das einen Aufstand aus. Moctezuma, der Nachsicht gegenüber den Spaniern zeigte, wurde vermutlich von eigenen Landsleuten getötet.

Die Spanier versuchten am 30. Juni 1520, aus Tenochtitlán zu fliehen, doch Azteken schnitten ihnen die Fluchtwege ab. Viele Spanier kamen um oder versanken mitsamt ihrer Beute im Texcocosee.
Cortés konnte fliehen, kam jedoch ein Jahr später mit verstärkten Truppen und treuen Indio-Kriegern zurück und begann im Mai 1521 mit der Belagerung der Hauptstadt. Er ließ Schiffe bauen, die in Teile zerlegt zum See geschafft wurden. So konnten die spanischen Truppen die Versorgungswege zur Hauptstadt unterbinden und die Bevölkerung aushungern. Nach erbitterten Kämpfen und von den eingeschleppten Krankheiten der Spanier geschwächt, fiel am 13. August 1521 Tenochtitlán in die Hände der Spanier.
Die Stadt wurde vollständig zerstört.

M4 *Die Eroberung der Azteken-Hauptstadt Tenochtitlán*

Ebensowenig kannten die Menschen Amerikas die anderen Erdteile und deren Bewohner. Sie ahnten nicht, dass die angekommenen Fremdlinge **Konquistadoren** (spanisch: Eroberer) waren, die in wenigen Jahren ihre Reiche zerstören und viele von ihnen wegen des Goldes und anderer Schätze ermorden würden.

Aufgabe

2 Erkläre mithilfe von M4, wie und warum die Spanier Tenochtitlán einnehmen konnten.

Quelle

Ein Begleiter von Cortés schrieb über die Zerstörung von Technochtitlán:
„Dreiundneunzig Tage hatte die Belagerung gedauert, Tag und Nacht hörte der Lärm nicht auf:
Da waren das Pfeifen und das Schlachtgeschrei der Feinde, die auf der Straße mit uns kämpften. ... Dazwischen gellten die höllische Musik der Trommeln und der Muscheltrompeten sowie der grauenhafte, schauerliche Ton der großen Pauke vom Haupttempel ..., der zuletzt keinen Augenblick aufhörte.“

(Nach Bernal Diaz del Castillo: Geschichte der Eroberung von Mexiko. Frankfurt 1988)

Merke
Europäische Konquistadoren plünderten die Schätze der indianischen Hochkulturen. Der bekannteste von ihnen war Hernán Cortés. Er zerstörte Tenochtitlán und ermordete die Bevölkerung.

Grundbegriff
- Konquistador

Entdeckungen und Eroberungen

Info

Kolonie
Der Begriff wurde im 16. Jahrhundert aus dem lateinischen Wort „colonia": „Länderei, Ansiedlung, Niederlassung" gebildet.
Er bezeichnet ein in Übersee liegendes Gebiet, das ein europäischer Staat als eigenen Besitz ausgab.
Kolonien entstanden durch Besetzung bzw. militärische Eroberung. Häufig entwickelten sie sich aus der Gründung von Handelsniederlassungen oder Militärstützpunkten.

1570 :	40000
1650 :	850000

M1 *Zahl schwarzafrikanischer Sklaven in Lateinamerika*

Indianer-Reiche werden europäische Kolonien

Der Feldzug von Cortés gegen die Azteken war nur der Anfang weiterer spanischer Eroberungen. In den Jahren 1532/33 plünderte und vernichtete der Spanier Pizarro das Reich der Inkas im heutigen Peru. Die Mayas wurden von den Spaniern 1542 besiegt. Weite Teile Mittel- und Südamerikas gerieten nach und nach unter spanische Herrschaft. Man zwang die einheimische Bevölkerung zur Annahme des katholischen Glaubens. Die indianischen Siedlungsgebiete wurden zu überseeischen Besitztümern, zu **Kolonien** Spaniens, erklärt. Als die Eroberer die Schätze der Indianer durch Gewalt oder Tauschhandel an sich gebracht hatten, nahmen sie auch die Gold- und Silberminen in Besitz.

Bald schon erkannten die Spanier, dass sich auch mit einheimischen Nutzpflanzen Geld verdienen ließ. Sie führten in den Kolonien die **Plantagenwirtschaft** ein. Auf großen Flächen wurde der Urwald gerodet und man baute in **Monokultur** zum Beispiel Zuckerrohr, Kaffee oder Kakao an. Zehntausende Indios starben aufgrund der unmenschlichen Arbeitsbedingungen in den Bergwerken und auf den Plantagen sowie durch Krankheiten. Sie wurden durch dunkelhäutige Afrikaner ersetzt, die als Sklaven mit Schiffen nach Südamerika verschleppt wurden. Zwischen 1500 und 1800 entwickelte sich ein **Dreieckshandel**. Dabei machten die Kaufleute aus Europa riesige Gewinne.

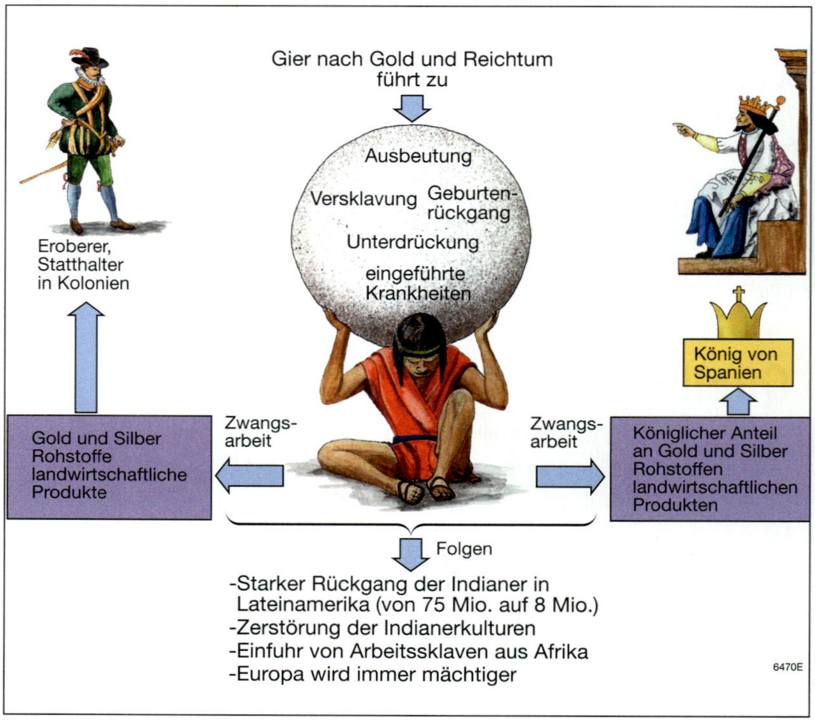

M2 *Die Folgen der Europäisierung*

Aufgaben

1 Erkläre den Dreieckshandel (M4).

2 Begründe, warum Schwarzafrikaner nach Amerika verschleppt wurden.

3 Erläutere mithilfe von M2 die Folgen der Europäisierung.

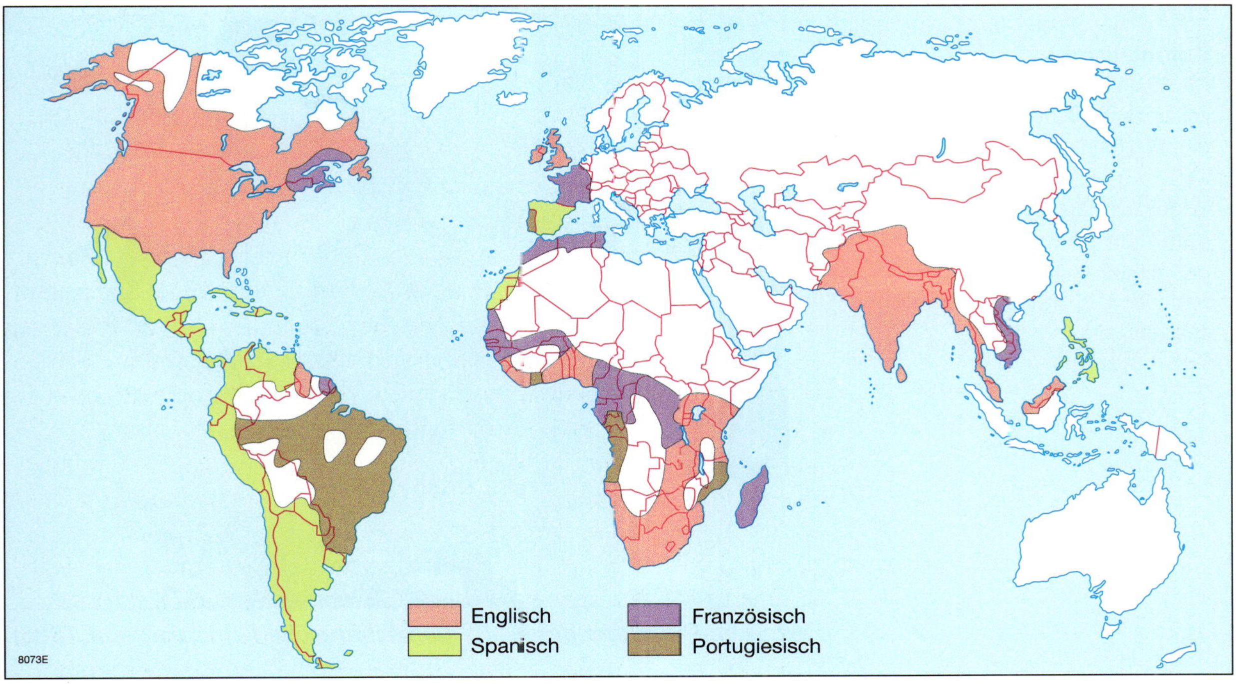

M3 *Die Sprachgebiete der Kolonialmächte um 1700*

Vom 16. bis 18. Jahrhundert fand ein Handel der Europäer mit Afrika und Amerika statt. Sie wollten die eigene Wirtschaft mit billigen Rohstoffen versorgen und gleichzeitig Fertigprodukte in die Kolonien exportieren (ausführen). Dieser Dreieckshandel verlief folgendermaßen: Fertigwaren wurden von Europa nach Afrika transportiert. Dort wurden sie gegen Sklaven eingetauscht. Die Sklaven wurden nach Amerika verschifft. Hier tauschten die Europäer die Sklaven gegen Rohstoffe ein, die wiederum nach Europa gebracht wurden. Weit über zehn Millionen Afrikaner wurden auf diese Weise versklavt. Sie wurden zumeist zur Zuckerrohr-, Tabak- und Baumwollgewinnung eingesetzt. Unzählige Menschen kamen dabei ums Leben. Der Dreieckshandel fand erst mit der Abschaffung der Sklaverei ab 1772 ein Ende.

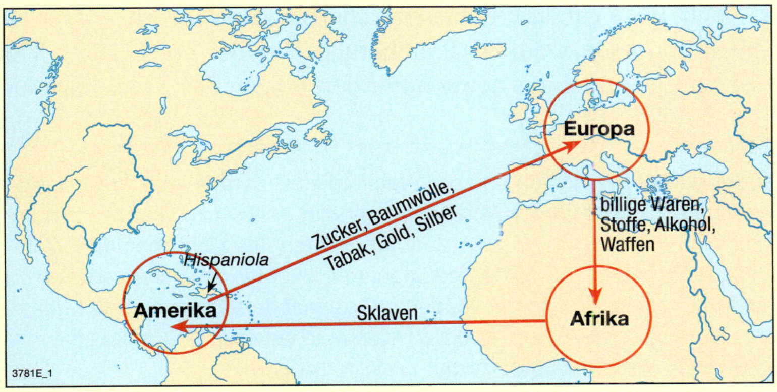

M4 *Der Dreieckshandel*

Aufgabe

4 Bestimme, in welchen heutigen Staaten um 1700 die Sprachen der Kolonialmächte verbreitet waren (M3; Atlas, Karte: Erde – politisch).

Merke
Um die eigene Wirtschaft anzukurbeln, handelten die Europäer mit Sklaven, Rohstoffen und Fertigprodukten zwischen Afrika, Amerika und Europa. Dieser Dreieckshandel forderte unzählige Menschenleben.

Grundbegriffe
- Kolonie
- Plantagenwirtschaft
- Monokultur
- Dreieckshandel

Folgen des Kolonialismus heute

Info

Kolonialismus
Der Begriff „Kolonialismus" bezeichnet die Bildung von Kolonien in Übersee (siehe Info Seite 110).
Es geht um die Ausdehnung der Herrschaft europäischer Länder auf außereuropäische Gebiete mit dem Ziel, diese wirtschaftlich auszubeuten.

M2 *„Die Plünderer der Welt" (amerikanische Karikatur von 1885)*

Aufgabe

1 Erläutere den Begriff „Kolonialismus".

Europäische Staaten in anderen Kontinenten

Seit der Entdeckung Amerikas durch Kolumbus im Jahr 1492 haben europäische Staaten immer wieder Länder und Völker in anderen Kontinenten erobert. Dies wird als **Kolonialismus** bezeichnet. Die eroberten Länder wurden zu Kolonien.

Sie wurden oft nur deshalb unterworfen, weil die Eroberer an den Bodenschätzen oder Pflanzen in den fremden Ländern interessiert waren. Das konnten Gold oder Diamanten sein. Aber auch Gewürze, Tee, Kaffee, Tabak oder Südfrüchte waren für die Eroberer interessant. Diese Waren wurden preiswert in den Kolonien erzeugt und dann für viel Geld in den Heimatländern verkauft. Die Menschen, die in den Kolonien lebten, hatten meist keine Rechte.

Bis 1914 lebte mehr als die Hälfte der Menschheit in Kolonien. Erst nach 1945 gaben die europäischen Staaten ihre Kolonien allmählich auf, sodass daraus unabhängige Länder entstanden. Viele dieser Länder leiden bis heute unter den Folgen des Kolonialismus.

M1 *Die vielen Bürgerkriege in afrikanischen Staaten sind oft Konflikte zwischen verschiedenen Volksgruppen. Bei der Grenzziehung wurden häufig mehrere Volksgruppen einem Staat zugeordnet, die so unterschiedlich waren, dass sie sich bekämpften.*

Die Aufgabe der Kolonien und der Weg in die Selbstständigkeit nach 1945 waren in Afrika mit großen Veränderungen der politischen Grenzen verbunden. 1945 gab es erst vier selbstständige Staaten. Bis 1993 stieg diese Zahl auf 53 an. Religiöse Konflikte und Spannungen unter den verschiedenen Volksgruppen führten immer wieder zu Auseinandersetzungen und Kriegen. Der Kolonialismus hat Afrika schweren Schaden zugefügt. Das zeigt sich in der weit-verbreiteten Armut in vielen Ländern.

M3 *Das Ende der Kolonien*

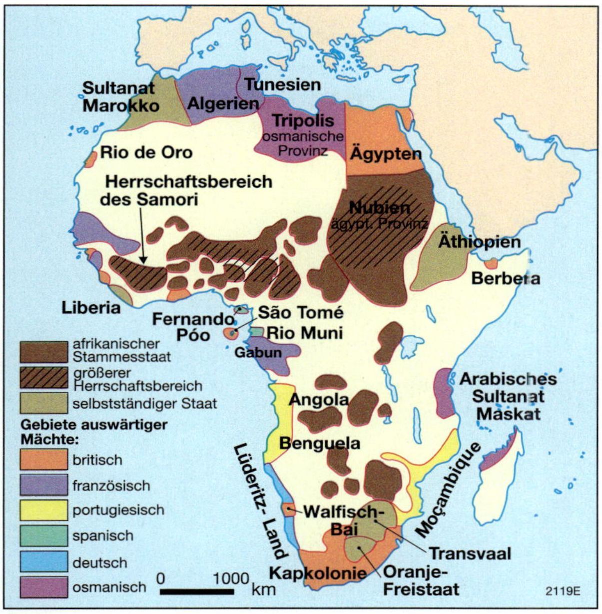

M4 *Afrika vor der Aufteilung durch europäische Mächte 1848*

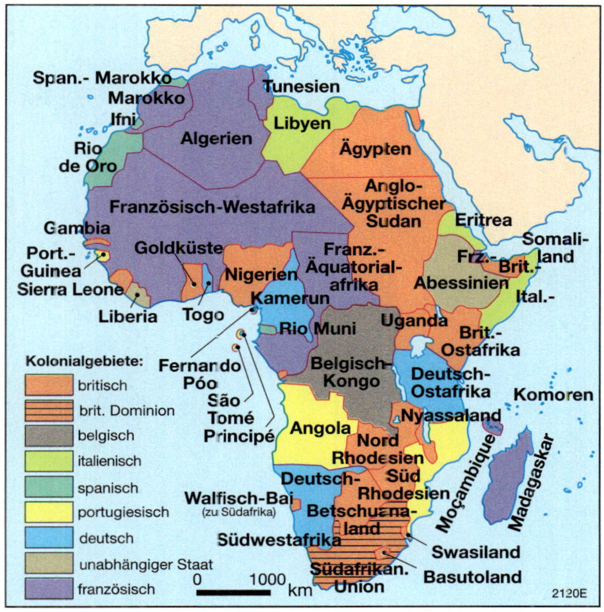

M5 *Afrika nach der Aufteilung unter den Kolonialmächten 1914*

Quelle 1

Die Kolonien – ausgebeutet und unterdrückt

Die Kolonien wurden ausgebeutet und unterdrückt. Traditionelle Sozial- und Stammesordnungen wurden zerstört und die Völker ihrer eigenen kulturellen und politischen Entwicklungsmöglichkeiten beraubt. Der Raubbau an den natürlichen Ressourcen richtete in vielen Regionen dauerhafte wirtschaftliche und ökologische Schäden an. Der Kolonialismus ist zudem die Ursache für kriegerische Konflikte zwischen den und sogar innerhalb der neuen Staaten. Sie mussten sich in Grenzen einrichten, die von den Kolonialmächten ohne Rücksicht auf die dort wohnenden Volksgruppen gezogen wurden.

(Nach: Encarta Enzyklopädie 2002)

Quelle 2

Uralte Rechnung aufgemacht

Nachdem der Spanier Francisco Pizarro ab 1532 die heutigen Staaten Peru und Bolivien erobert hatte, schafften die Spanier bis zum Jahr 1800 etwa 3840 Tonnen Gold nach Spanien. Die beiden Länder wurden ausgebeutet und haben dann über Jahrhunderte hinweg nur Armut gekannt, obwohl sie reich an Bodenschätzen sind. Der Ingenieur Dante Gumiel hat ausgerechnet, dass Spanien den beiden Staaten dafür die stattliche Summe von 384 Milliarden Dollar schuldet. Er hat die Regierung in Madrid nun aufgefordert, ihre historische Schuld im Namen der Gerechtigkeit zu begleichen.

(Nach: www.weltinderschule.uni-bremen.de)

Aufgaben

2 a) Interpretiere M2 mithilfe von M4 und M5.
b) Erörtere die Aussage: „Heutige Konflikte in vielen Staaten Afrikas gehen auf die koloniale Aufteilung zurück." Nutze auch die Atlaskarten: Afrika – Staaten und Geschichte.

3 Die Quellen 1 und 2 ergänzen sich. Begründe.

4 Bewerte Quelle 2.

Merke

Seit der Entdeckung Amerikas haben europäische Staaten in anderen Kontinenten Kolonien gegründet. Der Kolonialismus endete erst nach 1945.

Grundbegriff
- Kolonialismus

Eine Bildquelle auswerten

GL KM

M1 *Die Landung von Hernán Cortés in Veracruz/Mexiko um 1520 (Wandbild des mexikanischen Malers Diego Rivera aus dem Jahr 1951)*

Das Bild M1 zeigt im Vordergrund in der Bildmitte den spanischen Konquistador Cortés. Er übergibt einem Sklavenhändler Geld. Die etwas verdeckte Frau hinter Cortés ist vermutlich Malinche, die ihren gemeinsamen Sohn auf dem Rücken trägt. Am linken Bildrand unten brandmarken spanische Soldaten einheimische Sklaven ...

M2 *Bildbeschreibung*

Aufgaben

1 Werte M1 nach den Punkten 1.–6. aus und ergänze dabei die Bildbeschreibung in M2.

2 Werte in gleicher Weise das Bild auf Seite 116 M2 aus.

So wertest du eine Bildquelle richtig aus:

Zeugen der Geschichte sind in vielen Fällen Bilder. Sie überliefern uns Darstellungen von Geschehenem. Wollen wir durch ein Bild etwas aus der Vergangenheit erfahren, müssen wir diese Bildquellen auswerten:

1. Betrachte das Bild mindestens zwei Minuten in Ruhe. Achte dabei getrennt auf Vorder-, Mittel- und Hintergrund.
2. Beschreibe das Bild nun systematisch: Welche Personen sind zu erkennen? Welche Handlungen sind dargestellt?
3. Welche Personen, Gegenstände und Handlungen stehen im Mittelpunkt des Bildes?
4. Finde heraus, wann das dargestellte Ereignis stattgefunden hat.
5. Stelle fest, ob es sich um eine zeitgenössische Darstellung oder um ein später entstandenes Bild handelt. Wenn das Bild später entstanden ist, musst du dich über den Künstler und seine Absichten informieren, zum Beispiel in einem Lexikon.
6. Beschreibe die Stimmung des Bildes im Zusammenhang mit dem dargestellten Ereignis. Welche Meinung hat der Künstler dazu?

Mittel- und Südamerika

Info

Mit Lateinamerika bezeichnet man die Länder Mittel- und Südamerikas. Hier spricht man überwiegend Spanisch und Portugiesisch. Dagegen wird in Nordamerika überwiegend Englisch gesprochen.

M4 *Begegnung mit Lkw in den Anden*

M3 *In den Anden*

Aufgabe

3 Bestimme alle Namen in M5 (Atlas, Karten: Vereinigte Staaten/Mittelamerika – physisch; Südamerika – physisch).

Höllenfahrt in den Anden

„Auf dem Weg von Guayaquil nach Quito machen wir zum ersten Mal Bekanntschaft mit den kurvenreichen Bergstraßen der Anden und ihren langen, nicht enden wollenden Steigungen. Vom Küstenstreifen am Westfuß der Anden windet sich die staubige Piste ins Hochland hinauf. Nach 200 Kilometern erreichen wir die Panamericana, die sogenannte Traumstraße der Welt. Hinter Quito soll uns später ein Abstecher auf die Ostseite der Anden zu den Erdölfeldern führen. Sie liegen in den regenreichen Bergwäldern.

Nun bestimmt erst einmal die Gebirgswelt unseren Autofahreralltag. Traumstraße? Weit gefehlt! In den Anden wird das Fahren zum mühevollen unablässigen Kurbeln, Schalten, Gasgeben und Bremsen. An steilen Wänden lässt die Straße oft nur Platz für einen Wagen. Vorsichtig tasten wir uns durch Haarnadelkurven, immer darauf gefasst, plötzlich die bullige Front eines Lastwagens zu erblicken. Oft schieben wir uns nur eine Fußbreite am Abgrund entlang. Ich habe die Hand am Türgriff, um notfalls rausspringen zu können. Ein Lastwagen kommt uns bedrohlich nahe. Im Vorbeifahren grinst der Fahrer, ein Indio, fröhlich zu uns herunter …“

(Nach einem Bericht von zwei Südamerika-Reisenden)

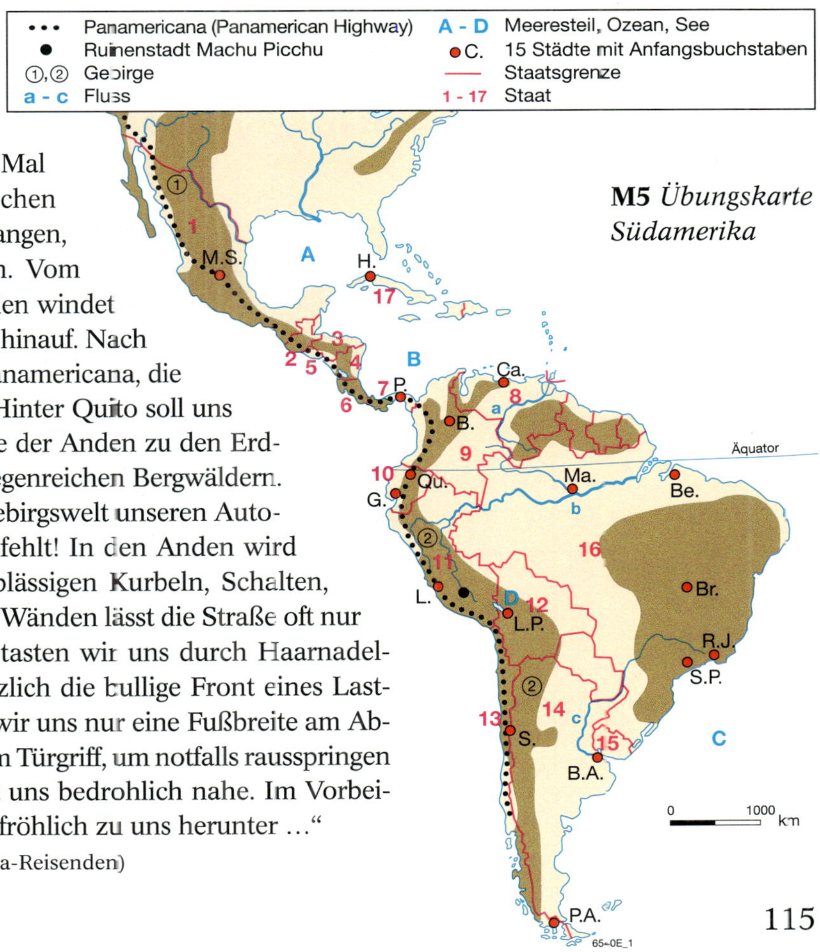

M5 *Übungskarte Südamerika*

Streit um Glauben und Gerechtigkeit

Ängste und Hoffnungen um 1500

Im ausgehenden Mittelalter gab es in Mitteleuropa nur eine christliche Kirche. Zu Recht konnte sie sich katholisch, das heißt „allgemein“, nennen. Der Papst war das Oberhaupt der Kirche. Was er lehrte, galt als richtig. Wichtige Aufgabe der Kirche war es, den Gläubigen die Gnade Gottes auszusprechen und ihnen so das Seelenheil zu sichern.

Nicht so sehr der Tod selbst beunruhigte die Menschen. Viel mehr bedrückte sie die Frage, ob nach dem Tod der Himmel oder die Hölle auf sie warten würde. Viele hatten daher in dieser Zeit Höllenängste und Todesfurcht. Fast täglich erlebten die Menschen den Tod. Von zehn Kindern erreichten höchstens zwei das Erwachsenenalter. Die allgemeine Lebenserwartung betrug etwa 35 Jahre. Hunger, Kriege und Krankheiten wie die Pest entvölkerten ganze Landstriche.

Viele beteten zu Heiligen und verehrten heilige Gegenstände. Prediger riefen zur Umkehr und Buße auf. Pilger unternahmen Wallfahrten zu heiligen Stätten. Sie beteten, sangen und flehten Maria um Beistand an. Zahlreiche Christen versuchten auch, durch gute Taten ihre Sünden auszugleichen. Sie halfen zum Beispiel armen und kranken Mitmenschen.

M1 *Wallfahrt zur schönen Maria von Regensburg (Holzschnitt um 1520)*

M2 *„Das Jüngste Gericht“. Dieses Gemälde von Stefan Lochner (um 1400 – 1451) zeigt deutlich die Ängste und Hoffnungen.*

Aufgaben

1 Beschreibe den Holzschnitt in M1. Erkläre das Verhalten der Menschen.

2 M2 zeigt Ängste und Hoffnungen der Menschen. Nenne sie.

Kritik an der Kirche

Um 1500 wuchs die Kritik an der Kirche. Macht, Reichtum und ein Leben im Luxus standen im Mittelpunkt vieler Kirchenführer. Auch Mönche und Nonnen führten oft ein ausschweifendes Leben. Der Papst in Rom kümmerte sich wenig um die Gläubigen.

All das machte die Kirche bei vielen Menschen immer unglaubwürdiger.

M3 *Ein Spottbild auf die Mönche: Die drei Frauen Hochmut (lateinisch: Superbia), Ausschweifung (Luxuria) und Habgier (Avaricia) halten einen Mönch am „Gängelband“. Ein Bauer stopft ihm die Bibel in den Mund. Die Armut (Paupertas) bedroht den Bauern mit der Faust.*

Es ist das Jahr 1517. Der Dominikanermönch Johannes Tetzel zieht durchs Land. Er hat einen Auftrag von Kardinal Albrecht, dem Erzbischof von Mainz: Er soll den **Ablass** predigen und Ablasszettel verkaufen. „Ablass" bedeutet „Nachlass einer Kirchenstrafe". Das Verfahren mit dem Ablass erfolgt so: Jemand hat gesündigt. Er hat beim Priester gebeichtet und dafür eine Kirchenstrafe erhalten. Diese braucht er jedoch nicht abzubüßen. Er kann sie abkaufen, wenn er Geld für einen Ablasszettel hat.

Tetzel ist ein Meister im Verkauf von Ablasszetteln. Wie ein Marktschreier lockt er die Menschen an. Er ruft: „Sobald das Geld im Kasten klingt, die Seele aus dem Feuer in den Himmel springt." Das kommt bei den reuigen Sündern gut an. Viele kommen zu ihm. Es ist leichter zu zahlen, als Buße zu tun. Tetzel macht gute Geschäfte. Das Geld erhält die Kirche in Rom.

M4 *Der Ablasshandel*

Quelle

Andere [Priester] achten die heiligen Bestimmungen der Kirche gering, lassen der Ausgelassenheit freien Lauf, ergeben sich dem Würfelspiel, nehmen in Kneipen und an anderen Orten öffentlich und privat an Tanzanlässen teil, brechen aus in Lästerungen auf unseren erhabenen Erlöser ... Sie tragen herausfordernde Waffen, legen die ihrem Stand entsprechenden Kleider ab und ziehen andere an nach Art der Laien [Nichtgeistliche]. Sie zeigen sich schändlicherweise bei liederlichen Zechereien und anderen Eitelkeiten der Welt.

(Nach A. Bucher, W. Schmid (Hrsg.): Reformation und katholische Reform 1500–1712. Aarau 1958, S.3)

M5 *Hirtenbrief*

Aufgabe

3 Erkläre, welche Missstände in dem Spottbild (M3) und in dem Hirtenbrief (M5) beklagt werden.

Merke
Um 1500 wuchs die Kritik an der Kirche. Macht, Reichtum und ein Leben im Luxus standen im Mittelpunkt vieler Kirchenführer. Der Ablasshandel blühte.

Grundbegriff
- Ablass

Streit um Glauben und Gerechtigkeit

Martin Luther

1483 in Eisleben geboren, Sohn eines Bergmanns und Minenbesitzers
Ab 1490 Schulbesuche in Mansfeld, Magdeburg und Eisenach
1501 – 1505 Studium der Rechtswissenschaft an der Universität Erfurt
1505 Studienabbruch und Eintritt in den Augustinerorden
1507 Weihe zum Priester
1512 Doktor der Theologie an der Universität in Wittenberg
1512 – 1546 Mönch und Theologieprofessor
1546 in Eisleben gestorben

M1 *Lebensdaten Luthers*

Luther erneuert den Glauben

Martin Luther war 1517 Mönch und Theologieprofessor in Wittenberg (Sachsen). Auch viele Wittenberger kauften bei Tetzel Ablasszettel. Luther spürte die Wirkung des Ablasses, wenn er den Gläubigen die Beichte abnahm. So könnte sie sich zugetragen haben:

Melchior: „Ehrwürdiger Doktor Martinus, ich will euch beichten. Ich bin in der letzten Zeit mehrmals der Heiligen Messe ferngeblieben, habe den Schankwirt um fünf Gulden betrogen und meinen Knecht zusammengeschlagen."

Luther: „Bereust du deine Sünden? Bist du bereit dein Leben zu ändern, wieder regelmäßig zur Messe zu gehen, dem Wirt seine fünf Gulden zurückzugeben, deinen Knecht gesund zu pflegen und für das Hospiz zur heiligen Jungfrau Maria zwei Gulden und eine Messe zu stiften?"

Melchior: „Das ist nicht mehr nötig. Ist alles schon erledigt. Hier lest diesen Ablasszettel."

(Nach W. Dietsch u.a.: Martin Luther und die Reformation. Frankfurt am Main 1983)

Immer häufiger erlebte Luther solche Beichtgespräche. Wo jedoch stand in der Bibel, dass man sich von seinen Sünden freikaufen kann? In seiner Gewissensnot schrieb er am 31. Oktober 1517 an seinen Bischof Albrecht von Brandenburg. Diesem Brief fügte er 95 Thesen (Streitsätze) gegen den Ablass bei. Er verschickte seine Thesen auch an eine Reihe von gelehrten Freunden, um deren Meinung zu hören. Vermutlich hat er sie am selben Tag auch an die Tür der Schlosskirche in Wittenberg angeschlagen. Dies war der Anfang der **Reformation** (lateinisch: Erneuerung).

21. Es irren die Ablassprediger, die sagen, dass durch des Papstes Ablässe der Mensch von allen Sündenstrafen losgesprochen und erlöst werde ...
27. Die predigen Menschentand [dummes Zeug], die vorgeben, dass, sobald der Groschen im Kasten klingt, die Seele aus dem Fegefeuer fahre ...
36. Jeder Christ ohne Ausnahme, der wahrhaft Reue empfindet, hat völlige Vergebung von Strafe und Schuld, die ihm auch ohne Ablassbrief gebührt ...

M2 *Tür der Schlosskirche in Wittenberg, an der Luther seine 95 Thesen angeschlagen haben soll; hier die Thesen 21, 27 und 36*

M3 *Die Wartburg bei Eisenach in Thüringen. Dort lebte Luther über ein Jahr und übersetzte das Neue Testament vom Lateinischen ins Deutsche.*

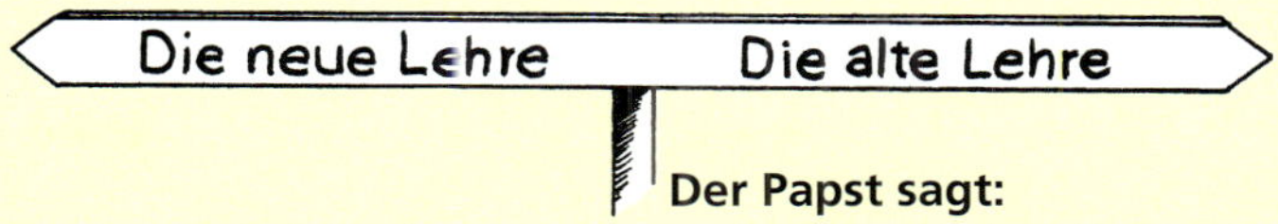

Luther sagt:
- Nur der Glaube und Gottes Gnade sind für das Seelenheil wichtig; gute Werke (Fasten, Beten, Arme unterstützen) nutzen ohne Glauben nichts.
- Kein Christ kann gezwungen werden, etwas zu glauben, was nicht in der Bibel steht; nur das Evangelium ist entscheidend.
- Auch der Papst kann, weil er ein Mensch ist, irren.
- Es gibt keinen Unterschied von Priestern und Laien (Nichtgeistliche): Das alles kommt daher, dass wir eine Taufe, ein Evangelium und ein Glaubensbekenntnis haben.
- Die Sprache im Gottesdienst soll Deutsch sein.

Der Papst sagt:
- Mit guten Werken (Fasten, Beten, Arme unterstützen) kann man sich für die Ewigkeit den Himmel verdienen.
- Der Papst und die Kirche bestimmen, was der richtige Glaube ist. Nur der Papst kann die Bibel richtig auslegen (verstehen).
- Der Papst kann nicht irren, weil er Stellvertreter Gottes auf der Erde ist.
- Es gibt einen großen Unterschied zwischen Priestern und Laien.
  Nur wer durch den Papst oder einen Bischof geweiht ist, darf Priester sein.
- Die Sprache im Gottesdienst ist Latein.

M4 *Unterschiedliche Glaubenslehren*

Wie ein Lauffeuer …

… verbreiten sich Luthers lateinisch geschriebene Thesen in ganz Deutschland. Schon nach wenigen Wochen waren sie ins Deutsche übersetzt. Die rasche Verbreitung war durch die Erfindung des Buchdrucks durch Johannes Gutenberg möglich.

Immer mehr Menschen folgten Martin Luther und seiner Auffassung von der Bibel und der Kirche. Sie nannten sich evangelisch nach dem Evangelium, das allein den Glauben bestimmen sollte. Die Anhänger des Papstes behielten die Bezeichnung „katholisch" bei und verstanden sich nach wie vor als die allgemeine Kirche. Für sie war Luther ein Verräter. Der Papst verhängte den Kirchenbann über Luther und schloss ihn aus der Kirche aus.

1521 wurde Luther zum Reichstag nach Worms bestellt. Vor dem Kaiser und den deutschen Fürsten sollte er seine Glaubenslehre widerrufen. Doch Luther weigerte sich. Daraufhin erklärte ihn der Kaiser für „vogelfrei". Jeder konnte ihn nun ungestraft töten. Martin Luther versteckte sich auf der Wartburg bei Eisenach.

Die Kirche spaltet sich

Ursprünglich wollte Martin Luther die Kirche erneuern, reformieren. Nun aber hatte er sich offen gegen sie gestellt. Zahlreiche Fürsten und Reichsstädte schlossen sich Luthers Lehre an. Damit kam es zur Spaltung der christlichen Kirche in zwei große **Konfessionen** (lateinisch: Bekenntnisse, Glaubensgemeinschaften), die katholische und die evangelische Kirche.

Aufgaben

1 a) Erläutere Martin Luthers Meinung zum Ablasshandel (Text, M2).
b) Stelle dar, wie Martin Luther seinen Standpunkt begründet.

2 Vergleiche Luthers Lehre mit der Lehre der katholischen Kirche. Erkläre, was am evangelischen Glauben neu ist (M4).

3 Bewerte die Spaltung der christlichen Kirche in zwei Konfessionen (M4, Text).

Merke
Martin Luther kritisierte die katholische Kirche. Dies führte schließlich zur Spaltung in zwei große Konfessionen, die katholische und die evangelische Kirche.

Grundbegriffe
- Reformation
- Konfession

Streit um Glauben und Gerechtigkeit

M1 *Ein Bauer trägt die Freiheitsfahne. (Holzschnitt von 1522)*

Bauern lehnen sich auf

Die meisten Menschen lebten in Deutschland um 1500 als Bäuerinnen und Bauern. Ihr Leben war mühsam. Das Ackerland gehörte meist dem Grundherrn. Im Gegenzug mussten die Bauern an ihn hohe Abgaben leisten. Seit dem späten Mittelalter schränkten die Grundherren die bäuerlichen Rechte zunehmend ein. Früher durften die Bauern über die Allmende frei verfügen (siehe Seite 20 M1). Jetzt nahm man ihnen dieses Recht. Die Bauern wurden immer unzufriedener und stellten Forderungen, wie zum Beispiel die Memminger Bauern.

M2 *Abgaben und Dienste der Bauern*

1. Art.	Jede Gemeinde soll ihren Pfarrer selbst wählen können; er soll das Evangelium klar und unverfälscht predigen.
2. Art.	Der Zehnt soll dem Unterhalt des Pfarrers und der Armen dienen.
3. Art.	Die Bauern wollen der Obrigkeit zwar gehorchen, aber die Leibeigenschaft soll abgeschafft werden.
4. Art.	Das Recht auf Jagd und Fischerei soll an den „armen Mann" zurückgegeben werden.
5. Art.	Das Recht auf Nutzung der Wälder für Brenn- und Bauholz soll den Gemeinden zurückgegeben werden.
6. Art.	Die Frondienste sollen auf das ehemalige Maß zurückgenommen werden.
7. Art.	Zusätzliche Dienste sollen den Bauern bezahlt werden.
8. Art.	Überhöhte Pachtzinsen sollen heruntergesetzt werden.
9. Art.	Das überlieferte alte Strafrecht soll wieder in Kraft gesetzt werden.
10. Art.	Die von den Herren unrechtmäßig angeeignete Allmende soll zurückgegeben werden.
11. Art.	Die Abgaben der Witwe beim Tod eines Bauern sollen abgeschafft werden.
12. Art.	Wenn einer oder mehrere Artikel hier aufgestellt sein sollten, die dem Wort Gottes nicht entsprechen, dann wollen wir davon Abstand nehmen, wenn man uns das in der Bibel nachweist.

(Nach: Geschichte in Quellen, Bd. 3. München 1976, S.145ff.)

M3 *Bauern aus Memmingen verfassten im März 1525 diese Artikel.*

Aufgaben

1 Beurteile nach M2 die Situation der Bauern zu Beginn der Neuzeit.

2 Erläutere, gegen welche Missstände sich die Forderungen der Memminger Bauern richteten (M3).

3 Beschreibe den Ablauf des großen Bauernkrieges und begründe seinen Ausgang (M4, M5, M6).

4 Verschaffe dir weitere Informationen zu Thomas Müntzer (Lexikon, Internet) und zeige auf, wie er sich von Martin Luther unterschied.

Der Bauernkrieg

Bereits 1450 kam es am Oberrhein zu einem Aufstand gegen die Willkür der Grundherren. Im Jahr 1514 ergriff ein anderer Bauernaufstand, genannt der „Arme Konrad“, ganz Württemberg. Die Unzufriedenheit der Bauern erhielt neuen Auftrieb durch die Reformation Martin Luthers. Seine Schrift von der „Freiheit eines Christenmenschen“ wurde von den Bauern wörtlich aufgenommen und stachelte ihren Zorn gegenüber den Grundherren an.

Die Aufstände weiteten sich 1524/25 zum großen deutschen **Bauernkrieg** aus. Vielerorts schlossen sich die Bauern zu einzelnen Bauernheeren zusammen, den sogenannten Haufen. Die im Kampf unerfahrenen und schlecht bewaffneten Bauern waren auf Dauer den Fürstenheeren hoffnungslos unterlegen. Die Niederlage der Bauern war vernichtend. Zehntausende wurden niedergemetzelt.

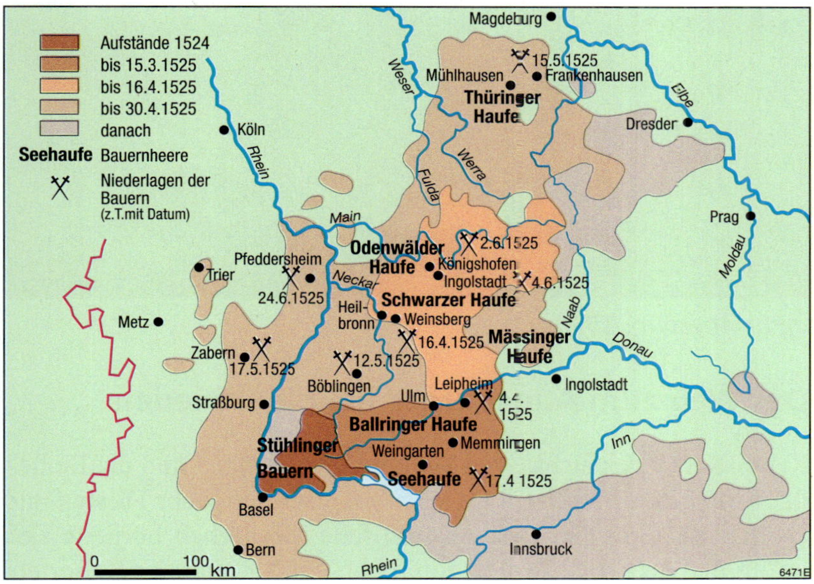

M4 *Der große Bauernkrieg 1524/1525*

M5 *Die Waffen der Bauern*

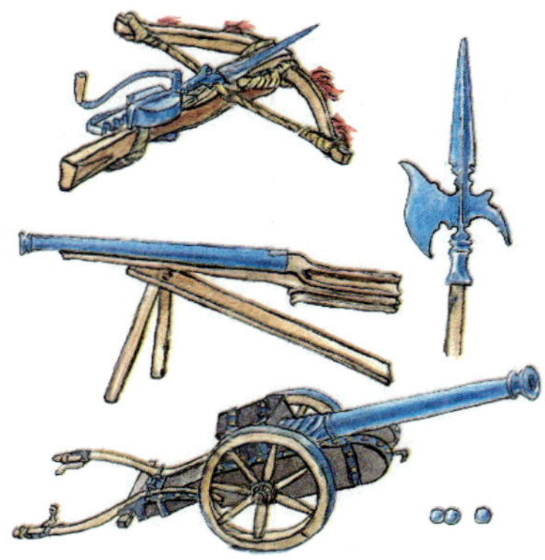

M6 *Die Waffen der Fürsten*

Info

Thomas Müntzer – Reformator und Revolutionär

Unter den Anführern der Bauernaufstände befand sich auch der Pfarrer Thomas Müntzer.
Dieser war ursprünglich ein Anhänger Martin Luthers und der Reformation. Im Gegensatz zu Luther war Müntzer in seinem Handeln radikaler und entwickelte sich zu einem Umstürzler der Obrigkeit.
Von 1524 bis 1525 wirkte Müntzer in Mühlhausen als geistlicher Anführer der Thüringer Haufe. Nach der Niederlage der Bauern bei Frankenhausen wurde er 1525 verhaftet, gefoltert und in der Nähe von Mühlhausen hingerichtet.

Merke

Um 1450 kam es zu Aufständen der Bauern gegen die Grundherren. Die Unruhen weiteten sich 1524/25 zum Bauernkrieg aus. Die Bauernheere wurden von den Fürstenheeren vernichtet.

Grundbegriff

- Bauernkrieg

Streit um Glauben und Gerechtigkeit

Fürsten gründen Landeskirchen

Bis zum Jahr 1530 schlossen sich zahlreiche Fürsten und Reichsstädte der Glaubenslehre Luthers an. Ihre Gründe waren unterschiedlich. Manche glaubten an die Wahrheit der evangelischen Lehre, andere wollten sich dem Einfluss des Papstes entziehen.

M1 *Kaiser Karl V. auf dem Reichstag in Augsburg 1530*

Der Weg zum Augsburger Religionsfrieden

Kaiser Karl V. versuchte, den katholischen Glauben und die Einheit der Kirche zu verteidigen. Dagegen protestierten sechs Fürsten und 14 Reichsstädte. Für diese evangelische Minderheit bürgerte sich fortan der Ausdruck **Protestanten** ein. 1530 wollte der Kaiser auf dem Reichstag in Augsburg zwischen den Kirchen vermitteln, doch es kam zu keiner Einigung zwischen ihm und den protestantischen Fürsten. Nach zahlreichen kriegerischen Auseinandersetzungen schlossen beide „Glaubensparteien" 1555 den **Augsburger Religionsfrieden**.

Aufgaben

1 Erkläre: Welche Folgen hatte der Augsburger Religionsfrieden für die Bevölkerung?

2 M1 zeigt links die Merkmale der katholischen Kirche, rechts die der evangelischen Kirche. Vergleiche die Bildseiten und stelle die Unterschiede fest.

- Die katholische und die evangelische Religion sind gleichberechtigt.
- Andere Glaubensbekenntnisse sind ausgeschlossen.
- Nur die Fürsten haben die freie Wahl zwischen den beiden Konfessionen. Ihre Untertanen müssen den Glauben ihres Landesherrn annehmen. Wollen sie nicht, können sie in ein anderes Land ihrer Konfession auswandern.
  Sie müssen jedoch ihren Haus- und Grundbesitz verkaufen.
- Reichsstädte können beide Konfessionen zulassen.

M2 *Ergebnisse des Augsburger Religionsfriedens*

Dreißig Jahre Krieg

Nach dem Augsburger Religionsfrieden sollten die evangelische und die katholische Glaubensgemeinschaft gleichberechtigt sein. Doch um 1600 brach der alte Glaubensstreit erneut aus. Dabei ging es nicht nur um die Frage des richtigen Glaubens. Sowohl katholische als auch protestantische Fürsten wollten ihren Einflussbereich vergrößern. Die evangelischen Landesfürsten gründeten ein Militärbündnis, die „Union". Im Gegenzug schlossen sich die katholischen Fürsten mit dem Kaiser zur „katholischen Liga" zusammen. 1618 kam es schließlich zum **Dreißigjährigen Krieg**.

Nach und nach griffen auch andere Staaten Europas wie Dänemark, Schweden und Frankreich in das Kriegsgeschehen ein. Die Kriegsschauplätze und Kriegsgegner wechselten im Lauf der Jahre. Die Bevölkerung in den betroffenen Kriegsgebieten litt unter Hunger und Zerstörungen. Die Ernte wurde vernichtet und Städte, Straßen und Brücken wurden zerstört. Umherschweifende Soldaten plünderten Dörfer und erschlugen die Bewohner. Nach dreißig Jahren Krieg fehlte allen Kriegsparteien die Kraft zum Weiterkämpfen. 1648 kam es in der Stadt Münster zum **Westfälischen Frieden**.

M3 *Abschnitte des Dreißigjährigen Krieges*

M4 *Angriff auf Magdeburg 1631 (Kupferstich von M. Merian)*

Dreißigjähriger Krieg	Einwohner vor 1618	Einwohner um 1648
Einbeck	6 000	2 500
Stralsund	12 500	10 000
Naumburg	8 900	4 320
Marburg	6 000	3 000
Deutschland	18 Mio.	12 Mio.

M5 *Kriegsopfer*

Aufgaben

3 Beschreibe die Folgen des Krieges für die Bevölkerung in weiten Teilen Deutschlands (M4, M5, Text).

4 Erläutere die Aussage: „Der Dreißigjährige Krieg hatte politische und religiöse Gründe." (Lexikon)

Merke
Nach dem Augsburger Religionsfrieden wollten protestantische und katholische Fürsten ihren Einflussbereich vergrößern. Diese Spannungen führten zum Dreißigjährigen Krieg (1618–1648). Er wurde durch den Westfälischen Frieden beendet.

Grundbegriffe
- Protestant
- Augsburger Religionsfrieden
- Dreißigjähriger Krieg
- Westfälischer Frieden

1. Eine neue Zeit bricht an

Um 1500 beginnt die Neuzeit. Sie ist gekennzeichnet von Entdeckungen, Erfindungen und neuen Entwicklungen in Malerei, Kunst, Literatur und Religion. Hier findest du bunt gemischt Ereignisse und Errungenschaften aus drei Jahrhunderten.

Ordne den Bildern in der Reihenfolge ① – ⑬ die richtigen Bildunterschriften zu. Als Lösung erhältst du eine Aussage, die für diese Zeit zutrifft.

6525E_1

- **W** Grundriss der Peterskirche in Rom
- **B** Martin Luther: Reformator
- **E** Santa Maria: das Schiff des Kolumbus
- **C** Pyramide: Zeichen indianischer Hochkultur
- **M** Globus des Martin Behaim
- **U** Moctezuma: Häuptling der Azteken
- **L** Westfälischer Friede
- **T** Fahrbahre Kanonen: Erfindung Leonardo da Vincis
- **U** Beginn des Dreißigjährigen Krieges
- **I** Johannes Tetzel: Ablassprediger
- **M** Druckbuchstaben (Lettern) des Johannes Gutenberg
- **R** Aufständischer Bauer
- **H** Ein „Indianer"

2. Ängste und Hoffnungen

Das Gemälde „Das jüngste Gericht" zeigt die Ängste und Hoffnungen der Menschen um 1500. Erkläre, warum die Menschen sich so stark mit dem Leben nach dem Tod beschäftigten.

3. Reisen von vier „Entdeckern"

a) Verfolge die Reisen der vier „Entdecker" und schreibe zu jeder Route die entdeckten Kontinente auf.
b) Wer von den genannten Seeleuten hat zu seiner Zeit die meisten Kontinente bereist?

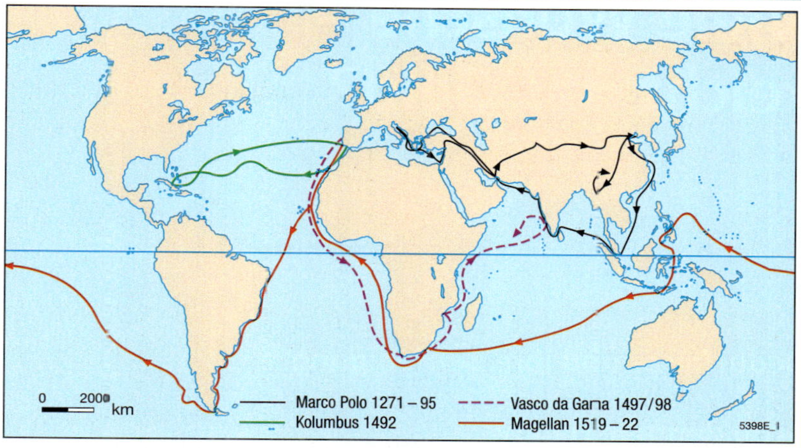

4. Zwei Männer bestimmen das Schicksal von Tenochtitlán

a) Notiere die Namen der Männer in der Abbildung.
b) Berichte über Tenochtitlán.
c) Erkläre, inwiefern sie das Schicksal von Tenochtitlán bestimmten.

5. Der Dreieckshandel

Zeichne die Grafik ab. Schreibe an die Pfeile die Waren, die beim Tauschhandel wichtig waren.

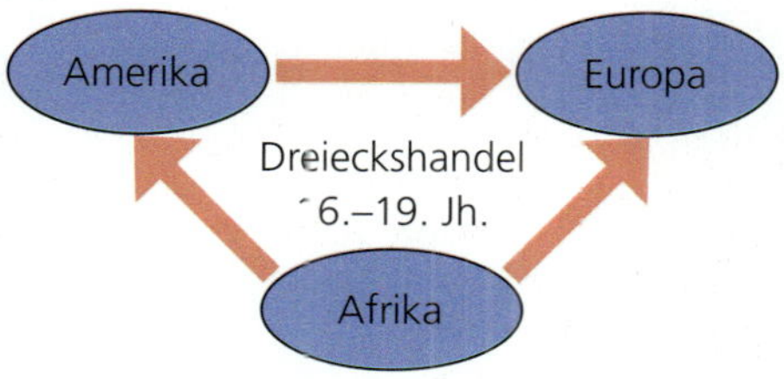

Grundbegriffe
- Humanist
- Renaissance
- Kulturepoche
- Neue Welt
- Hochkultur
- Konquistador
- Kolonie
- Plantagenwirtschaft
- Monokultur
- Dreieckshandel
- Kolonialismus
- Ablass
- Reformation
- Konfession
- Bauernkrieg
- Protestant
- Augsburger Religionsfrieden
- Dreißigjähriger Krieg
- Westfälischer Frieden

Viele Wünsche – reicht das Geld?

Bedürfnisse und ihre Befriedigung

Schuldenfalle Handy

Einkaufen im Supermarkt

M1 *Das CentrO Oberhausen ist das größte Einkaufs- und Freizeitzentrum Europas. Auf 83 Hektar Fläche gibt es*
- *mehr als 200 Geschäfte,*
- *über 60 Restaurants und Cafés,*
- *ein Kino,*
- *einen Freizeitpark,*
- *ein Sea Life Aquarium,*
- *ein Musicaltheater,*
- *ein Hotel und*
- *ein Fitnesscenter.*

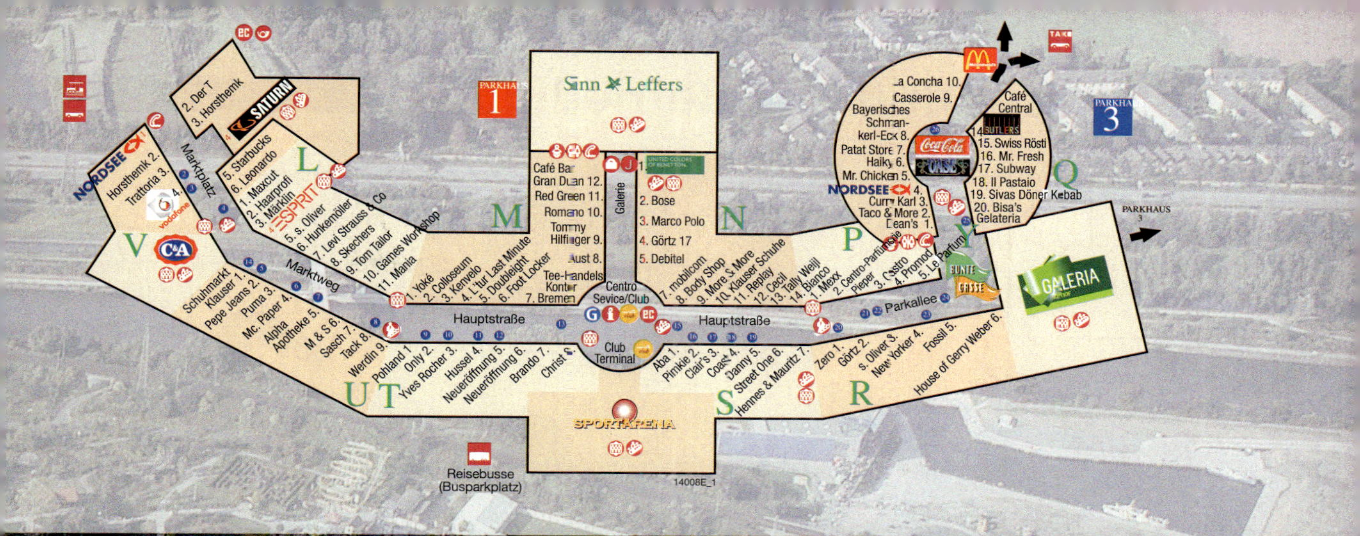
PARKHAUS 1
Sinn Leffers
2. Der T
3. Horsthemk
SATURN
NORDSEE
Horsthemk 2.
Trattoria 3.
4.
vodafone
C&A
V
Marktplatz
5. Starbucks
6. Leonardo
1. Maxcut
2. Haarprofi
3. Märklin
ESPRIT
5. s. Oliver
6. Hunkemöller
7. Levi Strauss & Co
8. Skechers
9. Tom Tailor
10. Games Workshop
11. Mania
L
M
Marktweg
Schuhmarkt Klauser 1.
Pepe Jeans 2.
Puma 3.
Mc. Paper 4.
Alpha Apotheke 5.
M & S 6.
Sasch 7.
Tack 8.
Werdin 9.
1. Yoké
2. Colloseum
3. Kenvelo
4. L'tur Last Minute
5. Doubleight
6. Foot Locker
7. Bremen
Hauptstraße
Pohland 1.
Only 2.
Yves Rocher 3.
Hussel 4.
Neueröffnung 5.
Neueröffnung 6.
Brando 7.
U
T
Reisebusse
(Busparkplatz)
Café Bar
Gran Duan 12.
Red Green 11.
Romano 10.
Tommy Hilfiger 9.
Aust 8.
Tee-Handels Kontor
Galerie
UNITED COLORS OF BENETTON
2. Bose
3. Marco Polo
4. Görtz 17
5. Debitel
N
Centro Sevice/Club
Club Terminal
SPORTARENA
14008E_1
7. mobilcom
8. Body Shop
9. More & More
10. Klauser Schuhe
11. Replay
12. Cecil
13. Tally Weijl
14. Bianco
Aba 1.
Pinkie 2.
Clair's 3.
Coast 4.
Danny 5.
Street One 6.
Hennes & Mauritz 7.
S
1. Mexx
2. Centro-Parfümerie Pieper
3. Castro
4. Promod
5. Le Parfum
P
Parkallee
Zero 1.
Görtz 2.
s. Oliver 3.
New Yorker 4.
Fossil 5.
House of Gerry Weber 6.
R
La Concha 10.
Casserole 9.
Bayerisches Schmankerl-Eck 8.
Patat Store 7.
Haiky 6.
Mr. Chicken 5.
NORDSEE 4.
Curry Karl 3.
Taco & More 2.
Dean's 1.
Coca-Cola
OASE
Café Central
14 BUTLERS
15. Swiss Rösti
16. Mr. Fresh
17. Subway
18. Il Pastaio
19. Sivas Döner Kebab
20. Bisa's Gelateria
Q
Y
BUNTE GASSE
GALERIA
PARKHAUS 3
PARKHAUS 3

Bedürfnisse und ihre Befriedigung

M1 *Jugendliche haben viele verschiedene Wünsche.*

Moritz hat Wünsche

Moritz möchte heute mit seiner Freundin Ronja ins Kino gehen und sie hinterher noch zu einem Eis einladen. Von seinem Taschengeld hat er noch 8 €. Sein Opa hat ihm 4 € geschenkt. Er würde im Kino gern noch eine Tüte Popcorn kaufen. Aber dazu reicht wahrscheinlich das Geld nicht.

Es ist immer das Gleiche!

So wie Moritz geht es fast jedem von uns. Oft sind unsere Bedürfnisse größer als die vorhandenen Mittel, um diese zu befriedigen. Moritz bekommt Taschengeld und auch sein Opa unterstützt ihn gelegentlich. Wenn du erwachsen bist, bekommst du meistens nichts geschenkt und musst selbst Geld verdienen, um deine Wünsche zu befriedigen.

Quelle

Wonach du sehnlichst ausgeschaut,
es wurde dir beschieden.
Du triumphierst und jubelst laut:
Jetzt hab ich endlich Frieden.
Ach Freundchen, werde nicht so wild,
bezähme deine Zunge.
Ein jeder Wunsch, wird er erfüllt,
kriegt augenblicklich Junge.
(Wilhelm Busch)

M2 *Ein erfüllter Wunsch*

M3 *Bedürfnisbefriedigung in reichen Ländern: Wohnen, Essen*

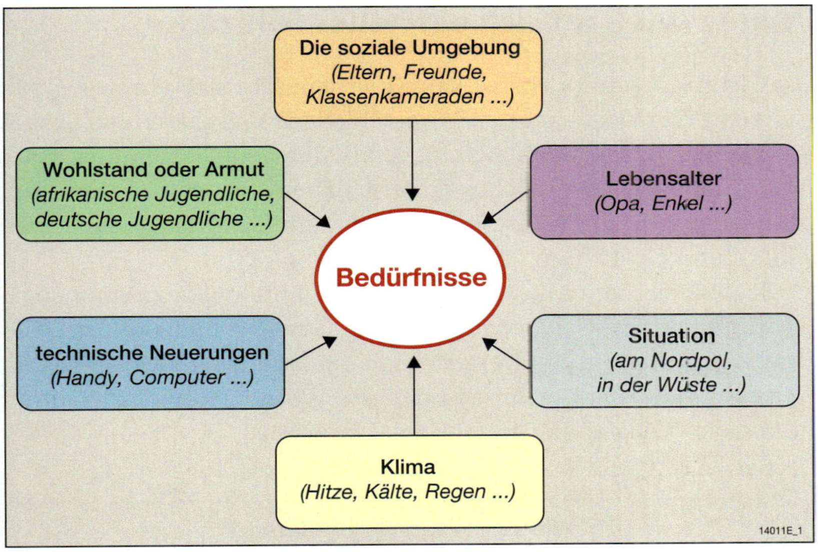

M4 *Was Bedürfnisse beeinflusst*

Arten von Bedürfnissen

Wir alle haben Wünsche, die wir uns erfüllen möchten. Solche Wünsche bezeichnet man in der Wirtschaft als **Bedürfnisse**. Die wichtigsten Bedürfnisse sind die **Grundbedürfnisse**. Sie müssen erfüllt werden, damit wir überleben können. Dazu gehören Nahrung, Kleidung, Wohnung und Sicherheit. Darüber hinaus haben wir Bedürfnisse, die dazu dienen, das Leben angenehmer und bequemer zu machen. Dies sind die **Luxusbedürfnisse**. Dazu gehören zum Beispiel Süßigkeiten und Jeans einer bestimmten Marke. Nicht zu vernachlässigen sind unsere **sozialen Bedürfnisse**. Sie sind oft auch mit viel Geld nicht zu erfüllen. Dazu gehören die Bedürfnisse nach Zuneigung, Freundschaft, Liebe, Glück und Anerkennung. Wir alle haben zumindest gelegentlich das Bedürfnis, Musik zu hören, einen Film anzuschauen oder ein bestimmtes Buch zu lesen. Diese Bedürfnisse, sich zu unterhalten und sich zu bilden, nennt man **Kulturbedürfnisse**.

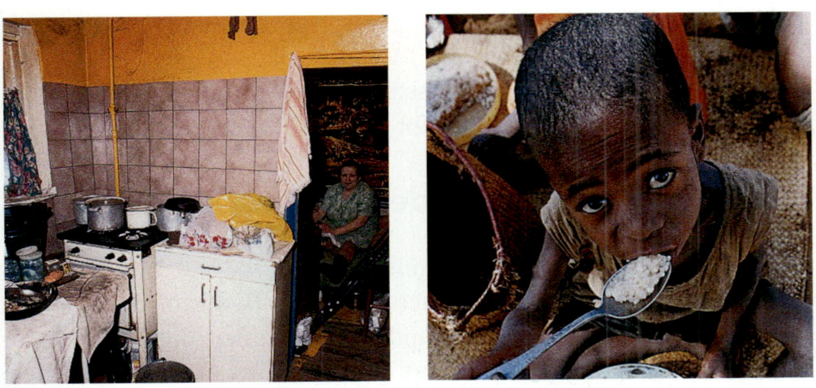

M5 *Bedürfnisbefriedigung in armen Ländern: Wohnen, Essen*

Aufgaben

1 Gib bei den Bedürfnissen der Jugendlichen in M1 jeweils an, zu welcher Art von Bedürfnissen sie gehören.

2 Sortiere die verschiedenen Arten von Bedürfnissen nach ihrer Dringlichkeit und erstelle ein Schaubild.

3 a) Notiere fünf Beispiele für Bedürfnisse von Jugendlichen in den armen Ländern der Erde.
b) Notiere fünf Beispiele für Bedürfnisse von Jugendlichen reicher Eltern.
c) Schreibe mindestens drei Bedürfnisse auf, zu deren Erfüllung kein Geld nötig ist.

4 Werte das Gedicht (M2) aus.

5 Bedürfnisse sind von verschiedenen Einflüssen abhängig (M4).
a) Schreibe zu jedem genannten Einfluss drei Beispiele auf.
b) Überprüfe, ob es noch weitere Einflüsse gibt.

Merke
Wünsche, die wir uns erfüllen möchten, nennt man in der Wirtschaft Bedürfnisse. Sie hängen von verschiedenen Einflüssen ab.

Grundbegriffe
- Bedürfnis
- Grundbedürfnis
- Luxusbedürfnis
- soziales Bedürfnis
- Kulturbedürfnis

Bedürfnisse und ihre Befriedigung

Info

Güter
In der Wirtschaft werden die Dinge, mit denen man sich seine Bedürfnisse erfüllt, Güter genannt.
Freie Güter stehen kostenlos zur Verfügung, wie die Luft zum Atmen.
Sind Güter nicht unbegrenzt vorhanden, also knapp, müssen sie bezahlt werden. Man bezeichnet sie als **Wirtschaftsgüter**.

Moritz wünscht sich ein neues Fahrrad

Das Fahrrad von Moritz ist kaputt; er wünscht sich ein neues. Mit seinem Freund Ole geht er in verschiedene Geschäfte und schaut sich Fahrräder an. Am besten gefällt ihm ein bestimmtes rotes Mountainbike. Das möchte er gern haben. In der nächsten Zeit spart er eisern und wünscht sich auch zum Geburtstag von seinen Eltern und Großeltern Geld für das Rad.

Schließlich hat er das Geld für das Mountainbike zusammengespart. Er geht mit seiner Mutter in das Geschäft und kauft sich das Rad. Zu Hause probiert er es gleich aus und freut sich riesig. Mit seinen Eltern plant er für das nächste Wochenende eine Radtour durch den Wald an einen nahe gelegenen See.

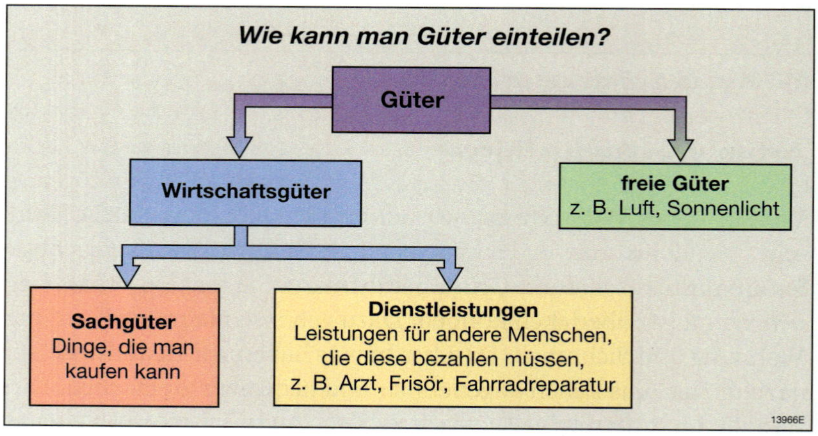

M1 *Die Arten von Gütern*

Aufgaben

1 Erläutere den Unterschied zwischen freien Gütern und Wirtschaftsgütern.

2 Nenne drei Beispiele für freie Güter.

3 Freie Güter gibt es immer weniger. Prüfe die Aussage.

4 Ordne die Güter in M3 den verschiedenen Güterarten zu.

5 Notiere, welche Dienstleistungen sich in einem Brötchen verstecken.

Bedürfnisse, Bedarf, Nachfrage und Angebot

Ein Bedürfnis ist ein Wunsch. Der **Bedarf** ist ein Wunsch, den man sich mit Geld erfüllen kann. Der Bedarf wird zur **Nachfrage**, wenn man kauft, was man sich wünscht, zum Beispiel ein Mountainbike. Der Nachfrage steht ein **Angebot** gegenüber. Das sind die Güter, die zu verkaufen sind, in diesem Fall Mountainbikes. Angebot und Nachfrage sind in erster Linie dafür ausschlaggebend, wie hoch der Preis ist, das heißt, wie viele Anbieter es gibt und wie stark die Nachfrage ist.

Moritz' Geschichte aus der Sicht der Wirtschaft

Moritz wünscht sich ein Mountainbike. Er hat ein Bedürfnis. Er spart und will sich das Rad kaufen. Aus dem Bedürfnis entsteht ein Bedarf. Er geht in das Geschäft und kauft aus dem Angebot an Fahrrädern das Mountainbike. Er hat also eine Nachfrage nach einem Wirtschaftsgut, in diesem Fall nach einem Mountainbike.

M2 *Auch das sind Güter.*

Freie Güter

In Deutschland gibt es nicht mehr viele Güter, die man als „freie Güter“ bezeichnen kann. Zwar ist die Luft zum Atmen frei, aber Firmen, die die Luft verschmutzen, müssen dafür bezahlen. Die Reinhaltung der Luft kostet viel Geld. Wasser steht in Flüssen, Seen und im Meer frei zur Verfügung und kann zum Baden und Trinken umsonst benutzt werden. Aber nur in wenigen Regionen ist dies ohne Gefahr für unsere Gesundheit möglich. Für das Wasser aus dem Wasserhahn muss man bezahlen, ebenfalls für das Abwasser. Am Strand und in manchen Seen muss man beim Baden Eintritt bezahlen. Naturschönheiten wie Bergwälder, Seen und Moore sind in Gefahr. Viele Tiere sind bereits ausgestorben. Jeder von uns sollte sich in der Natur so verhalten, dass es diese freien Güter auch in Zukunft gibt.

Merke
Güter sind Dinge, mit denen man sich seine Bedürfnisse erfüllt. Es gibt freie Güter und Wirtschaftsgüter.

Grundbegriffe
- freies Gut
- Wirtschaftsgut
- Bedarf
- Nachfrage
- Angebot

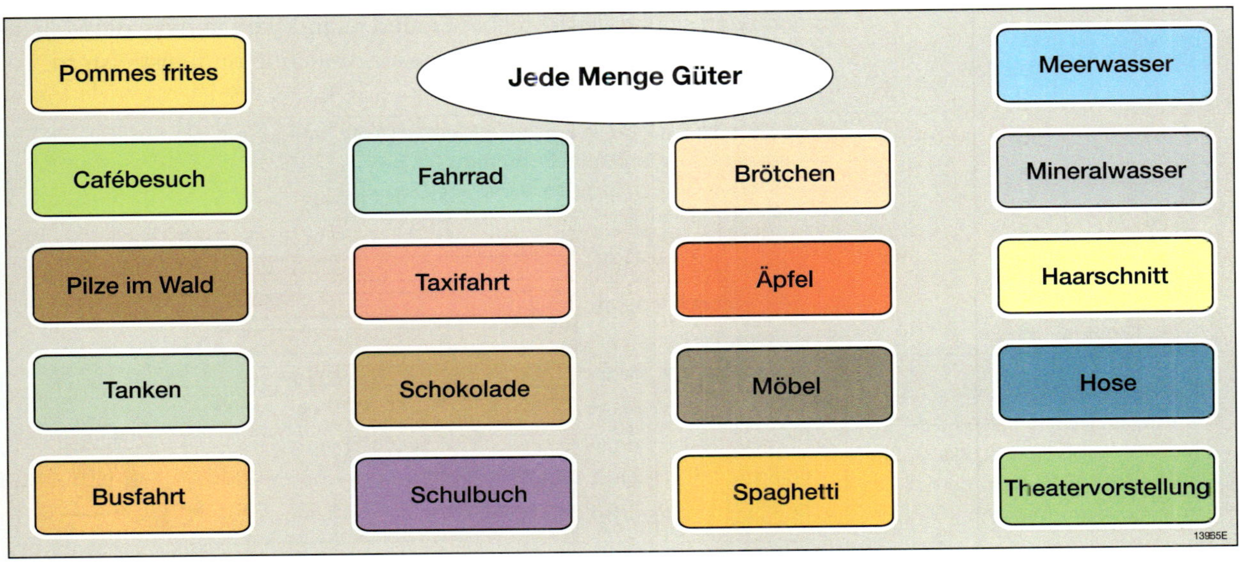

M3 *Beispiele für Güter*

Schuldenfalle Handy

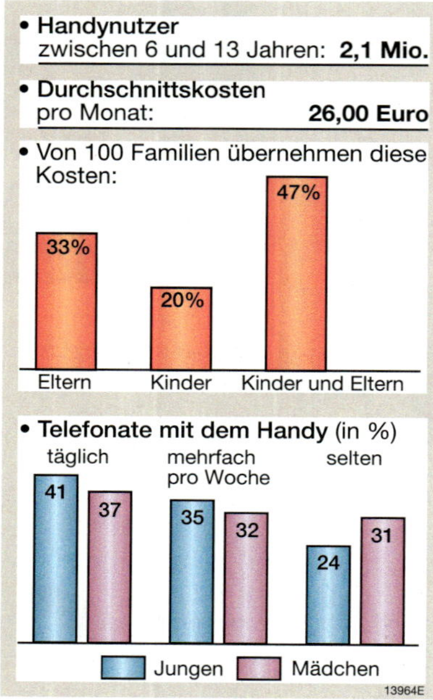

M1 *Handynutzung von Kindern und Jugendlichen in Deutschland*

Info

Verbraucherzentralen

Die Verbraucherzentralen in Deutschland engagieren sich für den Schutz der Verbraucher. Sie unterhalten Beratungsstellen in vielen Städten. (www.verbraucherzentrale-niedersachsen.de; www.checked4you.de)

Bestimmte Handy-Dienste sind sehr teuer. Dazu gehören Premium-SMS (bis zu 6 €) oder 0137-, 0190- oder 0900-Nummern (bis zu 30 Euro pro Minute).

M2 *Premium-SMS und Co.*

SOS statt SMS

Als die Handyrechnung kommt, ist Ceyda sauer. Sie soll knapp 100 Euro für den letzten Monat bezahlen. Auch ihr Bruder Karim ärgert sich, denn das Guthaben seiner Prepaid-Karte ist dauernd aufgebraucht. Beide können sich das nicht erklären, denn sie achten stets darauf, keine teuren Dienste zu nutzen und nicht auf Flirt-SMS reinzufallen.

Mithilfe der Verbraucherberatung und einem Einzelverbindungsnachweis finden sie heraus, was die hohen Kosten verursacht. Ceyda hat viele Dauertelefonate mit ihrer Freundin geführt. Die Kosten dafür gingen über die Inklusiv-Minuten ihres Vertrages hinaus. Karim hat beim Herunterladen von Klingeltönen ein Klingelton-Abo abgeschlossen. Dadurch wird sein Telefonkonto monatlich belastet – egal ob ein Guthaben darauf ist oder nicht. Sobald seine Karte wieder ein Guthaben ausweist, wird es sofort abgebucht, um das Telefonkonto auszugleichen.

Ceyda und Karim haben rechtzeitig die Fehler bemerkt und konnten sie abstellen. Vielen anderen gelingt dies nicht. Sie geraten durch das Handy in die Schuldenfalle. Handyschulden von über 1000 Euro sind keine Seltenheit.

Kostenfaktor Handy

Kinder und Jugendliche sind eine wichtige Konsumentengruppe. 2008 verfügten die Sechs- bis 13-Jährigen über rund 2,6 Millionen Euro. Daher werden sie heftig umworben. Allerdings interessieren sich rund 66 Prozent der Jugendlichen nicht für Geldangelegenheiten. So wissen viele Handynutzer nicht, was eine SMS oder eine Telefonminute kostet. Jeder zehnte Jugendliche ist verschuldet. Minderjährige verschulden sich in der Regel bei Freunden und Verwandten, die Volljährigen auch bei Banken, Kaufhäusern und Telefondienstleistern.

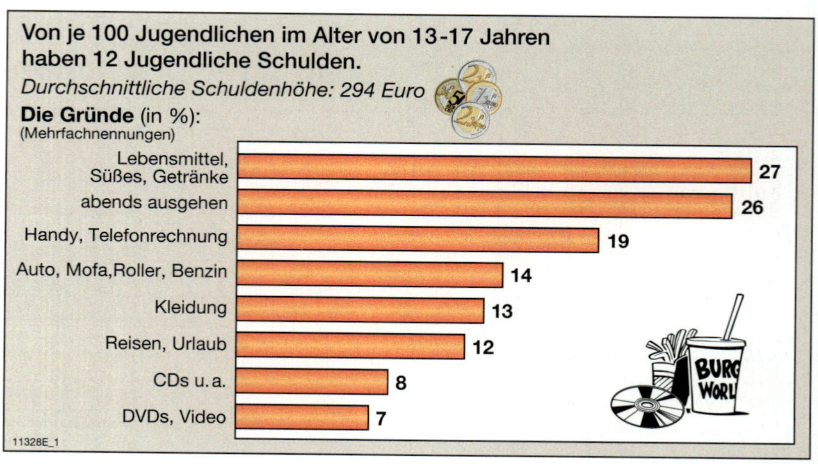

M3 *Umfrage zu den Schulden der Jugendlichen in Deutschland*

Die unseriösen Maschen der Anbieter

Viele Anbieter versuchen, den Jugendlichen auf einen Schlag Geld aus der Tasche zu ziehen. So sind Fälle bekannt, in denen ein jugendlicher Handybesitzer einen Witz per Premium-SMS bestellen wollte und danach jeden Tag einen Witz zugeschickt bekam. Der Schreck kam mit der Handyrechnung. Ein weiterer Trick unseriöser Anbieter ist es, das Herunterladen der Klingeltöne und Bildschirmlogos über eine 0900-Nummer laufen zu lassen; bezahlt werden dabei bis zu 2,90 Euro pro Minute. Bei Bestellungen eines Klingeltons über eine 0900-Nummer werden die Anrufer oft durch Ansagen und zahlreiche geforderte Eingaben hingehalten. Auch hinter unaufgeforderten Kurznachrichten verbergen sich oft Abonnements. Wer darauf antwortet, erhält eine weitere SMS. „Willkommen im Hot Chat!“, kann es dann darin heißen; danach folgt ein schwer verständlicher Kurztext: „75 ct. je SMS bei Abn. mind. 75 Stk. Info Datensch. + AGB“. Außerdem wird noch eine Internet-Adresse angegeben. Die Kürzel sagen: Der Handybesitzer hat durch die unvorsichtige Antwort-SMS ein Abonnement über 75 weitere SMS bestellt, die jeweils 75 Cent kosten. Der Gesamtbetrag beläuft sich somit auf 56,25 Euro.

Tipps zum kostenbewussten Telefonieren

- Bei Angeboten, die per SMS bezahlt werden sollen, genau auf den Endpreis achten!
- Nicht an „Chats“ oder „Flirts“ per SMS teilnehmen!
- Nicht auf SMS oder Kurzanrufe von Unbekannten antworten!
- Beim Beantworten von SMS auf die Nummer schauen: Fünfstellige Premium-SMS-Nummern oder bestimmte andere Nummern (siehe M2) meiden!
- Möglichst eine Prepaid-Karte nutzen!

	Vertrag A	**Vertrag B**	**Prepaid**
Grundgebühr	9,95 €/Monat	15,95 €/Monat	keine
Gesprächskosten	nach Verbrauch	Inklusiv 50 Gesprächsminuten	nach Verbrauch
Mobilnetze	0,29 €/Minute	0,29 €/Minute	0,39 €/Minute
Festnetz	0,39 €/Minute	0,29 €/Minute	0,49 €/Minute
Taktung	60/10	60/10	60/60
SMS	0,19 €/Stück	0,19 €/Stück	0,29 €/Stück
MMS	0,89 €/Stück	0,89 €/Stück	0,99 €/Stück
Mailbox	0,29 €/Anruf	0,29 €/Anruf	0,39 €/Anruf
Laufzeit	24 Monate	24 Monate	–

M4 *Zusammensetzung der Handy-Kosten (Beispiele)*

Aufgaben

1 Beschreibe M3 und nenne die Hauptursachen für die Verschuldung Jugendlicher.

2 Macht eine Umfrage zum Besitz und zur Nutzung von Handys in eurer Klasse.
Stellt die Ergebnisse grafisch dar.
Ermittelt den Anteil derer, die ihre Handykosten kennen, und stellt ihn ebenfalls in einer Grafik dar.

3 Ermittelt anonym die durchschnittliche Höhe des Taschengeldes in eurer Klasse. Berechnet, wie lange ihr damit brauchen würdet, um Schulden in der in M3 genannten Höhe abzutragen.

4 Vergleiche die Tarife in M4 und wähle den günstigsten aus. Gehe davon aus, monatlich 20 Minuten zu telefonieren und 30 SMS zu verschicken.

5 Erstelle einen Radiobeitrag über die Verschuldung Jugendlicher und die Möglichkeiten, der Schuldenfalle zu entgehen.

Merke
Jeder zwölfte Jugendliche in Deutschland hat Schulden. Hierbei spielen die Kosten für das Handy eine wichtige Rolle. Verbraucherzentralen raten zu einer kostenbewussten Handynutzung.

Einkaufen im Supermarkt

Quelle

Von dem, was wir kaufen wollen, kann der Handel nicht leben. Und er lebt auch nicht davon – sondern er lebt von dem, was er uns zusätzlich andreht.

(Nach Wolfgang Menge: Der verkaufte Käufer. Wien 1971)

M2 *Die Parkplätze am Supermarkt sind kostenlos und lassen sich bequem mit dem Einkaufswagen erreichen.*

Info

Warenpräsentation
Aufgabe einer geschickten **Warenpräsentation** und Platzierung ist es, den Kunden außer zu seinen geplanten Käufen zu **Spontankäufen** anzuregen.

Verkaufsstrategie
Überlegungen und Maßnahmen, wie die Kunden am besten zum Kaufen von Waren verlockt werden, nennt man **Verkaufsstrategien**.

Der Supermarkt – eine Einkaufsfalle?

Bei der Präsentation der Waren im Supermarkt wird kaum etwas dem Zufall überlassen: Der Kunde soll sich – laut moderner Verkaufsstrategie – „wie ein Gast in einem Erlebnispark fühlen“. Supermärkte sind so eingerichtet, dass sie uns verführen, mehr zu kaufen, als wir eigentlich wollen.

- Es gibt Geschäfte, die uns vom Eingang bis zur Kasse durch verwinkelte Gänge führen, damit wir möglichst viele Waren kaufen.
- Regelmäßig benötigte Produkte sind im ganzen Supermarkt verstreut. Sie werden öfter umgeräumt. Der Kunde muss sie immer wieder neu suchen.
- Großflächige Plakate mit billigen Sonderangeboten am Eingang sollen den Käufer ins Geschäft locken.

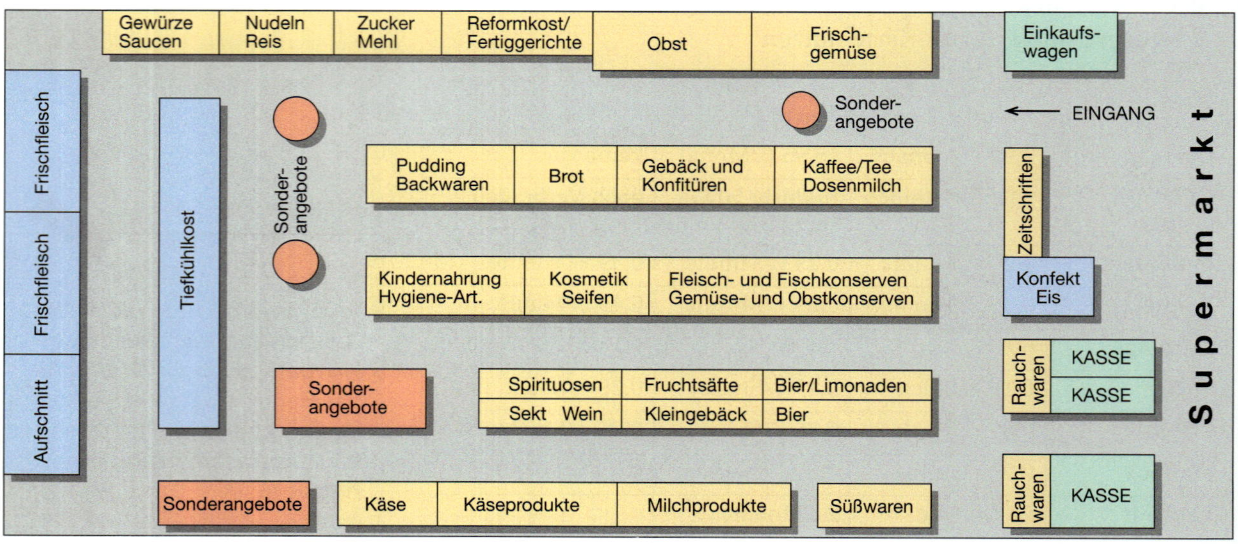

M1 *Grundriss eines Supermarkts*

- Weiche Musik ohne Gesang soll den Kunden in die richtige Einkaufsstimmung versetzen.
- Teure Markenartikel und Waren mit großer Gewinnspanne liegen in den Regalen meist griffbereit in Augenhöhe. Manchmal werden sie vor Spiegeln aufgestellt. Dadurch erscheinen sie heller und freundlicher als die anderen Artikel.
- Körbe oder Paletten mit Angeboten, die nicht nur für den Kunden, sondern von der Gewinnspanne her auch für den Händler interessant sind, bremsen den Weg durch den Supermarkt (Stopper).
- Waren, deren Verfallsdatum bald abläuft, müssen rasch verkauft werden. Sie stehen daher immer vorn im Regal, die frischen dahinter.
- Sonderangebote werden in verkaufsschwachen Regalzonen platziert, um den Kunden bei seinem Einkauf im Supermarkt auch dorthin zu lenken.
- Groß- und Familienpackungen winken mit einem erhofften Preisvorteil. (Aber nicht alle Sonderangebote sind besonders günstig!)

1. Informiere dich über Verkaufsstrategien.
2. Kontrolliere dein Verbraucherverhalten.
3. Plane deinen Einkauf, indem du einen Einkaufszettel schreibst und dich daran hältst.
4. Informiere dich über Haltbarkeit, Verarbeitung, Umtauschrecht.
5. Vergleiche die Preise. Bei Lebensmitteln ist das nicht einfach, weil du die Beträge auf vergleichbare Einheiten, zum Beispiel 100 Gramm, umrechnen musst.

M3 *Tipps gegen Tricks*

Aufgabe

1 Sieh dich in einem Supermarkt um und nimm Stellung zu folgenden Punkten:
a) Wo stehen die Sonderangebote?
b) Vergleiche die Preise gleicher Produkte unterschiedlicher Hersteller und stelle den jeweiligen Standort in den Regalen fest.
c) Welche Produkte findest du in der Kassenzone? Überlege warum.
d) Beobachte, welchen Weg Kunden im Supermarkt nehmen und ob sie einen Einkaufszettel benutzen.

Merke
Supermärkte sind so eingerichtet, dass sie uns verführen, mehr zu kaufen, als wir eigentlich wollen. Eine geschickte Warenpräsentation soll zu mehr Spontankäufen führen.

Grundbegriffe
- Warenpräsentation
- Spontankauf
- Verkaufsstrategie

M4 *Die Einteilung der Regale im Supermarkt*

Viele Wünsche – reicht das Geld?

1. Verkaufsstrategien im Supermarkt

Notiere in einer Tabelle: Name der Zone und Waren, die in der jeweiligen Zone einsortiert sind.

2. Verführungstricks im Supermarkt

Das Gespenst kennt die Verführungstricks in den Geschäften. Kennst du sie auch? Schreibe sie auf.

3. Viele Begriffe – kennst du dich aus?

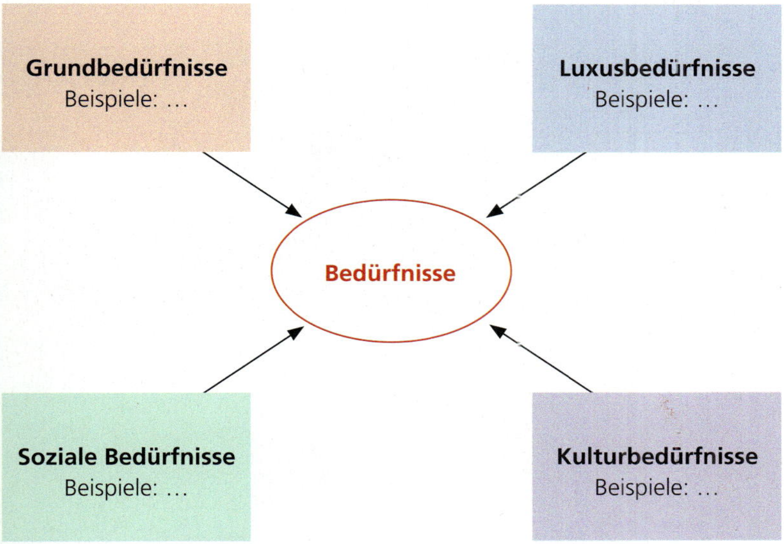

a) Übertrage die Skizze in deine Mappe oder dein Heft und notiere jeweils Beispiele.

b) Erkläre die folgenden Begriffe: Bedürfnis, Bedarf, Nachfrage, Angebot.

c) Bedürfnisse hängen von verschiedenen Einflüssen ab. Erkläre.

4. Ein neues Handy

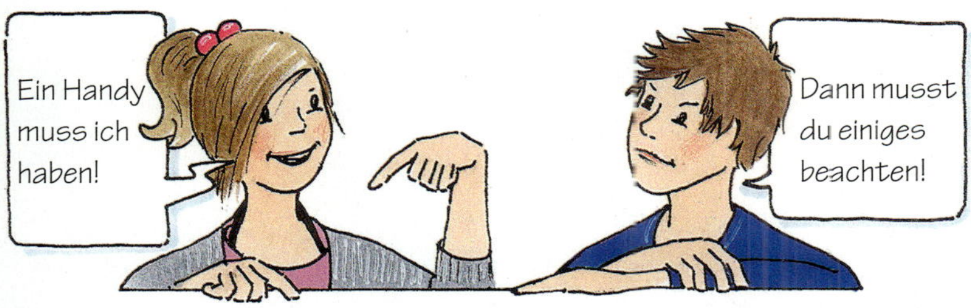

Überlege, wie das Gespräch zwischen den beiden Jugendlichen verlaufen könnte. Notiere das Gespräch.
Du kannst auch eine Bildergeschichte zeichnen.

5. Güter

Übertrage das Schema in deine Mappe oder dein Heft und fülle es aus.

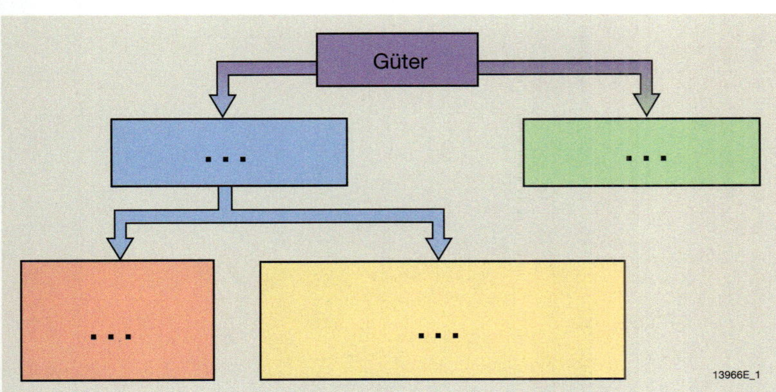

Grundbegriffe
- Bedürfnis
- Grundbedürfnis
- Luxusbedürfnis
- soziales Bedürfnis
- Kulturbedürfnis
- freies Gut
- Wirtschaftsgut
- Bedarf
- Nachfrage
- Angebot
- Warenpräsentation
- Spontankauf
- Verkaufsstrategie

Der Absolutismus

„Der Staat bin ich!"

Die Stützen der Macht

Der Aufbau der französischen Gesellschaft

Zeugnisse des Absolutismus

M1 *Schloss Versailles bei Paris* ▶
① *Schlafzimmer des Königs*
② *Tiergehege*
③ *Theater und zwei Gartenschlösschen*
④ *Straße nach Paris*

1
3
4

„Der Staat bin ich!“

M1 *Lage von Frankreich in Europa*

Versailles – das Zentrum der Macht des Sonnenkönigs

Ludwig XIV. war von 1661 bis 1715 in Frankreich König. Er nannte sich selbst **Sonnenkönig**. Unter seiner Herrschaft wurde Frankreich zum mächtigsten Staat in Europa.

Ludwig XIV. regierte von seinem Schloss Versailles aus. Es liegt etwa 30 Kilometer südwestlich von Paris. Als er 1661 die Regierung übernahm, ließ er als Erstes das Jagdschloss seines Vaters in eine glanzvolle Schlossanlage umbauen. Das Schloss bekam eine 580 m lange Gartenseite mit 1000 Fenstern. Im Park ließ der König Alleen und Wasserstraßen bauen. Es wurden Beete angelegt, die parallel oder strahlenförmig verliefen. Außerdem gab es ein Gehege mit fremden Tieren wie Dromedaren, Elefanten und Tigern. Im Schlosspark befanden sich ein Theater und zwei kleine Gartenschlösschen.

Quelle 1

Die Sonne als Sinnbild der Macht

„Die Sonne ist ohne Zweifel das schönste Sinnbild eines großen Fürsten; sowohl deshalb, weil sie einzig in ihrer Art ist, als auch durch den Glanz, der sie umgibt; durch das Licht, das sie den anderen Gestirnen spendet, die gleichsam ihren Hofstaat bilden; durch die Wohltaten, die sie überall spendet.“

(Nach Ludwig XIV.: Memoiren. Übersetzt von Leopold Steinfeld. Basel/ Leipzig 1931, S. 137)

M3 *Sonnensymbol am Gitter des Hofes von Versailles*

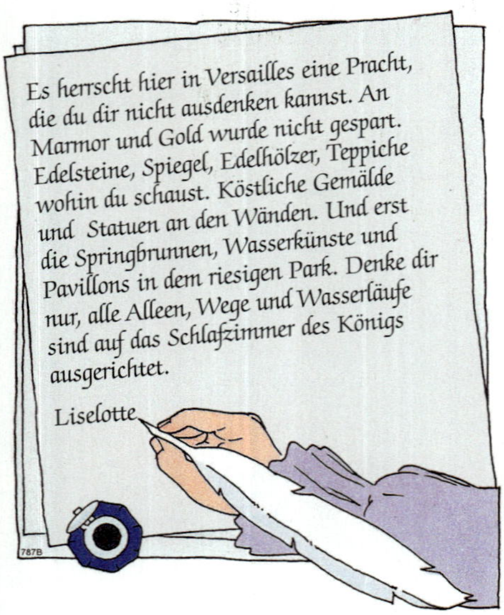

M2 *Möglicher Brief von Liselotte von der Pfalz. Sie war mit dem Bruder von Ludwig XIV. verheiratet. Sie lebte in Versailles und schrieb mehr als 5000 Briefe nach Deutschland, in denen sie das Leben am Hof beschrieb.*

Quelle 2

Der König steht auf

Im Mittelpunkt des Schlosses lag das Schlafzimmer Ludwigs XIV. Hier versammelten sich jeden Morgen die Prinzen und andere hohe Adelige, um dabei zu sein, wenn der König aufstand. Um acht Uhr früh weckte der erste Kammerdiener den König. Ludwig nahm Weihwasser und sprach ein Gebet. Dann kamen einige Minister, die Vorleser, die Apotheker, Ärzte, Offiziere und Kammerdiener. Nachdem der König eine Perücke aufgesetzt hatte, traten die Kirchenfürsten und weitere Adelige ein. Der König zog sein Nachthemd aus und übergab es dem ersten Kammerdiener. Er verlangte sein Taghemd. Dies war der Höhepunkt der Zeremonie: Das Recht, dem König das Hemd zu reichen, stand zunächst dem Bruder des Königs zu; wenn dieser abwesend war, den Söhnen und Enkeln des Königs. War der König angezogen, ging er mit großem Gefolge zur Morgenmesse.

(Nach Theodor Steudel: Der Fürstenstaat. Berlin 1933, S. 1)

M4 *Großer Festsaal im Schloss Versailles (heutiges Bild)*

Aufgaben

1 Ludwig XIV. wird der „Sonnenkönig“ genannt. Erläutere.

2 Du bist Dienerin oder Diener in Versailles. Schreibe einen Bericht über ein großes Fest am Hof.

3 König Ludwig führt einen Fürsten aus dem Deutschen Reich durch die Anlage seines Schlosses. Versetze dich in dessen Lage und berichte über seine Eindrücke.

Die Bedeutung des Schlosses

Versailles war nach 28 Jahren Bauzeit das größte Schloss in Europa. Seine Pracht verherrlichte die Macht des Königs. Vielen Fürsten in Europa diente Schloss Versailles als Vorbild (siehe Seiten 148/149).

4000 Schlossbedienstete versorgten Tag und Nacht den König und seine Gäste. Darunter befanden sich 338 Köche, 125 Sänger, 80 Pagen, zwölf Mantelträger und acht Rasierer allein für den König, 74 Kapläne und 48 Ärzte. Allerdings gab es im Schloss keine einzige Toilette.

Info

Absolutismus

Die Art der Herrschaft, die Ludwig XIV. ausübte, heißt **Absolutismus**. Der Herrscher trifft alle wichtigen Entscheidungen selbst und erlässt alle Gesetze. Niemand darf ihn kritisieren. Er hat alle Macht im Staat. Ludwig sagte von sich selbst: „Der Staat bin ich!“ Er regierte uneingeschränkt, sozusagen absolut.

In fast allen europäischen Staaten des 17. Jahrhunderts gab es diese Staatsform. Der Absolutismus wurde in Frankreich im Jahr 1789 durch die Französische Revolution abgeschafft.

Merke

Ludwig XIV. war ein absolutistischer Herrscher. Er regierte als „Sonnenkönig“ nach dem Wahlspruch „Der Staat bin ich!“ Das Schloss Versailles zeigt die Macht des Königs.

Grundbegriffe

- Sonnenkönig
- Absolutismus

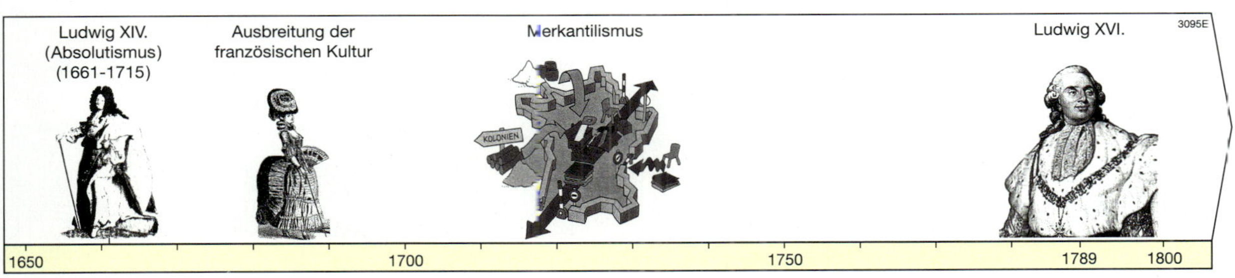

M5 *Zeitleiste*

„Der Staat bin ich!"

Quelle

Die Perücke

Kennzeichen der Herrenmode im Zeitalter Ludwigs XIV. war die Perücke. Da lange Haare wieder Mode wurden und nicht jeder Mann über die gewünschte Haarfülle verfügte, griff man zur Perücke. Sie wurde zum wichtigsten Standeszeichen der französischen Hoftracht und damit der höfischen Gesellschaft Europas. Der Löwe war das Sinnbild männlicher Kraft und Schönheit. Daher wurden die Perücken der Mähne des Löwen immer ähnlicher. Die beliebteste Haarfarbe der Perücken war blond.

Die Perücke war nicht nur unbequem, sondern auch teuer, da echtes Haar außerordentlich knapp war. Die unteren Volksschichten trugen Perücken aus Pferde- und Ziegenhaar, Wolle oder anderen Materialien.

(Nach Erika Thiel: Geschichte des Kostüms. Berlin 1980, S. 236)

Mode im Zeitalter von Ludwig XIV.

Als Frankreich unter der Herrschaft Ludwigs XIV. die politische und kulturelle Führung in Europa angetreten hatte, nahmen sich die Adelshäuser Europas die französische Mode ebenso zum Vorbild wie den „Sonnenkönig" selbst und sein Schloss. Nach dem Regierungsantritt Ludwigs XIV. dauerte es keine zehn Jahre, bis ganz Europa sich bedingungslos nach der französischen Mode richtete. Damit gingen nationale Unterschiede verloren: Die französische Mode wurde in Adelskreisen zur „Weltmode".

Das Bein blieb im 17. Jahrhundert frei; es sollte höfische Eleganz ausstrahlen. Strümpfe und Schuhe standen im Mittelpunkt der Betrachtung. Der elegante Strumpf bestand aus Seide. Die Schuhe glichen kleinen Kunstwerken und hatten abgestumpfte Spitzen, die sie lang und schmal erscheinen ließen. Die Absätze wurden nach und nach höher. Da der König sehr klein war, ließ er die Sohlen seiner Schuhe mit Kork unterlegen und dann mit rotem Leder überziehen. Rote Absätze wurden deshalb zum Vorrecht des Adels.

Unter Ludwig XIV. waren lange Haare Mode. Dadurch wurde der Kragen immer mehr bedeckt und schließlich überflüssig. Es blieben von ihm nur noch vorn zwei in Falten gelegte Streifen übrig. Die Enden dieses Kragens wurden immer länger, bis aus dem Kragen ein Halstuch und aus diesem schließlich die Krawatte unserer Tage wurde.

M1 *Höfische Kleidung aus der Zeit Ludwigs XIV. Bildnis einer vornehmen Familie in Berlin um 1680*

Aufgabe

1 a) Betrachte M1 auf den Seiten 138/139 und ermittle, aus wie vielen Teilen das Schloss besteht.
b) Zähle auf, womit die Gäste des Königs ihre Zeit verbringen konnten. M2 auf Seite 140 gibt zusätzliche Hilfestellung.

M2 *Ludwig XIV. Das Bild wurde 1701 von Hyacinthe Rigaud gemalt und ist 2,79 x 1,90 m groß. Es hing früher im Thronsaal des Schlosses Versailles und zwar so, dass die Füße des Königs in Augenhöhe des Betrachters waren. Heute ist das Bild im Louvre-Museum in Paris ausgestellt.*
Der König blickt von oben überlebensgroß auf die Anwesenden herab und beherrscht dabei seine Umgebung. Er zeigt sich voller Stolz mit seinem Krönungsmantel aus Samt, der mit kostbarem Hermelinpelz gefüttert ist. Die aufgestickten Lilien sind das Wahrzeichen seiner Königsfamilie. Die Krone als Zeichen seiner Herrschaft trägt er nicht auf dem Kopf. Er hat sie zur Seite gelegt, um seine Person in den Mittelpunkt zu rücken. Schwert und Zepter sind weitere Zeichen seiner Herrschaft.

Das Portrait eines absolutistischen Herrschers

Hyacinthe Rigaud war einer der bedeutendsten Maler des 17. Jahrhunderts. Er hatte sich auf Portraits spezialisiert. Sein Bild von Ludwig XIV. wurde zum Vorbild für Portraits der Herrschenden im damaligen Europa. Nichts wurde dem Zufall überlassen. Jeder Gegenstand und jede Einzelheit haben eine Bedeutung.

Aufgaben

2 a) Beschreibe M1.
b) Das Bild zeigt den Einfluss der französischen Mode in Europa. Begründe.

3 Werte das Bild M2 aus. Nutze dabei die Bildunterschrift und die Texte auf Seite 142. (Siehe auch S. 114; du musst die Punkte 1–6 hier abwandeln.)

4 Stelle die Haltung Ludwig XIV. in M2 in einem Standbild nach.
a) Beschreibe, wie du dich dabei fühlst.
b) Frage die anderen, wie du auf sie wirkst.

Merke
Am Hof Ludwigs XIV. herrschte eine strenge Kleiderordnung. Die französische Mode wurde von den europäischen Fürsten übernommen, weil sie dem „Sonnenkönig" gleichen wollten.

Die Stützen der Macht

Der König sichert seine Macht

In der Zeit des Absolutismus sorgte der König auf dreifache Weise für die Erhaltung seiner Macht: Die Soldaten setzten seine Politik durch. Die Beamten verwalteten den Staat. Mit den Einnahmen finanzierte der König seine Politik.

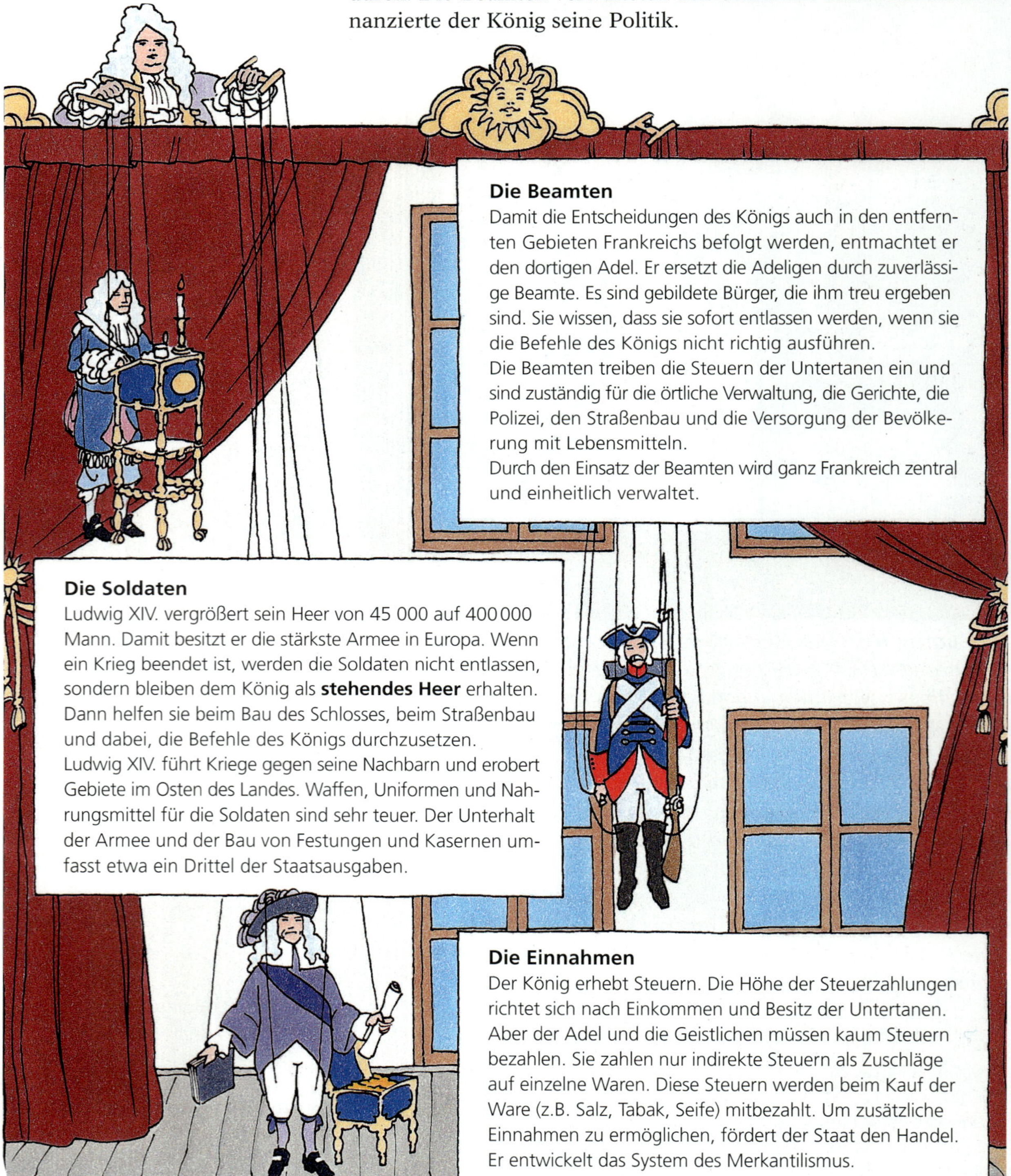

Die Beamten

Damit die Entscheidungen des Königs auch in den entfernten Gebieten Frankreichs befolgt werden, entmachtet er den dortigen Adel. Er ersetzt die Adeligen durch zuverlässige Beamte. Es sind gebildete Bürger, die ihm treu ergeben sind. Sie wissen, dass sie sofort entlassen werden, wenn sie die Befehle des Königs nicht richtig ausführen.
Die Beamten treiben die Steuern der Untertanen ein und sind zuständig für die örtliche Verwaltung, die Gerichte, die Polizei, den Straßenbau und die Versorgung der Bevölkerung mit Lebensmitteln.
Durch den Einsatz der Beamten wird ganz Frankreich zentral und einheitlich verwaltet.

Die Soldaten

Ludwig XIV. vergrößert sein Heer von 45 000 auf 400 000 Mann. Damit besitzt er die stärkste Armee in Europa. Wenn ein Krieg beendet ist, werden die Soldaten nicht entlassen, sondern bleiben dem König als **stehendes Heer** erhalten. Dann helfen sie beim Bau des Schlosses, beim Straßenbau und dabei, die Befehle des Königs durchzusetzen.
Ludwig XIV. führt Kriege gegen seine Nachbarn und erobert Gebiete im Osten des Landes. Waffen, Uniformen und Nahrungsmittel für die Soldaten sind sehr teuer. Der Unterhalt der Armee und der Bau von Festungen und Kasernen umfasst etwa ein Drittel der Staatsausgaben.

Die Einnahmen

Der König erhebt Steuern. Die Höhe der Steuerzahlungen richtet sich nach Einkommen und Besitz der Untertanen. Aber der Adel und die Geistlichen müssen kaum Steuern bezahlen. Sie zahlen nur indirekte Steuern als Zuschläge auf einzelne Waren. Diese Steuern werden beim Kauf der Ware (z.B. Salz, Tabak, Seife) mitbezahlt. Um zusätzliche Einnahmen zu ermöglichen, fördert der Staat den Handel. Er entwickelt das System des Merkantilismus.

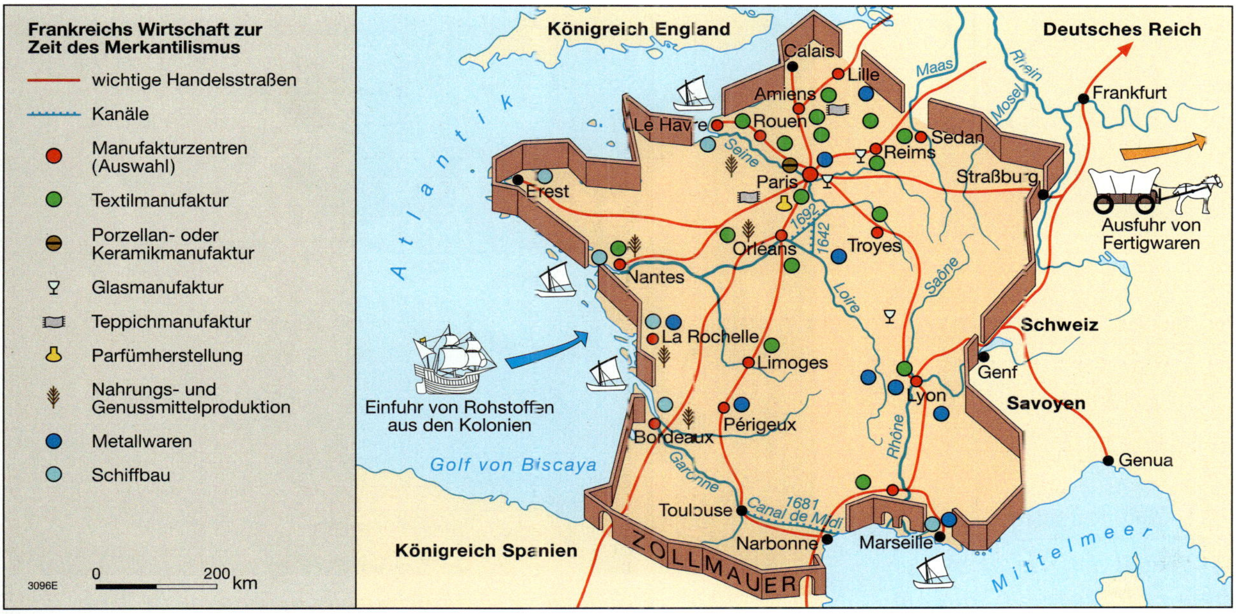

M1 *So funktioniert der Merkantilismus.*

Der Merkantilismus

Finanzminister unter Ludwig XIV. war Colbert (1619–1683). Er entwickelte das System des **Merkantilismus** und unterstützte den Bau von **Manufakturen**. In diesen Betrieben verrichteten Arbeiter nur noch einzelne Handgriffe bei der Herstellung einer Ware. Die Waren konnten so kostengünstiger und schneller hergestellt werden.

Unter Merkantilismus verstehe ich, dass wir günstige Rohstoffe aus unseren Kolonien holen, sie in unseren Manufakturen verarbeiten und die fertigen Waren mit Gewinn im Ausland verkaufen. Damit der Transport möglichst gut klappt, unterhalten wir eine eigene Handelsflotte und fördern den Ausbau von Straßen und Kanälen.

Fertige Waren aus dem Ausland dürfen nicht eingeführt werden. Wir lassen sie nicht ins Land. Sonst würden unsere Fertigwaren keinen Absatz finden und es würde weniger Geld in die Staatskasse kommen.

Unsere Rohstoffe hingegen dürfen nicht ausgeführt werden. Sonst könnten im Ausland daraus Fertigwaren hergestellt werden. Das wollen wir nicht.

Wir führen dieses System in Frankreich ein, weil in der Staatskasse kein Geld mehr ist. Die Steuern können wir nicht erhöhen. Sie sind eigentlich schon zu hoch. Also müssen wir Geld im Ausland verdienen. Der König braucht Geld für den Unterhalt des Heeres, für Kriege, für die Gehälter der Beamten, für kostspielige Bauten wie zum Beispiel Schloss Versailles und für die aufwändige Hofhaltung.

Jean Baptiste Colbert

M2 *Möglicher Brief von Colbert an einen Freund*

Aufgaben

1 In der Zeichnung auf Seite 144 ist der französische König auf besondere Weise dargestellt. Erkläre, was damit gemeint ist.

2 Erläutere mit eigenen Worten die drei Säulen der Macht des Königs.

3 Interpretiere die Karte M1 mithilfe von M2.

Merke
Die Stützen der königlichen Macht waren die Beamten, die Soldaten sowie die Einnahmen aus den Manufakturen und dem Merkantilismus.

Grundbegriffe
- stehendes Heer
- Merkantilismus
- Manufaktur

Der Aufbau der französischen Gesellschaft

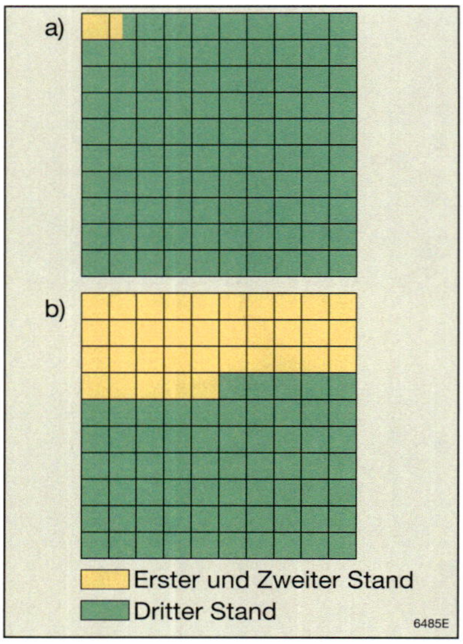

M1 *Anteil der Stände an den Steuerzahlungen (a) und am Grundbesitz (b) um 1780*

M2 *„Austernfrühstück" (Gemälde von Jean François de Troy, 1689–1752)*

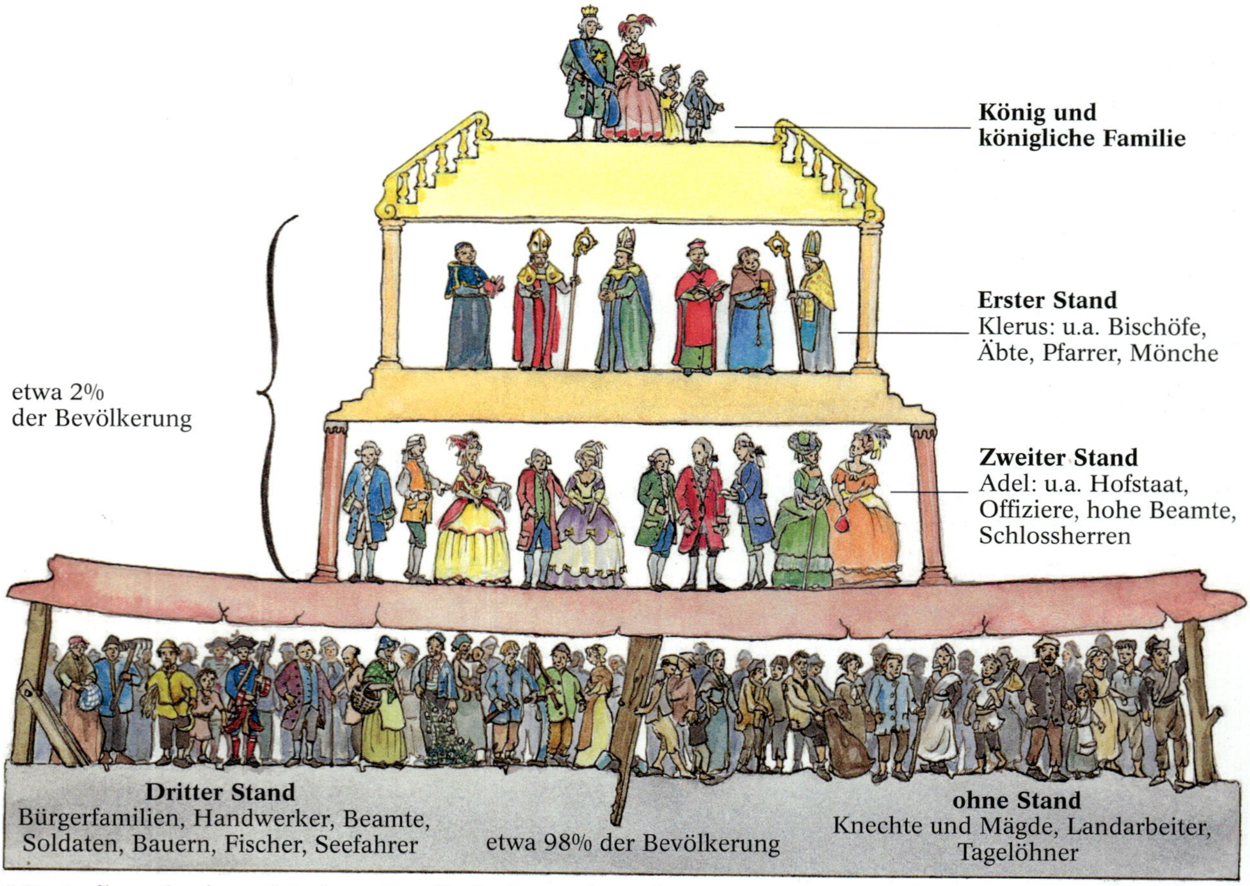

M3 *Aufbau der französischen Gesellschaft um das Jahr 1780*

M4 *„Bauernfamilie beim Essen" (Gemälde von Louis le Nain)*

> *… Wir fordern,*
> *dass alle Steuern von allen drei Ständen ohne irgendwelche Ausnahmen gezahlt werden. Außerdem wünschen wir das gleiche Gesetz und Recht im ganzen Königreich. Ebenso ist es an der Zeit, alle Abgaben und Dienste der Bauern abzuschaffen …*

1348E

M6 *Bauern eines Dorfes schrieben 1789 an den König.*

Bauern hatten es schwer

Um 1780 lebten in Frankreich etwa 25 Millionen Menschen. Sie waren in drei **Stände** eingeteilt. Jeder wurde in einen bestimmten Stand hineingeboren, den er nicht verlassen konnte. Es gab für jeden Stand genaue Vorschriften, wie man sich zu verhalten hatte, welche Kleidung und wie viel Schmuck man tragen durfte.
Dem Adel und den Geistlichen ging es sehr gut. Sie zahlten keine direkten Steuern.

Die Bauern bearbeiteten die Felder ihrer Grundherren. Dafür mussten sie ihnen einen Teil der Ernte abgeben. Zusätzlich zahlten sie Steuern an den König und zehn Prozent ihres Einkommens an die Kirche. Ihnen blieb kaum die Hälfte ihrer Einkünfte zum Leben.

Wegen einer Missernte im Jahr 1788 gab es in ganz Frankreich kaum noch Getreide. Brot wurde knapp. Selbst die Bauern konnten ihren eigenen Bedarf nicht mehr decken. Sie forderten vom König, dass alle drei Stände Steuern zu bezahlen hätten.

Am 10. Oktober 1788 in einem kleinen Dorf südwestlich von Paris: Herr Traban sitzt zusammen mit seiner Frau Mathilde und ihren fünf Kindern am Tisch. Jedes Kind hat eine dünne Scheibe Brot in der Hand. Sie reißen kleine Stücke vom Brot ab und tunken diese in eine Holzschüssel, die auf dem Tisch steht. Darin sind Reste der Milchsuppe, die es am Mittag gab. Die Eltern teilen sich eine Brotscheibe. Herr Traban ist verzweifelt. Seine Frau erwartet ein Kind. Er weiß nicht, ob er seine Familie in Zukunft ernähren kann.

M5 *Auf dem Land – ein Leben in Not*

Aufgaben

1 Beschreibe den Aufbau der französischen Gesellschaft zur Zeit des Absolutismus (M3).

2 a) Beschreibe den Anteil der Stände an der Bevölkerung.
b) Beurteile die unterschiedlichen Steuerzahlungen (M1, M3).

3 Die Kleidung der Menschen gab Aufschluss über die Zugehörigkeit zu ihrem Stand. Erläutere (M2, M4, Seite 142 M1).

4 Die Bauern empfanden ihre Lage als ungerecht. Begründe (M5, M6).

Merke
Die französische Gesellschaft war im Absolutismus in drei Stände gegliedert. Abgaben und Steuern zahlte vor allem der Dritte Stand.

Grundbegriff
- Stand

Zeugnisse des Absolutismus

Info

Barock
Der Begriff kommt vom portugiesischen Wort „barucca": „Perle". Er bezeichnet einen bestimmten Stil bei der Bauweise von Schlössern und Kirchen des 17. und 18. Jahrhunderts. Diese sind durch runde und ovale Formen gekennzeichnet, so wie bei einer Perle. Die Schlösser hatten breite Auffahrten und Treppen. Seitenflügel ließen sie noch prächtiger erscheinen. Das Schloss Versailles mit seiner weitläufigen Gartenanlage ist das bedeutendste Bauwerk des französischen Barock. Die Gärten sind geometrisch angelegt. Sie weisen Symmetrieachsen auf, die zu einem oder mehreren Punkten führen. Barockschlösser mit Gärten symbolisieren die Macht des absolutistischen Herrschers.

M2 *„Großer Garten" der Herrenhäuser Gärten in Hannover*

Die kleinen „Sonnenkönige" in Deutschland

Vorbild für viele Fürsten des 17. und 18. Jahrhunderts in Deutschland waren Ludwig XIV. und sein Schloss Versailles. Den Baustil nennt man heute **Barock**. Überall in Deutschland entstanden Schlösser, Theater, Parkanlagen und Museen nach dem Muster von Versailles. Viele der Bauten sind noch heute erhalten.

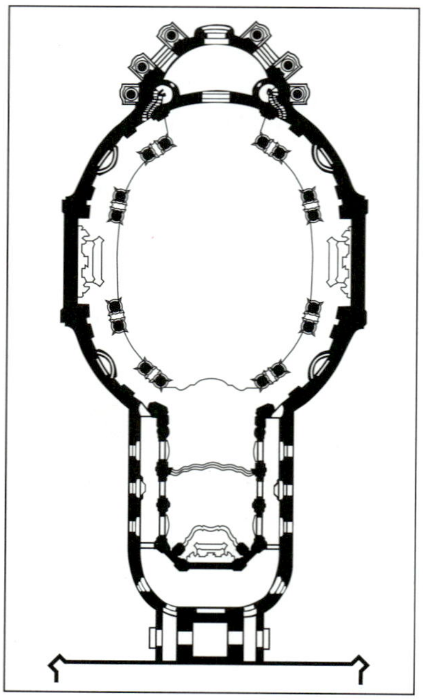

M1 *Grundriss einer Kirche im Barock*

Ein Garten als Mittelpunkt eines Reiches

Im 17. und 18. Jahrhundert entstand in Hannover-Herrenhausen der größte Barockgarten außerhalb Frankreichs. Kurfürstin Sophie ließ den 50 Hektar großen Garten nach Versailler Vorbild umgestalten. Mittelpunkt des „Großen Gartens" ist die große Fontäne, die bereits damals eine Wasserhöhe von 70 m erreichte – eine einmalige Leistung in der Welt. Die Fontäne symbolisierte die Macht der Könige von Hannover. Zur Planung dieser außergewöhnlichen „Wasserkunst" wurde der Gelehrte Gottfried Wilhelm Leibniz an den hannoverschen Hof geholt.

Der König und sein Hofstaat berieten sich in kleinen Gruppen in den Nischen des Gartens. Im Gartentheater wurden Opern und Theaterstücke aufgeführt. Dazu holte man den bekanntesten deutschen Komponisten des 18. Jahrhunderts, Georg Friedrich Händel.

Der Barockgarten diente als Empfangsort für Fürsten und Könige anderer Länder. Die Pracht des Gartens symbolisierte die Macht der hannoverschen Herrscher und beeindruckte die Gäste, was das politische Handeln der Gastgeber erleichterte. Zu dem Garten gehörte auch ein Schloss. Es wurde im Zweiten Weltkrieg (1939–1945) zerstört. Das Schloss erlangte nie die Bedeutung des Gartens. Deshalb wurde es bisher auch nicht wieder aufgebaut.

M3 *Porzellanmanufaktur Fürstenberg*

Doppelter Gewinn mit einer Manufaktur

Im Jahr 1747 gründete Herzog Carl I. von Braunschweig nach französischem Vorbild die Porzellanmanufaktur Fürstenberg an der Weser, südlich von Höxter. Hier gab es die notwendigen Rohstoffe. Die Porzellanherstellung wurde in China erfunden, galt aber als die große Entdeckung im Absolutismus. Da alle europäischen Herrscher mit dem edlen Tischgeschirr glänzen wollten, entwickelten sich diese Manufakturen zu „Goldgruben“. Herzog Carl I. verdiente doppelt: Er ließ das edle Geschirr für sich selbst in seiner eigenen Manufaktur herstellen und erhielt auch die Einnahmen beim Verkauf an andere Landesherren. Bereits neun Jahre später gründete Carl I. eine weitere Manufaktur in Braunschweig. Heute befindet sich die Manufaktur Fürstenberg im Privatbesitz und verkauft seine Produkte europaweit.

M4 *Das Barockschloss Söder im Landkreis Hildesheim*

M5 *Schmuckvoller Rahmen aus der Zeit des Barock*

Aufgaben

1 Beschreibe die Bauwerke der Barockzeit (M1–M4).

2 a) Liste die verschiedenen Funktionen des Großen Gartens in Herrenhausen auf.
b) Überprüfe folgende Textaussage: „Die Pracht des Gartens beeindruckte die Gäste, was das politische Handeln der Gastgeber erleichterte.“

3 Schreibe die Namen von zehn Städten in Deutschland auf, in denen Schlösser nach dem Vorbild von Versailles gebaut wurden (Atlas, Karte: Europa-Neuzeit: Absolutismus in Europa um 1740).

Merke
Im 17. und 18. Jahrhundert entstanden überall in Deutschland Barockschlösser nach dem Vorbild von Versailles. Zu den bedeutendsten Barockgärten Europas zählt der „Große Garten“ der Herrenhäuser Gärten in Hannover.

Grundbegriff
- Barock

Der Absolutismus

1. Französische Mode

Die Abbildung zeigt die Mode des 17. Jahrhunderts. Notiere die typischen Merkmale. Verwende auch die Begriffe „Schärpe“ und „Kniehose“.

① ______________

② ______________

③ ______________

④ ______________

⑤ ______________

⑥ ______________

⑦ ______________

2. Die Stützen der Macht

Schreibe den Lückentext ab und ergänze dabei die Lücken.

Ludwig XIV. sicherte sich seine Macht, indem er sich auf die …, die … und die … stützte. Damit seine Entscheidungen auch in entfernten Gebieten Frankreichs befolgt wurden, ersetzte er dort die Adeligen durch seine … . Dies waren gebildete Bürger, die ihm treu ergeben waren. Die … trieben die … ein und waren zuständig für die …, die …, die …, den … und die Versorgung der Bevölkerung mit … .
Seine Armee wandelte Ludwig XIV. in ein … … um, das heißt, dass die Soldaten nicht entlassen wurden, wenn ein Krieg beendet war.

3. Die Ständegesellschaft

a) Übertrage die Abbildung in dein Heft oder deine Mappe und beschrifte sie.

b) Berichte über das Leben der Bauern in Frankreich zur Zeit des Absolutismus.

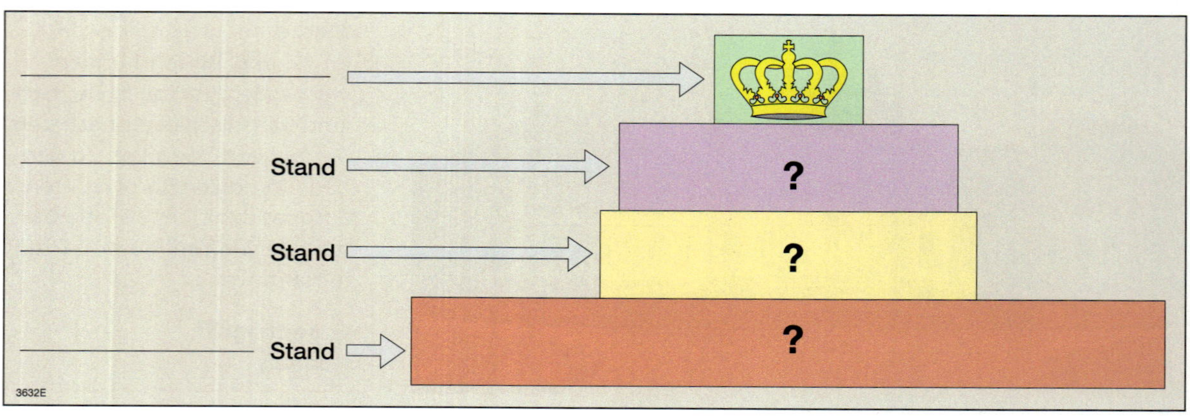

4. Was ist Barock?

a) Das Foto ist ein Barockgarten. Das erkennst du an bestimmten Merkmalen. Benenne sie.

b) Beschreibe den Grundriss der Gartenanlagen von Versailles und erkläre, welche Bedeutung die Gartenanlagen hatten.

c) Stell dir vor, du könntest eine Reise mit einer Zeitmaschine unternehmen und landest zur Zeit des Absolutismus in Hannover. Schreibe nach der „Rückkehr“ deine Beobachtungen auf.

Barock-Garten Hannover-Herrenhausen

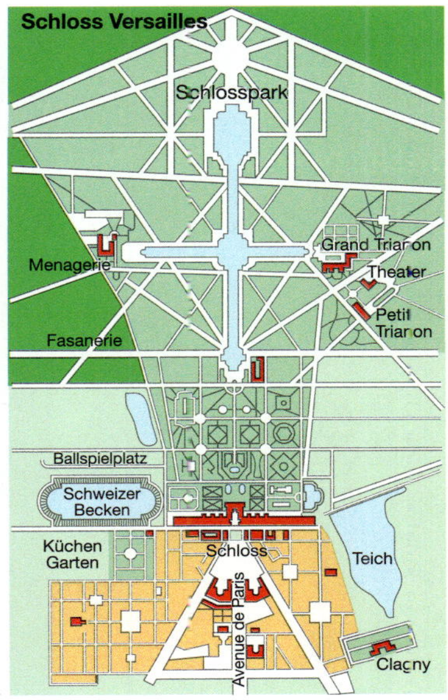

Gartenanlage von Versailles

5. Der Merkantilismus

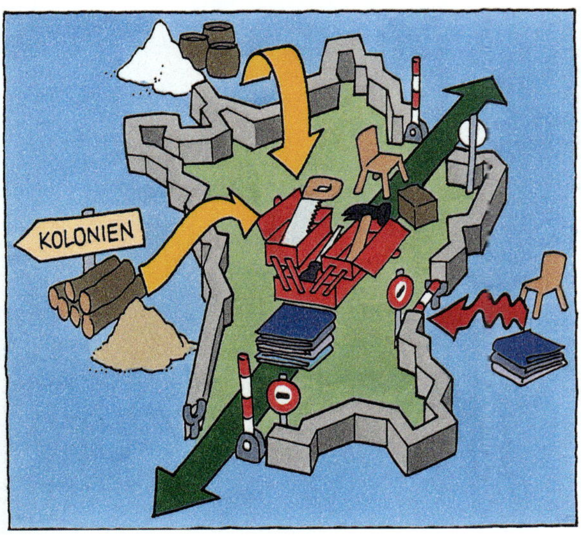

Erkläre die Wirtschaftsform des Merkantilismus anhand der Abbildung.

Grundbegriffe
- Sonnenkönig
- Absolutismus
- stehendes Heer
- Merkantilismus
- Manufaktur
- Stand
- Barock

Umgang mit Konflikten

Gewalt in der Schule

Konflikte und ihre Bewältigung

Mobbing – Das darf nicht sein!

Training zur Streitschlichtung

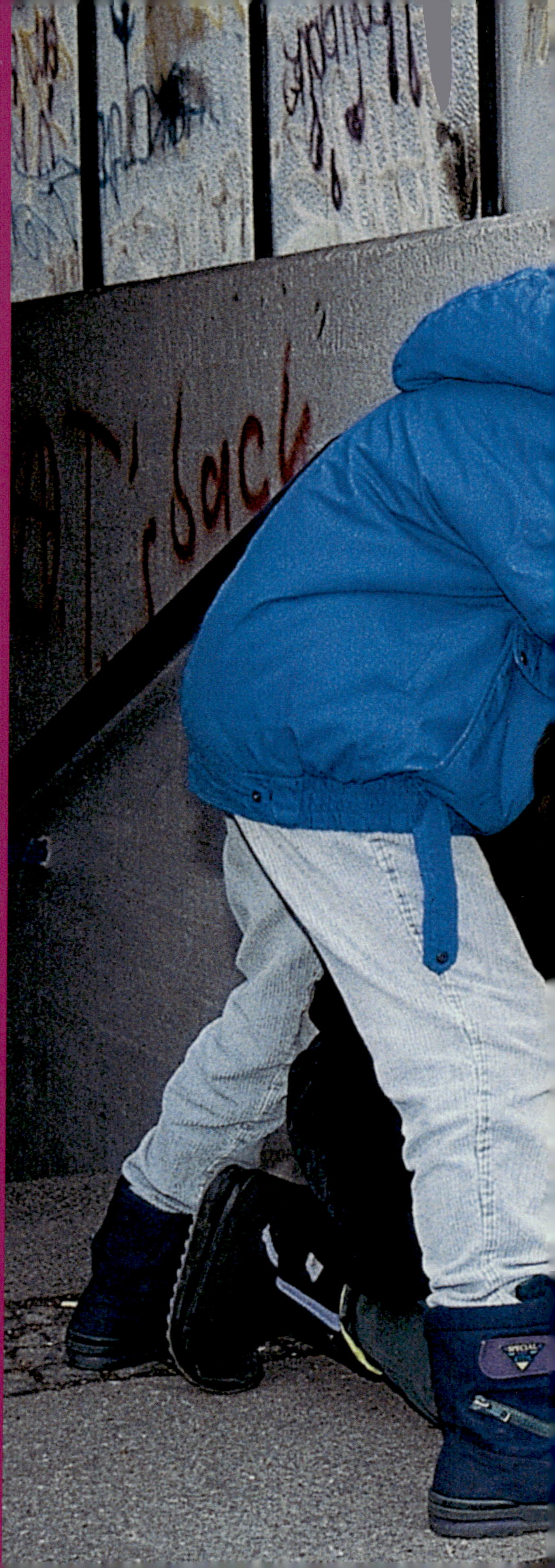

M1 *Eine alltägliche Szene auf dem Schulhof?* ▶

Gewalt in der Schule

M1 *Anlass für eine Schlägerei?*

Aufgaben

1 Das Foto auf den Seiten 152/153 steht im Zusammenhang mit dem Text oben.
a) Beschreibe das Bild. Benutzte dabei die Begriffe Konflikt, Aggression, Gewalt.
b) Stelle Vermutungen an, aus welchen Gründen die einzelnen Jungen bei der Schlägerei mitmachen.
c) Stelle dar, wie der Konflikt ausgehen könnte.

2 Die Schlagzeilen in M2 berichten von Gewalt an Schulen. Vergleiche mit deiner Schule.

3 Erfinde eine Schlagzeile, die ein Zeitungsreporter zum Vorfall mit Mirko geschrieben haben könnte.

4 M4 gibt Auskunft über die Häufigkeit von aggressivem Verhalten an Schulen.
a) Arbeite heraus, welche drei Verhaltensweisen am häufigsten und welche drei am seltensten vorkommen.
b) Welche kennst du von deiner Schule?

5 Führt eine Befragung über aggressives Verhalten an eurer Schule durch. M4 kann als Grundlage dienen.

„Den machen wir fertig!"

In der großen Pause wird der Wasserhahn am Waschbecken im Klassenzimmer der 7a abgeknickt. Herr Bräuer, der Klassenlehrer, versucht die Täter zu ermitteln. Auf seine Frage meldet sich niemand. Herr Bräuer ist verärgert. Mirko hält es nicht mehr aus. Er muss es einfach sagen. Er hat genau gesehen, dass Alexander und Michael den Wasserhahn verbogen haben.

Herr Bräuer geht mit den dreien zur Schulleiterin. Noch auf dem Gang vereinbaren Michael und Alexander, dass sie es dem blöden Mirko nach der Schule schon zeigen werden. Später werden auch Andreas und Lars zur Rauferei „eingeladen". Sie sind stark und bei Auseinandersetzungen immer gern dabei.

Es klingelt. Alle stürmen hinaus. Andreas, Lars, Michael und Alexander warten schon auf Mirko. Zu viert fallen sie über ihn her: Michael würgt Mirko. Zusammen mit Andreas nimmt er ihn in die Zange. Mirko wehrt sich. Alexander wartet auf eine Gelegenheit ...

M2 *Schlagzeilen zum Thema „Gewalt in der Schule"*

Info

Konflikt

Das Wort **Konflikt** kommt aus dem Lateinischen (conflictus) und bedeutet Streit, Unstimmigkeit, Zusammenstoß. Ein Konflikt entsteht, wenn zwei oder mehrere Personen aufeinandertreffen, die unterschiedliche Bedürfnisse oder Verhaltensweisen haben. Dann kann ein Konflikt darüber entstehen, wer sich durchsetzt.

Aggression

Aggression (Angriff) ist eine feindselige, gegen andere gerichtete Haltung oder Handlung. Sie zeigt sich in Worten oder auch in Taten (z. B. durch Schlagen, Prügeln). Es ist erwiesen, dass die Bereitschaft zu aggressivem Verhalten durch Enttäuschung oder Minderwertigkeitsgefühle gefördert wird.

Gewalt

Der Begriff **Gewalt** ist umfassender als Aggression. Er beinhaltet jegliche Anwendung von Zwang gegenüber Menschen mit dem Ziel, den eigenen Willen durchzusetzen und den anderen Schaden zuzufügen.

M3 *„Eine Schule nach unseren Wünschen" – eine Maßnahme gegen Gewalt*

Quelle

Fragen, die mit dem Ausmaß an Zerstörungen in Schulen zusammenhängen:

a) Hat jede Klasse ihren eigenen Klassenraum?

b) Können die Schülerinnen und Schüler ihre Klassen- und Aufenthaltsräume selbst gestalten?

c) Macht der Unterricht Spaß?

d) Werden die Schülerinnen und Schüler an der Unterrichtsplanung beteiligt?

(Nach: Erfahrungen mit Sachbeschädigungen. München 1997)

e) Wie werden Konflikte ausgetragen: Unter den Schülerinnen und Schülern selbst? Zwischen Schülern und Lehrern? Zu Hause?

f) Sind die Möbel stabil und schulgemäß?

g) Werden Zerstörungen und Schmierereien von den Lehrern verfolgt und die Verursacher zur Verantwortung gezogen?

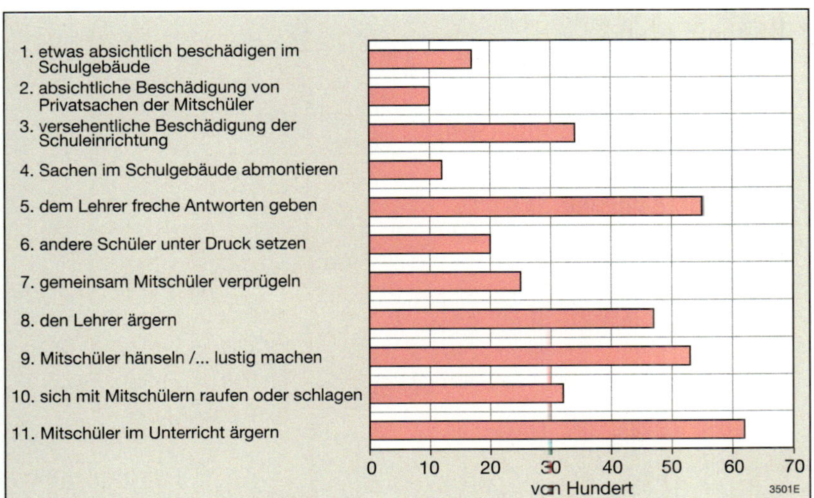

M4 *Ergebnisse einer Umfrage unter 100 Schülerinnen und Schülern der Klassen 5–9 auf die Frage, ob sie in den letzten vier Wochen eine oder mehrere dieser Handlungen selbst ausgeführt haben.*

Merke

Gewalt an Schulen äußert sich in unterschiedlicher Form. Ein Konflikt kann sich verschärfen und zu gewalttätigem Handeln führen.

Grundbegriffe

- Konflikt
- Aggression
- Gewalt

Konflikte und ihre Bewältigung

GL Rel

Info

Eskalation, Gewaltspirale
Der Begriff **Eskalation** kommt aus dem Französischen (Treppe/ Leiter). Er bedeutet „stufenweise Steigerung, Verschärfung". Im Verlauf eines Konflikts kann es zu einer „Eskalation der Gewalt" oder zu einem „Hochschrauben" der Gewalt kommen. Deshalb spricht man außer von einer Eskalation der Gewalt auch von einer **Gewaltspirale**. Sie ist ab einem bestimmten Punkt nicht mehr kontrollierbar.

M1 *Ein Konflikt entsteht: Streit um eine Sache …*

Gewalt kann Gegengewalt erzeugen

Wenn Menschen in einen Konflikt verwickelt sind, reagieren sie häufig nach dem gleichen Muster.
1. Stufe: Zunächst geht es um eine Sache oder eine Meinung.
2. Stufe: Dann kommen persönliche Angriffe hinzu.
3. Stufe: Es wird Gewalt angewandt.
Gegebenenfalls 4. Stufe: Es kommt zu Gegengewalt.

Diese Eskalation kann überall passieren: in der Klasse, in der Familie, zwischen Kindern, zwischen Erwachsenen und zwischen Staaten. Im Lauf der Auseinandersetzung wird der andere nicht mehr als (empfindlicher) Mensch wahrgenommen. Das Gegenüber hat keine Seele, keine Gefühle. Es ist nur noch Zielscheibe der Gewalt bzw. der Gegengewalt. Der Konflikt endet oft so, dass alle Beteiligten einen großen Schaden haben.

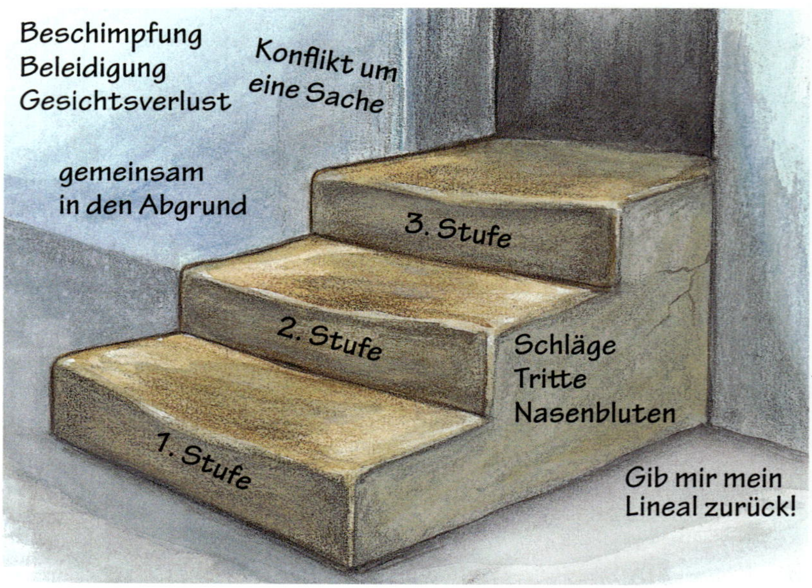

M2 *Eskalation der Gewalt*

Aufgaben

1 Schreibe eine Geschichte zum Thema: „Streit um ein Lineal". Nutze M1 und M2. Verwende die Begriffe Wut, Eskalation bzw. Gewaltspirale.

2 Zeichne eine Treppe mit drei Stufen in deine Mappe oder dein Heft. Ordne den Stufen die Aussagen in M2 zu. Schreibe die Aussagen so auf die Stufen, dass jeweils die Eskalation der Gewalt deutlich wird.

Quelle 1

Wie entsteht Wut?

Wut baut sich auf. Sie ist wie ein Wirbelwind, der sich immer schneller dreht. Zuerst sind oft Kränkung, Enttäuschung, Angst oder Hilflosigkeit da, dann entsteht Wut, die sich nach und nach steigert. Man muss sich bei einem Konflikt selbst beobachten. Dann ist es möglich, in einem frühen Stadium aus der Gewaltspirale auszusteigen, bevor man der Wut freien Lauf lässt. So können Verletzungen aller Beteiligter vermieden werden.

(Nach Ortrud Hagedorn: Konfliktlotsen. Stuttgart 1996, S. 75)

Quelle 2

Deeskalation

Die Auflösung von Spannungs- oder Gewaltsituationen nennt man **Deeskalation**. Man erreicht sie zum Beispiel durch Zurückweichen, ruhiges Sprechen oder Trennen der Steithähne. Für Deeskalation gibt es Trainingsprogramme, die von Fachleuten wie Pädagogen, Polizisten oder Psychologen durchgeführt werden. Wenn man Deeskalationsverhalten geübt hat, kann man es im Ernstfall anwenden.

(Nach: Arbeitsgemeinschaft Jugend & Bildung e.V.(Hrsg.): Basta – Nein zur Gewalt. Wiesbaden 1999, S. 7)

Der Schwerterkampf

Zwei aus eurer Klasse „kämpfen“ mit Schwertern aus Zeitungspapier ohne sich gegenseitig weh zu tun. Die anderen bilden einen Kreis. Eine Runde dauert zwei Minuten (Stoppuhr, Kampfrichter).

1. Runde: Die Klasse beobachtet den Kampf. Sie gibt keine Kommentare.
2. Runde: Die Klasse feuert einen der beiden Kämpfer an.
3. Runde: Die Klasse feuert den anderen Kämpfer an.
4. Runde: Die Klasse ruft: „Aufhören“, „Schluss“.

Nach jeder Runde beantworten die Kämpfer folgende Fragen:
Wie habt ihr euch gefühlt?
Wie hat sich das Verhalten der Klasse auf euch ausgewirkt?

M3 *Schwerterkampf in der Klasse*

Aufgaben

3 Erläutere die Begriffe Eskalation und Deeskalation.

4 Erinnere dich an einen Streit, den du gehabt hast.
a) Schreibe auf, was du gesagt und getan hast. Stelle dar, an welcher Stelle du noch aussteigen konntest und ab wann es kein Zurück mehr gab.
b) Zeichne die drei (bzw. vier) Stufen der Gewalt (und Gegengewalt).

5 Führt einen „Schwerterkampf“ in der Klasse durch. Arbeite heraus, wann das Verhalten der Klasse eine Eskalation, wann eine Deeskalation bewirkte.

Merke

Ein Konflikt verläuft in Form einer Eskalation bzw. Gewaltspirale. Aus ihr kann man am Anfang noch aussteigen. Auch wenn andere streiten, kann man sich für eine Deeskalation einsetzen.

Grundbegriffe
- Eskalation
- Gewaltspirale
- Deeskalation

Konflikte und ihre Bewältigung

GL Rel

Aufgaben

1 Märchenschule? Begründe, auf welchen der genannten Vorschläge dies am meisten zutrifft.

2 Arbeite heraus, welche der Vorschläge aus den Bildunterschriften deiner Meinung nach geeignet sind, eine möglichst aggressionsarme schulische Atmosphäre zu schaffen.

3 „Eine gewaltfreie Schule ist für mich wie…". Ergänze den Satz. Sammelt die ergänzten Sätze der gesamten Klasse.

4 Überprüfe, ob du schon einmal in einer Situation warst, wo du gerne stärker gewesen wärst. Schreibe einen Text.

Eine Schule wie im Märchenbuch – der beste Schutz vor Gewalt?

In der Klasse 8d einer großen Gesamtschule kam es immer wieder zu Gewalttätigkeiten. Schüler, Eltern und Lehrer litten unter dieser Situation. Franz: „Die Schule macht einfach keinen Spaß mehr." Im Schulforum wurde diskutiert und die Aktion „Schule wie im Märchenbuch" beschlossen. „Was können wir tun, um das „Klima" an der Schule zu verbessern?" Jeder Schüler durfte Vorschläge an eine große Pinnwand heften, die beim Eingang aufgestellt war. Viele Mitschüler beteiligten sich. Eine Jury wählte sechs Vorschläge aus. Inzwischen versuchen Schülerinnen und Schüler sowie Lehrerinnen und Lehrer der Schule, diese Vorschläge umzusetzen. Das ist nicht immer leicht, macht aber riesigen Spaß. Und die Gewalt an der Schule hat tatsächlich abgenommen.

Unsere Schule ist wohnlich. Kalten Beton, nüchterne Flure und ungepflegte Klassenzimmer haben wir mit unserer Kunstlehrerin abgeschafft.

„Dumme Säue" und ähnliche Tiere gibt es in unserer Klasse nicht. Auf Schimpfwörter und Beleidigungen verzichten wir.

Das allgemeine Schulklima ist uns wichtig. Neben dem Unterricht haben wir noch Zeit für Schulfeste, für die Schülerzeitung, für sportliche Veranstaltungen, für Schullandheimaufenthalte usw.

Unsere Lehrer bemühen sich um Gerechtigkeit und um Verständnis. Sie berücksichtigen auch die Wünsche und Interessen von uns Schülern.

Unsere Klassensprecher sind immer mit dabei, wenn Änderungen in der Schule anstehen oder wenn Schwierigkeiten gelöst werden müssen.

Wir schließen Patenschaften zwischen älteren und jüngeren Schülern. Die Älteren kümmern sich um die Jüngeren und helfen bei Problemen.

M1 *Mädchen trainieren Wen-Do.*

Info

Selbstverteidigung
In Selbstverteidigungskursen kann die Abwehr von körperlichen Angriffen erlernt werden.
Wen-Do: Selbstverteidigung für Frauen (Wen als Abkürzung für women = Frauen). Ziel: schlagfertige Mädchen und Frauen; gegen die alltägliche Gewalt.
Aikido: Selbstverteidigungsart, bei der das Mädchen lernt, die Kraft eines Angreifers so umzulenken, dass sie sich gegen ihn selbst richtet.

Selbstverteidigung kann man lernen

Wer sich stark fühlt, der ist auch stark. Wer stark ist, hat keine Angst. Wer keine Angst hat, wird nicht so leicht zum Gewaltopfer. Denn Panik und Stress verhindern schnelle Reaktionen. Damit sich Kinder und Jugendliche nicht unterlegen fühlen, werden in vielen Orten Selbstverteidigungskurse angeboten. Es gibt auch spezielle Kurse für Mädchen.

Aufgaben

5 „Mädchen müssen lieb und nett sein." Erörtere diese Aussage.

6 Informiere dich, wo es in deiner Umgebung Vereine oder Gruppen gibt, die Selbstverteidigungskurse anbieten.

Christiane (13): „Ich traue mir jetzt viel mehr zu! Nie hätte ich geglaubt, dass ich mit bloßer Hand ein so dickes Brett durchschlagen kann."

Miriam (14): „Jetzt habe ich viel weniger Angst als vorher! Ich sage ‚Schluss', wenn mir etwas nicht passt. Und wenn es sein muss, wehre ich mich."

M2 *Christiane und Miriam*

Wenn du nicht mehr weiter weißt, kannst du Hilfe finden bei:

- einer vertrauten Person (Eltern, Geschwister, Freunde, Verwandte)
- Lehrerin/Lehrer
- Pfarrer/Kaplan/Pastorin/Pastor
- Polizei
- Jugendamt
- Amtsgericht (Rechtshilfestelle)
- Kinderschutzbund
- Notruf für Frauen und Mädchen

Nummer**gegen**Kummer
0800
1110333
Kinder- und
Jugendtelefon

Stiftung Deutsche Kinder-, Jugend- und Elterntelefone

Mobbing – Das darf nicht sein!

M1

M2 *Kim wird aus der Mädchenclique ausgeschlossen.*

Ausgrenzung unter Mädchen

Hast du dir schon mal überlegt, am nächsten Morgen eine Krankheit vorzutäuschen, weil es in der Klasse eine Gruppe von Mitschülern gibt, die dir das Leben seit kurzer Zeit zur Hölle machen?

Kim hat in der letzten Woche ein spannendes Referat gehalten und wurde von vielen Mitschülern gelobt. Seitdem lässt Melanie, die „Cliquenqueen", kein gutes Haar mehr an ihr. Sie hat beschlossen, Kim aus der Gruppe auszuschließen, und alle anderen machen mit. Melanie weiß genau, was angesagt ist, sie trägt tolle Kleidung, hat eine sehr gute Figur, ein „cooles" Handy und die Jungs finden sie attraktiv. Sie entscheidet, wer zur Clique gehören darf und wer nicht. Auch wenn man fest dazugehört, ist doch kein Mädchen sicher, ob das so bleibt. Aus Angst, auch ausgeschlossen zu werden, machen sie mit und grenzen dafür andere aus. Sie betreiben **Mobbing**.

Info

Mobbing

Mobbing bedeutet, dass eine Person am Arbeitsplatz, in der Schule oder anderswo geärgert und schikaniert wird. Sie wird von Spielen und Gesprächen ausgeschlossen.

Mobbing hat das Ziel, das Opfer schlecht zu machen. Dies geschieht mit Worten (drohen, verspotten, beschimpfen, nachrufen, hänseln), mit Gewalt (schlagen, stoßen, schubsen, treten, kneifen, festhalten) oder auch ohne Worte (Grimassen schneiden, Rücken zuwenden).

Zum Mobbing gehört, dass sich das Opfer nicht wehren kann, weil es zum Beispiel schwächer ist oder Angst hat, und dass die Angriffe über längere Zeit hinweg immer wieder passieren.

Aufgaben

1 Betrachte M1.
a) Werte das Bild aus.
b) Finde eine Bildunterschrift.

2 Überprüfe in Einzelarbeit, ob Mädchen und Jungen wirklich unterschiedlich mit Konflikten und Gewalt umgehen. Überlege dir Beispiele, die diese Behauptung unterstützen oder widerlegen.

3 a) Tausche dich mit einer Partnerin/einem Partner aus und erarbeitet gemeinsam einen Kurzvortrag zum Thema: Der Umgang mit körperlicher und psychischer Gewalt von Jungen und Mädchen.
b) Haltet eure Kurzvorträge in einer Vierer- oder Sechsergruppe und diskutiert über eure Meinungen.
c) Versucht, zu einer gemeinsamen Aussage zu kommen und stellt diese in Form eines Standbildes der Klasse vor.

Laura ärgert mit Vorliebe Jenny. So sendet sie mit unterdrückter Nummer gemeine Beschimpfungen per SMS und beobachtet, wie Jenny sich erschrickt, ärgert und gekränkt ist. Laura fühlt sich sicher, denn beim Umgang mit Telefon, Handy und Internet hat sie die Möglichkeit, unerkannt zu bleiben und jemanden im Verborgenen zu ärgern oder unter Druck zu setzen.

M3 *Gewalt mit Handy und PC*

Mädchen und Jungen reagieren anders

Mädchen gehen mit Konflikten häufig anders um als Jungen. Während bei diesen eher die körperliche Gewalt eine Rolle spielt, gehen viele Mädchen mit Auseinandersetzungen heimlich, leise und psychologisch sehr geschickt um. Sie tuscheln über andere, kritisieren die Kleidung und das Aussehen, ignorieren das Opfer und machen ihm das Leben schwer. Auch wenn körperliche Auseinandersetzungen zu verurteilen sind, darf psychische Gewalt auf keinen Fall verharmlost werden.

Es sind nicht nur Einzelne, die gemeine und anonyme Botschaften per SMS oder E-Mail verschicken bzw. in einen Chat-Room stellen. Oft versammelt sich eine Clique am PC und macht sich einen Spaß daraus, andere zu schikanieren. Diese Form des Mobbings ist häufig unter Mädchen verbreitet.

So kannst du dich wehren

- Sprich mit deiner Lehrerin, deinem Lehrer oder dem Sozialpädagogen, wenn du boshafte Nachrichten per SMS oder E-Mail bekommst.
- Gib deine Handy-Nummer und deine E-Mail-Adresse nur an Personen weiter, denen du absolut vertraust.
- Stelle keine Fotos von dir ins Internet, insbesondere keine, die dich in verfänglichen Situationen zeigen.
- Setze einen Streit nie per E-Mail oder SMS fort. Trefft euch lieber persönlich und redet offen miteinander.
- Höre sofort auf mitzumachen, wenn deine Clique – und sei es nur zum Spaß – jemanden mit gemeinen elektronischen Botschaften verfolgt.

Aufgabe

4 Olga aus der Klasse 8d hat nur wenige Freundinnen. In letzter Zeit sucht Holger immer mehr Kontakt zu ihr, was Erika, dem „coolsten" Mädchen der Klasse, gar nicht gefällt. Um Olga zu kränken, fotografiert sie diese heimlich mit ihrem Handy und stellt unvorteilhafte Bilder in das „schuelerVZ".
Schreibe auf, wie man diesen Konflikt lösen kann. Um zu einer gut überlegten Entscheidung zu kommen, gehe dabei folgendermaßen vor:
a) Beschreibe die problematische Situation genau.
b) Zähle die Handlungsmöglichkeiten der Betroffenen auf.
c) Überlege, welche Gründe für oder gegen einzelne Handlungsmöglichkeiten sprechen.
d) Fälle eine Entscheidung für eine der Möglichkeiten und begründe deine Entscheidung.
e) Nenne die Folgen, die deine Entscheidung für die Betroffenen haben wird.

Merke
Mobbing in der Schule darf nicht zugelassen werden. Wende dich an deine Lehrerin oder deinen Lehrer, wenn du gemobbt wirst oder merkst, dass eine Schülerin oder ein Schüler deiner Klasse gemobbt wird.

Grundbegriff
- Mobbing

Training zur Streitschlichtung

Training: Gewaltfreie Konfliktlösungen

Ein Leben ohne Konflikte wird es nicht geben. Deshalb ist es wichtig, das eigene Verhalten zu trainieren, um die Konflikte möglichst gewaltfrei zu lösen.

Dazu sollen dir die folgenden Seiten eine Hilfe sein. Wenn du dieses Training mit der Klasse durchgearbeitet hast, wirst du mit Konflikten besser umgehen können.

Übrigens: Ihr könnt diese Übungen auch dann noch durchspielen, wenn ihr schon längst bei einem anderen Kapitel seid. Natürlich kannst du auch zu Hause trainieren.

Training 1: Wir entspannen uns

Wir schließen unsere Augen, atmen tief ein und aus, wir konzentrieren uns auf die Entspannung unserer Muskeln.

1. Wir ballen unsere rechte Hand zur Faust, winkeln den rechten Arm an und spannen alle Armmuskeln so stark wie möglich an (Stufe 10). Jetzt die Spannung langsam nachlassen: 8, 6, 4, 2, 0. Arm und Hand fallen jetzt schwer auf den Schoß und sind ganz angenehm entspannt.
   Dasselbe mit dem linken Arm. Dasselbe mit beiden Armen. Noch einmal.
2. Jetzt spannen wir Nacken-, Schulter- und Rückenmuskeln an, ziehen die Schultern hoch, die Schulterblätter zusammen, den Kopf nach hinten (Stufe 10). Jetzt die Spannung langsam nachlassen: 8, 6, 4, 2, 0. Angenehm entspannt. Noch einmal.
3. Nun kommen die Gesichtsmuskeln dran. Wir runzeln die Stirn, rümpfen die Nase, beißen die Zähne zusammen, kneifen fest die Augen zu (Stufe 10). Jetzt die Spannung langsam nachlassen: 8, 6, 4, 2, 0. Angenehm entspannt. Noch einmal.
4. Beine, Füße, Gesäßmuskeln ... (Stufe 10). Jetzt die Spannung langsam nachlassen 8, 6, 4, 2, 0. Angenehm entspannt. Noch einmal.

Training 2: Wir schauen genau

M1 *Schlägerei*

1. **Worte:**
   Mit welchen Worten gehen Andreas, Michael, Lars und Alexander auf Mirko los (Seite 154)? Mit welchen Worten versucht Mirko, sie zum Aufhören zu bewegen?
2. **Gedanken:**
   Welche Gedanken gehen den einzelnen Jungen in diesem Augenblick der Rauferei wohl durch den Kopf?
3. **Beobachtungen:**
   Beobachte einen Konflikt in der Schule.

Worum ging es?	Meinungsverschiedenheiten
	körperlicher Angriff
	Beleidigung
	Verletzen einer Regel
Wie ging es aus?	Kampf
	Übereinkunft
	Anschreien
	durch Erwachsene geregelt
	Strafe

Welche Lösung wurde gewählt?

Gewinner – Gewinner
Gewinner – Verlierer
Verlierer – Verlierer

Training 3: Wir Menschen sind verschieden

Wenn alle Menschen gleich wären, würden wir uns nie streiten. Vielleicht wäre das Leben aber auch sehr langweilig.

1. Worin unterscheiden sich Menschen? Diskutiert in der Klasse!

2. Sammelt Fingerabdrücke: Der rechte Daumen wird in ein Stempelkissen gedrückt, anschließend auf ein Blatt Papier. Vergleicht eure Abdrücke untereinander und mit den Beispielen auf dieser Seite. Welche Muster sehen sich ähnlich?

3. Sehen wir wirklich das Gleiche, wenn wir das Gleiche betrachten? Schaut euch M3 länger an. Sprecht über das, was ihr seht!

M2 *Fingerabdrücke*

M3 *Was siehst du?*

Training 4: Wir empfinden die Gefühle anderer nach

1. Versuche den Gesichtsausdruck von Andreas, Lars, Michael, Alexander und Mirko nachzuahmen (Seiten 152/153). Betrachte dich dabei im Spiegel. Was empfindest du?

2. Schau in den Spiegel und beobachte deinen Gesichtsausdruck (lustig, traurig, ...).
   - Mit welchem Gesichtsausdruck gefällst du dir am besten?
   - Welcher Gesichtsausdruck löst vielleicht Aggressionen aus (Info Seite 154)?

3. Ordne die Gesichter der Abb. 1–8 unten den entsprechenden Gefühlen zu:
   a) fröhlich, b) nachdenklich, c) trotzig, d) traurig, e) überrascht, f) wütend, g) neugierig, h) ängstlich.

4. Viele Menschen haben Schwierigkeiten, ihre Gefühle zu zeigen. Welche Gefühle könnten hinter den folgenden Sätzen stecken?
   a) „Ein wirklich starkes T-Shirt!"
   b) „Die Jungen dürfen immer alles."
   c) „Verdammte Milch, schon wieder angebrannt!"

5. Lies den Satz „Das habe ich dir bisher überhaupt nicht zugetraut" laut vor. Vertone nacheinander die Gefühle: Überraschung, Bewunderung, Enttäuschung, Vorwurf ... Können deine Klassenkameraden die richtigen Gefühle „heraushören"?

6. a) Versucht, die Gefühle Ärger, Trauer, Freude, Wut, Angst, ... auszudrücken. Fotografiert euch dabei.
   b) Wenn kein Fotoapparat vorhanden ist: Schneidet Gesichter aus Zeitungen und Zeitschriften aus, sortiert sie nach den genannten Gefühlen und erstellt eine Collage daraus.

1 2 3 4 5 6 7 8

Umgang mit Konflikten

1. „Akrostichon“ zum Thema Gewalt

a) Bei einem Akrostichon schreibt man einen Begriff senkrecht auf und sucht für jeden Buchstaben einen Begriff oder Ausdruck. Hier siehst du ein Beispiel, das folgende Frage beantworten soll: Wie äußert sich Gewalt in der Schule? Schreibe das Akrostichon ab und fülle die Zeilen aus.

b) Erstelle ein Akrostichon zum Begriff Konflikt.

G _ _ _ _ _ sam Mitschüler v _ _ p _ _ _ _ _ _

E _ _ en Mitschüler _ än _ _ _ _

W _ _ _ _ bekritzeln

A _ si _ _ t _ i _ _ etwas be _ _ _ ä _ _ gen

L _ hr _ _ ä _ g _ _ _

T _ _ le tt _ _ be _ _ _ ä _ _ _ e _

2. Fragen für Experten

Schreibe die Fragen in dein Heft oder deine Mappe und schreibe Antworten dazu.

a) Wann entstehen Konflikte?

b) Durch was wird die Bereitschaft zu aggressivem Verhalten gefördert?

c) Welches Ziel hat Gewalt?

3. Die Gewaltspirale: Rätsel

a) In diesem Rätsel sind Begriffe „versteckt“, die alle etwas mit der Gewaltspirale zu tun haben. Kannst du sie finden? *Tipp:* Du musst die Vokale A, E, I, O, U und den Umlaut Ä an der richtigen Stelle einsetzen. Der Begriff auf der Treppe bezeichnet die stufenweise Verringerung von Spannungen, die bei der Gewaltspirale entstehen. Wie heißt er?

b) Verfasse einen kurzen Text, in dem die Begriffe aus dem Rätsel vorkommen.

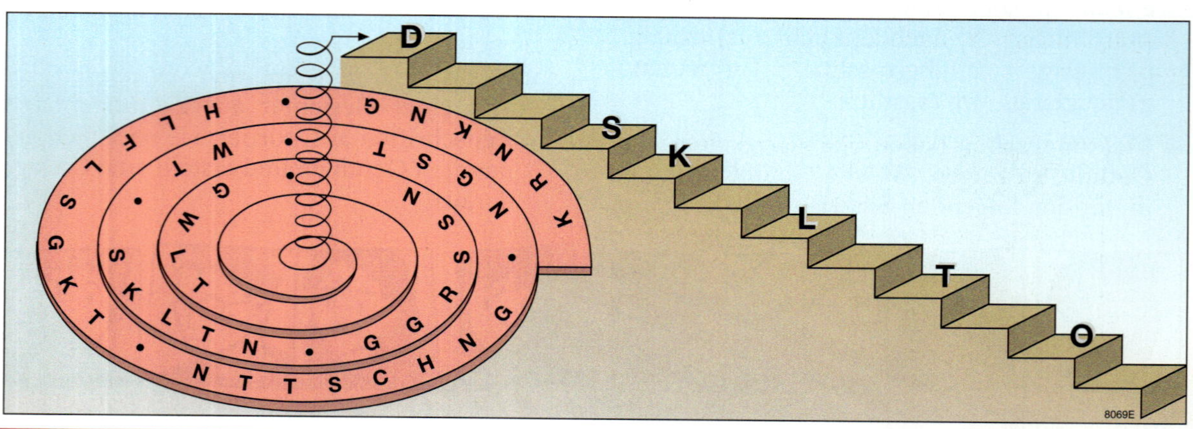

4. Schule ohne Gewalt

Beschreibe die abgebildeten Situationen und erkläre, wie Gewalt an Schulen verhindert werden kann.

5. Begriffe – kennst du dich aus?

Erkläre diese Begriffe.

Konflikt   Aggression   Gewalt

6. Training: Wir hören zu und versetzen uns in andere hinein

Immer zwei Schüler setzen sich gegenüber. Der Lehrer gibt dem Schüler A eine Zeichnung, die der Schüler B nicht sehen darf. Jetzt beschreibt A die Zeichnung so genau wie möglich. B zeichnet nach der Beschreibung.

Sammelt die fertigen Zeichnungen ein. Stimmen sie mit der Vorlage überein? Stimmen auch Einzelheiten (Anzahl der Beine ...)?

Grundbegriffe
- Konflikt
- Aggression
- Gewalt
- Eskalation
- Gewaltspirale
- Deeskalation
- Mobbing

Unterwegs – zu Hause und in der Fremde

Aussiedler kommen nach Deutschland

Ein Interview führen

Berlin – größte türkische Stadt außerhalb der Türkei

Beitrag der Schule zur Integration

M1 *In einer deutschen Innenstadt am Abend eines Fußballspiels* ▶

GRILL
RESTAURANT
MEZOPOTAMIEN GRILL
Teig- und Fleischspezialitäten
Restaurant
PFEIFEN
JEANSARTIKEL
LEDERARTIKEL
Coca-Cola
The best of
AMERICAN
Pan
PIZZA

Aussiedler kommen nach Deutschland

ehemalige Sowjetunion	2 195 946
Polen	712 040
Rumänien	282 629
ehemalige Tschechoslowakei	9 904
sonstige Länder (z.B. Bulgarien, Ungarn, ehemaliges Jugoslawien)	12 584
Insgesamt	3 213 103

M1 *Rund 3,2 Millionen Aussiedler sind zwischen 1984 und 2007 nach Deutschland gekommen.*

Deutschland – alte Heimat, neue Heimat

Im 18. Jahrhundert warb die russische Zarin Katharina II. Bauern- und Handwerkerfamilien aus Deutschland an. Auswanderer ließen sich damals in unbesiedelten Gebieten des Russischen Reiches nieder. Noch heute leben zwei Millionen Nachkommen dieser Auswanderer in Russland und seinen Nachbarstaaten. Viele davon wandern wieder nach Deutschland zurück. Diese **Aussiedler** sind nach unseren Gesetzen deutsche Volkszugehörige.

Quelle

Erklärung von Katharina II. 1763 (Auszug)

Unter den Einwanderern werden Leute sein, die nicht vermögend sind. Solche Leute bekommen das Reisegeld bezahlt. Und ich verspreche allen fruchtbares Land. Hier muss niemand Steuern zahlen.

(Nach R.S. Baur u.a.: Die unbekannten Deutschen. Baltmannsweiler 1999, S. 13)

Aufgaben

1 Erläutere, warum deutsche Bauern und ihre Familien im 18. Jahrhundert ausgewandert sind (Quelle).

2 a) Ermittle die Herkunftsländer der Aussiedler (M2, Atlas).
b) Bestimme, welche Länder früher zur Sowjetunion gehörten.

M3 *In Karaganda*

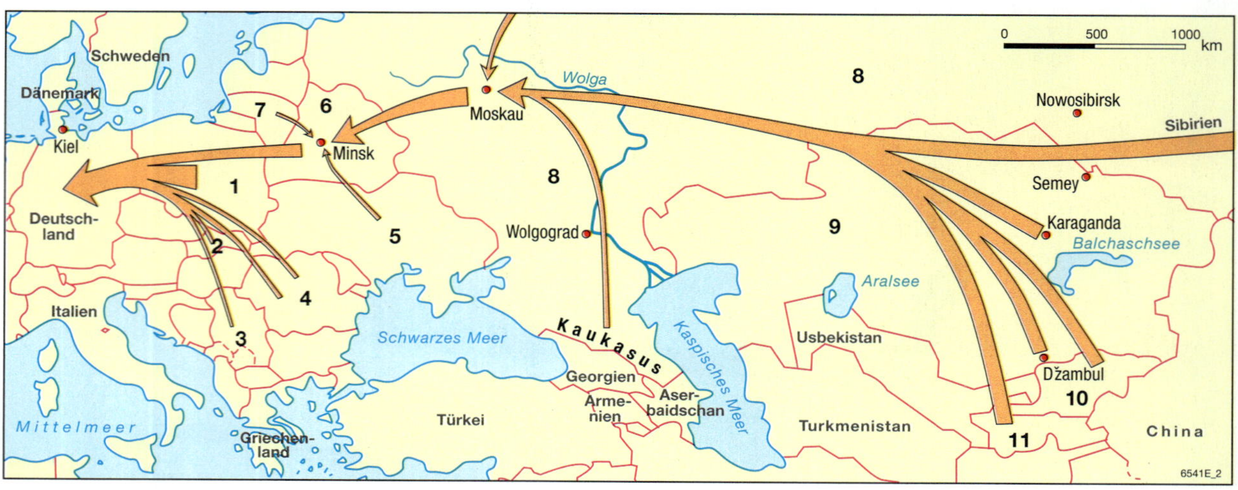

M2 *Herkunftsländer der Aussiedler*

M4 *Swetlana Gerlatowa und ihre Mutter wohnen heute in diesem Neubau. Frau Gerlatowa verdient 1900 Euro im Monat und konnte eine Vier-Zimmer-Wohnung mieten. Ihre Tochter hat ein eigenes Zimmer.*

Swetlana Gerlatowa, 15 Jahre

„Bevor ich nach Deutschland kam, war ich nachmittags oft allein. Die Kinder aus der Nachbarschaft haben nicht gern mit mir gespielt, weil meine Mutter Deutsche ist. Hier ist das ganz anders. Lisa, meine beste Freundin, hilft mir sogar bei den Hausaufgaben. Vor allem in Englisch habe ich große Schwierigkeiten. Dieses Fach habe ich in der Schule in Kasachstan nicht gehabt. Später möchte ich Verkäuferin werden."

M5

Sonja Gerlatowa, 40 Jahre, kam 1997 mit ihrer Tochter nach Deutschland. Sie ist alleinerziehende Mutter.

„In Karaganda hatten wir eine Drei-Zimmer-Wohnung in einem Mehrfamilienhaus. Nebenan im Supermarkt habe ich eingekauft, wenn ich abends um 18 Uhr von der Arbeit nach Hause kam. Oft habe ich nicht bekommen, was ich kaufen wollte.
Früher war ich Näherin. Jetzt arbeite ich in einem Zulieferbetrieb von VW von abends 10 Uhr bis morgens 6 Uhr. Nachmittags habe ich jetzt mehr Zeit für meine Tochter. Meine Schwester und ihre Familie leben auch in Deutschland."

M6

(Mehrere Gründe konnten genannt werden.)

• Mit der Familie leben (Familienzusammenführung)	45 %
• In Freiheit leben	41 %
• In Deutschland leben	41 %
• Finanziell besseres Leben	53 %
• Armut im Herkunftsland	22 %

M7 *Wanderungsgründe von Aussiedlern heute (Befragung von 1100 Menschen)*

Aufgaben

3 Versetze dich in die Rolle von Swetlana Gerlatowa aus Kasachstan und schreibe einen Brief an deine Großeltern in Kasachstan. Schreibe, wie sich euer Leben verändert hat (M3–M6).

4 a) Informiere dich im Lexikon oder Internet über Spätaussiedler.
b) Erkläre vor diesem Hintergrund die Daten in M1.

Merke
Im 18. Jahrhundert wanderten Deutsche in das Russische Reich aus. Einige Nachkommen dieser Auswanderer ziehen heute wieder nach Deutschland um. Sie sind Aussiedler und nach unseren Gesetzen Deutsche.

Grundbegriff
• Aussiedler

Ein Interview führen

Warum verlassen Menschen ihre Heimat?

Hinter jeder ausländischen Mitbürgerin und jedem ausländischen Mitbürger, die hier in Deutschland leben und arbeiten oder die Schule besuchen, steckt ein persönliches Schicksal. Viele haben ihre Heimat und die Familie nicht gezielt verlassen und nicht freiwillig alles Vertraute und Gewohnte aufgegeben. Die persönlichen Gründe für den Aufbruch in ein fremdes Land können völlig unterschiedlich sein. Informationen erhält man in einem Interview.

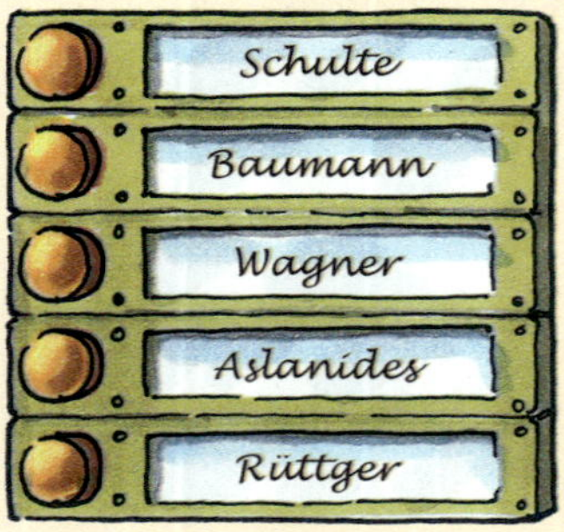

A: Interviewpartner finden

Nachbarn, Arbeitskolleginnen und -kollegen der Eltern, Mitschülerinnen/ Mitschüler und deren Eltern oder Großeltern, Besitzer und Mitarbeiter in Restaurants, Geschäften, Imbissbuden

B: Fragen überlegen

C: Interview durchführen

1. *vertrauensvolle Atmosphäre schaffen*
   - Gründe für das Interview erklären
   - nicht aufdringlich, sondern verständnisvoll reagieren
   - Privatsphäre respektieren

2. *Interviewtechnik anwenden*
   - Interviewpartner/in ermuntern
   - Nachfragen, aber nicht nachhaken
   - Stichworte aufgreifen
   - die wichtigsten Antworten und Ergebnisse am Schluss noch einmal zusammenfassen

D: Auswerten

1. *einzeln*

- persönliche Gründe: Familie, Träume, …
- wirtschaftliche Gründe: Einkommen, Arbeitsplatz, Versorgung, …
- politische Gründe: Vertreibung, Verfolgung, Unterdrückung, …
- andere Gründe: Dürre, Überschwemmung, attraktiver Arbeitsplatz, …

2. *in der Gruppe/Klasse*

Migration weltweit

Seit es Menschen auf der Erde gibt, ziehen immer wieder Einzelne oder Gruppen in andere Regionen. Sie hoffen, hier bessere Lebensbedingungen als in ihrer Heimat vorzufinden.

In den letzten Jahrzehnten hat die weltweite Migration ein bisher nie gekanntes Ausmaß angenommen. Man nimmt an, dass sich gegenwärtig über 175 Millionen Menschen fern ihrer Heimat aufhalten.

Quelle

Über 1000 Flüchtlinge aus Nordafrika auf der Insel Lampedusa eingetroffen

Am Mittwochmorgen wurde ein Boot mit 40 Personen an Bord, darunter sieben Frauen, gerettet. Das Boot war sieben Seemeilen südlich von Lampedusa zwischen Tunesien und Sizilien in Not geraten. Fünf weitere Flüchtlinge, die sich an Teilen eines gesunkenen Bootes festhielten, konnten ebenfalls in Sicherheit gebracht werden. Insgesamt wurden zwölf Flüchtlingsboote aufgegriffen. Im Auffanglager der 20 Quadratkilometer großen Insel befinden sich über 1500 Flüchtlinge. Eine Luftbrücke wurde organisiert, um die Migranten in andere Auffanglager auf Sizilien zu bringen.

(Nach: Neue Züricher Zeitung online vom 8. Oktober 2008)

Aufgaben

1 Formuliere Fragen für das Interview (S. 170, Sprechblase).

2 a) Sucht Interviewpartner/innen und führt Interviews durch.
b) Legt für die Auswertung eine Tabelle an:
Geburtsland, Geburtsort, ... Jahre in Deutschland, Gründe, Erwartungen, Probleme, Rückkehr geplant?
c) Stellt die unterschiedlichen Gründe für die Migration in einem Diagramm dar (S. 170 unten).

3 Informiere dich in M1 und M2 sowie auf Seite 169 in M5, M6 und M7 über die jeweiligen Gründe für das Verlassen der Heimat.

4 Erörtere, ob du deine Heimat zur Ausbildung oder für einen Job verlassen würdest.

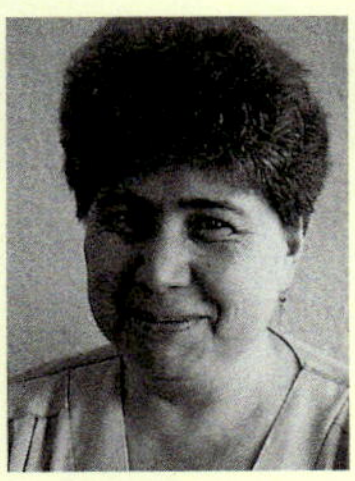

„In unserem Heimatort in Kasachstan gab es einen Supermarkt, in dem ich einkaufte. Das hat etwa zwei Stunden gedauert, denn ich musste mich in langen Schlangen anstellen. Ich wusste aber nie, ob das, was ich kaufen wollte, noch vorrätig war, wenn ich an der Reihe war. Es gab einfach zu wenig Lebensmittel. Mein Mann ist Russe. Auch er ist froh, dass wir jetzt in Deutschland wohnen."

(Alla Gurbunowa, 45 Jahre, in Russland geborene Deutsche, seit 1995 in Lüneburg)

M1 *Alla Gurbunowa*

„Zu Hause in Chennai (Madras) suchte ich im Internet nach einem neuen Job. Vor allem Internet-Seiten, die die Begriffe ‚job' und ‚search' enthielten, interessierten mich. Auf solchen Seiten beschreiben IT-Firmen, welche Mitarbeiter sie suchen. Die einen sitzen vielleicht in Deutschland oder den USA, die anderen in Korea oder Indien. Ich bewarb mich als Experte für Software der Firma Oracle. Wenig später hatte ich ein Angebot aus München. Ich arbeite, wo ich gebraucht werde und viel Geld verdienen kann."

(Prabu Ekambaram, 25 Jahre, Computerspezialist aus Indien)

M2 *Indischer Software-Experte bei der Firma Thyssen-Krupp-Engineering*

Berlin – größte türkische Stadt außerhalb der Türke

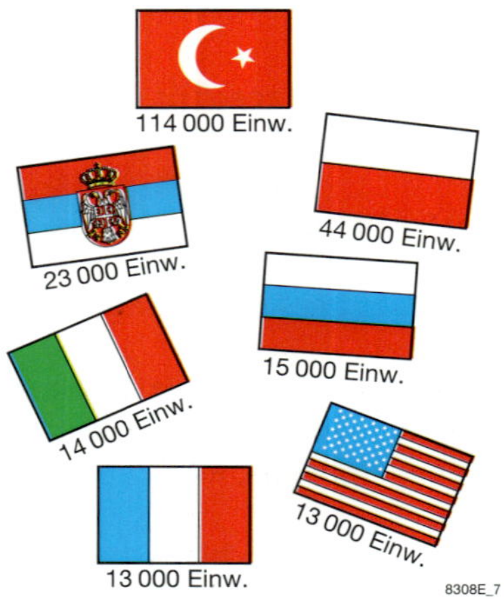

M1 *Bevölkerungsreichste Ausländergruppen in Berlin (2009)*

Berlin – weltoffen

Berlin, die Hauptstadt Deutschlands, ist eine weltoffene Stadt mit einer bunten Völkervielfalt. Hier leben 470 000 Ausländer aus über 180 Staaten der Erde. Etwa 114 000 Menschen sind türkischer Herkunft. Damit ist Berlin die größte türkische Stadt außerhalb der Türkei. Allein im Stadtteil Kreuzberg wohnen 28 000 Türkinnen und Türken.

M2 *In Berlin-Kreuzberg (Nähe Kottbusser Tor)*

Aufgaben

1 Bestimme die Staaten, aus denen die ausländischen Mitbürgerinnen und Mitbürger in M1 stammen.

2 a) Nenne die Gründe, die dazu führen, dass Berlin als weltoffene Stadt bezeichnet wird.
b) Beurteile, ob diese Bezeichnung zutreffend ist.

3 Überprüfe die Aussage: „Kreuzberg ist Klein-Istanbul" (M2, Quelle 1).

4 a) Emre und Yildiz Kuruca sind einerseits Türken, andererseits Berliner (M3). Erläutere und nimm dazu Stellung.
b) Emre und Yildiz Kuruca (M3) könnten einen deutschen Pass beantragen. Erörtere.

Quelle 1

Klein Istanbul mitten in Berlin

Wer heute in der Umgebung des Kottbusser Tors einkaufen geht, findet zahlreiche türkische Geschäfte: Frisöre, Lebensmittelhändler, Autoreparatur-Werkstätten, Bäcker, Reisebüros, Anwaltskanzleien, Restaurants und Cafés. Fast jeder dritte türkische Einwohner ist auch in Berlin geboren. Viele von ihnen sprechen den Berliner Dialekt. Wie auf den Märkten Istanbuls geht es rund um den U-Bahnhof Kottbusser Tor zu: Dicht an dicht stehen die türkischen Marktstände. Da gibt es „Ekmek", das türkische Weißbrot, „Pide", das runde Fladenbrot, und „Simit", die mit Sesam bestreuten Kringel. Stoffballen und Teppiche liegen aus. Vor allem: Es darf und soll um den Preis gefeilscht werden. Türkische Restaurants erfreuen sich auch vieler deutscher Gäste. Beliebt ist „Sis Kebab Yoghurtlu"; das ist Hammel mit Joghurt.
Ganz in der Nähe wurde eine neue prächtige Moschee gebaut. Sie liegt direkt an einer Hauptverkehrsstraße, und nicht wie bisher üblich auf einem Kreuzberger Hinterhof.

(Nach: „Die Welt" vom 27.9.1996, ergänzt)

Das ist ein Teil der Familie von Emre Kuruca und seiner Ehefrau Yildiz. Emre und Yildiz gehören zu den Türken, die 1957 als „Gastarbeiter" nach Berlin kamen. Die beiden leben seither in Kreuzberg und haben noch zwei erwachsene Söhne, Yussuf und Gökhan. Yussuf ist mit Ayshe verheiratet und hat bereits zwei Kinder: die siebenjährige Ayla und den fünfjährigen Murat. Emre und Yildiz Kuruca haben nach über fünfzig Jahren in Deutschland keinen deutschen Pass (den haben nur die Söhne), aber eine unbefristete Aufenthaltserlaubnis. Emre und Yildiz sind also „Ausländer", die in Berlin leben.
Kreuzberg ist ihre neue Heimat geworden. Emre arbeitet seit vielen Jahren beim Nachbarschaftsverein Kotti e.V. Er ist davon überzeugt, dass sich die meisten eingewanderten Türkinnen und Türken sehr wohl fühlen in dem Stadtteil, den sie in Berlin mitgestalten.

M3 *Drei Generationen türkischer Berlinerinnen und Berliner*

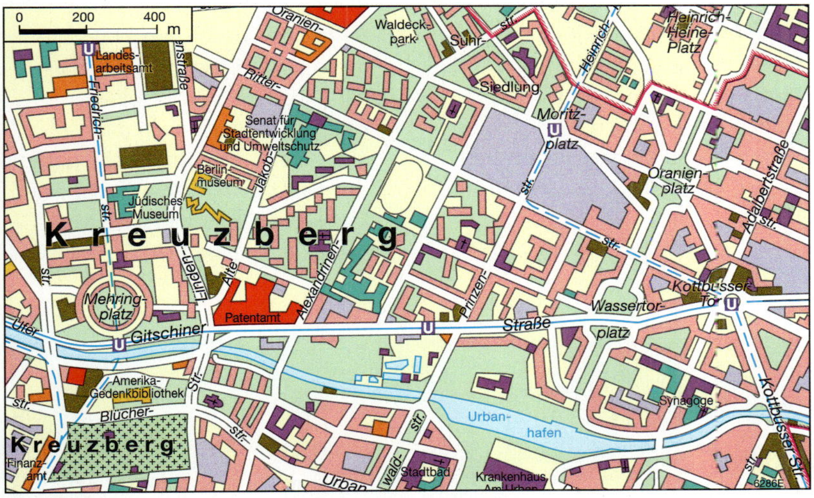

M4 *Stadtplanausschnitt Berlin-Kreuzberg*

Aufgaben

5 Bestimme in M4 den Standort von M2 sowie den in der Quelle 1 genannten Platz und die Straße.

6 Untersuche, welche Probleme in Kreuzberg zwischen deutscher und türkischer Bevölkerung auftreten können (Quelle 2).

Quelle 2

Stellungnahme des Berliner Stadtplaners Ümit Bayam

„Für uns ist die Planung und Gestaltung einer Stadt mit vielen verschiedenen Volksgruppen eine schwierige Aufgabe. Aber sie kann bewältigt werden. Dazu müssen alle Menschen dieser Stadt lernen, die Verschiedenheit der Lebens- und Wohnweisen anderer Volksgruppen zu verstehen und sie zu schätzen. Die Vielfältigkeit von Menschen und Lebensweisen macht unsere Stadt und ihre Stadtteile viel interessanter."

(Nach: R. Amman und B. v. Neumann-Cosel (Hrsg.): Berlin – eine Stadt im Zeichen der Migration. Berlin 1997)

Merke

In Berlin leben 470 000 Ausländer aus fast allen Staaten der Erde.
Die deutsche Hauptstadt ist auch die größte „türkische Stadt" außerhalb der Türkei mit etwa 114 000 Menschen türkischer Abstammung. Insbesondere im Stadtteil Kreuzberg leben viele Türkinnen und Türken. Das Zusammenleben zwischen den Nationalitäten bringt auch Probleme mit sich.

Beitrag der Schule zur Integration

Integrationshilfen ...

In bestimmten Gegenden, meist in Ballungsräumen mit viel Industrie, gibt es Schulen, die einen hohen Ausländeranteil haben. In manchen Klassen sitzen heute schon mehr ausländische Schüler als deutsche. Es ist dann besonders wichtig, dass in solchen Schulen viel dafür getan wird, das Verständnis zwischen Deutschen und Ausländern, aber auch zwischen Ausländern aus verschiedenen Herkunftsländern zu fördern. Das kann zum Beispiel in Form von Schülerreferaten über verschiedene Herkunftsländer oder in Projekten realisiert werden. Denn wer seine Mitschülerinnen und Mitschüler besser kennt, der kann auch mehr Verständnis für sie entwickeln.

Farid (16)
Am besten gefällt mir, dass ich noch ein Jahr länger die Schule besuchen darf. So kann ich vielleicht meinen qualifizierenden Hauptschulabschluss erreichen und habe dadurch bessere Berufschancen. Gut ist auch, dass ich eine Prüfung in meiner Muttersprache Arabisch ablegen kann. Vielleicht kann ich ja irgendwann nach Bagdad zurückkehren, und dann ist es vorteilhaft, wenn ich eine Prüfung vorweisen kann.

Ebru (14)
Ich bin Türkin und in Deutschland geboren. Meine Muttersprache spreche ich nur noch im Urlaub in der Türkei. Früher besuchte ich den islamischen Religionsunterricht an der Schule, doch mittlerweile ist mir der Ethikunterricht lieber. Ich lebe wie deutsche Jugendliche auch, habe deutsche Freunde und bin mir noch nicht sicher, wo ich später leben möchte.

Daniela (14)
Obwohl wir zuhause Kroatisch sprechen, verstehe ich schon ganz gut Deutsch. Im Unterricht kann ich mich verständigen. Leider fällt mir das Schreiben noch schwer. Dafür besuche ich den zweistündigen Kurs „Deutsch für Ausländer". Dort kann ich in einer kleineren Gruppe noch intensiv üben. Den Kurs „Kroatisch" habe ich zusätzlich gewählt, weil meine Familie vielleicht bald nach Kroatien zurückkehren wird.

Alia (15)
Ich bin seit zwei Jahren in Deutschland. Trotzdem spreche ich die Sprache noch nicht perfekt. Deswegen besuche ich drei Stunden in der Woche den Kurs „Deutsch als Zweitsprache". Damit ich meine Muttersprache Arabisch nicht verlerne, besuche ich zusätzlich nachmittags den „muttersprachlichen Ergänzungsunterricht". Ich möchte auf jeden Fall Apothekerin werden und dafür werde ich lernen, lernen, lernen.

M1 *Ausländische Schüler einer neunten Klasse*

… und Völkerverständigung

Neben den zusätzlichen Bildungsangeboten für ausländische Schüler gibt es eine Vielzahl von Möglichkeiten, einander besser kennenzulernen und zu verstehen:

Patenschaften:
Schüler der höheren Jahrgangsstufen betreuen jüngere, ausländische Kinder als Paten. Sie helfen ihnen, sich in der Schule zurechtzufinden.

Gastschüler in der eigenen Klasse:
Eine Woche lang tauschen deutsche und ausländische Schüler Wohnung und Familie. So erleben sie einen anderen Lebensstil „live".

Sprachlos in der City:
Schülerinnen und Schüler versuchen, einen Nachmittag ohne Sprache auszukommen. Sie kaufen ein, erkundigen sich nach einer Adresse oder besuchen eine Gaststätte – wie Fremde, wenn sie sich ohne Deutschkenntnisse zurechtfinden müssen.

Neues „Wörterbuch des Unmenschen":
Schülerinnen und Schüler sammeln Begriffe und Formulierungen, die Ausländer ausgrenzen und diskriminieren, um sie in einem „Wörterbuch des Unmenschen" zu dokumentieren.

Multikulturelle Feiertage:
Mindestens ein Jahr lang feiert die Schule zusammen mit den Schülern ausländischer Herkunft deren Feiertage.

Anders wohnen:
Zwei Klassenräume werden zu Wohnzimmern. Einen Raum richten deutsche Schülerinnen und Schüler so ein, wie sie sich ein türkisches Wohnzimmer vorstellen, während türkische Schülerinnen und Schüler deutschen Wohnstil rekonstruieren.

Video-Tagebuch:
Deutsche und türkische Schülerinnen und Schüler beschreiben ihren Alltag zu Hause und in der Freizeit. Für diese Dokumentation lassen sich die Rollen auch tauschen.

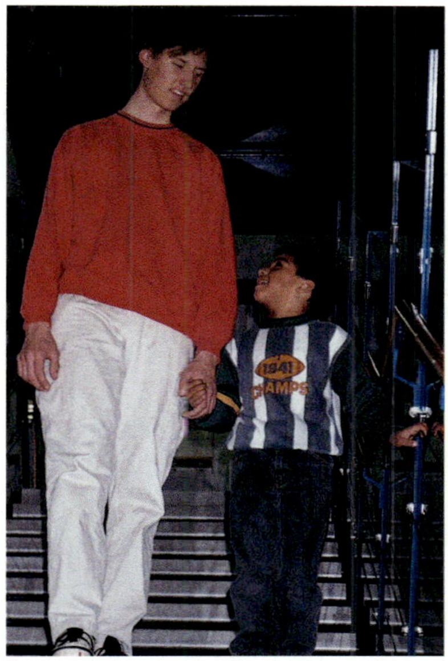

M2 *Patenschaft*

M3 *Vorbereitung auf einen „Tag der offenen Tür"*

Aufgaben

1 a) Ermittle an deiner Schule
- die Zahl der ausländischen Schüler,
- die Herkunftsländer,
- die zusätzlichen Unterrichtsangebote.

b) Erstelle mit den Ergebnissen ein Schaubild.

2 Stelle die Ideen auf dieser Seite allen Schülerinnen und Schülern deiner Schule vor.
a) Ergänze die Liste mit eigenen Vorschlägen.
b) Finde mithilfe eines Fragebogens heraus, welche Ideen am besten ankommen und schreibe eine „Hitliste" auf.
c) Verwirkliche eine der Ideen.

1. Alte Heimat – neue Heimat

a) Notiere, warum Menschen im 18. Jahrhundert ins Russische Reich auswanderten.

b) Stelle die Gründe zusammen, die Aussiedler bewegen, wieder in Deutschland zu leben.

c) Berichte mithilfe der Abbildungen über das Thema „alte Heimat – neue Heimat“.

d) Notiere, wie du dazu beitragen kannst, dass die Kinder von Aussiedlern und ausländischen Mitbürgern besser integriert werden können.

ehemaliges Russisches Reich → **Bundesrepublik Deutschland**

2. Tagebuch einer Reise

Swetlana Gerlatowa, 15 Jahre

Swetlana Gerlatowa hat während ihrer Reise von Karaganda in Kasachstan nach Deutschland ein Tagebuch geführt.
Sie beschreibt darin die Landschaften und Städte, durch die ihre Reise führt, ihre Gefühle, die sie beim Verlassen ihrer Heimat empfindet, und ihre bangen Erwartungen.
Versetze dich in ihre Lage und schreibe die Tagebucheinträge. Recherchiere notwendige Informationen im Internet und im Atlas.

3. Ein Interview mit Prabu Ekambaram aus Indien

Schreibe ein Interview mit Prabu Ekambaram. Notiere dazu die Fragen und die Antworten.

4. Rätsel

Ordne die Aussagen und Begriffe so untereinander an, dass ihre Anfangsbuchstaben ein Lösungswort ergeben.
Tipp: Schreibe die Begriffe und Sätze auf Papierstreifen, markiere die Anfangsbuchstaben farbig und lege die Sätze untereinander, bis du das Lösungswort gefunden hast.

Neue Mitschüler werden integriert.
Nationalitäten bringen Vielfalt.
Toleranz
Gastschüler in der eigenen Klasse.
Rechte gibt es für alle.
Einwanderer sind willkommen.
Aussiedler sind deutsche Volkszugehörige.
Türen auf für mehr Völkerverständigung!
Ohne Verständnis ist kein Miteinander möglich.
Integrationshilfen
Informationen über Herkunftsländer schaffen Verständnis.

5. Berlin, eine weltoffene Stadt

Berlins Stadtplaner Ümit Bayam sagt: „Die Vielfältigkeit von Menschen und Lebensweisen macht unsere Stadt Berlin und ihre Stadtteile viel interessanter."
Erläutere.

Grundbegriff
- Aussiedler

Urlaubsreisen – um jeden Preis?

Tourismus und Umwelt

Reiseangebote bewerten

Die Alpen – ein Urlaubsparadies?

Tourismus weltweit

M1 *Nordsee – Alpen – Mittelmeer: Collage einer Lerngruppe*

JEVER

M1 *Angebote eines Reisebüros*

Aufgaben

1 a) Untersuche M1 und erstelle eine Tabelle, in die du für jedes Reiseziel Folgendes einträgst: Reiseziel, Land, Kontinent, mögliches Verkehrsmittel und Kraftstoff-Verbrauch (siehe Aufgabe 1b). Nutze deinen Atlas.
b) Die Fahrt in den Urlaub belastet die Umwelt (M4). Schätze ab, ob der Kraftstoff-Verbrauch zum Erreichen der Reiseziele niedrig, mittel oder hoch ist. Trage dies in die letzte Spalte der Tabelle ein.
c) Erkläre, warum die meisten Touristen nicht ein umweltverträglicheres Verkehrsmittel verwenden und schildere mögliche Folgen für die Umwelt (M6).

2 Schreibe in Stichwortsätzen auf, auf welche Weise der Tourismus der Umwelt schadet (M5, M6).

Menschenmassen – Gefahr für Landschaft und Natur

An der Ost- und Nordsee, in den Alpen oder am Mittelmeer verbringen Jahr für Jahr Millionen Menschen ihren Urlaub. Das Reisen hat sich zum **Massentourismus** entwickelt.

Die Urlauber wollen den Alltag vergessen, sich entspannen und erholen. Für viele spielen dabei eine schöne Landschaft sowie eine abwechslungsreiche Pflanzen- und Tierwelt eine wichtige Rolle. Wissenschaftlerinnen und Wissenschaftler haben jedoch festgestellt, dass die Natur durch den Massentourismus stark gefährdet ist.

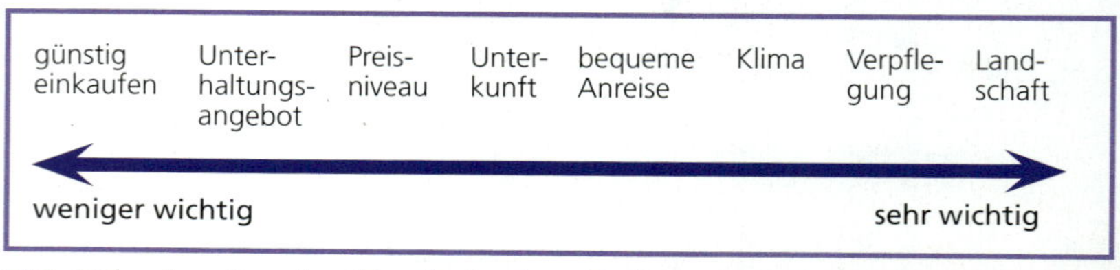

M2 *Urlaubswünsche (Ergebnis einer Befragung von 500 Erwachsenen)*

Fremdenverkehrsgebiet	Übernachtungen
Ostfriesische Inseln	10,0 Mio.
Mecklenburgische Ostseeküste	11,7 Mio.
Lüneburger Heide	5,1 Mio.
Westharz	3,2 Mio.

M3 *Zahl der Urlauber in ausgewählten Gebieten 2008*

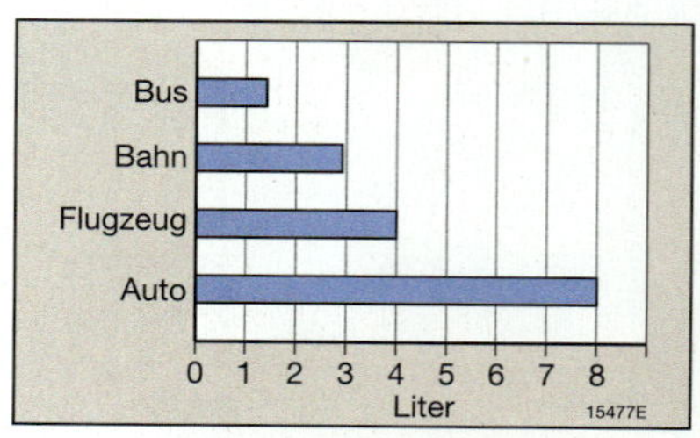

M4 *Kraftstoff-Verbrauch pro 100 km*

„Meine Mutter hat ein Motorrad gemietet. Damit sind wir beide zu einem See rausgefahren und haben dort gebadet.“ *(Klara, 13 Jahre)*

„Wir haben mit dem Auto viele Ausflüge in die nähere Umgebung gemacht.“ *(Tim, 14 Jahre)*

„Ich habe im Sommer einen Skikurs gemacht. Jeden Morgen sind wir mit der Seilbahn auf einen Gletscher hochgefahren und haben dort bis zum frühen Nachmittag geübt.“ *(Aische, 13 Jahre)*

„Mit anderen Urlaubern sind wir im Geländewagen kreuz und quer durch die Dünen gefahren und haben ein Picknick gemacht. Ein Animateur hatte die Fahrt organisiert.“ *(Michi, 15 Jahre)*

„Ich habe eine Ferienfreizeit mitgemacht. Am spannendsten war für mich ein Orientierungslauf durch den Wald.“ *(Gregor, 13 Jahre)*

„Am Tag war ich fast nur am Strand und lag stundenlang in der Sonne. Abends war ich öfter in der Disko.“ *(Laura, 15 Jahre)*

„Im Urlaub konnte ich mein Mountainbike ausprobieren. Das hatten mir meine Eltern kurz vorher geschenkt. Über steile Wege bin ich durch den Wald gefahren. Das hat richtig Spaß gemacht.“ *(Ylmas, 14 Jahre)*

„Toll war die Bergwanderung. An einer Alm konnte ich Kühe und Pferde aus der Nähe beobachten. Dort haben wir auch einen Blumenstrauß für unsere Ferienwohnung gepflückt.“ *(Pedro, 12 Jahre)*

M5 *Schülerinnen und Schüler erzählen, was sie in den Ferien gemacht haben*

Aufgaben

3 Beurteile die Aussage: „Die Urlauber fallen scharenweise in die Urlaubsgebiete ein und machen gerade das kaputt, was sie suchen!“

4 Erstelle Regeln, wie man sich im Urlaub „umweltgerecht“ verhalten kann.

Merke
Das Reisen hat sich zum Massentourismus entwickelt. Dadurch ist die Natur stark gefährdet.

Grundbegriff
- Massentourismus

M6 *Gefährdungen der Umwelt durch Touristen?*

Reiseangebote bewerten

Aufgabe

1 Lies dir die Reiseangebote (M1) durch. Entscheide dich dann spontan, welche Reise dir am besten gefällt.

Für welche Reise würdest du dich entscheiden?

Jedes Jahr locken Reisunternehmen mit zahlreichen unterschiedlichen Angeboten (siehe Seite 180 M1). Auch du möchtest in den nächsten Sommerferien verreisen und hast die Möglichkeit, dich zwischen den folgenden vier Reisen auf dieser Seite zu entscheiden. Vielleicht fällt dir die Entscheidung nicht ganz leicht. Die Tabelle M2 kann dir dabei helfen. Sie enthält einige Gesichtspunkte, die bei einer Entscheidung berücksichtigt werden können. Diese Gesichtspunkte heißen in der Tabelle „Kriterien". Wenn du die Tabelle ausgefüllt hast, kann das Ergebnis eine Entscheidungshilfe sein. Achte bei den Reisebeschreibungen auch genau auf die Sprache (M3).

Busreise in die Alpen
Unterkunft in einer rustikalen Bergpension in landestypischer Bauweise. 2 Wochen Vollpension (hier kocht die Wirtin selbst), inklusive Unterkunft, Anreise und 2 geführten Bergtouren: 630,– €.

Campingurlaub an der Nordsee
Nur 250 m bis zum Meer. Genießen Sie die gesunde Luft und das vielfältige Freizeitangebot. Eigene Anreise mit Fahrrad, Auto oder Zug möglich. Gebühren für ein Zelt und 1 Person pro Tag: 11,– €.

Badeurlaub in der Türkei
Verbringen Sie Ihren Urlaub in einem 3-Sterne-Hotel direkt am Meer. 2 Wochen Halbpension inklusive Flug von Frankfurt/Main: 750,– €.

Urlaub in Skandinavien
Unterkunft in einem landestypischen Ferienhaus mit Kaminofen und Solarstrom, gelegen an einem einsamen See. Anreise mit dem eigenen Pkw. 2 Wochen ohne Verpflegung und Anreise: 600,– €.

M1 *Reiseangebote*

Kriterien	Gewichtung (1–3)	Ferienhaus Skandinavien		Hotel in der Türkei		Pension in den Bergen		Campingplatz an der Nordsee	
		Punkte	Wert	Punkte	Wert	Punkte	Wert	Punkte	Wert
Reiseziel	3	4	12	1	3	3	9	1	3
Unterkunft	4	3	12	3	12	1	4	1	4
Umweltverträglichkeit	2	4	8	2	4	4	8	1	2
Reisekosten	4	2	8	1	4	2	8	4	16
-----------	Summe	------	40	------	23	------	29	------	25

M2 *Tabelle zur Entscheidungsfindung*

1. Gewichtung

Zunächst füllst du die Spalte „Gewichtung" aus. Du musst dir überlegen, wie wichtig die vier Kriterien Reiseziel, Unterkunft, Umweltverträglichkeit oder Reisekosten für dich sind.
Du trägst in dieser Spalte 1 bis 3 Punkte ein. Eine Null darf nicht vergeben werden.

1 = unwichtig 2 = wichtig 3 = sehr wichtig

<u>Beispiel:</u>
Die Reisekosten sind dir sehr wichtig, denn du hast nicht viel Geld. Dann bekommt das Kriterium „Reisekosten" 3 Punkte. Ist dir die „Unterkunft" unwichtig, dann trägst du dort nur 1 Punkt ein.

2. Punkte vergeben

In den Spalten „Punkte" musst du nun in Ziffern von 1 bis 4 angeben, was dir an den einzelnen Urlaubsreisen gefällt.

1 = gefällt mir kaum 4 = gefällt mir sehr gut

<u>Beispiel:</u>
Du magst am liebsten eine Unterkunft im Hotel. Dann würde ein Hotelaufenthalt von dir 4 Punkte bekommen, ein Zelturlaub zum Beispiel nur 1 Punkt und die Übernachtung in einer Pension 2 oder 3 Punkte. Als Reiseziel findest du die Türkei besonders interessant, also trägst du dort eine 4 ein. Berge findest du langweilig, also kommt in diese Spalte nur eine 1. Mit den anderen Kriterien geht es genauso: Die Urlaubsreise, die das entsprechende Kriterium am besten erfüllt, bekommt die meisten Punkte.

3. Wert ausrechnen

Als letztes musst du die Gewichtung mit den Punkten multiplizieren und das Ergebnis in die Spalten „Wert" eintragen. Danach werden die Werte jeder einzelnen Spalte addiert und die Summe gebildet.

<u>Beispiel:</u>
Eine Urlaubsreise hat 2 von 4 möglichen Punkten für die Umweltverträglichkeit bekommen. Die Umweltverträglichkeit hatte zuvor bei der Gewichtung eine 3 bekommen. Dann würdest du für diese Urlaubsreise 3 x 2 = 6 in die Spalte „Wert" bei Umweltverträglichkeit eintragen.

- „Lage direkt am Meer": sagt nichts darüber aus, ob ein Strand vorhanden ist.
- „breite Uferpromenade": kann eine mehrspurige, stark befahrene Straße sein.
- „Meerseite": heißt nicht Meeresblick.
- „nur 250 m bis zum Meer": Möglicherweise ist dort kein Strand.
- „landestypische Bauweise": Zimmer können hellhörig und schlicht eingerichtet sein.
- „landestypische Einrichtung": kann einfache Möblierung bedeuten.

M3 *Die Sprache der Reisekataloge*

Aufgaben

2 a) Lies dir die Erläuterungen für die Tabelle genau durch. Besprich dann mit einem Partner, was genau gemacht werden muss. Das Bearbeiten der Tabelle könnt ihr in eurer Tischgruppe anschließend umfassend klären.
b) Um zu deiner eigenen Bewertung zu kommen, übertrage die Tabelle in deine Mappe oder dein Heft und fülle sie für dich aus.
c) Vergleiche, ob sich deine anfänglich spontane Reiseentscheidung (Aufgabe 1) von derjenigen unterscheidet, die du mit der Tabelle getroffen hast. Wenn ja, überlege dir Gründe für diesen Unterschied.

3 Begründe, in welchen Fällen eine ähnliche Tabelle bei einer Entscheidungsfindung hilfreich sein könnte.

Die Alpen – ein Urlaubsparadies?

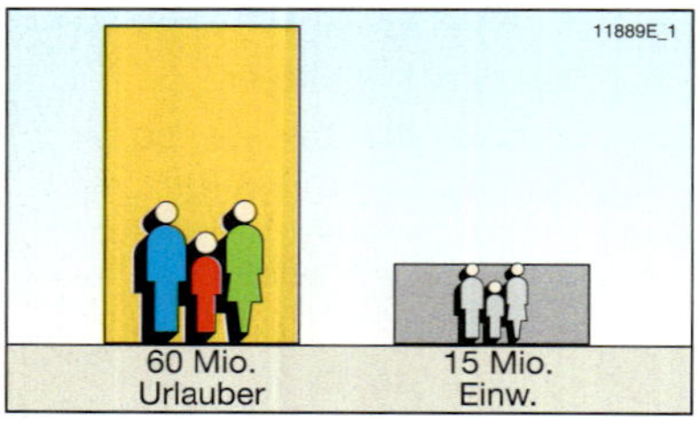

M1 *Alpen: Zahl der Urlauber pro Jahr und Einwohner*

Erholung in den Bergen

Jedes Jahr machen Millionen von Menschen in den Alpen Urlaub. Sie sind begeistert von der schönen Natur. Sie genießen die Aussicht von einem hohen Berggipfel, freuen sich über die bunten Blumen oder beobachten Murmeltiere.

Andere Menschen mögen die Alpen wegen der vielen Freizeit- und Sportmöglichkeiten im Hochgebirge der Alpen; sie kommen zum Beispiel, um zu wandern oder um Ski zu laufen.

Info

Alpen

Die Alpen sind das größte Gebirge Europas. Sie bedecken eine Fläche von 200 000 km² (zum Vergleich: Niedersachsen 47 400 km²). Der Montblanc ist 4807 m hoch. Er ist der höchste Alpengipfel und auch der höchste Berg Europas. Die hohen Berge der Alpen sind ständig mit Schnee und Eis bedeckt. Acht Staaten (einschließlich Monaco) haben Anteil an den Alpen.

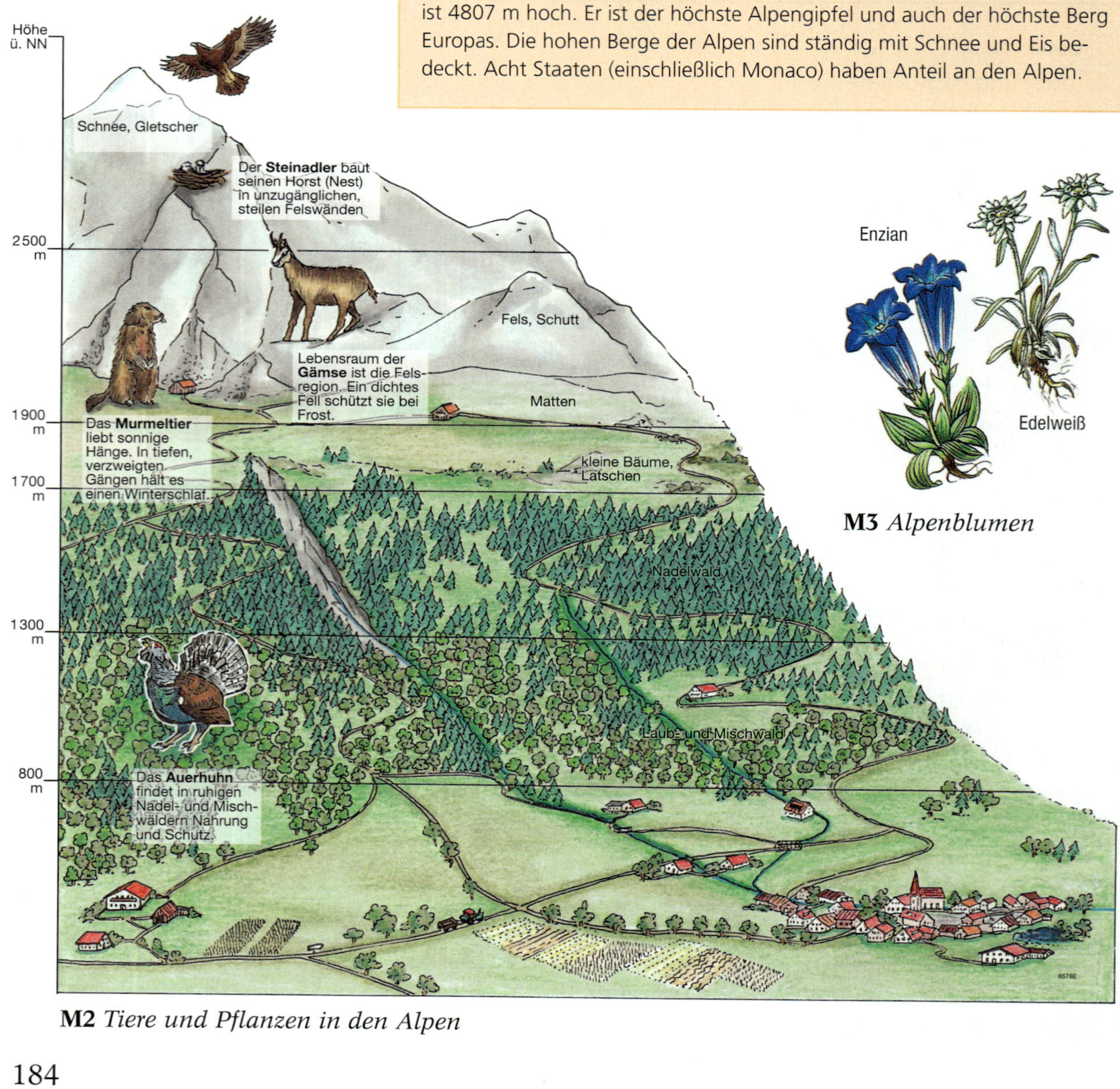

M3 *Alpenblumen*

M2 *Tiere und Pflanzen in den Alpen*

M4 *In den Dolomiten. Diese Berggruppe gehört zu den Alpen.*

M5 *Gegenstände, die Urlauber in die Alpen mitnehmen*

Aufgaben

1 Bestimme, welche Länder Anteil an den Alpen haben (Atlas, Karte: Mitteleuropa – physisch).

2 Begründe, warum so viele Menschen in den Alpen Urlaub machen (M2–M5).

Merke
Die Alpen sind das größte Gebirge Europas. Millionen Menschen machen dort Urlaub.

Die Alpen – ein Urlaubsparadies?

M1 *Zum Gipfel führen manchmal viele Pfade. Aber nur einer davon ist der richtige Weg.*

M3 *Auf dem 1874 m hohen Jenner bei Berchtesgaden (Deutschland)*

Vom Geschäft mit den Gästen

Die Urlauber in den Alpen geben jedes Jahr 25 Mrd. Euro aus. Der Tourismus (Fremdenverkehr) hat viele Dörfer reich gemacht. In manchen Gegenden ist er wichtiger als die Industrie.

Einheimische arbeiten in Fremdenverkehrsbüros, Hotels, Eiscafés und Diskotheken. Andere verdienen ihr Geld als Bergführer und Skilehrer oder verleihen Fahrräder und Schlittschuhe an die Urlaubsgäste. Die meisten Menschen sind das ganze Jahr über im Fremdenverkehr beschäftigt. Manche werden nur für den Sommer und Winter eingestellt. Dann kommen sehr viele Urlauber in die Alpen.

Aufgabe

1 Der Fremdenverkehr ist wichtig für die Einheimischen und die Gemeinden. Erläutere anhand von Beispielen (M2, M4).

Daten zu Bad Hindelang 2008
(Lage: in den Allgäuer Alpen, 60 km westl. von Garmisch-Partenkirchen)

Einwohner:	4 900
Urlauber, davon fast ein Viertel aus Nordrhein-Westfalen:	140 000
Übernachtungen:	940 000
Beschäftigte im Fremdenverkehr:	1 800
Einnahmen durch den Fremdenverkehr:	über 30 Mio. €

M2 *Rund drei Viertel der Einwohner von Bad Hindelang leben vom Tourismus.*

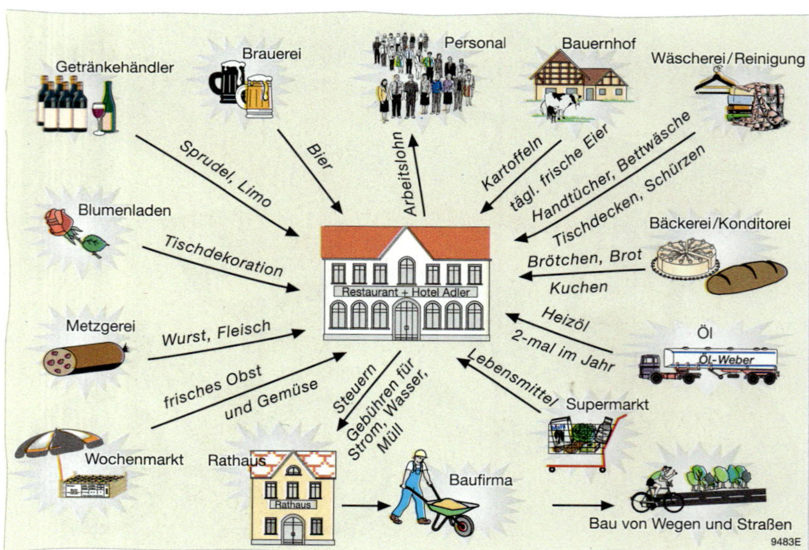

M4 *Auswirkungen des Fremdenverkehrs auf die Wirtschaft*

M5 *Tunnelbau in den Alpen*

Wanderer pilgern in Scharen auf hohe Gipfel. Sie verlassen häufig den Wanderweg. Über die großen Alpenstraßen rollen am Tag bis zu 100 000 Autos. Abgase verpesten die Luft. Lärm zerreißt die erholsame Stille. Bäume werden abgeholzt und noch mehr Teerstraßen gebaut. Die Urlauber sollen die entlegenen Täler bequem erreichen. Touristen werden in voll gestopften Bussen zu den Seilbahnen und Bergrestaurants gekarrt.

M7 *Die Alpen – beliebt, benutzt, geschunden*

Wenn die Kasse nicht mehr so oft klingelt!

Bürgermeister Roman Haug berichtet: „Bei uns in Bad Hindelang machen im Jahr 140 000 Menschen Urlaub. Die Urlauber bleiben im Durchschnitt sieben Tage; vor zehn Jahren waren es zehn Tage. Die Einnahmen aus dem Fremdenverkehr sind zurückgegangen."

Wie Bad Hindelang geht es vielen anderen Orten in den Alpen. Deshalb wollen Fremdenverkehrsfachleute alles tun, damit die Zahl der Urlauber wieder ansteigt. Sie versuchen, vor allem junge Leute für die Alpen zu begeistern. Es werden zum Beispiel Radwege gebaut, auf denen man mit dem Mountainbike fahren kann.

Fahrradfahrer im Gebirge
- zerstören Pflanzen und stören Tiere, wenn sie abseits der Wege fahren;
- richten Schäden an Wegen an, wenn sie stark bremsen.

Gleitschirmflieger im Gebirge
- beunruhigen Tiere, wenn sie zu niedrig fliegen.

Wildwasserfahrer im Gebirge
- stören brütende Tiere, wenn sie Lärm machen und zu nahe an Kiesbänken vorbeifahren.

M6 *Mögliche Nachteile für die Natur bei ausgewählten Sportarten*

Aufgaben

2 „Viele Menschen sollen in den Alpen Urlaub machen", fordern die Bürgermeister der Bergorte. Erstelle ein Werbeplakat eines Alpenortes für Familien mit Kindern in deinem Alter.

3 Erörtere, wie sich der Fremdenverkehr auf die Natur und die Landschaft der Alpen auswirkt.

Merke
Viele Gemeinden in den Alpen leben vom Tourismus. Zahlreiche Einheimische arbeiten in diesem Bereich.
Durch den Fremdenverkehr ist die Natur gefährdet. Die Landschaft wird verändert.

Die Alpen – ein Urlaubsparadies?

M1 *Eine Alternative?*

M2 *Gesehen in der Nähe der Stadt Meran (Südtirol)*

Aufgabe

1 Erläutere, welche Anforderungen des sanften Tourismus die Gemeinden Bettmeralp, Bad Hindelang und Oberstdorf (M3, M5 und M7) erfüllen.

Der Umwelt zuliebe – Klasse statt Masse

„Wir dürfen nicht zusehen, wie die großartige Natur in den Alpen durch den Massentourismus kaputt gemacht wird", warnen Naturschützerinnen und Naturschützer. Auch Fremdenverkehrsexperten sind der Meinung, dass die Alpenlandschaft das kostbarste Gut ist, was man den Erholungsuchenden zu bieten hat.

Die Alpen müssen geschützt werden, sonst bleiben die Touristen aus. Deshalb soll der **sanfte Tourismus** gefördert werden. Diese Form des Tourismus schont die Umwelt und bringt dennoch so viel Geld ein, dass die einheimische Bevölkerung in den Alpentälern davon leben kann. Noch bieten nicht alle, aber bereits viele Fremdenverkehrsgemeinden in den Alpen „sanfte" Ferien an. Sie haben Maßnahmen ergriffen, die umweltschonend sind.

In der Schweiz haben sich neun Alpengemeinden zur „Gemeinschaft Autofreier Schweizer Touristenorte" (G.A.S.T.) zusammengetan, darunter auch Bettmeralp. Der Ort liegt 10 km nordöstlich der Stadt Brig. Dort können die Touristen die Bergwelt in Ruhe genießen.
In Bettmeralp darf niemand mit einem Auto fahren, das mit Kraftstoff angetrieben wird (Ausnahme: z.B. Rettungsfahrzeuge, Feuerwehr, Müllabfuhr). Die Gäste – wenn notwendig auch das Reisegepäck – werden mit Elektrofahrzeugen oder Pferdefuhrwerken, im Winter auch mit Schlitten, transportiert.

M3 *Erholung für die Alpenluft*

HINDELANG
NATUR & KULTUR

„Ebbas Bsünders" ist ein Verein der Bauern von Hindelang. Sie haben sich verpflichtet, ihr Land schonend zu bewirtschaften. Sie halten zum Beispiel nur eine Kuh pro Hektar, weil zu viele Tiere die Weiden zertrampeln, und setzen keinen Handelsdünger ein. Dies bedeutet, dass sie auf einer Wiese etwa ein Drittel weniger Heu ernten, das sie als Viehfutter verwenden. Um ihr Vieh zu versorgen, müssen sie eine größere Fläche bewirtschaften. Jetzt mähen sie auch Wiesen an Steilhängen, auf denen früher Büsche standen und die ungepflegt aussahen.
Die Bauern vermarkten ihre Produkte (z.B. Milch, Butter, Käse, Fleisch) in Hindelang. Sie betreiben einen Bauernmarkt (Laden). Auf den Speisekarten der Hotels und Gaststätten werden ihre Erzeugnisse als „Ebbas Bsünders" („Etwas Besonderes") angeboten.

M4

M8 *Bad Hindelang, Ortsteil Oberjoch*

„Urlaub vom Auto – umweltfreundlich mit der Bahn": Mit diesem Slogan wirbt die Kurverwaltung Hindelang. Sie bietet eine sogenannte „Hindelanger Bahn-Pauschale" ab 240 Euro an. Im Preis der Urlaubsreise sind enthalten:

- 7 Übernachtungen in einem Hotel oder in einer Pension;
- Bahnfahrt 2. Klasse (Hin- und Rückfahrt);
- Abholservice am Bahnhof Sonthofen;
- 7-Tage-Urlaubsticket, mit dem man kostenlos und so oft man will in Hindelang und im Umkreis von etwa 30 km Bus und Bahn fahren kann.
  Auch alle anderen Touristen können dieses 7-Tage-Urlaubsticket oder ein 14-Tage-Urlaubsticket zum Preis von 10 beziehungsweise 16 Euro kaufen. Rund 20 000 dieser Tickets werden pro Jahr verkauft.

M5 *Urlaub ohne Auto*

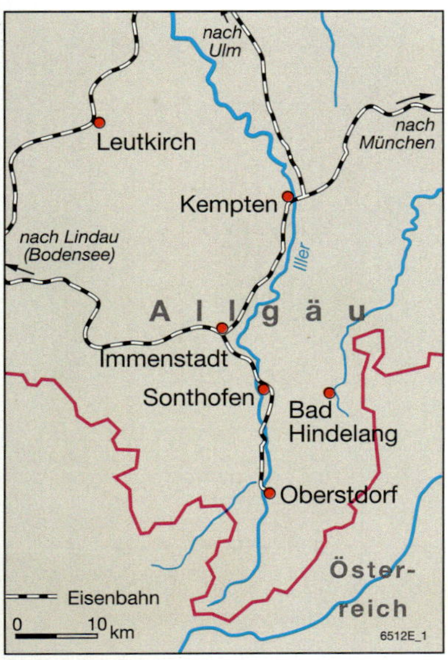

M6 *Lage von Bad Hindelang*

Die Fremdenverkehrsgemeinde Oberstdorf hat am Ortsrand drei Parkplätze mit 1000 Stellplätzen gebaut. Die Parkgebühr beträgt 2,60 Euro pro Tag. Elektrobusse bringen die Touristen im 15-Minuten-Takt kostenlos bis ins Ortszentrum.
In Oberstdorf selbst wurde die Anzahl der Parkplätze um 1000 verringert. Gleichzeitig wurden die Parkgebühren erhöht. Wer bis ins Zentrum fahren und dort parken will, zahlt für eine halbe Stunde einen Euro; die Höchstparkdauer beträgt zwei Stunden und kostet vier Euro.

M7 *Bus statt Pkw*

Aufgaben

2 Eine Familie aus Hannover will in Bad Hindelang Urlaub machen und möchte mit dem Zug fahren. Erkundige dich bei der Bahn über die Reisestrecke und Fahrtdauer (M6).

3 Auch die Bauern von Bad Hindelang sorgen dafür, dass der Tourismus in diesem Ort eine gute Zukunft hat. Erläutere (M4).

Merke
Die Alpen sind durch den Massentourismus gefährdet. Sie müssen geschützt werden. Deshalb wird der sanfte Tourismus gefördert.

Grundbegriff
- sanfter Tourismus

Tourismus weltweit

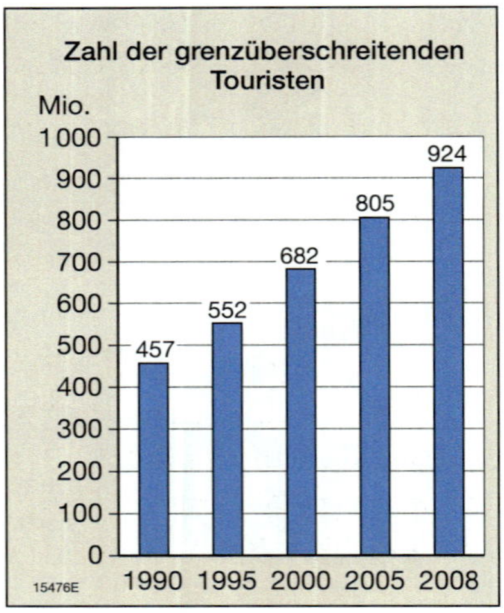

M1 *Auslandsreiseverkehr weltweit*

Die Deutschen – „Weltmeister im Reisen"

Die Reiselust der Deutschen ist groß. Sie machen häufiger als andere Urlaub. Zwei Drittel der Deutschen verbringen ihren Haupturlaub im Ausland. Flugreisen ans Mittelmeer oder in ferne Länder sind sehr beliebt. Zu günstigen Preisen fliegen deutsche Urlauber unter anderem in die USA, nach Kenia, Thailand oder auf eine der zahlreichen Inseln im Pazifischen Ozean.

Der Tourismus ist eine wichtige Einkommensquelle für viele Länder. Durch den Fremdenverkehr entstehen neue Arbeitsplätze: zum Beispiel in Hotels, Restaurants, Souvenirläden und auf Flughäfen. Auch andere Bereiche der Wirtschaft wie die Landwirtschaft und Fischerei, die Bauwirtschaft und das Handwerk profitieren vom Tourismus.

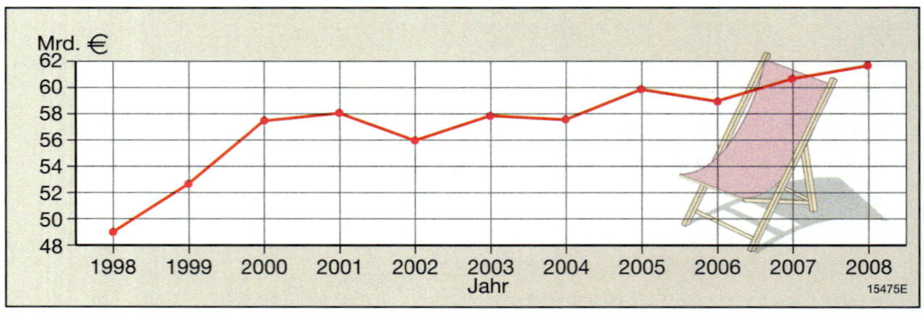

M3 *Deutsche Reiseausgaben im Ausland*

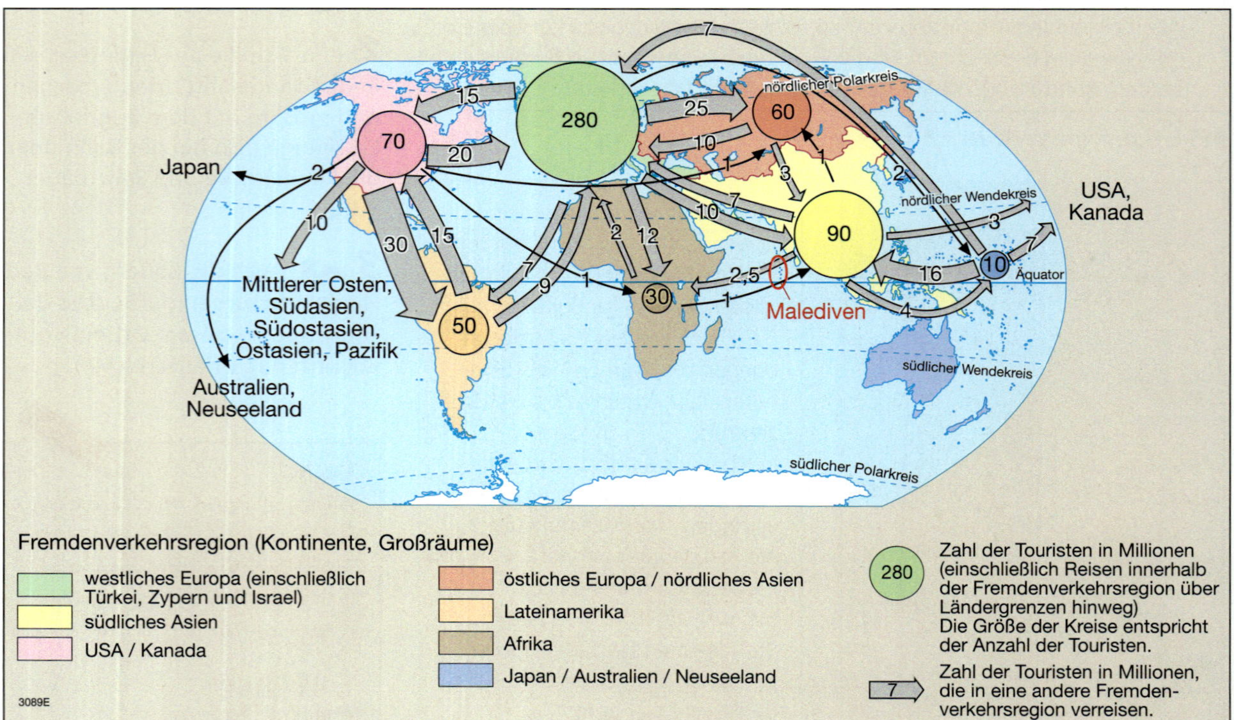

M2 *Touristen – weltweit unterwegs*

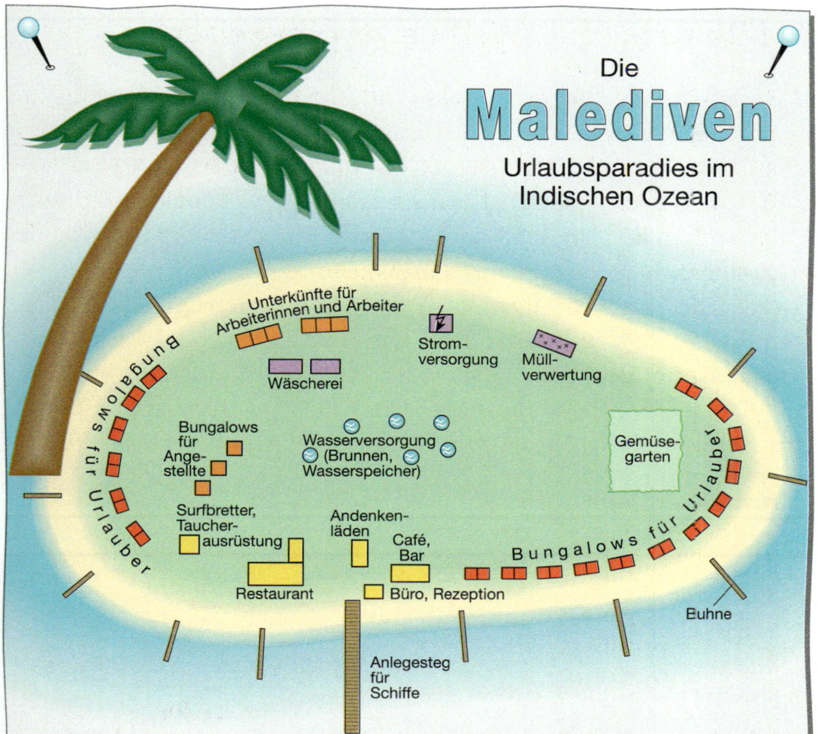

Die Malediven sind ein Staat aus rund 1190 Inseln. Auf 80 unbewohnten Inseln wurden moderne Unterkünfte und Fremdenverkehrseinrichtungen gebaut. Hier verbringen jedes Jahr 470 000 Menschen ihren Urlaub. Die meisten sind Pauschalreisende aus Europa. Sie bleiben durchschnittlich zwei Wochen. Die Regierung der Malediven lenkt den Tourismus: Die Touristen haben kaum Kontakt zu Einheimischen. Angehörigen von einheimischen Arbeitskräften ist es verboten, die Touristen-Inseln zu besuchen.

M4

M5 *Kurumbau, eine der Hotelinseln auf den Malediven*

Land	Einnahmen in Mio. Euro durch den Tourismus	durch den Export
Bahamas	1530	490
Malediven	320	165
Samoa	65	10
Mauritius	960	1 350
Zum Vergleich:		
Spanien	37 585	133 800
Thailand	11 400	112 800

M6 *Der Tourismus als Einkommensquelle ausgewählter Inselstaaten 2008*

Aufgaben

1 Schreibe einen kurzen Bericht zum Thema „Die Welt auf Reisen“ (M1–M3).

2 a) Lege eine Tabelle an und trage die drei beliebtesten außereuropäischen Urlaubsregionen der „westlichen Europäer“ ein (M2).
b) Trage die drei Regionen ein, aus denen die meisten Touristen nach Westeuropa kommen.

3 Werte Tabelle M6 aus.

Merke
Weltweit verreisen jedes Jahr über 900 Millionen Menschen. Die Einnahmen aus dem Tourismus sind für viele Länder, wie zum Beispiel die Malediven, wichtig. Durch den Tourismus entstehen Arbeitsplätze.

Urlaubsreisen – um jeden Preis?

1. Höhenstufen in den Alpen

Welche Pflanzenarten findet man in den verschiedenen Höhenstufen?

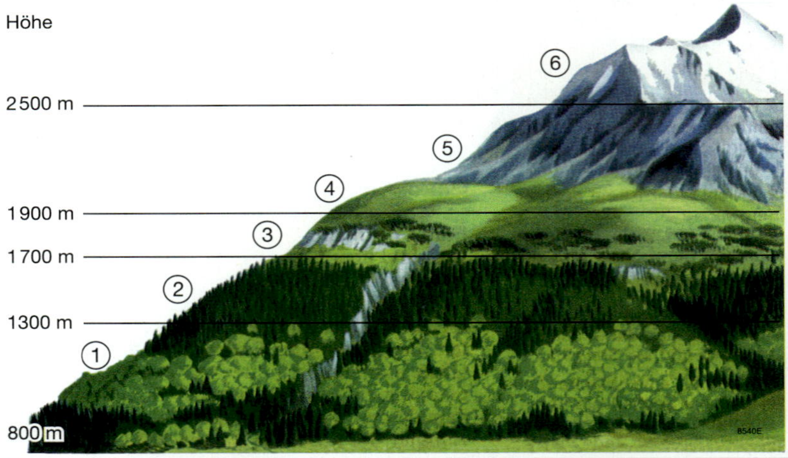

2. Urlaubsreisen – ein Vergleich

Übertrage die Tabelle in deine Mappe oder dein Heft und fülle sie aus, indem du die Urlaubsangebote vergleichst.

	Alpen	Türkei
Kontinent		
Lage		
Verkehrsmittel		
Energieverbrauch		
Unterkunft		
Kennenlernen der Kultur		
Reisekosten		
Verpflegung		
Dauer des Aufenthalts		
Ausflüge inkl.		
Umweltverträglichkeit		
Sonstiges		

Badeurlaub in der Türkei

Verbringen Sie Ihren Urlaub in einem 3-Sterne-Hotel direkt am Meer. 2 Wochen Halbpension inklusive Flug von Frankfurt/Main: 750,– €.

Busreise in die Alpen

Unterkunft in einer rustikalen Bergpension in landestypischer Bauweise. 2 Wochen Vollpension (hier kocht die Wirtin selbst), inklusive Unterkunft, Anreise und 2 geführten Bergtouren: 630,– €.

Wohin geht die Reise?

3. Kennst du dich aus?

a) Erkläre den Begriff Massentourismus.

b) Nenne mindestens vier Beispiele für mögliche Gefahren durch den Tourismus.

c) Notiere mindestens sechs Auswirkungen des Tourismus auf die Wirtschaft.

d) Mit welchen Maßnahmen möchten einige Urlaubsorte in den Alpen den Tourismus verändern?

e) Wie kannst du dich im Urlaub verhalten, damit die Natur nicht geschädigt wird?

4. Der Tourismus und seine Auswirkungen

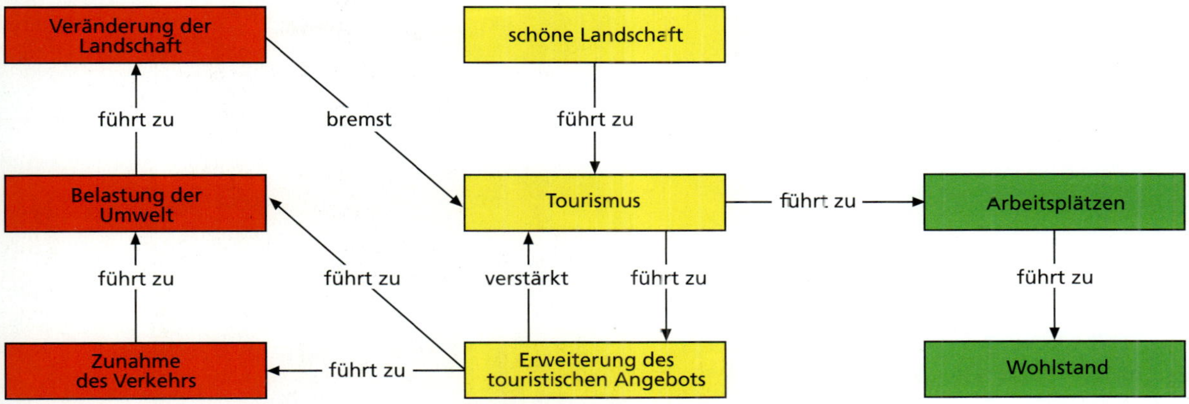

a) Das Schema zeigt die positiven und negativen Auswirkungen der Tourismus. Erkläre die Zusammenhänge in einem Text. Verfolge dazu die einzelnen Pfeile.

b) „Der Tourismus ist wie eine Maschine, die aber nur läuft, wenn die Landschaft attraktiv ist." Nimm Stellung

c) Erkläre, durch welche Maßnahmen beim sanften Tourismus die Auswirkungen des normalen Tourismus verändert werden.

5. Tourismus weltweit

Schreibe die Sätze ab und verknüpfe dabei einen linken mit einem rechten Teil. Einen Satz musst du selbst vervollständigen.

Europa ist ein Kontinent …

Afrika ist ein Kontinent …

Nordamerikanische Touristen reisen lieber nach …

Europäische Touristen reisen lieber nach …

Touristen aus Japan, Australien und Neuseeland reisen lieber nach …

Die meisten Touristen weltweit kommen aus …

… Südamerika als nach Europa.

… mit relativ wenigen Touristen.

… Osteuropa und Nordasien als nach Nordamerika.

… mit sehr vielen Touristen.

… Südasien als nach Nordamerika.

6. Begriffsnetz Tourismus im Hochgebirge

Übertrage das Schema und fülle es aus.

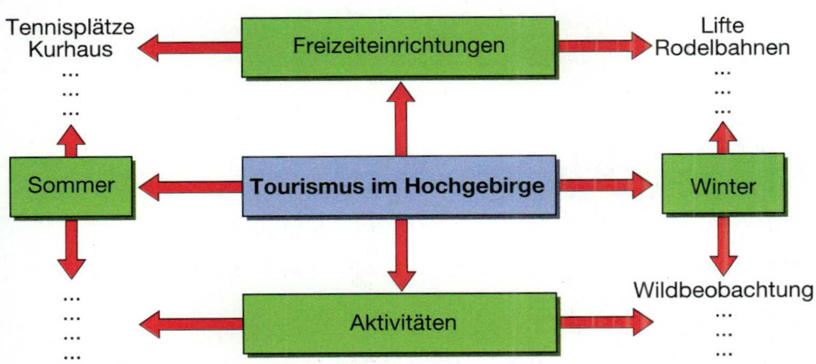

Grundbegriffe
- Massentourismus
- sanfter Tourismus

Medienkonsum – bewusst

Im Zeitalter der Massenmedien

Probleme und Folgen des Medienkonsums

Umfrage zum Medienverhalten

Regionalzeitungen – Was ist hier denn los?

Massenmedium Internet – Chancen und Gefahren

M1 *LAN-Party mit Hunderten von Teilnehmern.* ▶ *Der Veranstalter stellt ein Netzwerk zur Verfügung, mit dem die Computer der Teilnehmer verbunden werden. In Spielen sind taktisches und strategisches Geschick gefordert.*

Billys
ASUS
Norton
D50
049
D48

Im Zeitalter der Massenmedien

M1 *Die „Medien-Generation"*

1452	Buchdruck
1650	Zeitung
1861	Telefon
1895	Film
1906	Rundfunk
1920	Fernsehen
1958	Mobil-Telefon
1964	FAX
1971	PC
1983	CD-Player
1991	Internet
1992	CD-ROM
1999	WAP-Handy (Versenden von E-Mails, Abruf von Informationen aus dem Internet)
2002	UMTS (Bilder, Grafiken, Videos können von Handy zu Handy geschickt werden.)
2003	Handy zum Spielen und Musik hören

M2 *Erfindungen (Auswahl)*

Im Griff der Medien

Es gibt Menschen, die noch ohne Fernsehen aufgewachsen sind. 1953 besaßen nicht einmal 1000 Bundesbürgerinnen und Bundesbürger einen Fernsehapparat. In der Anfangszeit des Fernsehens wurde nur ein einziges Programm angeboten. Die Sendezeit war beschränkt auf die Abendstunden. Zu den übrigen Tageszeiten oder in der Nacht wurden keine Sendungen ausgestrahlt. Wie haben die Menschen damals ihre Freizeit verbracht?

Wir sind es gewohnt, jederzeit, überall und vielfältig informiert und unterhalten zu werden. Über fünf Stunden verbringen wir im Durchschnitt täglich mit **Medien** aller Art. Vor allem das Fernsehen spielt dabei eine wichtige Rolle. In vielen Haushalten gibt es mehrere Fernsehgeräte. Kinder und Jugendliche besitzen schon oft ihren eigenen Fernseher. Das Unterhaltungs- und Informationsangebot ist riesig. Mehr als 30 Programme können rund um die Uhr empfangen werden. Neben dem Fernsehen liefern uns noch eine Reihe anderer Medien ständig riesige Datenmengen zur Information oder Unterhaltung. Es ist kein Problem mehr, immer und überall Nachrichten zu empfangen und selbst erreichbar zu sein.

Aber es wird immer schwieriger, in einem Überangebot an Informationen die Übersicht zu behalten und nach eigenen Bedürfnissen auszuwählen. Das gilt besonders für das Internet (siehe Seite 202), das wie kein anderes Medium zuvor mit großer Geschwindigkeit alle Lebensbereiche erfasst.

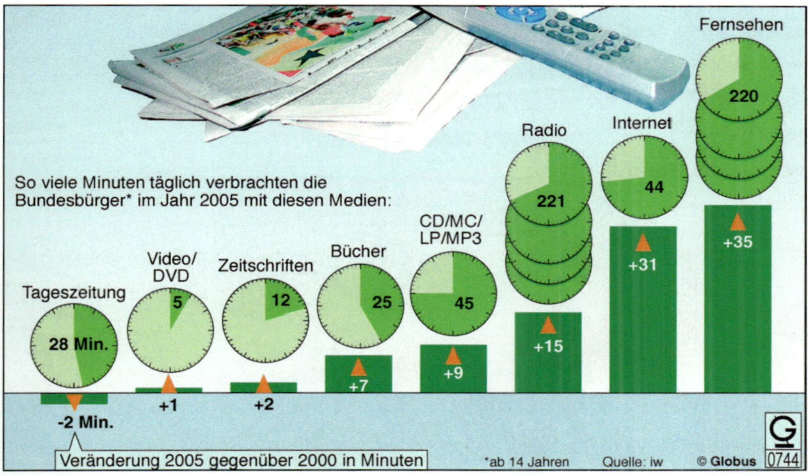

M3 *Mediennutzung*

Info

Massenmedien

Medien, die durch technische Vervielfältigung einer breiten Masse von Menschen zugänglich gemacht werden, nennt man Massenmedien. Ein wesentlicher Aspekt von Massenmedien ist die Inanspruchnahme technischer Hilfsmittel, über die eine große, unpersönliche Verbreitung vereinfacht wird.

Zu den Massenmedien zählen:

- die Printmedien (Druckerzeugnisse: Zeitungen und Zeitschriften, Bücher)
- die elektronischen Medien (Hörfunk, Fernsehen, Film, Schallplatten, Kassetten, Video, CD-Rom, DVD)
- das Internet („world wide web")

In demokratischen Staaten wird dem Journalismus in den Massenmedien die Aufgabe zugeordnet, zur Meinungsbildung der Bevölkerung beizutragen, sowie Kontrolle und Kritik auszuüben.

M4 *Verlieren andere Medien an Attraktivität für die Jugendlichen?*

Aufgaben

1 Gestalte eine Collage mit Medien deiner Wahl.

2 a) Erstelle eine Übersicht mit kleinen Bildern zur Entwicklung der Medien seit deiner Geburt (M2).
b) Erläutere, was sich durch diese Medien im Einzelnen für das Leben der Menschen verändert hat.

3 Liste Vor- und Nachteile der einzelnen Medien auf.

4 ↗ Erstelle ein Säulendiagramm zum Zeitaufwand bei der Mediennutzung der Bundesbürger (M3).

5 ↗ Werte M3 aus: Beschreibe die Abbildung und nenne mögliche Gründe für die Zahlen.

6 Betrachte das Bild auf Seite 194/195. Erörtere die Chancen und Risiken einer solchen Veranstaltung.

Merke
Wir leben im Zeitalter der Massenmedien. Gedruckte und elektronische Medien sorgen für einen weltweiten Austausch von Information, Unterhaltung und Werbung.

Grundbegriffe
- Medien
- Massenmedien

Probleme und Folgen des Medienkonsums

M1 *Comic*

Aufgaben

1 Formuliere einen passenden Text für die letzte Sprechblase in M1.

2 Erläutere die Auswirkungen des Fernsehens (Quellen 1 bis 3).

3 a) Führe über das Wochenende ein Medien-Tagebuch. Notiere, wann und wie lange du welches Medium nutzt.
b) Berechne den Zeitaufwand für Medien im Vergleich zu deiner gesamten Freizeit.

4 Gestalte eine Seite zu deinem Medienkonsum: Zeichne dich oder klebe ein Foto von dir auf. Zeichne darum herum Sprechblasen, in die du Aussagen über dein Medienverhalten schreibst.

5 Entwerft mithilfe der Anregungen auf Seite 199 einen Fragebogen zum Medienverhalten und führt eine Umfrage durch.

Ist Fernsehen schädlich?

Quelle 1

Fernsehen verschlechtert einer Studie zufolge die schulischen Leistungen und macht schweigsam. Das hat eine Freiburger Forschergruppe bei einer Untersuchung von 100 Kindern sowie Jugendlichen im Alter von 11 und 15 Jahren herausgefunden. Die besonders häufig fernsehenden Kinder und Jugendlichen zeigten demnach in Deutsch und in den Fremdsprachen schlechtere Leistungen. Gleichzeitig hatten die Vielseher nur etwa halb so viele Kontakte mit Freunden wie weniger oft fernsehende Teilnehmer an der Untersuchung. Auffällig war auch, dass sich Vielseher durch die Schule überdurchschnittlich belastet fühlten.

(Nach: Münchner Merkur vom 12.12.2003)

Quelle 2

„Es gibt Zuschauer, die jede Distanz vergessen. Wenn in der ‚Lindenstraße' einer stirbt oder auszieht, dann bekommen wir Briefe, ob man in die Wohnung einziehen kann und wie teuer die Miete ist."

(Filmregisseur Hans Geißendörfer)

Quelle 3

In der Psychologie herrscht Übereinstimmung darüber, dass gefilmte Gewalt bei Kindern und Jugendlichen aggressives Verhalten fördern und verstärken kann; dies trifft jedoch nicht für jedes Kind bzw. jeden Jugendlichen und für jedes Lebensalter zu. Wissenschaftliche Studien belegen aber sowohl länger- als auch kurzfristige Einflüsse des Fernsehens auf die Entwicklung aggressiven Verhaltens bei Kindern und Jugendlichen.

(Nach: Wochenschau II, Nr. 1, S. 12)

Umfrage zum Medienverhalten

Wie gehe ich mit Medien um?

Hast du schon einmal über dein Medienverhalten nachgedacht? Bist du ein Fernsehfan oder sitzt du lieber am Computer? Liest du auch Zeitung? Die Untersuchung der eigenen Mediengewohnheiten und der anschließende Vergleich mit denen der Mitschülerinnen und Mitschüler machen dir dein Verhalten bewusst.

So erstellt ihr einen Fragebogen

1. Kopfzeile
Für die Auswertung sind Alter und Geschlecht der befragten Person wichtig. Auf den Namen kann verzichtet werden, weil ehrliche Antworten dann oft leichter fallen.

2. Fragenkatalog
Anregungen für Fragen liefern die Zitate in M2.
Weitere Vorschläge: Fragt nach der Medienausstattung der Haushalte, nach Lieblingssendern und Lieblingssendungen, nach Fernsehzeiten, nach der Dauer des Medienkonsums, nach bestimmten Gewohnheiten, nach der Meinung zu einem fernsehfreien Tag …

3. Gestaltung der Fragen und Antworten

- Offene Fragen, z.B.: Welche Artikel in der Tageszeitung liest du?
  Individuelle Antwort, z.B.: Ich lese selten Zeitung, höchstens mal die Nachrichten aus aller Welt oder den Sportteil.
- Mehrfach-Auswahl-Antworten: ☐ oft ☐ manchmal ☐ selten ☐ nie
- Alternativ-Fragen: JA / NEIN
- Punktbewertung: 5 ------ 4 ------ 3 ------ 2 ------ 1 ------ 0 (5 = sehr interessant, 0 = total langweilig)

4. Auswertung

- Auszählen mit Strichliste
- Umrechnen in Prozentsätze
- Grafische Darstellung: Säulendiagramm, Kreisdiagramm
- Zusammenfassender Text

5. Zusammenfassung

a) Wie wird das eigene Medienverhalten eingeschätzt: Schwerpunkte, Vorlieben, Gewohnheiten?
b) Vergleich mit anderen: Durchschnitt in der Gruppe, in der Klasse; Gemeinsamkeiten, Abweichungen, Gegensätzliches
c) Frage nach typischem Medienverhalten:
typisch Mädchen – typisch Junge
typisch Jugendliche – typisch Erwachsene
typisch Medienfan – typisch Medienmuffel
d) Ergebnis: Medien spielen in meinem Leben eine … Rolle. Mein Medienverhalten ist typisch für …, unterscheidet sich … . Ich habe dieses Ergebnis erwartet/nicht erwartet. Ich finde mein Medienverhalten …

„Nach der Schule bin ich k.o.! Zur Entspannung eine Daily Soap, das ist genau das Richtige“.

„Wer fernsieht, weiß Bescheid. Ohne Fernsehen kannst du in der Clique nicht mitreden.“

„Wenn ich zu Hause bin, läuft die Kiste. Gewohnheitssache. Nebenbei mache ich oft was anderes.“

„Mit Musik geht alles besser. Morgens lasse ich mich schon mit coolem Sound wecken.“

„Endlich habe ich meinen eigenen PC. Die dauernde Streiterei, wer an den Computer darf, ging mir ganz schön auf die Nerven.“

M2 *Typische Aussagen?*

Merke
Zu viel Medienkonsum kann sich negativ auf die Schulleistungen, die Interessen und das Verhalten gegenüber Mitmenschen auswirken. Besonders für das Fernsehen gilt: Entscheidend für die Auswirkungen sind vor allem das Alter des Fernseh-Konsumenten und die Dauer des Umgangs mit diesem Medium. Es ist deshalb sinnvoll, die eigenen Mediengewohnheiten kritisch unter die Lupe zu nehmen.

Regionalzeitungen – Was ist hier denn los?

Den ersten Teil einer Zeitung mit den überregionalen Informationen nennt man Mantel. Bei den übrigen Teilen der Zeitung spricht man von Büchern. Diese haben unterschiedliche Schwerpunkte, wie beispielsweise Politik, Wirtschaft, Service, Lokales oder Sport.

M1 *Die Teile einer Zeitung*

M3 *Schüleraktion im Rahmen von SCHULZ*

Regionalzeitungen – Informationen aus deinem Ort

Zeitungen sind die ältesten Massenmedien. Am 1. Juli 1650 erschien in Leipzig die erste Tageszeitung der Welt. Der Name lautete „Einkommende Zeitungen". Sie erschienen in sechs Ausgaben pro Woche. Der Begriff „Zeitung" stammt aus der Sprache des Mittelalters und wurde ursprünglich mit „Nachricht" gleichgesetzt.

Heute versteht man unter Zeitung ein regelmäßig erscheinendes Druckerzeugnis mit aktuellem Inhalt. Man unterscheidet zwischen überregionalen und regionalen Tageszeitungen. Besonders die Regionalzeitungen sind für viele Menschen als Informationsquelle wichtig. Sie füllen die Lücke zu den überregionalen Berichterstattungen der großen Zeitungen sowie anderer Massenmedien.

Regionalzeitungen sehen ihre Aufgabe darin, neben welt- und deutschlandweiten Ereignissen Informationen aus der Umgebung zu verbreiten und an der Meinungsbildung mitzuwirken. Sie bieten oft die einzige Möglichkeit, sich über das Geschehen vor Ort zu informieren.

Im Lokalteil finden sich „hard-news" (Polizeiberichte, Diebstähle, Unfälle usw.) und „soft-news" (Feste, Feiern usw.). Hier findet man Informationen über Menschen in Stadt und Land, das politische Geschehen (Gemeinderat, Stadtrat, Kreistag), über das Vereinsgeschehen und Service-Elemente (Veranstaltungstermine, Beratung usw.).

Vor allem wegen der Informationen über den Sport vor Ort sind Regionalzeitungen sehr beliebt. In Leserbriefen finden sich oft unterschiedliche Meinungen der Leserinnen und Leser zu regionalen Themen.

Auch die Kleinanzeigen spielen in der Regionalzeitung eine große Rolle. Aus ihnen erfährt man beispielsweise, wo Wohnungen zu vermieten sind oder wer ein günstiges Fahrrad abzugeben hat.

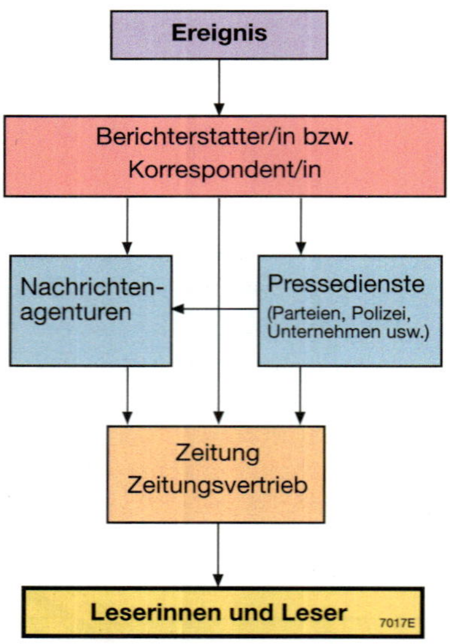

M2 *Vom Ereignis zum Zeitungsleser*

Tipps

Lokalredaktionen stellen Klassensätze von Tageszeitungen zur Verfügung oder informieren Schulklassen über ihre Arbeit. Ebenso gibt es gemeinsame Projekte: z. B. SCHULZ (Schule und Zeitung).

M4 *Regionalzeitung und ihre Lokalausgaben*

Regionalzeitungen in Deutschland

In Deutschland existiert in beinahe jedem Kreis mindestens eine regionale Zeitung. Zurzeit gibt es 334 Regionalzeitungen mit einer Gesamtauflage von knapp 15 Mio. Exemplaren täglich. Regionalzeitungen haben oft für verschiedene Orte eigene lokale Ausgaben mit eigenem Namen. Gemeinsam sind diesen Zeitungen der Mantel und bestimmte Bücher (siehe M1). Nur der Lokalteil wird von eigenen Redaktionen vor Ort erstellt.

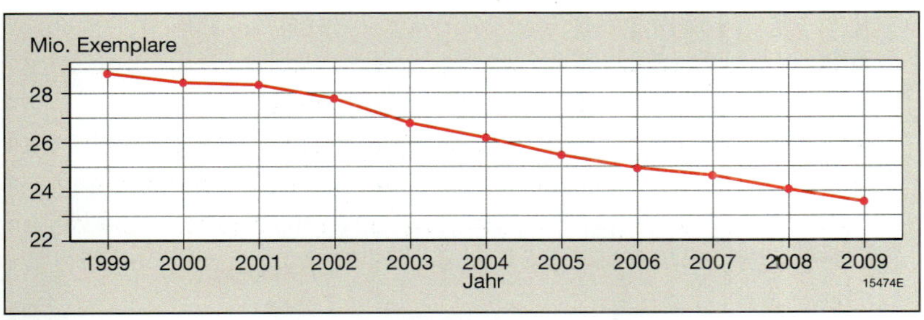

M5 *Entwicklung der Auflage deutscher Tageszeitungen*

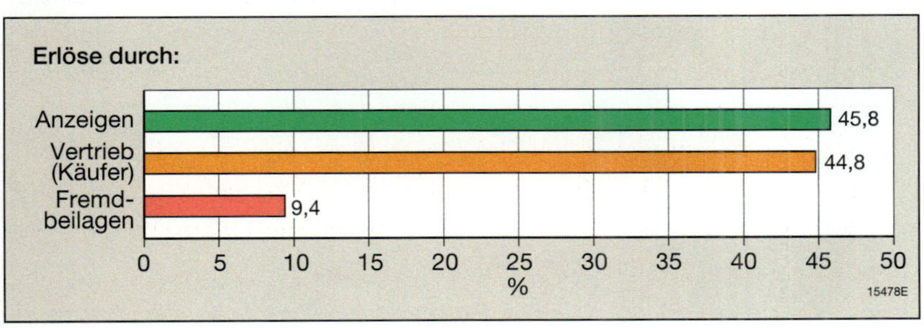

M6 *Erlöse der Abonnenten-Zeitungen in Deutschland*

Aufgaben

1 a) Untersuche eine Regionalzeitung mit Lokalteil und erstelle eine Tabelle, in der du Informationen der einzelnen Bücher einträgst.
b) Markiere dann in der Tabelle die Informationen, die du nur in einer Regionalzeitung findest.

2 a) Notiere, welche Vorteile es hat, wenn es in einem Ort zumindest eine Regionalzeitung gibt.
b) „Es ist immer besser, wenn es an einem Ort mindestens zwei Regionalzeitungen gibt!" Nimm zu dieser Aussage Stellung.

3 Untersuche die Grafik M5. Stelle Vermutungen über die Gründe der dargestellten Entwicklung an. Nutze dazu auch Seite 197 M3.

4 Projekttipp: Verfolgt ein lokales Problem über mehrere Ausgaben der Zeitung. Schaut, wie es sich entwickelt und wo es in der Zeitung überall behandelt wird (Leserbriefe, Kommentar). Fertigt ein Plakat darüber an und schreibt einen eigenen Leserbrief.

Merke
Regionalzeitungen informieren in großen Teilen über die Geschehnisse vor Ort. Sie bieten Informationen, die man in anderen Medien nicht findet. Sie tragen zur Meinungsbildung bei.

Massenmedium Internet – Chancen und Gefahren

Internet – Spaß oder Gefahr?

Nach der Schule mal eben chatten, online die neuesten Hits hören oder Videos anschauen: 94,8 Prozent der Jugendlichen in Niedersachsen verfügen zu Hause über einen Zugang in das World Wide Web, auch Internet genannt, und nutzen diesen zum Teil mehr als zehn Stunden in der Woche:

„Ich finde es gut, nach der Schule mal eben meinen Freunden berichten zu können, was heute so war! Danach geht es mir nach einem stressigen Schultag schon viel besser. Nur manchmal vergesse ich während des Chattens meine Hausaufgaben", berichtet Anja (15 Jahre) und beeilt sich, anschließend schnell zum Schwimmtraining zu kommen. Stefan (auch 15 Jahre) interessiert sich im Internet vor allem für Onlinespiele: „Nach der Schule spiele ich erstmal zwei Stunden online ein Rollenspiel. Danach lade ich mir meistens Musikstücke runter und chatte mit meinen Freunden. Meine Mutter sagt immer, ich soll mal meine Hausaufgaben machen oder rausgehen, aber in der virtuellen Welt des Internets gefällt es mir viel besser!" Ganz anders sieht das Cornelia (17 Jahre): „Pro Woche sitze ich bestimmt vier bis sechs Stunden am Computer, um meine Hausaufgaben zu machen. Das sieht dann auch viel ordentlicher aus und ich kann aktuelle Zahlen und Bilder über eine Suchmaschine aus dem Internet raussuchen und direkt in meine Hausaufgaben einbauen (siehe auch S. 52/53). Meine Eltern finden das gut und meine Noten sind auch prima. Abends treffe ich mich dann noch mit Freunden oder gehe zum Sport."

M1 *Faszination Internet*

Tipps für sicheres Surfen

1. Achte auf die Uhr – im Internet vergisst man schnell die Zeit.
2. Schreibe dir vor einer Web-Recherche passende Begriffe auf, nach denen du suchen möchtest.
3. Achte auf das Impressum (Autor und Postanschrift) einer Internetseite.
4. Gib niemals deinen Namen, deine Telefonnummer oder deine (Mail-) Adresse bekannt, wenn du nicht genau weißt, mit wem du Kontakt hast.
5. Sprich mit deinen Eltern oder deinen Lehrern, wenn dir etwas komisch vorkommt.

Aufgaben

1 Stelle in einer Tabelle dar, wie Anja, Stefan und Cornelia das Internet nutzen und welche Vorteile oder Gefahren du darin siehst.

2 Beschreibe deinen Tagesablauf und deine Internetnutzung in einem zusammenhängenden Text und erörtere dabei auch, was deine Eltern zu deiner Internetnutzung sagen.

3 Nenne weitere Nutzungsmöglichkeiten des Internets: Stelle dar, wie deine Eltern das Internet nutzen und in welchen Berufen einem das Internet begegnet.

4 Lies dir die Internetseite www.bmbf.de/de/298.php durch und erkläre, warum die Bundesregierung das Internet für „unverzichtbar" hält.

5 a) Lies die Quellen 1–3 und nimm Stellung.
b) Informiere dich über weitere Gefahren im Internet (www.klicksafe.de) und schreibe einen Text.

Die Internetnutzung nimmt zu

2009 nutzten über 46 Millionen der Deutschen über 14 Jahren das Internet. Das sind knapp 70 Prozent der Bundesbürgerinnen und -bürger. Es surften 14 Prozent mehr männliche als weibliche Nutzer.

Insgesamt ist die Online-Nutzung in allen Altersbereichen angestiegen, vor allem aber bei den ältern Menschen. 50 Prozent der über 50-Jährigen surfen inzwischen im Internet. Die Internetnutzung der Altersgruppe zwischen 14 und 29 Jahren liegt bei rund 95 Prozent, die zwischen 30 und 49 Jahren bei rund 85 Prozent.

Im Vergleich der Bundesländer ist die Internetnutzung in Berlin am höchsten und im Saarland am niedrigsten. Niedersachsen nimmt eine mittlere Position ein.

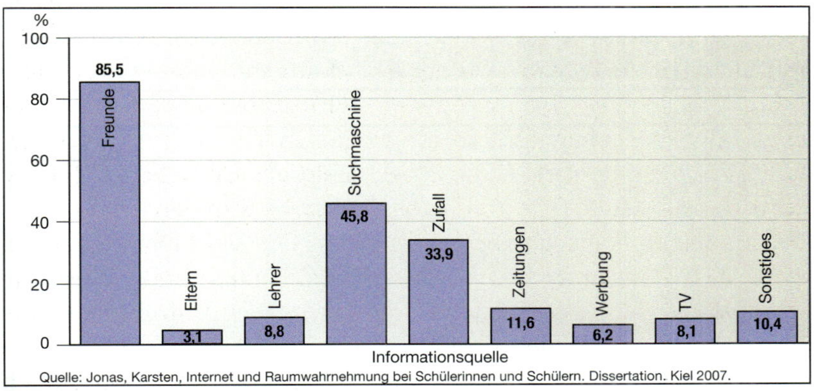

M2 *So orientieren sich Jugendliche im Internet.*

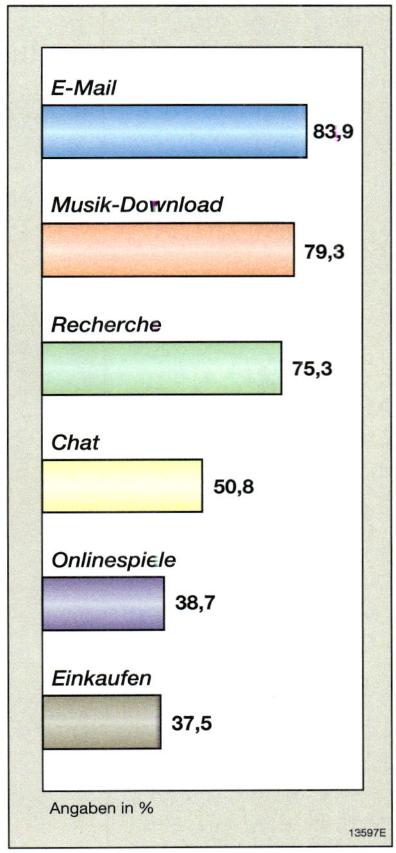

M3 *So nutzen Jugendliche das Internet.*

Quelle 1

Mobbing im Internet

Die Täter agieren im Verborgenen, und sie kennen keine Skrupel. Immer häufiger kommt es im Internet zu Verleumdung und Schikane.

(Nach: Fokus Online, 14.06.2008. www.focus.de)

Quelle 2

Rechtsextremismus im Internet

Rechtsextreme Gruppen und Personen nutzen das Internet, um rassistische Hetze und neonazistische Propaganda zu verbreiten.

(Nach: Jugendschutz, www.jugendschutz.net)

Quelle 3

Gewaltvideo im Internet

Polizei sucht Handyfilmer: Ein Gewaltvideo im Internet mit einer Prügelszene beschäftigt die Memminger Polizei. Auf dem etwa einminütigen Video, das den Beamten seit August 2007 vorliegt, wird in Memmingen ein Mann zusammengeschlagen und getreten.

(Nach: Merkur Online, www.merkur-online.de/regionen)

Aufgabe

6 Erläutere M2 und vergleiche mit deinen eigenen Gewohnheiten.

Merke

Das Internet bietet eine Vielzahl von Möglichkeiten zum Surfen, Spielen und Arbeiten. Es kann aber auch missbräuchlich eingesetzt werden. Gib daher niemals deinen Namen, deine Telefonnummer oder Mailadresse bekannt, wenn du nicht genau weißt, mit wem du Kontakt hast.

Medienkonsum – bewusst

1. Die deutsche Familie?

Beschreibe und deute die Karikatur.

2. Das Internet

Übertrage die Zeitleiste in deine Mappe oder dein Heft und trage die genannten Erfindungen richtig ein.

PC – BUCHDRUCK – TELEFON – INTERNET – FILM – ZEITUNG – RUNDFUNK – FERNSEHEN – MOBIL-TELEFON – UMTS

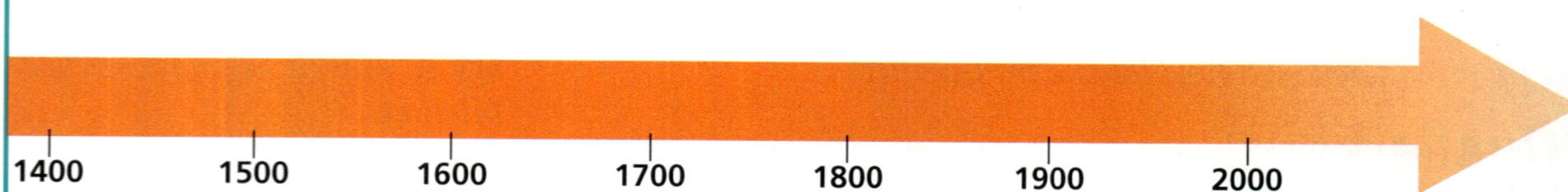

3. Das Internet

a) Nenne die Vor- und Nachteile zwischen einem gedruckten Buch und einem Buch im Internet.

b) Entwirf einen Internet-Führerschein für die Nutzung des Internets zur Recherche zu einem Unterrichtsthema. Notiere dazu Aufgaben zu Dingen, die man beherrschen sollte, wenn man im Internet surft und danach die Informationen auswertet.

4. Aus der Medienwelt

Bringe die Buchstaben in die richtige Reihenfolge und erläutere den Stellenwert der Begriffe in der Medienwelt.

1. SEFEHERRN
2. ITUZENG
3. MESENMASENDI
4. TUNGTERUNHAL
5. BUWERNG
6. ERINTNET
7. FORTIOMAINNEN

5. Tipps zum kritischen Umgang mit Medien

Formuliere die Tipps zum kritischen Umgang mit Medien. Vervollständige dazu die Sätze in den Sprechblasen.

6. Kennst du dich aus? – Aufgaben für Experten

a) Erkläre die Begriffe „Medien“ und „Massenmedien“.

b) Notiere die drei meist genutzten Medien der Bundesbürger 2005.

c) Erkläre, welche Medien seit 2000 für die Bundesbürger immer wichtiger werden.

d) Zähle Printmedien und elektronische Medien auf.

e) Nenne Beispiele dafür, wie das Internet missbräuchlich eingesetzt werden kann.

f) Man sagt, die Massenmedien üben ein „Wächteramt“ aus. Überlege und schreibe auf, was damit gemeint sein kann.

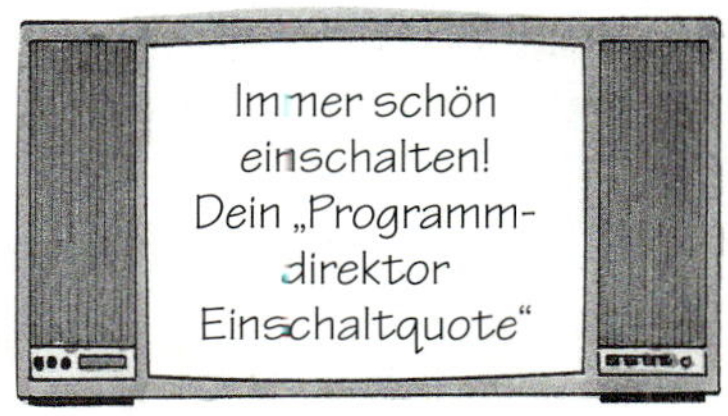

7. Zeitung – immer aktuell

Übertrage das Schema in deine Mappe oder dein Heft und fülle es aus.

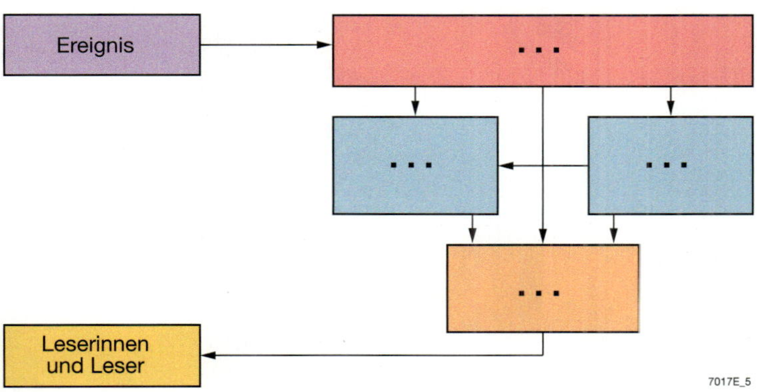

Grundbegriffe
- Medien
- Massenmedien

Revolutionen verändern die Welt

Verschiedene Arten von Revolutionen

Die Französische Revolution

Menschenrechte heute

Ein Lernplakat erstellen

Die Revolution von 1848

Ein Gruppenpuzzle durchführen

Die Industrielle Revolution

Kinderarbeit heute

Veränderungen in der Landwirtschaft

Hightech für die Landwirtschaft

M1 *Sturm auf die Bastille (Pariser Gefängnis) 1789: der Beginn der Französischen Revolution* ▶

Verschiedene Arten von Revolutionen

M1 *In Paris um das Jahr 1780 – Straßenszene (links) und Szene am Königshof Ludwigs XVI. (rechts)*

Revolutionen haben tief greifende Folgen

Das Bild auf den Seiten 206/207 zeigt die Erstürmung der Bastille am 14. Juli 1789; die Bastille war das Gefängnis der Stadt Paris. Dieses Ereignis war der Beginn der Französischen Revolution. Durch diese **Revolution** haben sich die politischen Verhältnisse in Frankreich vollkommen verändert.

Ereignisse von einer solch großen und für die Zukunft eines Landes wichtigen Bedeutung gab es nicht nur in der Politik. Auch Erfindungen auf dem Gebiet der Technik hatten die Bedeutung einer Revolution. Mithilfe des Telefons beispielsweise konnten Informationen schneller als je zuvor ausgetauscht werden.

Info

Revolution

Das Wort „Revolution" wird in vielen Bereichen verwendet, zum Beispiel in der Politik und in der Technik. Mit diesem Begriff werden Ereignisse beschrieben, die das Leben der Menschen grundlegend verändert („auf den Kopf gestellt") haben.

Quelle 1

Revolution der armen Bevölkerung

Damit eine Revolution [der gesellschaftlichen Ordnung] ausbricht, müssen die untersten Klassen [die ärmsten Menschengruppen] mit ihren Lebensverhältnissen sehr unzufrieden sein. Aber sie müssen auch ein Mindestmaß von Stärke haben. Sie müssen die Hoffnung haben, dass sie die bestehenden Verhältnisse verändern können.

(A. Schaff: Geschichte und Wahrheit. Wien 1970, S. 9)

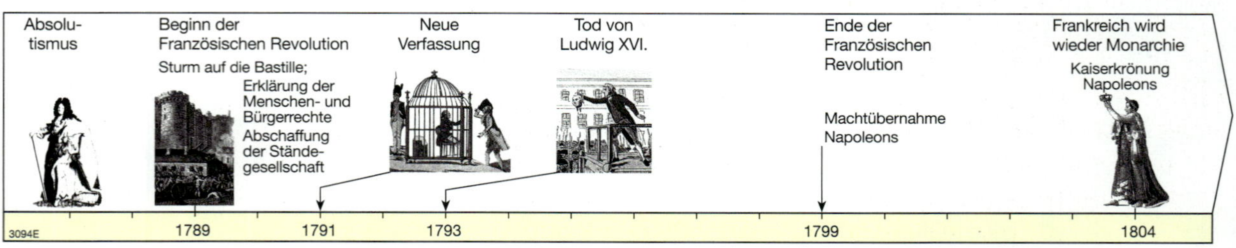

M2 *Zeitleiste zur Französischen Revolution*

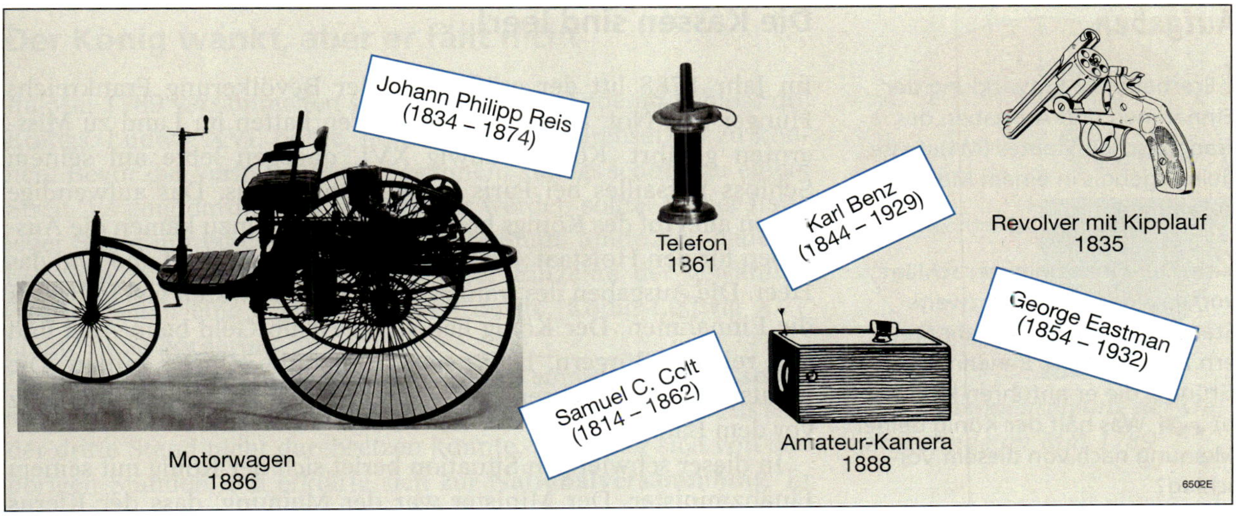

M3 *Erfinder und ihre Erfindungen*

Quelle 2

Es gibt keine Mauer mehr zwischen West- und Ostberlin

Am 10. November 1989 um 0:02 Uhr sind sämtliche Übergänge zwischen beiden Stadthälften von Berlin offen. Eine riesige Menschenmenge aus Ostberlin wälzt sich in die Innenstadt von Westberlin. Kneipen und Restaurants bleiben bis in die Morgenstunden geöffnet. Die meisten Wirte spendieren Freibier. Politiker und Fernsehteams aus aller Welt mischen sich unter die Feiernden. Zeitungen drucken Sonderausgaben. Das Ende von 28 Jahren Mauer und Stacheldraht mündet in die größte Spontan-Party aller Zeiten. Die friedliche Revolution hat gesiegt.

(Nach: Nachrichtenmagazin Focus vom 4. Oktober 1990, S. 137)

M4 *In Berlin spielten sich in der Nacht vom 9. zum 10. November 1989 unbeschreibliche Szenen ab. Die Mauer, die seit dem 13. August 1961 den Ostteil der Stadt vom Westteil trennte, wurde geöffnet.*

Aufgaben

1 Das Bild Seite 206/207 zeigt die Erstürmung der Bastille. Nenne mögliche Gründe (M1, Quelle 1).

2 a) Ordne die Erfindungen in M3 den Namen der Erfinder zu (Lexikon).
b) Beurteile, ob die Erfindung des Motorwagens eine Revolution war (Info).

3 a) Informiere dich über die Ereignisse im November 1989 in Berlin (Quelle 2, M4, Internet, Lexikon: Stichwort: Berlin).
b) Erkläre den Begriff „friedliche Revolution“, der in diesem Zusammenhang verwendet wurde.

Merke
Eine Revolution verändert die Lebensverhältnisse der Menschen grundlegend.

Grundbegriff
- Revolution

Die Französische Revolution

Aufgaben

1 Viele Bauern hofften nach den Beschlüssen vom 5. August 1789 auf ein besseres Leben. Erkläre (Text, Quelle).

2 Erkläre, welche Menschen- und Bürgerrechte (M1) nur für den einzelnen Menschen und welche für die ganze Gesellschaft gelten.

3 Diskutiert, welche Rechte eurer Meinung nach in einer Gesellschaft am wichtigsten sind.

4 Erkläre, was sich mit der Verfassung an der Stellung des Königs verändert hat (M2, M4).

5 Prüfe, ob die Verfassung von 1791 mit den Punkten 1 und 3 der Menschen- und Bürgerrechte übereinstimmt (M2, M1).

Hoffnung auf ein besseres Leben

Die Unruhen in den Städten und auf dem Land fanden kein Ende. Die Aufstände der Armen gegen die Reichen waren nicht mehr zu kontrollieren. Die Nationalversammlung musste handeln, damit in ganz Frankreich wieder Ruhe einkehrte. Deshalb schuf sie in der Nacht vom 4. auf den 5. August 1789 alle Vorrechte des Adels ab. Auch der Klerus (die Kirche) musste auf bisherige Rechte verzichten. Die Bauern brauchten zum Beispiel an die Kirche nicht mehr den zehnten Teil ihrer Ernten abzuliefern. Durch die Beschlüsse der Nationalversammlung wurden die Grundlagen der Ständegesellschaft beseitigt. Eine neue **Gesellschaftsordnung** musste geschaffen werden.

Quelle

Gleiche Rechte und Pflichten

Das alte Frankreich wurde am 5. August 1789 endgültig zu Grabe getragen. Die Bauern waren nicht mehr Leibeigene der Grundherren. Sonderrechte der Adeligen und des Klerus wie zum Beispiel Steuerbefreiungen wurden aufgehoben. Jetzt musste jeder Steuern zahlen. Jeder Staatsbürger sollte zu jedem Amt zugelassen werden, wenn er dazu fähig war.

(Nach P. Sethe: Die großen Tage. Frankfurt a.M. 1953, S. 57f)

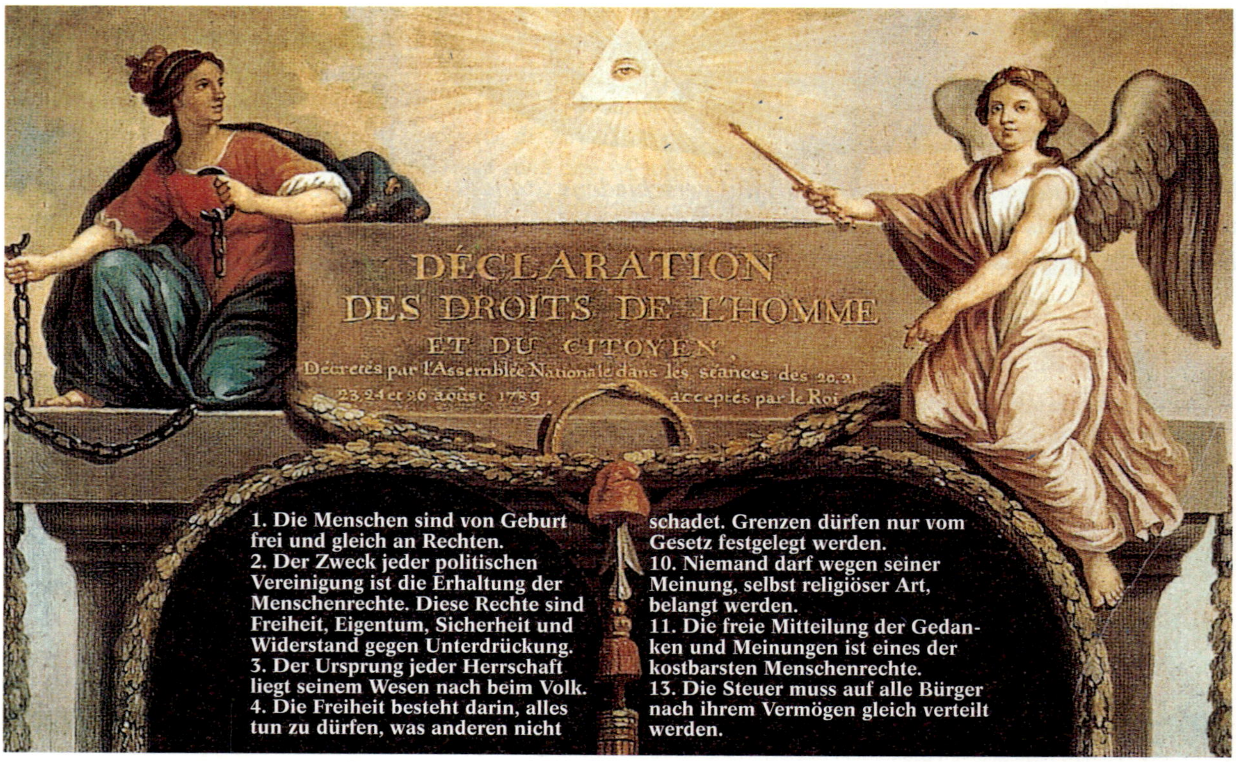

M1 *Auszug aus der „Erklärung der Menschen- und Bürgerrechte" von 1789. Sie umfasst 17 Punkte.*

Eine neue Ordnung entsteht

Die Abgeordneten der Nationalversammlung diskutierten lange über die neue Gesellschaftsordnung. Dann entschieden sie, wie die Menschen in Zukunft zusammenleben sollten. Ein wichtiger Teil der neuen Ordnung war die „Erklärung der Menschen- und Bürgerrechte". Die Rechte wurden am 26. August 1789 verkündet. Sie galten für alle Franzosen, auch für den König.

Die „Erklärung der Menschen- und Bürgerrechte" war die Grundlage einer neuen **Verfassung**. In ihr wurde festgelegt, wie Frankreich regiert werden sollte. Die Macht des Königs wurde eingeschränkt. Er konnte nun nicht mehr wie früher allein regieren und herrschen wie er wollte.

M3 *„Der König im Käfig der Verfassung" (zeitgenössische Karikatur)*

Info

Menschen- und Bürgerrechte

Bereits einige Jahrzehnte vor der Französischen Revolution, in der Zeit der **Aufklärung**, schrieben Gelehrte, dass alle Menschen von Natur aus frei sind und die gleichen Rechte haben. Diese angeborenen und bleibenden Rechte nannten sie **Menschenrechte**. Zu den Menschenrechten zählt auch, dass die Herrschaft in einem Staat beim Volk liegt. Es darf dann keinen Alleinherrscher geben, der seine Macht missbraucht und das Volk unterdrückt.

M4 *So herrschten Frankreichs Könige bis 1791*

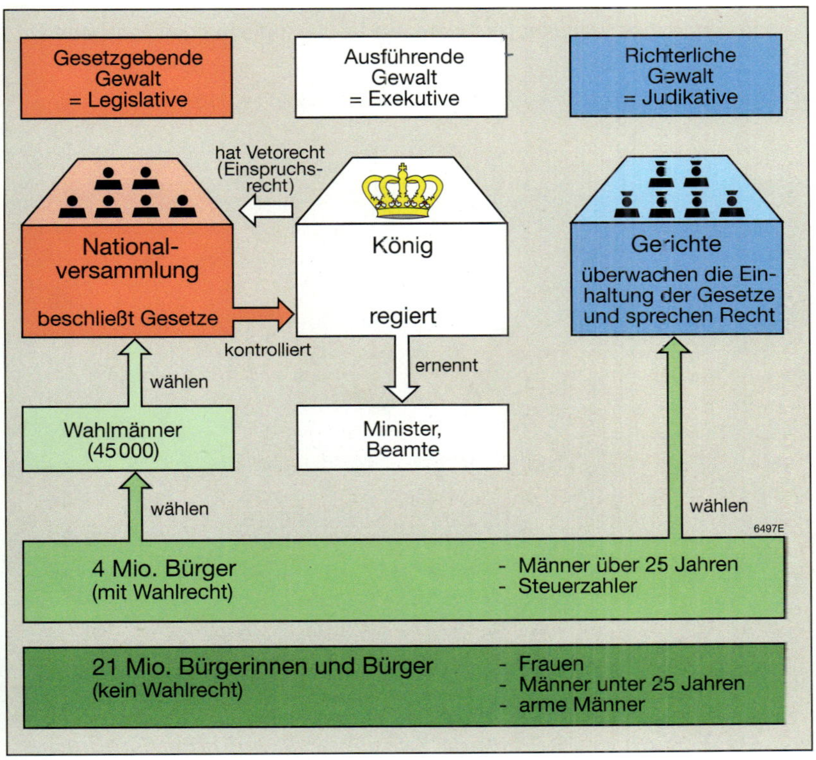

M2 *Frankreichs neue Verfassung von 1791*

Merke

Im Jahr 1789 wurde eine neue Gesellschaftsordnung (Verfassung) auf der Grundlage der Erklärung der Menschen- und Bürgerrechte geschaffen.
Die neue Verfassung von 1791 schränkte die Macht des Königs ein.

Grundbegriffe

- Gesellschaftsordnung
- Verfassung
- Aufklärung
- Menschenrecht

Die Französische Revolution

M1 *Frankreich im Jahr 1792*

Frankreich hat keinen König mehr

Ludwig XVI. fühlte sich nicht mehr sicher. Im Juni 1791 floh er mit seiner Gemahlin Marie Antoinette in einer Kutsche. Ihr Ziel war das Ausland. In dem Ort Varennes-en-Argonne wurden der König und die Königin erkannt und nach Paris zurückgebracht. Viele Franzosen betrachteten den Fluchtversuch als Verrat am Vaterland.

Die Fürsten in Europa hatten Angst, dass es auch in ihren Ländern zu einer Revolution kommt. Österreich und Preußen drohten Frankreich mit einem Krieg, falls dort die Monarchie abgeschafft wird. Sie ließen Soldaten an den Grenzen zu Frankreich aufmarschieren. Daraufhin erklärte Frankreich diesen Ländern 1792 den Krieg.

Nun überschlugen sich die Ereignisse. Nach wie vor herrschte überall Armut und Hunger. Das Volk war unzufrieden. Im August 1792 wurde Ludwig XVI. von aufgebrachten Bürgern gefangengenommen. Die Nationalversammlung setzte den König ab. Frankreich wurde eine Republik. Es war das erste Land in Europa ohne König.

Quelle 1

Zur Hinrichtung des Königs

Ludwig XVI. hat eine Verschwörung gegen die Republik angezettelt. Er hat Verbindungen mit Fürsten im Ausland aufgenommen. Mit ihrer Hilfe wollte er die Revolution in Frankreich rückgängig machen.
Ein solcher König gefährdet das Glück seines Volkes. Er wird deshalb zum Tode verurteilt. Ludwig muss sterben, weil das Vaterland Frankreich leben soll.

(Nach K.H. Peter (Hrsg.): Reden, die die Welt bewegten. Stuttgart 1959, S. 53f)

Aufgaben

1 Stelle dar, warum König Ludwig XVI. abgesetzt und zum Tode verurteilt wurde (Text, Quelle 1).

2 a) Beschreibe M2.
b) Stell dir vor, du stehst auf dem Platz vor der Guillotine. Berichte über deine Gedanken und möglichen Handlungen.

3 Nach der Hinrichtung des Königs rief ein Teil der Zuschauer: „Es lebe die Republik!“ Die meisten Menschen gingen jedoch traurig fort. Begründe, warum sich die Zuschauer so unterschiedlich verhalten haben.

M2 *Am 21. Januar 1793 wurde Ludwig XVI. mit einer Guillotine (Fallbeil) hingerichtet.*

Der König ist tot, es lebe der Kaiser

Nach dem Tod Ludwig XVI. übernahm die Nationalversammlung, die nun Nationalkonvent hieß, die Regierung. Unter den Abgeordneten gab es Anhänger der Monarchie und Anhänger der Republik. Zwischen ihnen kam es immer wieder zum Streit über die richtige Politik. Die meisten Franzosen interessierte dieser Streit kaum noch. Sie sehnten sich nach Sicherheit und Ordnung. Die Menschen glaubten, dass dann die Lebensverhältnisse endlich besser würden.

In dieser Zeit richteten sich alle Hoffnungen auf Napoleon Bonaparte. Napoleon war General und sehr beliebt. Er kämpfte während der Französischen Revolution gegen Anhänger der Monarchie. In Kriegen errang er wichtige Siege für Frankreich. Napoleon übernahm im Jahr 1799 die Macht und erklärte die Französische Revolution für beendet. Er krönte sich am 2. Dezember 1804 selbst zum Kaiser. Das war das Ende der Republik. Frankreich war wieder eine Monarchie.

M4 *Napoleon Bonaparte (1769–1829) als junger Mann*

Quelle 2

Kaiserkrönung in der Pariser Kathedrale Notre-Dame

Papst Pius VII. salbte zuerst den Kaiser und die Kaiserin mit dem heiligen Öl. Dann segnete er ihre Kronen. Als der Papst dem Kaiser die Krone aufsetzen wollte, wurde ihm gesagt, dass er das nicht tun soll. Napoleon setzte sich selbst die Krone auf. Eine Bewegung ging durch die Versammlung. Man empfand Bewunderung über den „edlen und berechtigten Stolz" des großen Feldherrn.

(Nach O. Aubry: Die Französische Revolution. Paris. o.J., S. 122f)

Aufgaben

4 Stelle Daten zu Napoleon und seinem Leben zusammen (M4, Lexikon).

5 Erläutere den Unterschied zwischen einer Monarchie und einer Republik.

M3 *Napoleon Bonaparte, der sich zuvor selbst gekrönt hat, setzt seiner Frau Josephine die Krone auf. (Gemälde von J.-L. David)*

Merke

1792 wurden König Ludwig XVI. abgesetzt und Frankreich Republik. Napoleon Bonaparte übernahm 1799 die Macht und erklärte die Französische Revolution für beendet. Napoleon krönte sich 1804 selbst zum Kaiser. Frankreich wurde wieder Monarchie.

Menschenrechte heute

GL Rel

Quelle 1

Allgemeine Erklärung der Menschenrechte der Vereinten Nationen (UN) vom 10. Dezember 1948 (Auszug)

Artikel 3: Jedermann hat das Recht auf Leben, Freiheit und Sicherheit der Person.

Artikel 5: Niemand darf der Folter oder grausamer, unmenschlicher oder erniedrigender Behandlung oder Strafe unterworfen werden.

Artikel 7: Alle Menschen sind vor dem Gesetz gleich.

(Nach Wochenschau, 49. Jg. September 1998, S. 33)

In 110 Staaten der Erde werden Gefangene misshandelt oder gefoltert.

Mindestens 300.000 politische Gefangene sitzen ohne Anklage im Gefängnis.

Mindestens 17 Millionen Menschen befinden sich auf der Flucht vor Hunger und Gewalt.

In 106 Staaten gilt die Todesstrafe.

Täglich sterben 35.000 Kinder an Hunger und Gewalt.

1,4 Milliarden Menschen leben in absoluter Armut.

In 45 Ländern werden Menschen willkürlich hingerichtet.

700 Millionen Menschen sind arbeitslos oder unterbeschäftigt.

M1 *Menschenrechtsverletzungen in der Welt*

Menschenrechte für alle Menschen?

Die Erklärung der Menschenrechte von 1789 (siehe Seiten 214/215) ist eine der wichtigsten Errungenschaften der Französischen Revolution. 1948 haben die Vereinten Nationen (UN) auf dieser Grundlage eine „Allgemeine Erklärung der Menschenrechte“ verabschiedet. Alle Mitgliedsstaaten haben sie unterzeichnet. Doch gilt sie für alle Menschen auf der ganzen Welt?

Info 1

Demokratische Republik Kongo

Kontinent: Afrika
Fläche: 2 345 411 km²
Einwohner: 66,5 Mio.
Hauptstadt: Kinshasa
Geschichte: Die Demokratische Republik Kongo (DR Kongo) hieß bis 1960 Belgisch-Kongo und von 1971 bis 1997 Zaïre. Nicht zu verwechseln mit der westlich gelegenen Republik Kongo. Durch Bürgerkrieg und Korruption ist die Regierung insbesondere im Osten des Landes nicht mehr Herr der Lage. Bodenschätze werden von lokalen Kriegsherren ausgebeutet. Die DR Kongo wird als gescheiterter Staat bezeichnet.

Quelle 2

Mehr als 250 000 Menschen fliehen vor Bürgerkrieg

Massaker, Vergewaltigungen und brutale Überfälle bestimmen den Alltag der Menschen im Osten des Kongos. Tausende Frauen, Männer und Kinder fliehen vor den Kämpfern und Plünderern. Die Lage der Flüchtlinge wird immer verzweifelter. Es fehlt an Lebensmitteln, Trinkwasser und Medikamenten, Decken, Kleidung und Notunterkünften. Die Menschen sind der kühlen Regenzeit schutzlos ausgeliefert. Besonders viele Kinder leiden unter schwerer Bronchitis und Lungenentzündungen. Rund um Goma sind bereits die ersten Menschen an Cholera erkrankt.

(Nach: www.misereor.de)

Quelle 3

Krieg um Rohstoffe

Die Demokratische Republik Kongo, in der einer der erbittertsten Konflikte der Welt tobt, ist ein reiches Land. Es gibt Öl und Diamanten – vor allem aber das Mineral Coltan, das für die Herstellung von Handys benötigt wird. Doch wie in anderen Ländern Afrikas auch fördert dieser Reichtum die Gewalt.

(Nach: sueddeutsche.de vom 19.11.2008)

Quelle 4

Folter und Tötung

Die Menschenrechte werden in Myanmar noch immer massiv verletzt. Die Militärregierung in Naypyidaw kontrolliert das ganze Land. Jeder Widerspruch gegen das Regime wird streng bestraft. Meinungs-, Versammlungs- und Pressefreiheit existieren nicht. Zahlreiche politische Gefangene verbüßen hohe Freiheitsstrafen. Besonders betroffen sind politisch andersdenkende Minderheiten in abgelegenen Gebieten. Hier geht das örtliche Militär nach eigenem Ermessen gegen die Menschen vor, wobei unter anderem Zwangsarbeit, Zwangsumsiedlung, Mord und Folter praktiziert werden. (Nach: Auswärtiges Amt, 25. Mai 2005)

Info 2

Vereinte Nationen (United Nations Organization: UNO)
Die UNO wurde 1945 gegründet; Hauptsitz ist New York. Ihr gehören 185 Staaten an. Die wichtigste Aufgabe ist die Sicherung des Friedens und der Schutz der Menschenrechte.

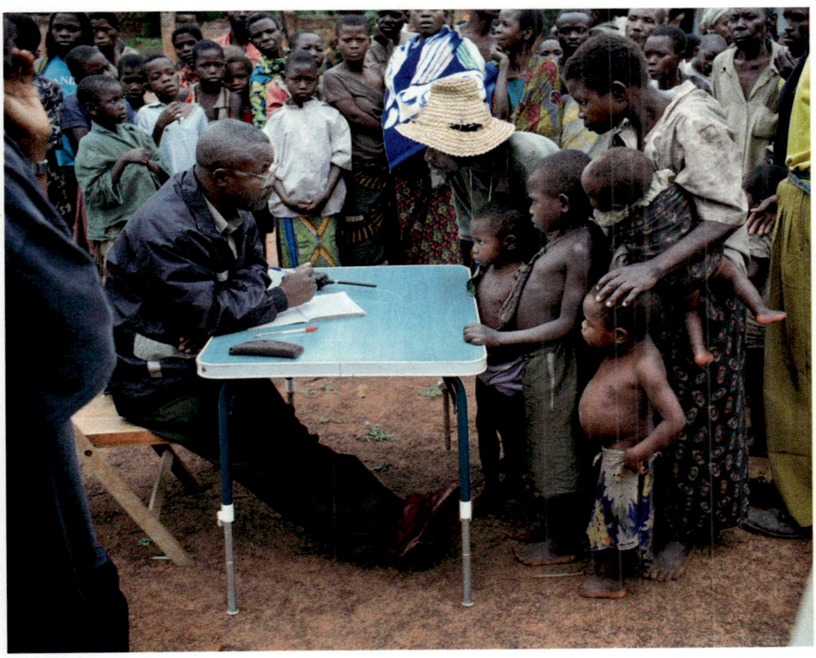

M2 *Ankunft im Flüchtlingslager (DR Kongo)*

Info 3

Myanmar
Kontinent: Asien
Fläche: 676 578 km^2
Einwohner: ca. 53 Millionen
Hauptstadt: Rangun
Geschichte: Myanmar (früher Birma) erlangte 1948 die Unabhängigkeit von Großbritannien. Seit 1962 regiert das Militär.

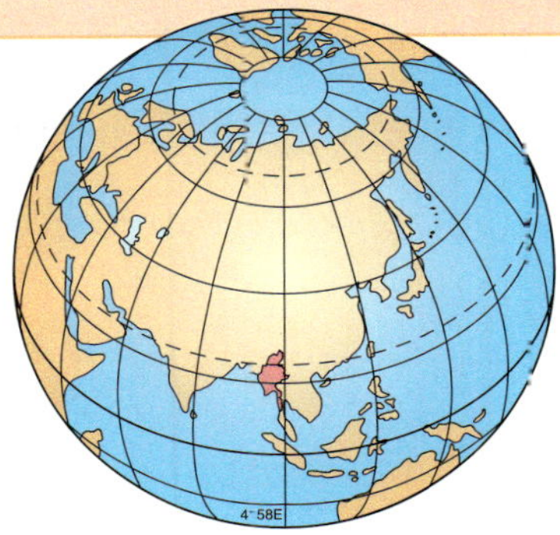

Aufgaben

1 Liste die Menschenrechtsverletzungen stichwortartig auf (M1).

2 Stelle die aktuelle Situation in der DR Kongo dar (Internet).

3 In dem Prospekt eines Reiseveranstalters heißt es: „… weil sich das Land Myanmar aus politischen Gründen fremden Einflüssen nur wenig öffnet, bietet es ein besonders unverfälschtes Bild asiatischen Lebens." Nimm dazu Stellung.

Merke
Die Menschenrechte gehen auf die Französische Revolution zurück. Obwohl diese Rechte in fast allen Staaten der Erde gelten, werden sie immer wieder verletzt.

Ein Lernplakat erstellen

Vor der Revolution

Sehr viele arme Menschen

Wenige reiche Menschen

Ständegesellschaft!
König Ludwig XVI. regiert allein.

Kampfansage an den König

Der dritte Stand erklärt sich zur Nationalversammlung.
Forderung nach einer Verfassung;
Ballhausschwur!

Die Französische REVOLUTION

Die gesellschaftlichen und politischen Verhältnisse wurden mit Gewalt verändert.

Der König ist tot

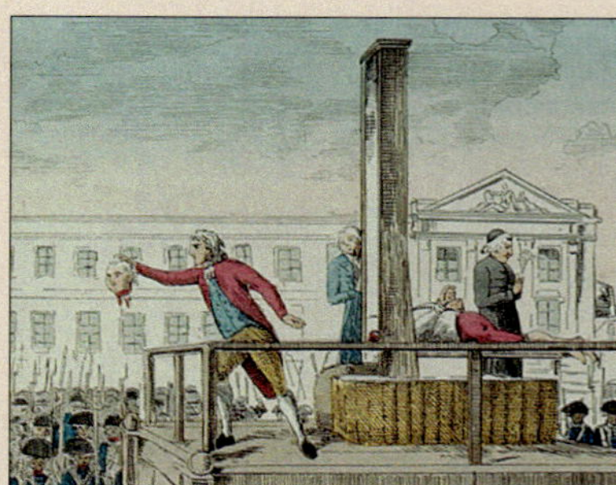

1793: Hinrichtung von König Ludwig XVI.
Ende der Monarchie;
Frankreich wird Republik.

Es lebe der Kaiser!

1799: Napoleon übernimmt die Macht.
Ende der Französischen Revolution.
Napoleon krönt sich 1804 zum Kaiser.

M1 *Die Französische Revolution: Lernplakat einer Schülerin*

Auf zur Bastille!

14. Juli 1789:
Sturm auf die Bastille;
Ausbruch der Revolution

Alle Menschen sind gleich

ändegesellschaft wird abgeschafft.
26. August 1789: Erklärung der Menschen- und Bürgerrechte.
Neue Verfassung schränkt Macht des Königs ein.

2909E

Wenn eine Klassenarbeit geschrieben wird, ...

... kannst du dich mit einem Lernplakat auf die Arbeit gut vorbereiten. Auf einem solchen Plakat stehen die wichtigsten Inhalte eines Themas: Informationen, die du wissen musst.

Schritt für Schritt, dann klappt's am besten

Wenn du ein Lernplakat erstellst, gehst du am besten in den folgenden fünf Schritten vor:

1. Verschaffe dir zunächst einen Überblick über das Thema. Schlage im Schulbuch und in deinem Heft oder deiner Mappe nach.
2. Schreibe Stichwörter und kurze Sätze, die dir zum Thema einfallen, auf Papierstreifen.
3. Gliedere das Thema in Teilthemen. Lege dazu die Papierstreifen zusammen, die inhaltlich zueinander passen.
4. Gib jedem Teilthema eine passende Überschrift. Hier helfen die Überschriften im Schulbuch weiter.
5. Ordne die einzelnen Themen auf einem Karton übersichtlich und sinnvoll an. (Bei der Französischen Revolution bietet sich eine zeitliche Anordnung an). Klebe erst dann die Materialien fest.
6. Hänge das Plakat im Klassenzimmer auf.

Tipps zur Gestaltung des Lernplakats

- Schreibe kurze Überschriften, kurze Sätze und Stichwörter, weil du dir die gut merken kannst.
- Hebe Dinge hervor, die besonders wichtig sind (z.B. Überschriften und Jahreszahlen durch Farbe, eine größere Schrift oder Unterstreichung).
- Ergänze die Stichwörter und Texte unbedingt mit Bildern. Dann behältst du das, was du lernen sollst, viel besser.

Aufgaben

1 Liste auf, was du brauchst, wenn du ein Lernplakat anfertigen willst.

2 Besonders wichtige Dinge werden in M1 hervorgehoben. Nenne Beispiele.

3 Halte mithilfe des Lernplakats (M1) einen kurzen Vortrag zum Thema „Die Französische Revolution".

Merke
Das Lernplakat ist eine Hilfe bei der Vorbereitung auf eine Klassenarbeit.

Die Revolution von 1848

Quelle 1

„Das Lied der Deutschen" (Dritte Strophe)

Einigkeit und Recht und Freiheit
für das deutsche Vaterland!
Danach lasst uns alle streben
brüderlich mit Herz und Hand!
Einigkeit und Recht und Freiheit
sind des Glückes Unterpfand.
Blüh im Glanze dieses Glückes,
blühe, deutsches Vaterland.

(Hoffmann von Fallersleben, geboren 1798, gestorben 1874, deutscher Dichter)

M1 *Auf dem Weg zum Schloss Hambach 1832*

Einigkeit und Recht und Freiheit!

27. Mai 1832: 30 000 Menschen marschieren zum Schloss Hambach bei Neustadt in der Pfalz. Immer wieder wird aus der Menge laut gerufen: „Es lebe Deutschland!" und „Es lebe die Freiheit!". Bauern, Handwerker, Studenten, Professoren, Journalisten und Rechtsanwälte sind aus ganz Deutschland angereist. Sie setzen sich für ein geeintes Deutschland ein. Dieser **Nationalstaat** soll eine Republik sein. In einer Verfassung sollen die politischen Mitspracherechte und die Freiheitsrechte der Bürger festgelegt werden. Einige aus der Menge fordern sogar, dass die Fürsten in Deutschland abgesetzt werden. Diese haben bisher die alleinige Macht und regieren nach Belieben.

Februar 1848: In Frankreich entsteht erneut eine Revolution. Das Land wird wieder eine Republik. Dieses Ereignis greift auf Deutschland über und löst auch hier Unruhen aus. In vielen kleineren und größeren Städten, wie zum Beispiel Berlin, kommt es zu blutigen Aufständen. Die Menschen sind fest entschlossen, die politischen Verhältnisse zu verändern. Sie sind sehr unzufrieden, zumal sich auch die Lebensverhältnisse verschlechterten. Vor 1848 gab es mehrere Missernten. Jetzt sind die Lebensmittel knapp und die Preise steigen höher und höher. Aber die Löhne haben sich nicht verändert.
Die Bevölkerung der Stadt Mannheim reagiert zuerst auf die Ereignisse in Frankreich. Am 27. Februar 1848 versammeln sich dort 2500 Männer und Frauen. Es werden Forderungen an die Politiker gestellt (siehe Quelle 2). Würde ein Umsturz der bestehenden politischen und sozialen Verhältnisse gelingen?

Quelle 2

Petition (Bittschrift) vieler Bürger und Einwohner der Stadt Mannheim

Das deutsche Volk hat das Recht, zu verlangen:

- Wohlstand, Bildung und Freiheit für alle,
- unbedingte Pressefreiheit,
- ein deutsches Parlament, frei gewählt durch das Volk.

Diese Forderungen sind so dringend, dass mit deren Erfüllung nicht länger gezögert werden kann und darf.

(Nach „Mannheimer Petition" vom 27. Februar 1848)

M2 *700 Aufständische ziehen durch die Stadt Lörrach (Baden). Ihr Anführer, Gustav Struve, fordert die Menschen auf, sich anzuschließen. Doch nur wenige machen mit (Gemälde von 1848).*

Der Journalist Struve setzte sich ebenso wie der Rechtsanwalt Friedrich Hecker leidenschaftlich für eine Republik ein. Beide stammten aus Mannheim. Sie warben auf zahlreichen Volksversammlungen für ihre politischen Ideen. Struve und Hecker waren sich sicher, dass die Bevölkerung hinter ihnen stand. Deshalb rief Hecker am 12. April 1848 in Konstanz die Republik aus. Doch der Aufstand schlug fehl.

M3 *Straßenkampf in Berlin 1848*

Aufgaben

1 Stelle dar, welche Vorstellungen Hoffmann von Fallersleben von einem deutschen Vaterland hatte.

2 Erläutere mithilfe von Quelle 2, welche Gründe zur Revolution von 1848 führten.

3 Erkläre, ob du dich dem badischen Revolutionär Gustav Struve angeschlossen hättest (M2). Nenne aus deiner Sicht Gründe, die dagegen sprechen, und Gründe, die dafür sprechen.

4 a) An der Revolution von 1848 beteiligten sich Menschen aus allen Schichten der Bevölkerung. Begründe.
b) Erkläre, mit welchen Mitteln sie sich für Freiheit und Demokratie einsetzten.

Merke
Im Jahr 1848 kam es in Deutschland zu einer Revolution. Die Menschen forderten einen Nationalstaat und setzten sich für bessere Lebensverhältnisse ein. Sie versuchten, ihre Ziele auch mit Gewalt durchzusetzen.

Grundbegriff
- Nationalstaat

Die Revolution von 1848

M1 *Die Abgeordneten der Nationalversammlung ziehen in die Paulskirche ein*

Die Nationalversammlung tagt

Die Revolutionäre hatten ein großes Ziel erreicht. In allen deutschen Ländern wurden Abgeordnete für ein Parlament, die sogenannte Nationalversammlung, gewählt. Es gab noch keine Parteien. Deshalb wurden fast nur bekannte und angesehene Personen gewählt: zum Beispiel der Professor für deutsche Sprache Jacob Grimm und der Dichter Ludwig Uhland.

Die Abgeordneten trafen sich am 18. Mai 1848 in Frankfurt am Main. Sie tagten in der Paulskirche. Der Präsident der Nationalversammlung erläuterte die Aufgaben des Parlaments: „Wir sollen eine Verfassung für Deutschland schaffen, für das gesamte Reich. Deutschland will eins sein, ein Reich, regiert vom Willen des Volkes. Wenn über Manches Zweifel besteht und Ansichten auseinandergehen, über die Forderung der Einheit ist kein Zweifel."

Die Abgeordneten erarbeiteten eine neue Verfassung für ganz Deutschland. Die Grundrechte waren Teil der Verfassung. Sie sollten Rechte sichern, die den Menschen bisher verweigert wurden. Aber welche Länder sollten zu Deutschland gehören? Die Nationalversammlung entschied sich für die kleindeutsche Lösung.

Aufgaben

1 Finde heraus, welche Lösungen die Abgeordneten der Nationalversammlung auf die vier wichtigen Fragen fanden (M2, Lexikon).

2 Benenne die Länder, die zu einem vereinten Deutschland gehören sollten (M5 und Atlas, Karte: Deutscher Bund 1815).

3 Vergleiche die Karten M4 und M5. Nenne Unterschiede (Atlas).

4 Lies die Artikel 2, 3, 4, 5, 10, 13 und 14 im Grundgesetz der Bundesrepublik Deutschland. Erstelle eine Tabelle, in der du die Artikel den Grundrechten in M3 zuordnest.

5 Erarbeite einen Vortrag über die Revolution in anderen Teilen Europas (Lexikon, Internet, Atlas, Karte: Revolution und Reaktion 1848/49).

M2 *Wichtige Fragen, über die die Abgeordneten diskutierten*

Quelle

Nimmt der König von Preußen die Kaiserkrone an?
Deutschlands Königskrone ist nie anders als durch die Wahl der Reichsfürsten vergeben worden – und das seit 1000 Jahren. Erlauben Sie mir jetzt zu fragen: Was bietet man mir? Wer bietet mir? Antwort: Eine Versammlung von 600 Untertanen bietet mir die Krone an. Aber Untertanen können keine Krone vergeben.

(Schreiben des preußischen Königs Friedrich Wilhelm IV. an den Großherzog von Sachsen-Weimar, Auszug)

M4 *Die großdeutsche Lösung*

M5 *Die kleindeutsche Lösung*

Ein Traum zerplatzt

Der König von Preußen lehnte die Kaiserkrone ab. Er setzte Militär gegen die Revolutionäre ein und löste die Nationalversammlung gewaltsam auf. Viele Revolutionäre wurden verhaftet und erschossen. Andere konnten ins Ausland fliehen. Der Deutsche Bund mit seinen Fürstentümern wurde wieder eingerichtet. Die Fürsten hoben alle Grundrechte auf. Die Revolution von 1848 war gescheitert. Die Bürgerinnen und Bürger hatten ihren Kampf für Einheit und Freiheit verloren.

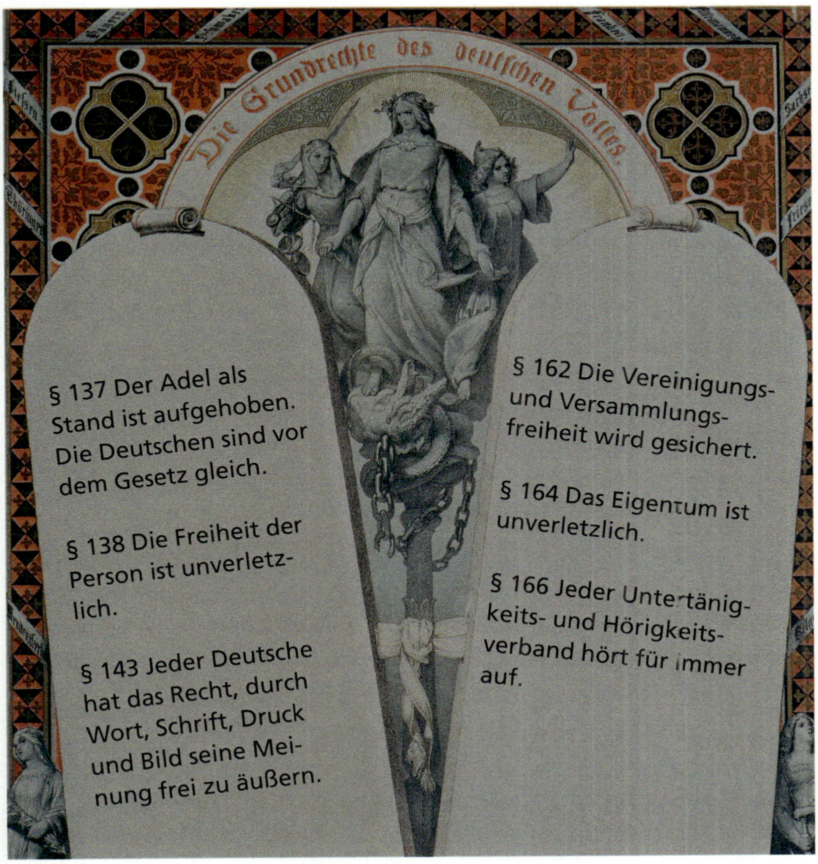

M3 *„Grundrechte des deutschen Volkes" aus dem Jahr 1848*

Merke
Der König von Preußen sollte Kaiser werden und das vereinte Deutschland regieren. Er lehnte dies ab und löste die Nationalversammlung auf. Die Revolution von 1848 war gescheitert.

Ein Gruppenpuzzle durchführen

Info

Gruppenpuzzle
Ein Gruppenpuzzle ist eine besondere Form der Gruppenarbeit. Hierbei wird in _Stammgruppen_ ein umfassendes Thema in mehrere Puzzlestücke oder Teilthemen untergliedert. Diese Teilthemen werden dann in den _Expertengruppen_ weiter bearbeitet. Schließlich werden in den _Stammgruppen_ die einzelnen Puzzleteile wieder zu einem Ganzen zusammen gefügt (M1).

Anleitung zum Gruppenpuzzle

1. Bildet Stammgruppen, die aus bis zu acht Schülerinnen und Schülern bestehen. Einigt euch innerhalb der Stammgruppen, wer welches der folgenden vier Teilthemen der Revolution von 1848 als Expertin oder Experte bearbeiten will:
a) Der Wiener Kongress, b) Forderung nach Einheit und Freiheit,
c) Politische Unterdrückung, d) Wirtschaftliche Krisen.

2. Findet euch in den Expertengruppen zusammen. Wenn ihr mehr als sechs Personen seid, teilt euch noch einmal auf. Arbeitet erst allein den Text durch und macht euch Notizen. Anschließend bearbeitet ihr gemeinsam die Aufgaben. Denkt daran, dass jede Expertin und jeder Experte die Ergebnisse in seine Stammgruppe mitnehmen muss.

3. In der Stammgruppe werden die Ergebnisse gegenseitig vorgestellt und Nachfragen beantwortet. Bereitet dann einen Vortrag zum Thema „Ursachen für die 1848er Revolution" vor. Überlegt, wie ihr diesen Vortrag der Klasse interessant präsentieren könnt.

Der Wiener Kongress

Aufgaben der Expertengruppe:

1. Fasst die Ergebnisse des Wiener Kongresses zusammen und erklärt diese umfassend.
2. Verfasst ein Flugblatt, in dem ein Teilnehmer der Befreiungskriege gegen die Beschlüsse des Wiener Kongresses protestiert.
3. Bereitet die Präsentation eurer Ergebnisse für die Stammgruppe vor.

Nach den Befreiungskriegen gegen Napoleon und seinem Sturz versammelten sich im Herbst 1814 bis 1815 die Monarchen und Staatsmänner der wichtigen europäischen Mächte Russland, Österreich, Preußen, Frankreich und England in Wien auf dem sogenannten Wiener Kongress, um Europa neu zu ordnen. Unter der Führung des österreichischen Staatskanzlers Fürst von Metternich einigte man sich auf wichtige Grundsätze:

- Die politischen und gesellschaftlichen Zustände vor der Französischen Revolution sollten wiederhergestellt werden.
- Die Fürsten vereinbarten untereinander Solidarität, um Freiheits- und Nationalbewegungen besser bekämpfen zu können.
- Anstatt der Schaffung eines Einheitsstaates wurde der Deutsche Bund gegründet, ein loser Zusammenschluss von anfangs 35 Fürstenstaaten und vier freien Städten. Ihre Vertreter trafen sich in der Bundesversammlung zu Frankfurt am Main.

Viele Menschen, die für ein einiges und freies Deutschland gekämpft und auf demokratischere Rechte gehofft hatten, waren enttäuscht.

Forderung nach Einheit und Freiheit

Aufgaben der Expertengruppe:

1. Klärt gemeinsam, welche Forderungen die Freiheitskämpfer hatten und erläutert diese umfassend mithilfe eines Lexikons.
2. Stellt die Forderungen auf einem Plakat zusammen, mit dem ihr eure Mitbürgerinnen und Mitbürger überzeugen wollt.
3. Bereitet die Präsentation eurer Ergebnisse für die Stammgruppe vor.

Die Ideen der Französischen Revolution, der Wunsch nach einem einheitlichen deutschen Nationalstaat, die Hoffnung auf eine gewählte Volksvertretung und nach individuellen Freiheitsrechten ließen sich auch in den deutschen Staaten nicht mehr zurückdrängen. Insbesondere unter Studenten und Professoren, Dichtern und Gelehrten war das liberale Gedankengut verbreitet. So schlossen sich viele Studenten zu Burschenschaften zusammen, deren erste gemeinsame Kundgebung 1817 auf der Wartburg bei Eisenach stattfand. Nach dieser Kundgebung wurde die politische Verfolgung und Unterdrückung verschärft. Trotzdem verstummte der Ruf nach Freiheit, Gerechtigkeit und Einheit nicht. Am 27. Mai 1832 versammelten sich etwa 30000 Menschen zu einem Fest auf dem Hambacher Schloss. Viele Teilnehmer trugen die schwarz-rot-goldene Fahne, deren Farbe symbolisch Freiheit und Demokratie ausdrücken sollten. Auch hier forderten die Redner die nationale Einheit, eine deutsche Verfassung, Pressefreiheit und Demokratie.

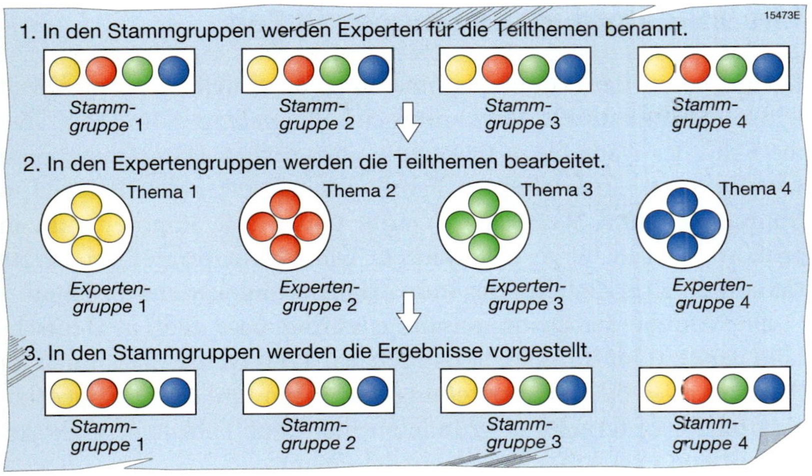

M1 *Ablauf eines Gruppenpuzzles*

M2 *Arbeit in der Expertengruppe*

Politische Unterdrückung

Der Protest und die Demonstrationen von Freiheitskämpfern beunruhigten die Fürsten. Nachdem im Frühjahr 1819 ein Student den Schriftsteller Kotzebue ermordet hatte, ging durch Preußen und ganz Deutschland eine Welle der Unterdrückung. Auf Vorschlag des österreichischen Staatskanzlers Fürst von Metternich versammelten sich Gesandte in Karlsbad, um Maßnahmen gegen die politische Opposition zu beschließen:
Die Vereinigungen der Studenten, die Burschenschaften, wurden verboten, die Universitäten überwacht, eine strenge Zensur wurde verhängt. Das bedeutete, dass alle politischen Schriften, Flugblätter und Zeitungen nur gedruckt werden durften, wenn es von der Regierung genehmigt wurde. Diejenigen, die sich zur Freiheit und Einheit bekannten, wurden als Demagogen, als Volksverführer, verfolgt und verhaftet. Viele von ihnen mussten ins Ausland fliehen.
Durch die Karlsbader Beschlüsse verbreitete sich in Deutschland eine Angst vor Bespitzelung und Verfolgung. Um sich nicht gänzlich den Mund verbieten zu lassen, wurde unter anderem das Lied gesungen „Die Gedanken sind frei".

Aufgaben der Expertengruppe:

1. Fasst die Karlsbader Beschlüsse zusammen und beschreibt diese genau.
2. Verfasst einen Aufruf zum „Lob der politischen Freiheit".
3. Bereitet die Präsentation eurer Ergebnisse für die Stammgruppe vor.

Wirtschaftliche Krisen

In Deutschland begann eine soziale Not. Das Handwerk geriet in eine Krise, da es sich gegen die Konkurrenz der Fabrikproduktion immer weniger behaupten konnte. Durch die Erfindung des mechanischen Webstuhls, die Einfuhr preiswerter Textilien aus England und ein Überangebot an billigen Arbeitskräften konnten zum Beispiel die schlesischen Weber ihre Produkte nicht mehr verkaufen. Um sich zu wehren, wurden „Hungerkrawalle" und „Maschinenstürme" durchgeführt. Der Aufstand der Weber wurde 1844 blutig niedergeschlagen.
Die Zahl der Einwohner im Gebiet des Deutschen Bundes (ohne Österreich) war von 1815 bis 1848 von 22 auf 35 Millionen angewachsen. Viele Menschen konnten nicht mehr ernährt werden. Hinzu kamen noch Missernten in den Jahren 1845/46, da sich die Kartoffelfäule in Europa ausbreitete.
Die Menschen fanden auf dem Land keine Arbeit und hofften, in der Stadt eine neue Zukunft aufbauen zu können. Das führte zu einem Überangebot an Arbeitskräften in der Stadt; das Industrieproletariat bildete sich und lebte in großer Armut.

Aufgaben der Expertengruppe:

1. Listet auf, welche Gegebenheiten zu großer sozialer Not in den 1840er Jahren führten.
2. Entwerft die Klageschrift einer schlesischen Weberin.
3. Bereitet die Präsentation eurer Ergebnisse für die Stammgruppe vor.

Die Industrielle Revolution

Aufgaben

1 Beschreibe, wie eine Dampfmaschine funktioniert (M2).

2 Die Erfindung der Dampfmaschine war eine Revolution im Bereich der Technik. Erkläre (Quelle 1).

3 Beschreibe die Entwicklung Hannovers mithilfe von M3–M5 und Quelle 2.

4 Erarbeite einen Vortrag über die Entwicklung der Industrialisierung in Deutschland (Lexikon, Internet, Atlas: Karte Deutschland – Industrialisierung im 19. Jahrhundert).

Mit Volldampf in eine moderne Zeit

Die Erfindung der Dampfmaschine durch den Engländer James Watt leitete die **Industrielle Revolution** ein. Ihm gelang es im Jahr 1769, die Kraft des Dampfes in Bewegung umzusetzen. Dampfmaschinen wurden zuerst in englischen Fabriken eingesetzt, zum Beispiel in Spinnereien und Webereien. Garne und Stoffe konnten nun in großen Mengen hergestellt werden. Die Massenproduktion setzte sich durch. Das Zeitalter der **Industrialisierung** war angebrochen.

Die Vorteile der Dampfmaschine wurden bald auch in Deutschland genutzt. Im Ruhrgebiet wurden seit 1780 Dampfmaschinen im Bergbau oder bei der Herstellung von Eisen und Stahl eingesetzt. Zahlreiche Unternehmer gründeten hier neue Fabriken. Viele Arbeiterinnen und Arbeiter wurden gebraucht.

Quelle 1

Bericht aus England 1835

Wir sehen eine Dampfmaschine mit einer Kraft von 100 Pferden. Sie setzt bis zu 50 000 Spindeln in Bewegung. Das Ganze bedienen 750 Arbeiter. Die Maschinen erzeugen so viel Garn wie früher 200 000 Menschen. Ein Arbeiter leistet heute so viel wie früher 266.

(Nach C. Bernoulli: Geschichte der britischen Baumwollmanufactur. Stuttgart 1836, S. 67)

M2 *So funktioniert eine Dampfmaschine: In einem Ofen (a) wird Feuer gemacht. Das Wasser im Kessel (b) verdampft. Der Wasserdampf wird so in den Zylinder (c) geleitet, dass er den Kolben (d) einmal nach oben und dann wieder nach unten drückt. Diese Bewegung wird durch das Gestänge (e) auf zwei Zahnräder (f) übertragen. Diese treiben ein Schwungrad (g) an. Das Rad ist über einen Lederriemen (h) mit einer Maschine verbunden.*

M1 *James Watt (1736–1819), Erfinder der Dampfmaschine*

M3 *Hannover um 1830*

M4 *Hannover um 1870*

Quelle 2

Hannover um 1830 und 1870

Hannover um das Jahr 1830:
Die Stadt ist Hauptstadt des seit anderthalb Jahrzehnten bestehenden Königreichs Hannover und hat rund 25 000 Einwohner. Erst seit wenigen Jahren sind die Stadttorsperre und die Folter abgeschafft; seit Kurzem erst (1824) sind Alt- und Neustadt vereinigt. Zwei Jahre nach diesem Zusammenschluss bekommt Hannover – immerhin als erste deutsche Stadt – eine Straßengasbeleuchtung, die jedoch nur mäßig funktioniert und den Nachtwächter noch lange nicht verdrängt.
Die reichen Bürger lassen sich in Linden, dem schönsten Dorf des Königreiches, Villen bauen. Vom Lindener Berg, der von einer Gastwirtschaft mit Aussichtsturm gekrönt wird, hat man bei gutem Wetter die Aussicht auf fünf Städte und fünfzig Dörfer, deren Bauern immer noch in Abhängigkeit von ihrem Grundherrn leben.

Hannover um das Jahr 1870:
So manche Hannoveraner Bürgerinnen und Bürger, die die für 1830 beschriebenen Verhältnisse miterlebt haben, sind noch nicht gestorben. Doch Hannover ist kaum wiederzuerkennen. An den Rändern des Stadtkerns stehen mehrere Fabriken und ausgedehnte Lagerschuppen; ein großes Bahnhofsgebäude soll demnächst durch ein noch größeres ersetzt werden. Eisenbahnstrecken verlaufen durch die Stadt. Sie führen in verschiedene Himmelsrichtungen und machen dadurch Hannover zu einem Verkehrsknotenpunkt. Mindestens ebenso augenfällig wie die Veränderung Hannovers ist der Wandel Lindens, das auf die angestrebte Vereinigung mit Hannover noch 50 Jahre warten muss. Aus dem hübschen Bauerndorf und Villenort ist ein großes Industriedorf geworden, das von zahlreichen qualmenden Schloten überragt wird.

(Nach Thomas Backhaus und Klaus Fesche (Hrsg): Eisen, Dampf und Samt, Geschichtswerkstatt. Hannover 1991, Seiten 8/9)

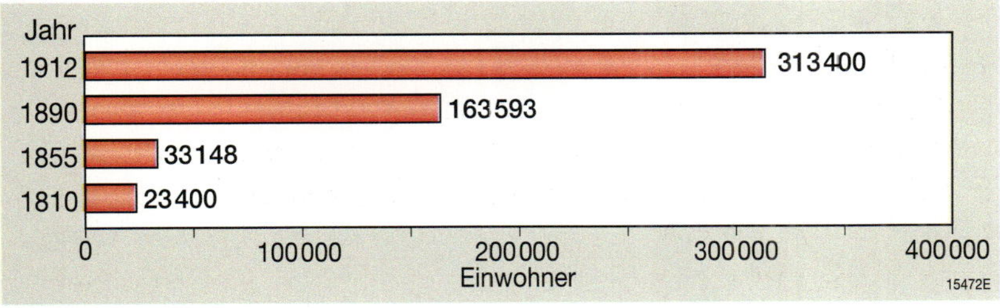

M5 *Bevölkerungsentwicklung in Hannover*

Merke
Die Industrielle Revolution begann mit der Dampfmaschine.

Grundbegriffe
- Industrielle Revolution
- Industrialisierung

Quelle 1

Fabrikordnung der Firma Krupp 1838

1. Jeder Arbeiter muss treu und folgsam sein.
2. Er muss durch Fleiß beweisen, dass er die Absicht hat, zum Nutzen der Fabrik zu arbeiten.
3. Wer fünf Minuten zu spät zur Arbeit kommt, verliert einen Viertel Tag.

(Nach C. Jantke: Der vierte Stand. Freiburg 1955, S. 178)

M1 *Der laute Heulton einer Werkssirene („Krupp'scher Esel") warnte die Arbeiter: Nur noch fünf Minuten, dann beginnt die Arbeit.*

Quelle 2

In einer Baumwollspinnerei um 1850

Die Luft war stickig und heiß. Überall flogen winzige Baumwollteilchen herum. Der Fußboden war mit einer klebrigen Masse aus Öl und Staub überzogen. Man musste sich zwischen den Maschinen durchzwängen. Der Lärm war entsetzlich. Der Raum war dunkel.

(Nach W. Lautemann, Geschichte in Quellen, Bd. VI. München 1970, S. 156)

Arbeiten statt spielen

Der Lohn eines Arbeiters und seiner Frau reichte oft nicht aus, um eine Familie zu ernähren. Über die Hälfte des Einkommens gab ein einfacher Arbeiter für Lebensmittel aus. Deshalb mussten auch die Kinder arbeiten gehen. Kinderarbeit war weitverbreitet. In den Fabriken standen sogar Zehnjährige bis zu zwölf Stunden am Tag an den Maschinen. Gearbeitet wurde mindestens sechs Tage in der Woche, von Montag bis Samstag.

In den Städten lebten die meisten Arbeiterkinder in engen Ein- oder Zweizimmerwohnungen. Die hygienischen Verhältnisse waren katastrophal.

Aufgaben

1 Berichte über die Arbeit in der Fabrik (Quelle 2). Beginne so: „Ich bin dreizehn Jahre alt und ...".

2 Kinder wurden in den Baumwollspinnereien oft krank. Nenne mögliche Gründe (Quelle 2).

3 Vergleiche die Arbeit von Isa mit der von Narsamma (M3, Quelle 3). Nenne Unterschiede.

4 Begründe mithilfe von Quelle 3, warum in der Streichholzfabrik (M4) so viele Kinder arbeiten.

M2 *Kind in einer Baumwollspinnerei um 1900*

Kinderarbeit heute

M3 *Kinderarbeit gibt es überall: Isa (16 Jahre) aus Oldenburg jobbt neben der Schule, um sich besondere Wünsche zu erfüllen. Narsamma (12 Jahre) arbeitet in Indien zehn Stunden am Tag auf einer Teeplantage.*

Quelle 3

Schulden müssen zurückgezahlt werden

Narsamma lebt in Nordindien. Ihre Eltern sind Landwirte. Sie bauen auf den Feldern Nutzpflanzen zur Selbstversorgung an. Als im letzten Jahr der Regen ausblieb, verdorrte die Ernte. Narsammas Eltern mussten sich Geld leihen, um Reis kaufen zu können.

Von einem Arbeitsvermittler bekamen sie 2000 indische Rupien (umgerechnet etwa 50 Euro). Dafür muss Narsamma auf einer Teeplantage arbeiten. Sie verdient umgerechnet 19 Euro im Monat. Damit werden der Kredit und die sehr hohen Zinsen zurückgezahlt. Schuldknechtschaft nennt man dieses Arbeitsverhältnis.

(Nach einer Sendung des SWR1-Radio vom 10.8.2003)

Info

Kinderarbeit heute

Weltweit arbeiten 250 Millionen Kinder, die erst fünf bis 14 Jahre alt sind. Sie

- knüpfen zum Beispiel Teppiche in Pakistan,
- nähen T-Shirts in Bangladesch,
- stellen Spielzeug in China her oder
- arbeiten in Bergwerken in Kolumbien.

M4 *In einer Streichholzfabrik in Indien (heute)*

Merke

Um 1850 arbeiteten in Deutschland in den Fabriken auch Kinder. Die Arbeit war gefährlich und ungesund. Heute gibt es in vielen Ländern Kinderarbeit.

M1 *Große Wäsche ohne eine Kochgelegenheit war mühsam.*

Wohnungsnot

Die Hoffnung auf Arbeit und Verdienst lockte um 1850 immer mehr Menschen in die Städte. Die Zahl der Einwohner stieg in kurzer Zeit sehr stark an. In älteren Häusern wurden die Keller und Dachböden zu Mietwohnungen umgebaut. Zusätzlich mussten so schnell wie möglich neue Wohnungen geschaffen werden. Trotzdem herrschte große Wohnungsnot. Es wurden immer höhere Mieten verlangt.

Arbeiter, die gut verdienten, konnten sich eine kleine Wohnung leisten. Andere mussten sich mit nur einem Zimmer begnügen. Manche Familien vermieteten an alleinstehende Arbeiter ein Bett, um ihr Einkommen aufzubessern. Einige Arbeiter teilten sogar ihr Bett mit einem Kollegen, der in einer anderen Schicht arbeitete.

Die neuen Arbeitersiedlungen entstanden in unmittelbarer Nähe der Fabriken. Sie wurden regelrecht „aus dem Boden gestampft". Wer keine Wohnung oder kein Bett fand, baute sich eine notdürftige Behausung aus Brettern. In diesen Barackensiedlungen wohnten die ganz armen Arbeiter. Andere wiederum hausten in Ställen oder Schuppen.

Aufgabe

1 a) Verdeutlicht euch die Größe der Arbeiterwohnung (M3). Zeichnet dazu mit Kreide einen Grundriss im Schulhof.
b) Erstellt eine Tabelle zu den Lebensverhältnissen der Familie (M1 – M3).
c) Vergleicht eure Ergebnisse mit euren eigenen Lebensverhältnissen.

Quelle

„Wohnung zu vermieten!" – ein Arbeiter berichtet:
Die Wände der Wohnung waren feucht. Zwei kleine Fenster führten in einen schmalen Gang. Kein Sonnenstrahl drang ins Zimmer. Die Kammer hatte gar keine Fenster und war stockdunkel. Ein Kamin im Haus, in den man halb hineinkriechen musste, vertrat die Stelle der Küche.
(Nach W. Emmerich: Proletarische Lebensläufe, S. 180)

Montag:	Kartoffelsuppe
Dienstag:	Sauerkraut und weiße Bohnen
Mittwoch:	Suppe mit Erbsen
Donnerstag:	Kartoffeln mit roten Rüben
Freitag:	Zwei Heringe mit Kartoffeln
Samstag:	Linsensuppe
Sonntag:	Fleischbrühe vom Knochen und Kartoffeln

M2 *Hauptmahlzeiten einer Arbeiterfamilie*

M3 *24 Quadratmeter für sieben Personen*

M4 *Die Halle der Villa Hügel ist mit einem Thronsaal vergleichbar.*

M6 *Die Villa Hügel wurde 1872–1873 von der Familie Krupp in Essen erbaut. Mit 220 Räumen ist sie eine der prunkvollsten Fabrikantenvillen in Deutschland.*

Wohnungen für Mitarbeiter der Firma

Es gab auch einige Unternehmer, die für ihre Arbeiter eigene Wohnungen bauten. Zum Beispiel vermietete die Firma Krupp an ihre Mitarbeiter 3200 Wohnungen. Die Jahresmiete war günstig; sie betrug für eine Zwei-Zimmer-Wohnung 110 Mark im Jahr. Ein Arbeiter verdiente im Durchschnitt 3,50 Mark am Tag. Hörte ein Arbeiter auf, bei der Firma Krupp zu arbeiten, musste er ausziehen.

M5 *Mehrfamilienhäuser der Firma Krupp. Zu jedem Haus gehörte ein Vorgarten; jede Wohnung hatte einen eigenen Wasseranschluss.*

Aufgaben

2 Erläutere, inwiefern die Wohnverhältnisse der Krupp'schen Arbeiter besser als die der anderen waren.

3 Stell dir vor, du wärst ein Arbeiterkind im 19. Jahrhundert und gehst durch die Villa Hügel (M4, M6). Schildere deiner Familie deine Beobachtungen und Gedanken beim Abendbrot. Beginne so: „Stellt euch vor, was ich heute gesehen habe…".

Merke
In den Städten war um 1850 die Wohnungsnot groß. Viele Arbeiter und ihre Familien lebten in armen Verhältnissen. Unternehmer konnten sich prachtvolle Wohnungen leisten.

Info 1

Die soziale Frage
Im 19. Jahrhundert waren die Arbeits- und Lebensbedingungen der Arbeitnehmer schlecht.
Die sozialen Probleme (z.B. unzumutbare Arbeitsbedingungen, Massenarmut) blieben lange Zeit ungelöst. Sie werden als soziale Frage bezeichnet.

Aufgaben

1 Betrachte M1.
a) Erkläre, wodurch der Streik ausgelöst worden sein könnte.
b) Schreibe auf, was der Arbeiter mit ausgestrecktem Arm zu dem Unternehmer mit Zylinder gesagt haben könnte (Text, Quelle 1).

2 Benenne, was sich die Arbeiter von der Arbeiterbewegung erhofften (Materialien S. 235).

Gesellschaft im Wandel

Mit der Industrialisierung veränderte sich nicht nur die Arbeitswelt, sondern auch die Gesellschaft. Es entstanden zwei neue gesellschaftliche Gruppen (Klassen): zum einen die Unternehmer (Fabrikanten), zum anderen die Fabrikarbeiterinnen und Fabrikarbeiter.

Die Arbeiterinnen und Arbeiter nannte man **Proletarier**. Sie besaßen fast nichts und hatten in der Regel viele Kinder. Auch waren sie den Fabrikanten schutzlos ausgeliefert. Kein Gesetz regelte ihre Arbeitszeit. Wer krank wurde oder sich in der Fabrik an einer Maschine verletzte und deshalb nicht arbeiten konnte, bekam keinen Lohn. Auch erhielten die Arbeiter im Alter keine Rente und waren deshalb auf die Unterstützung von Familienangehörigen angewiesen.

Quelle 1

Fleißige Arbeit wird nicht belohnt
Der eigentliche Beschwerdepunkt des Arbeiters ist die Unsicherheit darüber, was mit ihm passiert. Der Unternehmer kann dem Arbeiter jederzeit kündigen, ohne dass der etwas dagegen tun kann. Verfällt der Arbeiter dadurch in Armut, so ist er völlig hilflos. Und das, obwohl er die ganze Zeit vorher treu und fleißig gearbeitet hat.

(Nach Otto von Bismarck: Gesammelte Werke, Bd. 12. Berlin 1924, S. 319f)

M1 *„Der Streik": Arbeitnehmer vor dem Haus eines Unternehmers (Gemälde von R. Koehler, 1886)*

Quelle 2

Einigkeit macht stark

Der einzelne Arbeiter ist gegenüber dem Unternehmer machtlos. Die einzige Möglichkeit, seine Lebensbedingungen auf Dauer zu verbessern, ist die Vereinigung mit seinesgleichen. Der Beitritt zu einer **Gewerkschaft** ist lebensnotwendig. Sie stärkt das Gefühl der Zusammengehörigkeit, ohne das kein großes Ziel erreicht werden kann.

(Nach August Bebel: Gewerkschaftsbewegung und politische Parteien. Stuttgart 1900)

Bessere Arbeits- und Lebensbedingungen

Die Arbeitnehmer spürten, dass sie ihre Forderungen (z.B. höhere Löhne, kürzere Arbeitszeiten, bessere Arbeitsbedingungen) nur gemeinsam durchsetzen konnten. Im Jahr 1848 gründeten sie die ersten Gewerkschaften. Sie schlossen sich in Arbeitervereinen zusammen.

Auch die Sozialdemokratische Arbeiterpartei (SDAP) setzte sich für die Interessen der Arbeiter ein. Großen Einfluss auf die **Arbeiterbewegung** hatten Karl Marx und Friedrich Engels.
Die soziale Lage der Arbeiter verbesserte sich erst Ende des 19. Jahrhunderts entscheidend. Otto von Bismarck, Kanzler des 1871 gegründeten Deutschen Reiches, sorgte für eine Sozialgesetzgebung: Er führte 1883 die Krankenversicherung für Arbeiter ein, 1884 die Unfallversicherung und 1889 die Invaliditäts- und Altersversicherung. Diese **Sozialgesetze** wurden zum Schutz der Arbeitnehmer gemacht.

M2 *Karl Marx (1818–1883) war ein Philosoph und Politiker. Er war davon überzeugt, dass die Proletarier durch die Fabrikanten ausgebeutet werden.*
Er und Friedrich Engels (1820 – 1895) beschrieben, wie die soziale Frage gelöst werden kann (siehe Quelle 3).

Quelle 3

Proletarier aller Länder vereinigt euch!

Die Kommunisten erklären es offen, dass ihre Zwecke nur erreicht werden können durch den gewaltsamen Umsturz der bisherigen Gesellschaftsordnung. Mögen die herrschenden Klassen vor einer Revolution zittern. Die Proletarier haben nichts zu verlieren als ihre Ketten.

(Nach Karl Marx: Das Manifest der Kommunistischen Partei (1848). In: Marx-Engels-Werke, Bd. 4. Berlin 1964, S. 461 – 493)

Aufgaben

3 Erkläre mit eigenen Worten, welchen Vorschlag Marx und Engels zur Lösung der sozialen Frage machten (M2, Quelle 3).

4 a) Informiere dich über die Industrialisierung in einem Entwicklungsland und die damit verbundenen Probleme (Internet, Lexika, Zeitungen, Zeitschriften).
b) Halte dazu einen Vortrag.

Info 2

Kommunismus

Die Idee des Kommunismus entstand Mitte des 19. Jahrhunderts. Anhänger dieser Idee fordern die politische Herrschaft der Arbeiterklasse. Die Produktionsmittel, wie Fabriken, Maschinen, Ackerland, sollen nicht einzelnen Personen gehören, sondern dem ganzen Volk. Auch die Gewinne aus der Produktion müssen der gesamten Gesellschaft zugutekommen.

Merke

Die soziale Frage blieb bis in die zweite Hälfte des 19. Jahrhunderts ungelöst. Sie verbesserte sich entscheidend im Zuge der Arbeiterbewegung und mit der Gründung von Gewerkschaften. Es wurden Sozialgesetze geschaffen.

Grundbegriffe
- Proletarier
- Gewerkschaft
- Arbeiterbewegung
- Sozialgesetz

Veränderungen in der Landwirtschaft

◁ *M1 Bauern bei der Ernte um 1800*

M2 *Mechanische Mähmaschine um 1840*
▽

M3 *Justus von Liebig (1803–1873)*

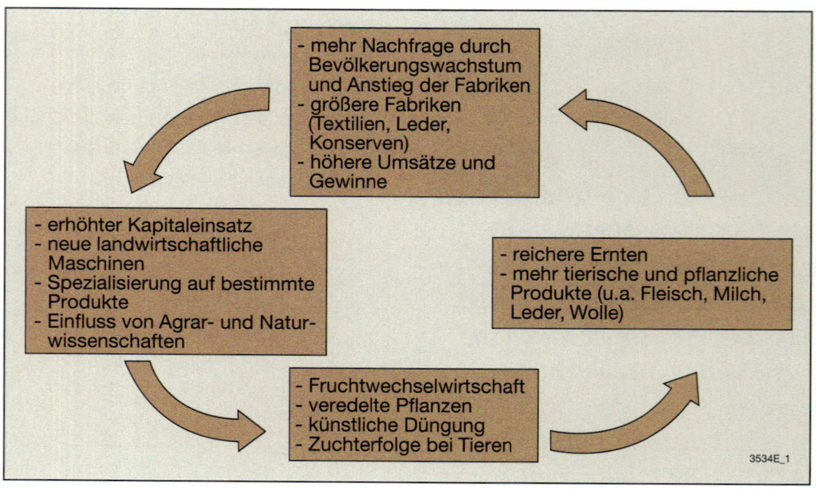

M4 *Verbesserungen in der Landwirtschaft im 19./20. Jahrhundert*

Höhere Erträge für mehr Menschen

In der Landwirtschaft und in der Lebensweise der Landbevölkerung hatte sich über Jahrhunderte in Europa kaum etwas verändert. Die letzte Neuerung war im Mittelalter die Umstellung auf die Dreifelderwirtschaft, mit der sich die Erträge verbesserten (siehe Seiten 20/21). Anfang des 19. Jahrhunderts standen den Bauern als Energiequelle in erster Linie die Muskelkraft der Menschen und der Nutztiere zur Verfügung. Hinzu kamen Wind- und Wasserkraft für den Antrieb von Mühlen. Diese mahlten das Korn zu Mehl oder dienten zur Entwässerung von Gräben. Die einfachen Hilfsmittel und Geräte, zum Beispiel Sicheln und Karren, wurden von Handwerkern wie Schmieden und Wagenbauern in der Regel vor Ort hergestellt. Die Erträge waren trotz des großen Einsatzes zahlreicher Menschen oft mäßig, sodass der Hunger für viele ein ständiger Begleiter war. Die Bevölkerungszahl blieb in dieser Zeit folglich etwa gleich hoch.

Ab der ersten Hälfte des 19. Jahrhunderts gab es große Umwälzungen. Die Anbaumethoden und Bodenqualität wurden verbessert. Neue Gemüse- und Getreidearten und eine systematische Viehzucht steigerten die Erträge. Neue Maschinen bis hin zu dampfgetriebenen Pflügen, Mäh- und Dreschmaschinen wurden entwickelt. Der Chemiker Justus von Liebig förderte den Einsatz von Kunstdünger.

Alle diese Erneuerungen führten dazu, dass die Erträge in der Landwirtschaft zwischen 1873 und 1913 um 90 Prozent gesteigert werden konnten. So konnte die Bevölkerung besser ernährt werden. Dies ergab, zusammen mit einer größeren Hygiene und einer besseren medizinischen Versorgung, einen steilen Anstieg der Bevölkerungszahl. Dadurch konnte später der große Bedarf an Arbeitskräften während der Industrialisierung gesichert werden.

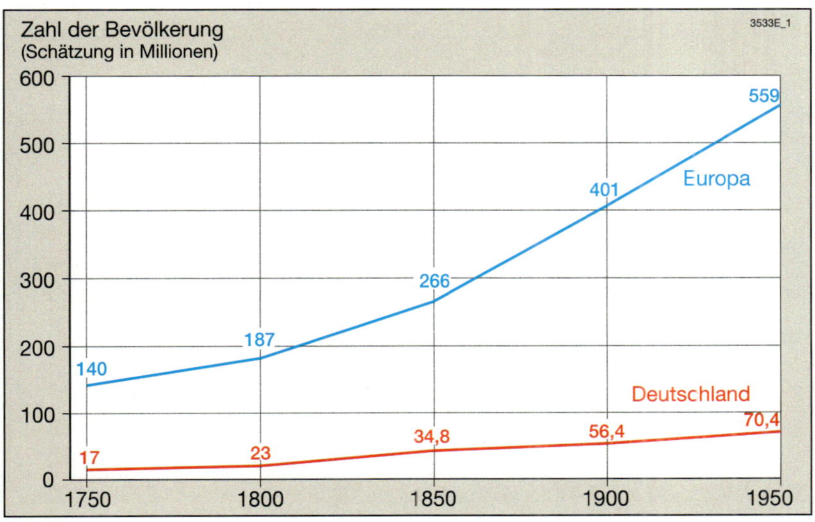

M5 *Bevölkerungsentwicklung 1750–1950*

Aufgaben

1 Vergleiche M1 und M2. Beschreibe, welche Veränderungen sich für die Landbevölkerung ergaben und mutmaße, welche Auswirkungen dies auf ihr Arbeitsleben gehabt haben dürfte.

2 Erarbeite einen Kurzvortrag zu den Entwicklungen in der Landwirtschaft (M1–M4, Text). Notiere dazu maximal zwölf Schlüsselbegriffe und ergänze diese durch kleine Zeichnungen.

3 Beschreibe die Entwicklung der Bevölkerung in Deutschland und Europa und erkläre dann die Veränderungen im 19. Jahrhundert (M5, Text).

4 Erarbeite einen Text zur Bedeutung des Chemikers Justus von Liebig im Zusammenhang mit den Veränderungen in der Landwirtschaft (M3, Lexikon, Internet).

5 a) Entwickle eine Übersicht über verschiedene Land maschinen der damaligen Zeit und ihre Auswirkungen (Lexikon, Internet).
b) Stelle dein Ergebnis vor.

Merke
Durch Verbesserungen in der Landwirtschaft im 19. Jahrhundert konnten die Ernteerträge enorm gesteigert werden. Dies führte, zusammen mit einer besseren Hygiene und medizinischen Versorgung, zu einem Anstieg der Bevölkerungszahl.

Hightech für die Landwirtschaft

Land	Anbaufläche
USA	62,5 Mio. ha
Argentinien	21,0 Mio. ha
Brasilien	15,8 Mio. ha
Indien	7,6 Mio. ha
Kanada	7,6 Mio. ha
China	3,8 Mio. ha
Paraguay	2,7 Mio. ha
Südafrika	1,8 Mio. ha
Uruguay	0,7 Mio. ha
Philippinen	0,4 Mio. ha
Australien	0,2 Mio. ha
Mexiko	0,1 Mio. ha
Chile	0,1 Mio. ha
Kolumbien	<0,1 Mio. ha
Honduras	<0,1 Mio. ha
Burkina Faso	<0,1 Mio. ha
Ägypten	<0,1 Mio. ha
Deutschland	0,05 Mio. ha

M1 *Anbauflächen gentechnisch veränderter Pflanzen weltweit (vor allem Mais, Soja, Baumwolle; Stand 2008)*

Höhere Erträge mithilfe der Gentechnologie

Heute ist die Landwirtschaft in vielen Ländern der Erde durch industrielle Methoden geprägt. Die Pflanzen werden automatisch mit Wasser und Nährstoffen versorgt, die Fütterung der Tiere erfolgt per Computer, und auch das Melken der Kühe ist ohne Computer kaum noch denkbar. Die Handarbeit der Bauern konnte dadurch stark verringert werden. Neue Dünge- und Pflanzenschutzmittel werden in den Labors der chemischen Industrie erforscht und entwickelt.

Die größten Veränderungen entstehen heute mithilfe der **Gentechnologie**. Erwünschte Erbinformationen bei Tieren und Pflanzen werden mit neuesten Methoden gezielt übertragen. Die Forscherinnen und Forscher isolieren hierbei einzelne Erbinformationen aus den Lebewesen und „bauen" sie in die Erbinformationen anderer Lebewesen „ein". Die Nachkommen dieser Lebewesen tragen dann die neue Erbinformation in sich. Unerwünschte Erbinformationen dagegen werden entfernt.

Solche gentechnologischen Veränderungen sind nicht frei von Risiken und werden nicht nur positiv gewertet.

Quelle

Genforscher revolutionieren die Landwirtschaft

Wissenschaftler haben erstmals eine gentechnisch veränderte Tomate entwickelt, die auf salzigen Böden wächst und gedeiht. Damit ergeben sich neue Nutzungsmöglichkeiten für Millionen Hektar Ackerflächen mit hohem Salzgehalt. Versalzte Böden und Wassermangel schränken die Landwirtschaft in vielen Ländern der Erde ein.

Fachleute sprechen von einem Durchbruch in der Agrarforschung. Durch eine Veränderung des Erbguts der Tomate sterben die Pflanzen auf salzigem Boden nicht ab und tragen Früchte, die keinen unangenehm hohen Salzanteil haben.

(Nach: Welt Online vom 14.07.2009)

Aufgaben

1 „Die Landwirtschaft ist in vielen Ländern der Erde durch industrielle Methoden und Hightech-Betriebe geprägt". Erläutere diese Aussage.

2 Werte die Quelle aus.

3 Bewerte die Rolle der Gentechnologie für die Landwirtschaft (M5, M6).

4 Diskutiere M6.

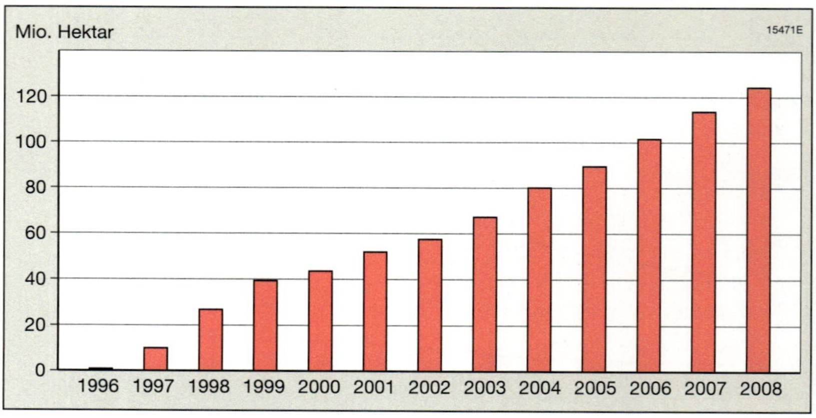

M2 *Anbauflächen mit gentechnisch veränderten Pflanzen*

M3 *In einem Institut der deutschen Firma Bayer werden neue Spritzmittel gegen Pilzbefall entwickelt und an einer hochmodernen „Spritzstraße" getestet.*

M4 *Mit der grünen Gentechnik forschen BASF-Wissenschaftler an Pflanzen mit mehr Omega-3-Fettsäuren, die Herz-Kreislauf-Erkrankungen vorbeugen.*

Rote Gentechnologie: Anwendung in der Medizin (z.B. bei der Herstellung von Medikamenten).
Graue Gentechnologie: Anwendung in der Industrie (z.B. bei Mikroorganismen, die in Kläranlagen eingesetzt werden sollen).
Grüne Gentechnologie: Anwendung in der Landwirtschaft:
- Produktverbesserung (z.B. länger haltbare Tomaten; Kartoffeln, die nach dem Schälen nicht anlaufen; Nelken mit blauen Blüten);
- Toleranz bzw. Wiederstandsfähigkeit gegenüber Spritzmitteln in der Landwirtschaft (Unkraut-, Pilz-, und Schädlingsbekämpfung);
- Wiederstandsfähigkeit gegen Krankheitsbefall;
- Toleranz gegen Umweltbedingungen (z.B. Salzböden, Trockenheit).

M5 *Arten und Ziele der Gentechnologie*

Merke
Die Landwirtschaft ist in vielen Ländern der Erde durch industrielle Methoden gekennzeichnet. Forschungsergebnisse der Gentechnologie verändern die Erbanlagen und revolutionieren den Anbau von Nutzpflanzen und die Viehzucht.

Grundbegriff
- Gentechnologie

- Man muss die Gentechnologie beherrschen, um sich zukünftige Märkte zu sichern.
- Die Qualität und die Erträge werden gesteigert.
- Mit verbesserten Nutzpflanzen kann das Hungerproblem auf der Erde gemindert werden.
- Die Einkommen der Bauern steigen, wenn sie gentechnisch veränderte Pflanzen einsetzen, weil sich die Ernteverluste verringern.
- Gentechnisch veränderte Pflanzen benötigen weniger Dünger und Pflanzenschutzmittel und vermindern damit die Bodenverunreinigung.
- Neue Anbaugebiete werden erschlossen.

- Man weiß nicht, wie sich die Freisetzung gentechnisch veränderter Pflanzen auf die Umwelt auswirkt.
- Der Anbau gentechnisch veränderter Pflanzen ist nicht rückgängig zu machen.
- Gentechnisch veränderte Pflanzen können sich mit anderen Pflanzen kreuzen und unerwünschte Erbinformationen und Eigenschaften auf sie übertragen.
- Für viele Bauern in anderen Teilen der Welt sind gentechnisch veränderte Pflanzen zu teuer.
- Es gibt mehr Allergien (z.B. können Äpfel oder Pflanzenöle mit genetisch veränderten Eigenschaften eine Nussallergie auslösen).

M6 *Argumente für und gegen die Gentechnologie*

Revolutionen verändern die Welt

1. Die Französische Revolution

Erläutere, wie die Französische Revolution ablief.
Gehe dabei auf die Abbildungen ein.

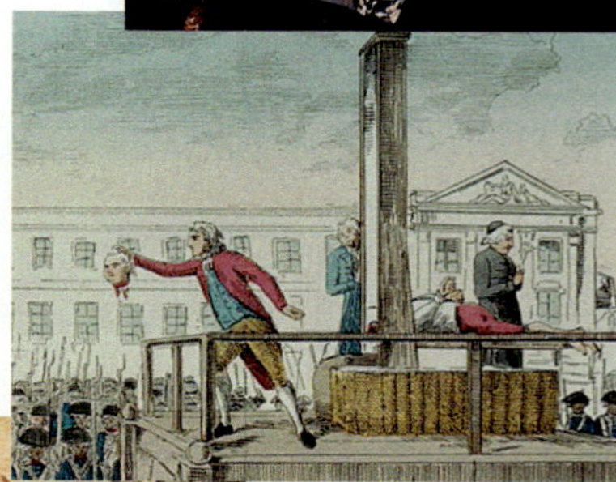

2. Wortreihen

a) Welcher Begriff passt nicht in die Reihen A bis D?
b) Begründe deine Wahl.

A Ruhrgebiet – Dampfmaschine – Hinrichtung des Königs – soziale Frage

B Bastille – Villa Hügel – Armut – Ballhausschwur – Ständegesellschaft

C Nationalstaat – Schloss Hambach – Grundrechte – Kinderarbeit

D Sozialgesetz – Kinderarbeit – Wohnungsnot – lange Arbeitszeiten

3. Hier fehlt etwas

Schreibe die folgenden Sätze ab und ergänze:

- Die Bastille wurde gestürmt, weil …
- Nach dem Sturm auf die Bastille begannen im Land …
- Die Macht von König Ludwig XVI. wurde durch die Verfassung von 1791 eingeschränkt. Er war nicht mehr …
- König Ludwig XVI. wurde hingerichtet, weil …
- In Frankreich übernahm Napoleon Bonaparte im Jahr 1799 die Macht. Er …
- 27. Mai 1832: 30 000 Menschen marschierten zum Schloss Hambach bei Neustadt in der Pfalz. Sie …
- Mit der Erfindung der Dampfmaschine …
- Zur Industriellen Revolution fällt mir zuerst ein, dass …
- Mit der Arbeiterbewegung verbinde ich die Namen …
- Die soziale Frage verbesserte sich entscheidend …
- Ich finde, dass ein Lernplakat …

4. Von der Alleinherrschaft zur Gewaltenteilung

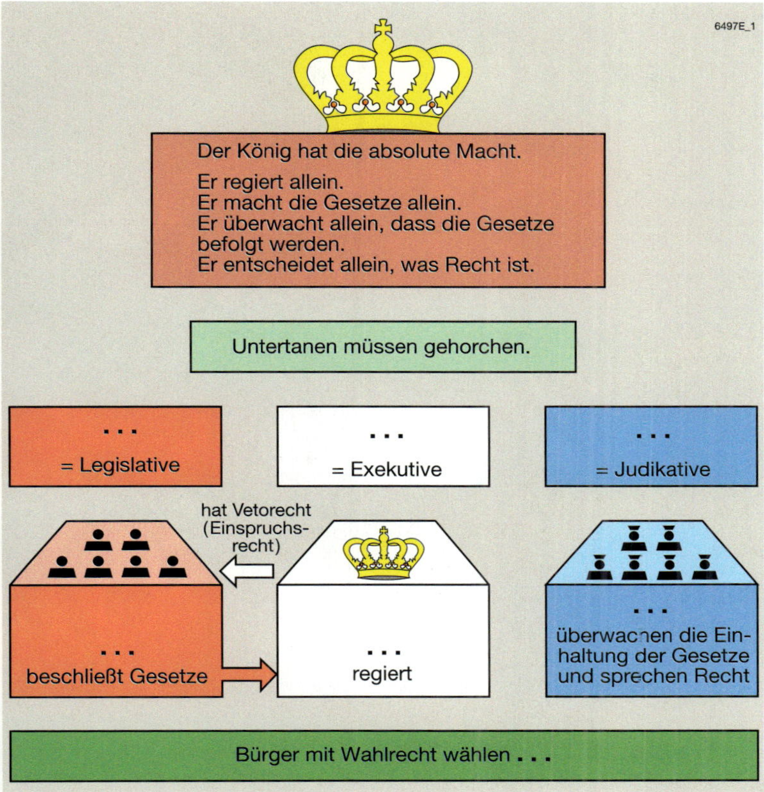

a) Notiere, welche Rechte der König durch die Verfassung verlor.

b) Übertrage das Schema in deine Mappe oder dein Heft und trage ein, wie die Macht durch die Verfassung aufgeteilt wurde.

c) Man spricht von der Gewaltenteilung. Erkläre.

d) Nicht alle Bürger duften wählen. Berichte darüber, wer nicht wählen durfte, und gib eine ungefähre Zahl für diese Bevölkerungsgruppe an.

5. „Revolution" in der Landwirtschaft

Übertrage das Schema und vervollständige es.

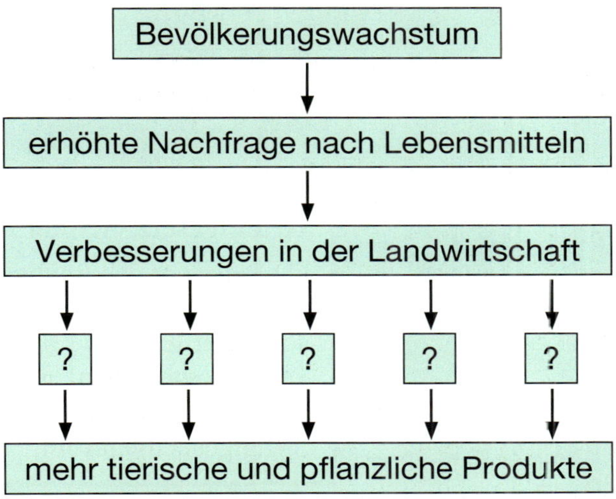

Grundbegriffe
- Revolution
- Generalstände
- Nationalversammlung
- Gesellschaftsordnung
- Verfassung
- Aufklärung
- Menschenrecht
- Nationalstaat
- Industrielle Revolution
- Industrialisierung
- Proletarier
- Gewerkschaft
- Arbeiterbewegung
- Sozialgesetz
- Gentechnologie

Jugendliche und ihre Rechte

Alles, was Recht ist

Das Recht – dein ständiger Begleiter

Das Jugendschutzgesetz

Der Fall Mascha G.

Ein Rollenspiel durchführen

Grundgesetz, Artikel 2:

(1) Jeder hat das Recht auf die freie Entfaltung seiner Persönlichkeit, soweit er nicht die Rechte anderer verletzt und nicht gegen die verfassungsmäßige Ordnung und das Sittengesetz verstößt.

M1 *Kunst oder Sachbeschädigung?* ▶

I WENT OUT LIKE BILLY!!

Alles, was Recht ist

Info 1

Recht und Gesetz
Als Recht bezeichnet man die Regeln, die in einem Gemeinwesen (zum Beispiel Staat, Bundesland) gelten, um das Zusammenleben der Menschen zu organisieren. Wer sie nicht einhält, kann bestraft werden.
Das Recht besteht aus Gesetzen und anderen Vorschriften. Auch Verträge, wie zum Beispiel Kaufverträge, sind ein Teil des Rechts. Das Recht schützt den Einzelnen vor Übergriffen durch andere und bietet ihm Sicherheit.

Der Mensch und das Recht

Weil im Zusammenleben der Menschen sehr oft verschiedene Interessen aufeinandertreffen, helfen **Recht** und **Gesetze** dabei, unser Leben zu regeln.

Man unterscheidet **Zivilrecht** und **Öffentliches Recht**. Das Zivilrecht regelt das Zusammenleben der Bürgerinnen und Bürger. Es ist festgelegt im Bürgerlichen Gesetzbuch (BGB). Das Öffentliche Recht regelt Fragen zwischen den Bürgern und dem Staat. Zum Öffentlichen Recht gehören das **Verwaltungsrecht** und das **Strafrecht**. Im Strafgesetzbuch (StGB) ist festgelegt, welche Handlungen strafbar sind, wie sie bestraft werden und wie hoch die Strafe sein kann.

Für Kinder und Jugendliche gilt das **Jugendschutzgesetz** (siehe Seiten 248/249). Bei Straftaten können Jugendliche ab 14 Jahren nach dem **Jugendstrafrecht** zur Verantwortung gezogen werden. Die Aufgabe des **Jugendarbeitsschutzgesetzes** besteht darin, Kinder und Jugendliche vor Überforderung und Gefahren am Ausbildungs- und Arbeitsplatz zu schützen (Info 2).

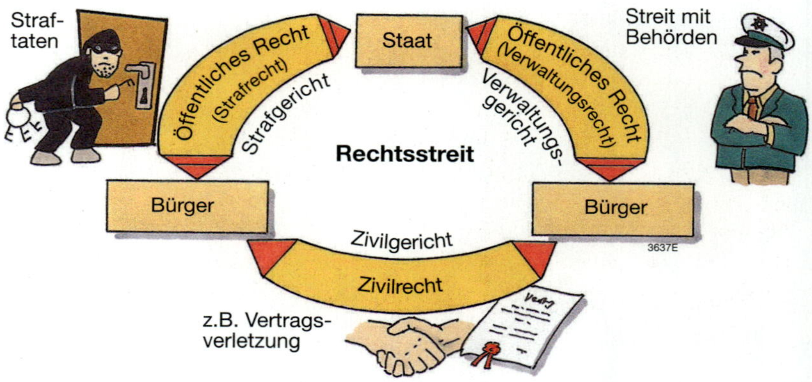

M1 *Öffentliches Recht und Zivilrecht*

Alter	Strafverantwortung
bis 14 Jahre Kinder	Nicht strafrechtlich verantwortlich, aber Bestrafung der Eltern wegen Vernachlässigung der Aufsichtspflicht möglich.
14–18 Jahre Jugendliche	Strafrechtlich verantwortlich, wenn eine dem Alter entsprechende geistige Einsicht vorliegt. Jugendliche werden nach dem Jugendstrafrecht zur Verantwortung gezogen.
18–21 Jahre Heranwachsende	Voll strafrechtlich verantwortlich. Nur dann Anwendung des Jugendstrafrechtes, wenn die sittliche und geistige Entwicklung der eines Jugendlichen entspricht.
ab 21 Jahre Erwachsene	Voll strafrechtlich verantwortlich.

M2 *Alter und Strafverantwortung*

Aufgaben

1 In einer Kleinstadt haben zwei 13-jährige Kinder eine 83-jährige Frau ausgeraubt. Beurteile, ob sie bestraft werden können.

2 Erläutere die Bedeutung der folgenden Sprichwörter:
a) „Torheit schützt vor Strafe nicht."
b) „Niemand kann in Frieden leben, wenn es dem Nachbarn nicht gefällt."

3 Erarbeite auf den Seiten 242/243 den Zusammenhang zwischen dem Foto und dem Artikel 2 des GG.

4 a) Nenne die Aufgaben des Jugendarbeitsschutzgesetzes (Info 2).
b) Inwiefern betrifft es dich? Begründe.

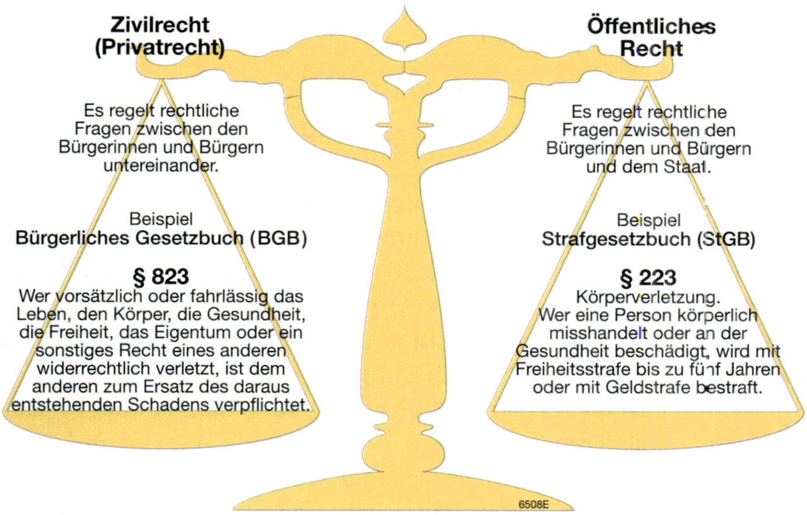

M3 *Zwei Hauptgebiete des Rechts*

Info 3

Grundgesetz

Das **Grundgesetz** für die Bundesrepublik Deutschland beinhaltet die Grundlagen der politischen und rechtlichen Ordnung in Deutschland. Es wurde am 24. Mai 1949 in Kraft gesetzt und enthält 146 Artikel. Artikel 1 bis 19 sind die Grundrechte, die für alle Menschen gelten.

Info 2

Jugendarbeitsschutzgesetz (JArbSchG)

Das Gesetz gilt für die Beschäftigung von Kindern (unter 15 Jahren) und Jugendlichen (unter 18 Jahren) in der Berufsausbildung und als Arbeitnehmer.

Die Beschäftigung von Kindern und vollzeitschulpflichtigen Jugendlichen ist verboten. Ausgenommen sind Tätigkeiten im Rahmen des schulischen Betriebspraktikums. Das Verbot gilt auch nicht für leichte und gesellschaftlich anerkannte Tätigkeiten von jungen Menschen zwischen 13 und 16 Jahren wie zum Beispiel Zeitungen austragen. Allerdings ist dafür die Zustimmung der Erziehungsberechtigten erforderlich. Das Mindestalter für eine reguläre Beschäftigung im Betrieb beträgt grundsätzlich 15 Jahre.

M4 *Justitia (lateinisch: Gerechtigkeit) ist die römische Göttin der Gerechtigkeit. Sie trägt eine Binde um die Augen. Damit soll ausgedrückt werden, dass vor dem Gesetz alle Menschen gleich sind. Die Waage in der Hand dient dazu, Schuld und Unschuld abzuwägen. Das Schwert stellt das Zeichen ihrer Macht dar. Diese Macht üben in Deutschland nur die Gerichte durch Rechtsprechung aus.* ▷

Merke

Als Recht bezeichnet man die Regeln, die in einem Staat gelten, um das Zusammenleben der Menschen zu organisieren. Man unterscheidet das Zivilrecht und das Öffentliche Recht.

Grundbegriffe

- Recht
- Gesetz
- Zivilrecht
- Öffentliches Recht
- Verwaltungsrecht
- Strafrecht
- Jugendschutzgesetz
- Jugendstrafrecht
- Jugendarbeitsschutzgesetz
- Grundgesetz

Das Recht – dein ständiger Begleiter

§ 1
Beginn der Rechtsfähigkeit
Die Rechtsfähigkeit des Menschen beginnt mit der Vollendung der Geburt.

§ 2
Eintritt der Volljährigkeit
Die Volljährigkeit tritt mit der Vollendung des achtzehnten Lebensjahres ein.

§ 106
Beschränkte Geschäftsfähigkeit Minderjähriger
Ein Minderjähriger, der das siebente Lebensjahr vollendet hat, ist in der Geschäftsfähigkeit beschränkt.

M1 *Aus dem Bürgerlichen Gesetzbuch (BGB)*

Wenn ich erst 18 bin …

Diskos besuchen, Moped fahren, Auto fahren: Diese und andere Tätigkeiten sind erst ab einem bestimmten Alter erlaubt. Jeder Mensch ist jedoch bereits von Geburt an rechtsfähig. Er hat bestimmte Rechte, aber auch Pflichten.

Das gerade auf die Welt gekommene Baby kann klagen, verklagt werden oder erben. Natürlich tut dies das Baby nicht selbst. An seiner Stelle handeln die Eltern. Mit zunehmendem Alter wachsen die Rechte, aber auch die Pflichten des Menschen. Jedes Kind hat zum Beispiel ein Recht auf Bildung, aber andererseits auch die Pflicht mindestens neun Jahre zur Schule zu gehen. Ab dem 7. Lebensjahr ist das Kind beschränkt geschäftsfähig. Es darf frei über sein Taschengeld verfügen. Alle anderen Käufe sind nur mit Zustimmung der Eltern rechtsgültig. Erst mit Vollendung des 18. Lebensjahres ist der Mensch voll geschäftsfähig. Ab diesem Alter kann er frei über sein Geld verfügen. Einkäufe sind jetzt nicht mehr von der Zustimmung der Eltern abhängig. Er kann nun ganz alleine Verträge abschließen, beispielsweise einen Mietvertrag für eine Wohnung.

M2

Jenny ist 15 Jahre alt. Von ihrem Taschengeld hat sie Lotto gespielt. Sie ist felsenfest davon überzeugt, dass sie am Wochenende mindestens 5000 Euro gewinnt. Ihr kleiner Bruder Tim (11 Jahre alt) fragt sie, ob sie ihm dann ein neues Fahrrad schenkt. Jenny antwortet: „Vielleicht! Aber nur, wenn du aufhörst zu nerven. Ich kaufe mir jedenfalls als Erstes einen Computer und wenn ich den Führerschein habe, ein Moped, außerdem eine neue Stereoanlage und einen eigenen Fernseher." Da mischt sich ihr Vater ein und sagt: „Das kommt gar nicht in Frage bei deinem Zeugnis. Pass du mal auf, dass du in die nächste Klasse versetzt wirst."
Da springt Jenny auf und erwidert empört: „Das gibt es ja wohl nicht. Das wäre schließlich mein Geld und damit kann ich machen, was ich will." – „Das meinst aber nur du!", entgegnet der Vater. Da mischt sich die Mutter ein: „Das ist typisch. Ihr streitet euch mal wieder um des Kaisers Bart."

M3 *Familienstreit*

Aufgaben

1 Lies M3 und begründe, wer deiner Meinung nach Recht hat (M1 und M6).

2 Betrachte M2. Beurteile die Aussage von Snoopy.

3 a) Erarbeite mithilfe von M4, welche Rechte und Pflichten den Altersgrenzen 6, 7, 14, 16 und 18 Jahren zugeordnet sind.
b) Erkläre, welche Gründe wohl zur Festlegung der Altersgrenzen geführt haben.

4 Beurteile das Verhalten von Agnieszkas Eltern (M5) mithilfe von M6.

25 Jahre	Du kannst ein Kind adoptieren. Du kannst als Schöffin oder Schöffe (Laienrichter) berufen werden.
21 Jahre	Du darfst den Bus-Führerschein machen (Klasse D). Du bist als Erwachsener für begangene Straftaten voll verantwortlich (volle Strafmündigkeit).
18 Jahre	Du bist volljährig. Du darfst den Führerschein der Klassen B (Pkw), A (Motorräder) und C (Lkw) machen. Du darfst wählen und kannst dich in den Bundestag wählen lassen (aktives und passives Wahlrecht). Du darfst ohne Erlaubnis heiraten (Ehemündigkeit). Für Männer beginnt die Wehrpflicht (Bundeswehr).
16 Jahre	Du musst einen Personalausweis oder einen Reisepass besitzen. Du darfst den Führerschein der Klassen A1 und M machen. Du darfst mit Einwilligung der Eltern heiraten, wenn die Ehepartnerin/der Ehepartner volljährig ist. Du darfst ein Testament machen.
15 Jahre	Du darfst den Mofa-Führerschein machen. Du darfst ein Arbeitsverhältnis eingehen.
14 Jahre	Du bist strafmündig. Du darfst deine Religion frei wählen. Du darfst bei der Scheidung dem Gericht Vorschläge zum Sorgerecht der Eltern machen. Du darfst eine Adoption ablehnen.
7 Jahre	Du bist für einen schuldhaft angerichteten Schaden verantwortlich, das heißt du musst ihn eventuell später, wenn du Geld verdienst, wieder gutmachen. Du darfst nicht mehr auf dem Fahrrad oder dem Mofa mitgenommen werden.
6 Jahre	Du bist schulpflichtig.
Geburt	Du kannst erben.

M4 *Rechte und Pflichten regeln das Leben.*

Agnieszka ist 14 Jahre alt. Sie spielt in ihrer Freizeit gern Hockey und ist Mitglied in einem Sportverein. Schon lange wünscht sie sich einen neuen Hockeyschläger. Sie erhält von ihrer Tante mit Wissen der Eltern zum Geburtstag 100 Euro geschenkt und kauft sich von dem Geld den Schläger. Die Eltern sind empört und wollen den Kauf rückgängig machen. Sie meinen, dass Agnieszka das Geld sparen soll.

M5 *Agnieszkas Kauf*

§ 110 Bürgerliches Gesetzbuch (BGB)
Ein von einem Minderjährigen [unter 18 Jahren] ohne Zustimmung des gesetzlichen Vertreters [Eltern, Vormund] geschlossener Vertrag gilt als von Anfang an wirksam, wenn der Minderjährige die vertragsmäßige Leistung mit Mitteln bewirkte, die ihm zu diesem Zweck oder zur freien Verfügung von dem Vertreter oder mit dessen Zustimmung von einem Dritten überlassen worden sind.

M6 *Taschengeld-Paragraph des BGB*

Aufgabe

5 Beantworte folgende Fragen (M4 und Seite 249, M2):
a) Maike (14) möchte samstags im Supermarkt arbeiten und Waren in die Regale einräumen. Darf die Filialleiterin sie einstellen?
b) Frau Özkan muss mit ihrer Tochter Deria (8) in die Stadt fahren. Deria will, dass sie das Mofa nehmen, weil die Fahrt so kurz ist. Ist das erlaubt?
c) Jens (16) wird in der Disko kurz nach Mitternacht von einem Kellner aufgefordert, seinen Ausweis zu zeigen. Ist er dazu verpflichtet?

Merke
Jeder Mensch ist von Geburt an rechtsfähig. Mit zunehmendem Alter hat er mehr Rechte und Pflichten. Volljährig und voll geschäftsfähig ist er mit Vollendung des 18. Lebensjahres.

Das Jugendschutzgesetz

Aufgaben

1 Lies die Bildergeschichte (M1). Beurteile die Argumente.

2 Das Jugendschutzgesetz wendet sich an Erwachsene. Begründe.

3 Beantworte die Frage in der Überschrift: „Das Jugendschutzgesetz – Fessel oder Schutz?"

4 Begründe, warum das Jugendschutzgesetz im Jahr 2003 erneuert wurde.

Das Jugendschutzgesetz – Fessel oder Schutz?

Das neue Jugendschutzgesetz (JuSchG) ist am 1. April 2003 in Kraft getreten. Es löst frühere Gesetze ab. Mit dem neuen Gesetz soll vor allem den Gefährdungen begegnet werden, welche die neuen Computerspiele und Internet-Angebote für Kinder und Jugendliche bringen. Das Gesetz soll weiterhin verhindern, dass Kinder und Jugendliche gesundheitliche Schäden erleiden oder ausgenutzt werden. Das Gesetz wendet sich hauptsächlich an Erwachsene. Sie sind für die Jugendlichen verantwortlich.

Quelle

Das neue Jugendschutzgesetz

„Durch das neue Jugendschutzgesetz können Kinder und Jugendliche wirksam vor negativen Einflüssen geschützt werden. Staatlicher Jugendschutz ist wichtig, reicht aber allein nicht aus. Vor allem die Familien, aber auch Schulen, Jugendeinrichtungen, Medien und Wirtschaft sind gefordert, Kinder beim Aufwachsen zu begleiten. Wir wollen die Familien unterstützen, ihre Kinder zu bewusstem Medienkonsum anzuleiten."

(Pressemitteilung des Bundesfamilienministeriums vom 31.03.2003)

M1 *In der Tullaschule*

Das Jugendschutzgesetz

erlaubt (grün) — nicht erlaubt (rot) (Dieses Gesetz gilt nicht für verheiratete Jugendliche.)

Die Erziehungsberechtigten sind nicht verpflichtet, alles zu erlauben, was das Gesetz gestattet. Sie tragen bis zur Volljährigkeit die Verantwortung.

		Kinder unter 14 Jahre	Jugendliche unter 16 Jahre	Jugendliche unter 18 Jahre
§ 4	Aufenthalt in Gaststätten	nicht erlaubt ✗	nicht erlaubt ✗	erlaubt bis 24 Uhr ✗
§ 4	Aufenthalt in Nachtbars, Nachtclubs oder vergleichbaren Vergnügungsbetrieben	nicht erlaubt	nicht erlaubt	nicht erlaubt
§ 5	Anwesenheit bei öffentlichen Tanzveranstaltungen, u.a. Disko (Ausnahmegenehmigung möglich.)	nicht erlaubt ✗	nicht erlaubt ✗	erlaubt bis 24 Uhr
§ 5	Anwesenheit bei Tanzveranstaltungen von anerkannten Trägern der Jugendhilfe, bei künstlerischer Betätigung und zur Brauchtumspflege	erlaubt bis 22 Uhr	erlaubt bis 24 Uhr	erlaubt bis 24 Uhr
§ 6	Anwesenheit in öffentlichen Spielhallen. Teilnahme an Spielen mit Gewinnmöglichkeit	nicht erlaubt	nicht erlaubt	nicht erlaubt
§ 6	Benutzung von Bildschirm-Unterhaltungsgeräten ohne Gewinnmöglichkeiten	nicht erlaubt ✗	nicht erlaubt ✗	erlaubt
§ 8	Aufenthalt an jugendgefährdenden Orten	nicht erlaubt	nicht erlaubt	nicht erlaubt
§ 9	Abgabe/Verzehr von Branntwein, branntweinhaltigen Getränken u. Lebensmitteln	nicht erlaubt	nicht erlaubt	nicht erlaubt
§ 9	Abgabe/Verzehr anderer alkoholischer Getränke z.B. Wein, Bier o.ä.	nicht erlaubt	nicht erlaubt *	erlaubt
§ 10	Rauchen in der Öffentlichkeit	nicht erlaubt	nicht erlaubt	nicht erlaubt
§ 11	Besuch öffentlicher Filmveranstaltungen nur bei Freigabe des Films und Vorspanns: ohne Altersbeschränkung/ab 6/12/16 Jahren (Kinder unter 6 Jahren nur mit Erziehungsberechtigten.)	erlaubt bis 20 Uhr ✗	erlaubt bis 22 Uhr ✗	erlaubt bis 24 Uhr ✗
§ 12	Abgabe von Videokassetten u. Bildträgern nur entsprechend der Freigabekennzeichen: ohne Altersbeschränkung/ab 6/12/16 Jahren	erlaubt	erlaubt	erlaubt

✗ = Mit diesem Zeichen gekennzeichnete Verbote und zeitliche Begrenzungen werden durch die Begleitung eines Erziehungsberechtigten aufgehoben.

** = Erlaubt in Begleitung eines Personensorgeberechtigten (Eltern/Vormund).*

M2 *Auszug aus dem Jugendschutzgesetz*

Teresa (16):
„Aber die ganze Sache hat doch einen Haken. Alles, was für uns verboten ist, weil es uns angeblich schadet, machen uns die Erwachsenen jeden Tag vor. Hier wird doch eindeutig mit zweierlei Maß gemessen. Wahrscheinlich, weil der Staat so gut daran verdient!"

Info

Kernpunkte des neuen Jugendschutzgesetzes

- Ebenso wie bisher Kino- und Videofilme müssen jetzt auch Computerspiele mit einer Altersfreigabe-Kennzeichnung versehen und entsprechend verkauft werden.
- Zum 1. September 2007 wurden die Abgabe von Tabakwaren an Jugendliche und deren Konsum in der Öffentlichkeit generell verboten. Die bisherige Altersgrenze von 16 Jahren ist weggefallen.
- Die Beschränkungen für Medien mit Gewaltdarstellungen werden erweitert und verschärft. So sind seit dem 1. Juli 2008 Bücher, Videos, CDs und DVDs mit einem Abgabeverbot belegt, wenn sie den Krieg verherrlichen und Menschen in einer unwürdigen Weise darstellen.

Aufgabe

5 Beurteile mithilfe von M2:
a) Erkan (16) tanzt um 2 Uhr morgens in der Disko.
b) Sonja (17) spielt in einer Band auf einer Tanzveranstaltung. Die Veranstaltung geht bis 3 Uhr morgens.

Merke
Das Jugendschutzgesetz soll verhindern, dass Kinder und Jugendliche Schäden erleiden. Es soll sie vor den Gefahren von Computerspielen und Internet-Angeboten schützen.

Der Fall Mascha G.

M1 *Ein Mädchen beim Ladendiebstahl*

Mascha klaut

Die zwölfjährige Mascha G. wird von einer Verkäuferin beim Ladendiebstahl in einem Kaufhaus beobachtet. Mascha hat eine CD unter ihrem Sweatshirt verschwinden lassen. Am Ausgang stellt die Verkäuferin Mascha zur Rede und führt sie in das Büro der Geschäftsführerin. Doch Mascha sagt kein Wort. Die Geschäftsführerin zeigt auf ein Schild: Jeder Diebstahl wird zur Anzeige gebracht. Dann ruft sie die Polizei an.

Nach einer Viertelstunde treffen zwei Polizistinnen ein. Mascha muss alles, was sie bei sich hat, auf den Tisch legen. Dabei kommt nicht nur die CD zum Vorschein, sondern es finden sich noch eine Flasche teures Parfüm und eine Packung Zigaretten. Für alle drei Artikel hat Mascha keinen Kassenbeleg. Erst als die Polizistinnen drohen, Mascha mit auf das Revier zu nehmen, nennt sie ihren Namen, ihre Adresse und ihre Telefonnummer. Mascha gibt den Diebstahl schließlich zu. Sie schwört, dass sie nie wieder etwas stehlen werde, und bittet darum, ihre Eltern aus dem Spiel zu lassen. Darauf gehen die Polizistinnen nicht ein und rufen Maschas Mutter an.

Diese kommt nach wenigen Minuten völlig entsetzt im Kaufhaus an. Die Beamtinnen erklären ihr, dass sie den Fall an die Staatsanwaltschaft weitergeben. Es werde zwar kein Verfahren vor dem Jugendgericht stattfinden, weil Mascha jünger als 14 Jahre ist (also nicht strafmündig), aber die Staatsanwaltschaft kann das Jugendamt benachrichtigen. Das Jugendamt bietet in der Regel Hilfen an, um zu verhindern, dass Mascha in die Kriminalität abrutscht.

Info 1

Jugendgericht
Das **Jugendgericht** ist eine besondere Art von Gericht für junge Menschen zwischen 14 und 21 Jahren. Hier steht im Gegensatz zum allgemeinen Strafrecht der Gedanke der Erziehung im Vordergrund. Erst wenn **Erziehungsmaßregeln** und **Zuchtmittel** nicht ausreichen, darf das Jugendgericht eine **Jugendstrafe** aussprechen.

Klauen bringt's nicht!

Auf der Heimfahrt sprechen Mascha und ihre Mutter nicht miteinander. Erst am Abend kommt es zu einem Gespräch. Mascha erzählt, dass sie die Sachen im Kaufhaus nicht für sich, sondern für die Caps gestohlen hat. Dies ist eine Bande von Jugendlichen an Maschas Schule. Die Bande besteht aus 14- bis 16-jährigen Mädchen und Jungen, die jüngere Kinder zum Stehlen schicken. Diese werden beauftragt, Zigaretten, Parfüms, CDs, aber auch andere Sachen in Kaufhäusern und großen Geschäften zu entwenden. Manchmal werden sogar die Marke und die Menge vorgeschrieben, die sie zu bringen haben. „Euch kann nichts passieren, wenn sie euch erwischen," haben die Mitglieder der Bande gesagt, „ihr seid ja noch nicht 14." Wer sich weigert, für die Caps zu arbeiten oder etwas verrät, muss mit Prügel rechnen.

Das geht schon seit einem halben Jahr so und niemand traut sich, etwas dagegen zu unternehmen. Maschas Mutter informiert am nächsten Tag die Schulleitung. Auf deren Rat hin gehen Mascha und ihr Vater sofort zur Polizei und erstatten Anzeige gegen die Mitglieder der Caps.

Aufgabe

1 Erzähle die Geschichte im Kaufhaus aus der Sicht verschiedener Personen: von Mascha, der Verkäuferin und der Mutter.

Merke
Das Jugendgericht ist für junge Menschen zwischen 14 und 21 Jahren zuständig.
Es kann Erziehungsmaßregeln, Zuchtmittel und eine Jugendstrafe verhängen.

Grundbegriffe
- Jugendgericht
- Erziehungsmaßregel
- Zuchtmittel
- Jugendstrafe

Ein Rollenspiel durchführen

So könnt ihr vorgehen

Ein Rollenspiel gliedert sich in drei Abschnitte.

1. Vorbereitung
Zuerst müsst ihr in der Klasse entscheiden, welches Problem oder welches Thema ihr im Rollenspiel darstellen wollt. Die Klasse 8b hat sich dafür entschieden, das Thema „Zwei Caps sprechen Mascha vor der Schule an" zu spielen. Sie hat die Rollen von Mascha, Sabine, Rocky und Biggi vergeben (M2).
Bildet mehrere Spielgruppen und eine Beobachtungsgruppe. Die Spielgruppen beschäftigen sich mit dem Thema aus der Sicht der verschiedenen beteiligten Personen. Die Beobachtungsgruppe bespricht, worauf sie während der Vorführungen der Spielgruppen besonders achten will, zum Beispiel:
Wie wird gespielt (sachlich, witzig, langweilig, überzeugend)?
Wie ist der Inhalt des Spiels (glaubwürdig, nichtssagend, verworren, klar)?
Wer hat besonders gut gespielt?

2. Durchführung
Die einzelnen Gruppen spielen ihre Szene der Klasse vor. Die Beobachtungsgruppe macht sich Notizen.

3. Auswertung
Die Klasse erörtert den Verlauf des Rollenspiels. Haben alle Teilnehmer ihre Argumente deutlich dargelegt? Wie überzeugend wurden die verschiedenen Rollen gespielt? Die Spielgruppen und die Beobachtungsgruppe diskutieren ihre Auffassungen.

Info 2

Rollenspiel
Bei einem Rollenspiel spielen die Schülerinnen und Schüler eine andere Person. Sie spielen eine Situation, zum Beispiel einen Konflikt, nach. Hierbei müssen sie die Rollen der beteiligten Personen so gut wie möglich darstellen, selbst wenn sie eine andere Meinung vertreten müssen als die eigene. Die Darstellerinnen und Darsteller versuchen jeweils ihre Rolleninteressen durchzusetzen. Der Verlauf und das Ergebnis des Spiels werden zum Schluss diskutiert.

Aufgaben

2 Lies den Text „Klauen bringt´s nicht!". Nimm Stellung zum Verhalten Maschas und begründe deine Meinung.

3 Spielt das Rollenspiel „Zwei Caps sprechen Mascha vor der Schule an".

Mascha (12):
Schülerin der 7. Klasse, Eltern legen Wert auf gutes Benehmen und gepflegte Kleidung. Wird in der Schule gelegentlich gehänselt, weil sie klein und schüchtern ist. Von den „Caps" weiß Mascha, dass sie angeben, Alkohol trinken, rauchen und Schlägereien auf dem Schulhof anzetteln. Sie will den Erpressungsversuchen der „Caps" nicht nachgeben, hat aber Angst, zusammengeschlagen zu werden.

Sabine (13):
Schülerin der 7. Klasse, beste Freundin von Mascha, groß, selbstbewusst, Mitglied im Judoclub. Auf dem Schulweg sieht sie, wie „Caps" auf Mascha zugehen und sie in ein Gespräch verwickeln.
Sabine hat trotz Judoerfahrung Angst vor den „Caps", da diese für ihre Schlägereien berüchtigt sind. Trotzdem mischt sie sich ein. Auf Drohungen geht sie nicht ein. Sie hilft Mascha, sich zu wehren

Rocky (15):
Schüler der 8. Klasse, von sich überzeugt, rüpelhaft, angriffslustig. Hat früher für die „Caps" gestohlen, jetzt ist das zu gefährlich. Zweimal wurde er beim Ladendiebstahl erwischt. Er konnte damals nicht bestraft werden, aber es gab Vernehmungen bei der Polizei und eine Sozialarbeiterin des Jugendamtes schaltete sich ein. Es ist für Rocky selbstverständlich, dass die Jüngeren für die Älteren stehlen. Wer den „Caps" gehorcht, wird beschützt, wer nicht ... .

Biggi (14):
Schülerin der 8. Klasse, ist die Freundin von Rocky und himmelt ihn an, weil er sich von niemandem etwas gefallen lässt und auch schon mal zuschlägt, wenn ihm etwas nicht passt. Die anderen sind selbst schuld, wenn sie zusammengeschlagen werden, denn sie kennen Rocky ja. Sie müssen nur tun, was er will, dann passiert ihnen nichts. Mascha soll sich nicht so anstellen. Wenn sie zickig wird, muss man ihr etwas auf die Sprünge helfen.

M2 *Rollenkarten*

Jugendliche und ihre Rechte

1. Kennst du dich aus?

Ordne die Texte den Begriffen zu.

(1) Es regelt rechtliche Fragen zwischen den Bürgerinnen / Bürgern und dem Staat.

(2) Es gilt für die Beschäftigung von Kindern und Jugendlichen.

(3) Es beinhaltet die Grundlagen der politischen und rechtlichen Ordnung in Deutschland.

(4) Es regelt rechtliche Fragen zwischen den Bürgerinnen und Bürgern untereinander.

A Zivilrecht

B Öffentliches Recht

C Grundgesetz

D Jugendarbeitsschutzgesetz

2. Recht und Gesetz

a) Erkläre, was man als Recht bezeichnet.

b) Welche Vorteile bietet das Recht für jeden Einzelnen?

c) Erkläre den Begriff „Gesetz".

d) Was bedeuten die folgenden Sprichwörter?

„Das Recht des Stärkeren ist das stärkste Unrecht."

„Die Mehrheit hat nie das Recht auf ihrer Seite."

„Die Vernunft ist die Wurzel des Rechts."

„Lässt Gewalt sich blicken, geht das Recht auf Krücken."

„Recht haben und Recht bekommen sind zwei verschiedene Dinge."

e) Schlage im Duden unter „recht/Recht" nach und notiere Redewendungen mit diesem Begriff.

3. Das Bildnis der Justitia

a) Was bedeutet das lateinische Wort „Justitia"?

b) Wer ist Justitia?

c) Welche Zeichen weisen darauf hin, dass die Statue rechts Justitia sein soll? Was bedeuten die Zeichen ① – ③?

4. Expertenfragen

a) Welche Rechte und Pflichten sind den Altersgrenzen 6, 7, 14, 16 und 18 Jahre zugeordnet?

b) Was möchte man mit dem neuen Jugendschutzgesetz erreichen?

c) Nenne zwei Kernpunkte des Jugendschutzgesetzes.

d) Was regelt das Jugendarbeitsschutzgesetz?

e) Mit welchen Mitteln können Jugendliche bestraft werden?

f) Was regelt der Berufsausbildungsvertrag?

g) Wo sind die Grundrechte, die für alle Menschen gelten, festgeschrieben?

5. Eine Bildergeschichte

Erzähle in einer Bildergeschichte, wie Mascha sich gegen die „Caps" wehrt. Benutze dazu auch die Informationen auf Seite 251 M2 im Schülerbuch.

Grundbegriffe
- Recht
- Gesetz
- Zivilrecht
- Öffentliches Recht
- Verwaltungsrecht
- Strafrecht
- Jugendschutzgesetz
- Jugendstrafrecht
- Jugendarbeitsschutzgesetz
- Grundgesetz

Superfrau und Traummann – Rollenbilder im Wandel

Typisch männlich – typisch weiblich

Kinder, Küche, Karriere

Frauen kämpfen und bewegen

Zukunftstag für Mädchen und Jungen

M1 *Auf einem Motorradtreffen in Berlin* ▶

Typisch männlich – typisch weiblich

M1

M2

Der kleine Unterschied

„Man wird nicht als Frau geboren, man wird dazu gemacht." Mit diesem Satz vertritt die Französin Simone de Beauvoir in ihrem Buch „Das andere Geschlecht" (1949) die Meinung, dass typisch männliche und typisch weibliche Verhaltensweisen weitgehend auf die Erziehung zurückzuführen sind. Sie stellt fest, dass der Durchschnittsmann in Europa und Nordamerika im **Patriarchat** verhaftet ist; das heißt, er wünscht sich eine Frau, die mit ihm zwar diskutiert, sich letztlich aber seinen Argumenten beugt und sich ihm unterordnet.

Alice Schwarzer hat diese Gedanken 1975 in ihrem Buch „Der kleine Unterschied und seine großen Folgen – Beginn einer Befreiung" aufgegriffen. Das Buch war ein großer Erfolg und wurde über 200 000 mal verkauft. Sie bezweifelt darin, dass Klatsch, Mode, Kosmetik, Partnerschaft und Kochen wirklich typisch weibliche Themen sind, so wie sie in zahlreichen Frauenzeitschriften angeboten werden. Sie gründete 1977 die Zeitschrift „Emma", in der aus der Sicht von Frauen politische und kulturelle Themen behandelt werden.

Quelle 1

Zeitungsartikel

Die Gesellschaft verbindet heute mit „Männlichkeit" Worte wie Macht, Kontrolle, Stärke, Führung, Erfolg, Ehrgeiz und Konkurrenz. Männer, die in dieser **Rolle** leben, dürfen nicht schwach, krank, gefühlvoll, fürsorglich, häuslich, nachgiebig oder rücksichtsvoll sein.

Jungen werden daher nach dem Grundsatz erzogen: „Ein echter Indianer kennt keinen Schmerz." Jungen müssen ihre Probleme früher allein lösen als Mädchen.

Je weniger Schlaf ich benötige,
je mehr Schmerzen ich ertragen kann,
je mehr Alkohol ich vertrage,
je weniger ich mich darum kümmere, was ich esse,
je weniger ich jemanden um Hilfe bitte,
je weniger ich von jemandem abhängig bin,
je mehr ich meine Gefühle kontrolliere und unterdrücke,
je weniger ich auf meinen Körper achte, ... *desto männlicher bin ich?*

(Nach: W. Hollstein. In Basler Zeitung vom 5.11.1999)

Aufgaben

1 Erläutere, was die Texte darüber aussagen, wie Männer und Frauen sein sollen.

2 Nenne Bildunterschriften für M1 und M2.

3 Erarbeite das Männerbild in den Quellen 1–4.

4 a) Nenne typische „Frauenberufe" und typische „Männerberufe".
b) Begründe, warum das so ist.

5 Erläutere die Aussage: „Man wird nicht als Frau geboren, man wird dazu gemacht."

6 Interpretiere Quelle 4. Betrachte dazu auch das Bild Seite 254/255.

M3 *Frauenberufe – Männerberufe? Herr Brandes ist Erzieher und betreut eine Gruppe von zwei- bis fünfjährigen Kindern. Frau Fehrke ist Pilotin bei der Lufthansa.*

Quelle 2

Aus dem Grundgesetz

„Alle Menschen sind vor dem Gesetz gleich. Männer und Frauen sind gleichberechtigt. ... Niemand darf wegen seines Geschlechtes benachteiligt oder bevorzugt werden. ..."

(Grundgesetz der Bundesrepublik Deutschland, Art. 3)

Quelle 3

Jäger der Urzeit

„Der Mann bleibt Jäger der Urzeit. Er durfte keine Angst zeigen, weil Tiere Angst spüren und dann angreifen. Er musste furchtlos erscheinen, weil seine Gefährten ihn sonst ausgeschlossen hätten. Er musste angstlos erscheinen, damit eine Frau ihn als Beschützer auswählte. Das steckt bis heute in den Erbanlagen des Mannes."

(Stanley Cohen; zitiert nach M. L. Moeller: Worte der Liebe. Hamburg 1996)

Quelle 4

Das Patriarchat verliert an Bedeutung

Wenn wir sagen, das Patriarchat ist zu Ende, dann sind wir uns darüber im Klaren, dass die kulturelle, soziale und rechtliche Realität noch anders aussieht. Die Lebenssituationen von Frauen sind sehr unterschiedlich, und vor allem in bestimmten Ländern ist das Ende des Patriarchats bisher nur ein Versprechen. Wir wissen, dass Frauen mehr arbeiten und weniger verdienen als Männer und dass es in den Parlamenten weniger Frauen gibt. Wenn vom Ende des Patriarchats die Rede ist, geht es darum, eine Entwicklung zur Kenntnis zu nehmen, die im Denken und im Bewusstsein der Frauen stattfindet.
Die männliche Überlegenheit, die Vorrangstellung des Mannes, die in meiner Jugend noch ganz selbstverständlich war, die gibt es heute so nicht mehr. Das Patriarchat verliert seine Bedeutung, weil immer mehr Frauen nicht mehr daran glauben. Das spürt man an der Art und Weise, wie Frauen sprechen, wie sie Entscheidungen treffen."

(Nach Luisa Murano: Die symbolische Bedeutung der Mutter. Rüsselsheim 2006, S. 164f)

Quelle 5

„Es ist nicht gut, dass der Mensch allein sei, ich will ihm eine Gehilfin machen, die um ihn sei ... Und er nahm eine seiner Rippen und schloss die Stelle mit Fleisch. Und Gott baute ein Weib aus der Rippe, die er von dem Menschen nahm, und brachte sie zu ihm. Da sprach der Mensch: Das ist doch Bein von meinem Bein und Fleisch von meinem Fleisch; man wird sie Männin nennen, weil sie vom Manne genommen ist. Darum wird ein Mann seinen Vater und seine Mutter verlassen und seinem Weibe anhangen und sie werden sein ein Fleisch."

(Altes Testament, 1. Mose 2, 18–25)

Merke

Männer und Frauen haben unterschiedliche Verhaltensweisen, die zum Teil auf die Erziehung zurückgeführt werden.

Grundbegriffe

- Patriarchat
- Rolle

Kinder, Küche, Karriere

Aufgaben

1 a) Erarbeite die Vor- und Nachteile, die das Leben von Lisa hat.
b) Erarbeite die Vor- und Nachteile, die das Leben von Claudia hat.
c) Begründe, welches Leben du vorziehen würdest.

2 Das Au-pair-Mädchen von Lisa wird krank. Lisa bespricht das Problem mit ihrem Mann. Erarbeite eine Lösung.

3 Wenn Moritz die sechste Klasse besucht, möchte Claudia wieder in ihrem Beruf arbeiten. Sie bespricht ihren Plan mit der Familie. Gestaltet ein Rollenspiel (Claudia, Ehemann, Lorena, Moritz).

4 Tim und Eric treffen sich wieder. Schreibe einen Dialog (M6).

5 Die Freundin von Eric eröffnet ihm, dass sie ein Kind haben möchte. Eric fragt sie, wie sie sich die Zukunft mit Kind vorstellt.
a) Erarbeitet unterschiedliche Antworten und diskutiert sie.
b) Stellt dar, was sich im Leben der beiden auf jeden Fall ändern wird.

6 Tims Chefin bittet ihn, für drei Tage zur Sportartikelmesse nach München zu fahren. Der Auftrag reizt ihn.
a) Stelle dar, welche familiären Voraussetzungen von ihm geschaffen werden müssen, damit er fahren kann.
b) Tim lehnt den Auftrag ab. Erkläre, welche beruflichen Folgen das für ihn haben könnte und welche Konsequenzen seine Chefin aus dieser Entscheidung ziehen wird.

Claudia und Lisa

Claudia (28 Jahre alt) und Lisa (30 Jahre alt) sind seit der Schulzeit befreundet und haben sich nach Monaten wieder einmal verabredet.

Claudia: „Na, da bist du ja endlich!“

Lisa: „Es tut mit Leid, die Besprechung in der Firma hat sich hingezogen. Aber ich denke, dass es sich gelohnt hat.“

Claudia: „Hast du wieder einen dicken Fisch an der Angel?“

Lisa: „Hochinteressante Geschichte. Zwei Riesenfirmen sollen zusammengeführt werden und ich werde die rechtliche Seite dieses Projektes übernehmen. Das bedeutet wochenlange interessante Dienstreisen: Ankara, Paris, Los Angeles – und ich verdiene dabei sehr gut.“

Claudia: „Ach, ich weiß nicht, das wäre nichts für mich. In der Zeit hast du doch gar nichts von deiner Familie. Ich dagegen bin immer für meine Kinder da. Lorena ist sechs. Sie hat jetzt mit Ballett angefangen, Moritz ist neun und in einem Fußballverein.“

Lisa: „Und wie geht es Ingo, deinem Mann?“

Claudia: „Ingo ist kaum zu Hause. Er arbeitet viel. Oft kommt er nicht vor zehn Uhr abends nach Hause.“

Lisa: „Das geht mir genauso. Gut, dass Frank alles zu Hause regelt. Unser Au-pair-Mädchen macht sich gut. Sie fährt die Kinder in die Schule, spielt mit ihnen, hilft ihnen bei den Hausaufgaben, kocht und kümmert sich auch um die anderen Dinge im Haushalt.“

Claudia „Tja, ich könnte mir nie vorstellen, meine Kinder von einer fremden Frau erziehen zu lassen und den Haushalt aus der Hand zu geben. Allerdings habe ich viel weniger Freizeit, als du vielleicht denkst.“

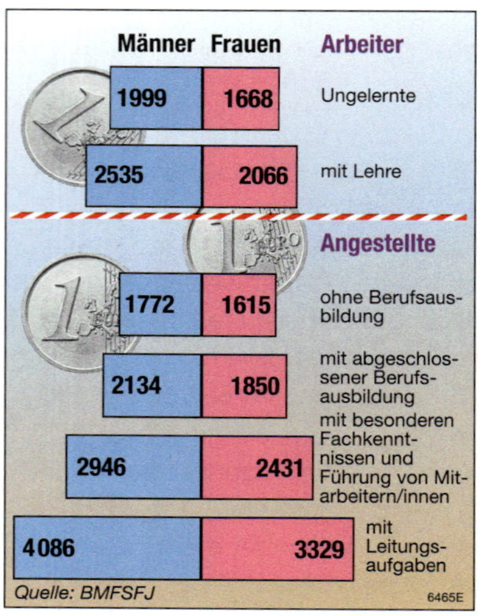

M1 *Verdienste von Männern und Frauen in Euro*

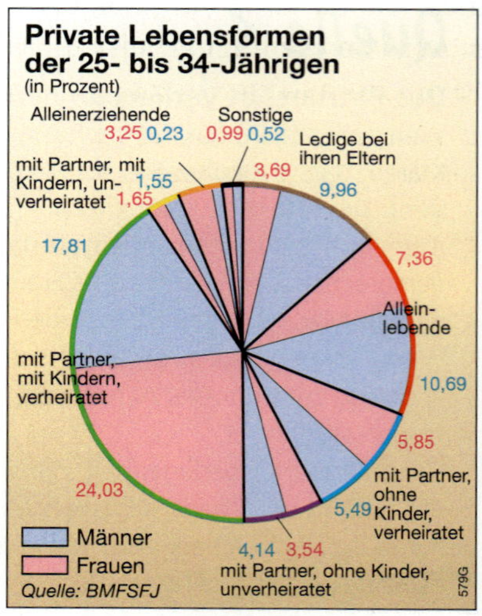

M2 *Die verschiedenen Formen des Zusammenlebens*

M3

Beruf oder Kind – oder beides?

17,4 Mio. Frauen in Deutschland üben einen Beruf außerhalb der Familie aus. Die meisten von ihnen haben eine Ausbildung gemacht und wollen beruflich vorankommen. Wenn in der Partnerschaft der Wunsch nach einem Kind entsteht, stellt sich für Frauen und Männer die Frage der Arbeitsverteilung. Männer sehen häufig ihren Beruf als Vollzeitarbeit für ihr ganzes Arbeitsleben an. Viele Frauen hingegen fühlen sich stärker für die Kindererziehung verantwortlich und sind eher als Männer bereit, für einige Jahre nicht zu arbeiten oder nur eine Teilzeitarbeit zu übernehmen. Dies entspricht den Erwartungen der Gesellschaft. In unserer Zeit hat sich diese Rollenverteilung aufgelockert. Vereinzelt sind auch Männer bereit, die Familienarbeit zu übernehmen, zum Beispiel wenn die Partnerin mehr verdient.

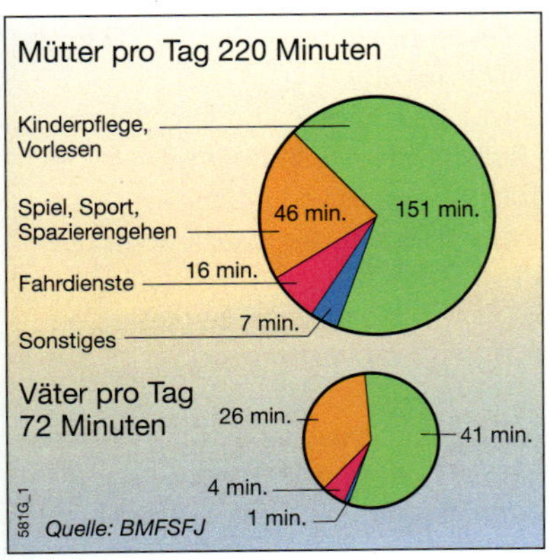

M4 *Wer kümmert sich um die Kinder?*

M5 *Männer- und Frauenarbeit in Deutschland*

Tim (32 Jahre)
Er ist geschieden und hat einen achtjährigen Sohn. Er ist berufstätig und alleinerziehend.

Eric (33 Jahre)
Er lebt mit seiner Freundin Wiebke zusammen. Er hat keine Kinder. Er und seine Freundin sind berufstätig.

M6 *Tim und Eric*

Aufgaben

7 Tim, Eric (M6), Lisa und Claudia bewerben sich um eine Stelle als Assistentin oder Assistent der Geschäftsführung. Stellt in einem Rollenspiel dar:
a) die Bewerbungsgespräche,
b) das Auswahlgespräch der Geschäftsleitung.

8 Erläutere den unterschiedlichen Verdienst von Frauen und Männern in M1.

9 Berichtet über eure Erfahrungen, wie sich die Hausarbeit zwischen Frauen und Männern verteilt. Überlegt, wie eine gleichberechtigte Arbeitsteilung aussehen könnte (M4).

10 Nimm Stellung zur Aussage von M3 und schreibe eine Bildunterschrift.

Merke
Wenn in der Partnerschaft der Wunsch nach einem Kind entsteht, sind zunehmend auch Männer bereit, die Familienarbeit zu übernehmen.

Frauen kämpfen und bewegen

M1 *Olympe de Gouges*

Olympe de Gouges wurde 1748 in Südfrankreich geboren. In ihren Mädchenjahren wurde ihre Intelligenz nicht gefördert, wie sie selbst sagte. Sie konnte schlecht lesen und schreiben. Sie beklagte sich sehr häufig über ihre mangelhafte Bildung, stellte aber entschlossen und selbstbewusst fest, dass dies kein Grund zum Stillschweigen sei. Sie diktierte ihre Gedanken Sekretären, was in der damaligen Zeit keine ungewöhnliche Praxis war.
Mit 14 Jahren wurde sie verheiratet. „Ich wurde mit einem Mann verheiratet, den ich nicht liebte und der weder reich noch wohlgeboren war. Ich wurde geopfert ohne jeden Grund." Als sie 20 Jahre alt war, starb ihr Mann und sie wurde Witwe. Die Französische Revolution weckte in ihr Hoffnungen, dass der Ruf nach Freiheit und Gleichheit auch Freiheit und Gleichberechtigung für Frauen beinhalten würde. Doch es erwies sich, dass die Rechte der Frauen unberücksichtigt blieben. Deshalb schrieb sie 1791 die „Alternative Menschenrechtserklärung". Olympe wurde 1793 zum Tode verurteilt.

M4

Die Rechte der Frau
Mann, bist du fähig, gerecht zu sein? Eine Frau stellt dir diese Frage. Dieses Recht wirst du ihr zumindest nicht nehmen können. Sag mir, wer hat dir die selbstherrliche Macht verliehen, mein Geschlecht zu unterdrücken? Deine Kraft? Deine Talente? Durchlaufe die Natur in all ihrer Majestät und leite daraus, wenn du es wagst, ein Beispiel für diese tyrannische Herrschaft ab. Suche, untersuche und unterscheide, wenn du es kannst, die Geschlechter in der Ordnung der Natur.
Artikel I: Die Frau ist frei geboren und bleibt dem Manne gleich in allen Rechten.

M2 *Auszug aus der „Alternativen Menschenrechtserklärung" von Olympe de Gouges*

Gleiche Rechte für alle

Frauen waren in der Vergangenheit auf sehr vielen Gebieten benachteiligt. In den letzten 100 Jahren haben sie sich viele Rechte erkämpft. Nach dem Ersten Weltkrieg (1914–1918) erhielten Frauen das Wahlrecht und den Zugang zu den Universitäten. Im Parlament der Weimarer Republik saßen zeitweise bereits mehr Frauen als heute im Deutschen Bundestag. Der Nationalsozialismus verdrängte die Frauen wieder aus dem öffentlichen Leben und legte sie auf die Rolle als Hausfrau und Mutter fest. Sie durften nicht gewählt werden und nicht mehr Professorin sowie Richterin werden.

Mit Gründung der Bundesrepublik Deutschland (1949) verankerten die 65 Verfasserinnen und Verfasser des Grundgesetzes (vier Frauen, 61 Männer) die Gleichberechtigung von Frau und Mann im Grundgesetz.

M3 *Anita Augspurg*

Anita Augspurg wurde 1857 als jüngstes Kind von fünf Geschwistern in Norddeutschland geboren.
Die Familie war seit Generationen eine Familie aus Medizinern und Juristen.
Anita ging nach Berlin und besuchte dort Lehrerinnenkurse. Dies war damals die einzig erlaubte Ausbildung für bürgerliche Töchter.
Nach ihrem Examen arbeitete sie jedoch nicht als Lehrerin, sondern nahm Schauspielunterricht und erhielt kleinere Rollen. Mit 30 Jahren eröffnete sie in München ein Fotoatelier und hatte Erfolg.
Durch die Zusammenarbeit mit anderen Frauen wusste sie, dass Frauen über ihre Rechte sehr wenig informiert waren.
Sie entschloss sich, Jura zu studieren. Das war in Deutschland zu dieser Zeit für Frauen nicht möglich. So studierte sie in der Schweiz und schloss ihr Studium nach vier Jahren 1898 erfolgreich ab.
Ihre Meinung über die ungerechte Rechtsprechung zwischen Frauen und Männern veröffentlichte sie in Zeitschriften und leitete den „Deutschen Verband für Frauenwahlrecht". In ihren Schriften forderte sie die Gleichheit der Frauen vor dem Gesetz.

M5

Quelle 1

Frauen und Studium 1891

Die Forderung nach Zulassung von Frauen zum Studium an deutschen Universitäten löste 1891 „ungeheure Heiterkeit" aus. Das berichtete die erste deutsche Ärztin Franziska Tiburtius in ihren Lebenserinnerungen.
In Zürich war sie Ärztin geworden, in Deutschland durfte sie jedoch nur als Heilpraktikerin arbeiten. „Gelehrte Weiber waren vielen so unerträglich, dass man hoffte, baldmöglichst das ganze Gezücht auszurotten." Gerade Ärzte sprachen sich gegen das Frauenstudium aus. Frauen seien in ihren physischen Kräften und geistigen Begabungen geringer als Männer, denn „Noch niemals hat sich eine Frau einer großen wissenschaftlichen Aufgabe gestellt; niemals ist ihr die Lösung einer selbst leichten Aufgabe in origineller Weise geglückt." (Nach: Franziska Tibertius: Erinnerungen einer Achtzigjährigen. Hamburg 1923)

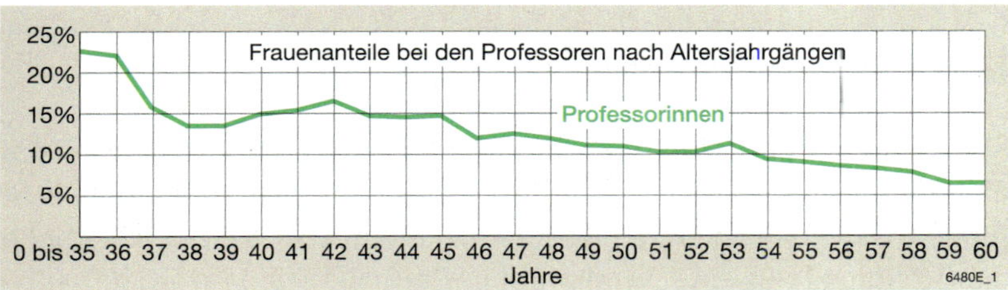

M6 *Anteil der Professorinnen nach Alter*

Quelle 2

Frauen und Studium heute

Obwohl der Anteil der Studentinnen heute bei 50 % liegt, hat sich bei den Professorinnen wenig verändert. Welche Barrieren behindern ihren Aufstieg? Mutter-Werden und Mutter-Sein sind nach wie vor mit „Verhinderungen" verknüpft. Sobald aus einem Paar eine Familie geworden ist, spielen sich zwangsläufig die überkommenen Verhaltensweisen ein.
Nach wie vor planen Frauen Lücken und Verzichte in ihren Berufsweg ein. Familienarbeit und Hausarbeit liegen eindeutig in ihrer Verantwortung. Zudem haben Frauen oft Angst vor dem Erfolg. Sie rechnen mit negativen Reaktionen der Männer – und vor allem des geliebten Mannes – wenn sie erfolgreich sind. So geben sie im Falle der Geburt eines Kindes oft diskussionslos der Karriere des Mannes den Vorrang, auch ohne von diesem einen entsprechenden Druck erfahren zu haben.

(Nach einer Rede der ersten Präsidentin des Bundesverfassungsgerichts Prof. Dr. Jutta Limbach, am ersten Universitätsfrauentag der Freien Universität Berlin am 1. November 1994, aktualisiert)

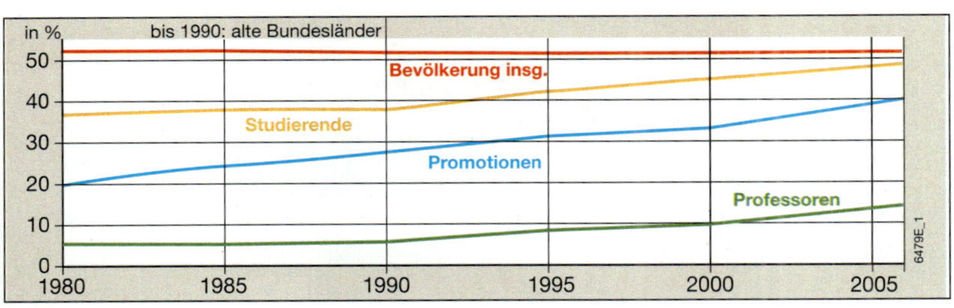

M7 *Frauenanteile in verschiedenen Gruppen der Bevölkerung*

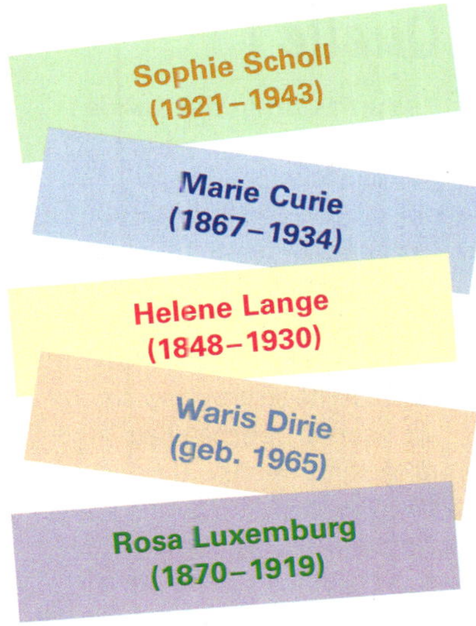

M8 *Was haben diese Frauen bewirkt (Lexikon, Internet)?*

Aufgaben

1 Erläutere, welche Rechte den Frauen im 19. Jahrhundert vorenthalten waren.

2 Stelle dar, welche Forderungen Olympe de Gouges (M1, M2, M4) und Anita Augspurg (M3, M5) stellen und wie sie begründet werden.

3 Erkläre, was Prof. Dr. Jutta Limbach unter „Verhinderungen" (Quelle 2) versteht.

4 Erläutere die Veränderungen in M7.

5 Beantworte die Frage in M8.

Merke
Frauen haben sich in der Vergangenheit viele Rechte erkämpft. Heute ist im Grundgesetz die Gleichberechtigung von Frauen und Männern verankert.

Zukunftstag für Mädchen und Jungen

Quelle 1

Zukunftstag in der Landeshauptstadt

Der bundesweit als „Girls' Day" eingeführte Berufsorientierungstag findet Ende April statt.
In Niedersachsen wird dieser Aktionstag als „Zukunftstag für Mädchen und Jungen" durchgeführt. Jugendliche sollen dabei an „geschlechtsuntypische" Berufe herangeführt werden. Durch geeignete Angebote in Unternehmen und Verwaltungen sollen Mädchen insbesondere Berufe im technischen und handwerklichen Bereich, Jungen Berufe im sozialen und pflegerischen Bereich kennenlernen können.
Die Stadt Hannover beteiligt sich an dem Zukunftstag dadurch, dass Jugendliche der 5. bis 10. Klassenstufe durch Eltern oder Bekannte an diesem Tag an einen für sie jeweils „geschlechtsspezifisch untypischen" Arbeitsplatz mitgenommen werden können.

(Nach: www.regional-themenguide.de)

M1 *Karikatur*

Mädchen und Jungen gestalten ihre Zukunft

Seit mehreren Jahren schon findet in Niedersachsen der „Zukunftstag für Mädchen und Jungen" statt. An diesem Tag haben Mädchen und Jungen Gelegenheit, Berufe kennenzulernen, vor allem auch solche, die sie weniger für eine Berufswahl in Betracht ziehen würden.

Viele Schulabgängerinnen verfügen über eine umfangreiche Schulbildung. Trotzdem entscheiden sich die meisten von ihnen für einen „typisch weiblichen" Beruf, wie zum Beispiel Bürokauffrau, Arzthelferin oder Erzieherin in einem Kindergarten. Vielen Betrieben fehlt aber in technischen oder mit Technik nahe verwandten Berufen der Nachwuchs. Mädchen und junge Frauen hätten also gerade in diesen Bereichen gute Chancen auf eine qualifizierte Berufsausbildung. Bei Jungen gilt Ähnliches für die weiblich besetzten Berufssparten.

Am Zukunftstag bieten unter anderem Firmen, Praxen, Kindergärten, Hochschulen und Forschungszentren ein „Hineinschnuppern" in die Arbeitswelt an.

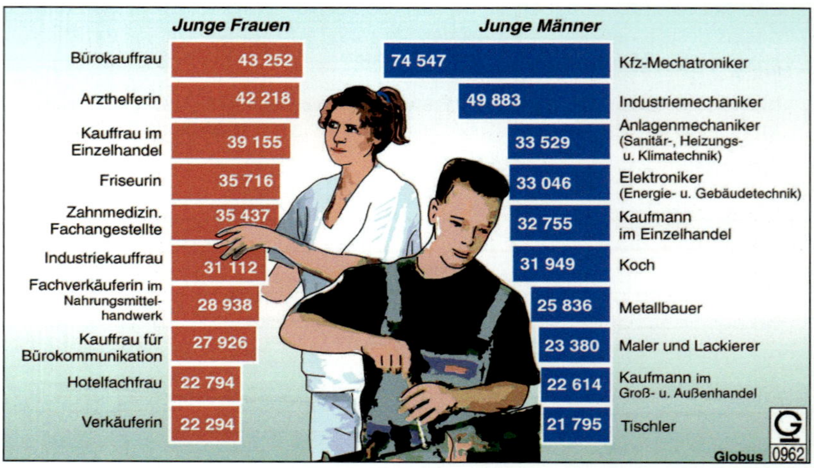

M2 *Die Top Ten der Ausbildungsberufe (2007)*

Aufgaben

1 Werte M2 aus. Notiere die Bereiche, in denen sich vor allem junge Frauen beziehungsweise junge Männer ausbilden lassen.

2 Erläutere den Sinn des Zukunftstages für Mädchen und Jungen.

3 Werte die Karikatur M1 aus.

M3 *Martina (25) ist Gesellin im Dachdeckerhandwerk.*

BERUFSORIENTIERUNG
Zukunftstag für Mädchen und Jungen

Quelle 2

Nicht nur für Mädchen

Eltern erhalten mit dem in Deutschland eingeführten Girls' Day eine gute Gelegenheit, den Prozess der Berufsfindung ihrer Töchter zu begleiten. Der Girls' Day ist häufig ein Anlass, das Thema Berufswahl in der Familie zu thematisieren. Dabei sollten insbesondere aktuelle Erfahrungen zu Berufsbildern einbezogen werden, die nicht bereits zum typischen Berufswahlspektrum von Mädchen gehören.
Auch Jungen können diesen Aktionstag nutzen: Sowohl schulische als auch außerschulische Aktivitäten zu den Themen Berufswahlmöglichkeiten, Lebensplanung und Sozialkompetenz richten sich gezielt an Jungen, denn auch sie orientieren sich häufig einseitig. Weitere Informationen bietet das Servicebüro »Neue Wege für Jungs« unter www.neue-wege-fuer-jungs.de.

(Nach: Schulbroschüre Girls' Day)

Aufgabe

4 Macht eine Umfrage in eurer Klasse:
a) Notiert, welche Mädchen sich für einen technischen Beruf interessieren und warum das so ist.
b) Notiert, welche Jungen sich für einen sozialen Beruf interessieren und warum das so ist.

Quelle 3

Meinungen zum Zukunftstag

„Mir hat der Zukunftstag gut gefallen, weil ich selbst etwas machen durfte und nicht nur alles erklärt bekam. Ich will nächstes Jahr unbedingt wieder mitmachen." (Sebastian, 14 Jahre)

„Wir fanden den Zukunftstag echt super! Er war informativ und hat uns die Augen für die Berufswelt geöffnet. Wir freuen uns auf den nächsten Zukunftstag." (Manuela, Laura und Nadine, 14 Jahre)

„Bei der Firma hat es mir am Zukunftstag so gut gefallen, dass ich mir sehr gut vorstellen könnte, da zu arbeiten. Ich habe beschlossen, dort ein Praktikum zu machen und vielleicht bekomme ich dann auch eine Stelle da." (Marc, 13 Jahre)

(Nach: Schulbroschüre Zukunftstag)

Merke
Jedes Jahr im April gibt es bundesweit den Girls' Day. In Niedersachsen findet an seiner Stelle der „Zukunftstag für Mädchen und Jungen" statt. Mädchen können sich unter anderem mit technischen Berufen vertraut machen, Jungen lernen zum Beispiel soziale Berufe kennen.

1. Männlichkeit?

Männlichkeit = Macht, Kontrolle, Stärke, Führung, Erfolg, Ehrgeiz und Konkurrenz?

a) Überprüfe, welche Eigenschaften auf den abgebildeten Mann zutreffen.

b) Erkläre, was deiner Meinung nach „männlich“ ist.

c) „Bodybuilding ist ein Sport, den auch Frauen ausüben sollen.“ Nimm Stellung zu dieser Aussage.

2. Starke Frauen

a) Entwirf ein Schaubild, das die Rolle der Frau in Deutschland und ihre beruflichen Möglichkeiten seit dem 19. Jahrhundert veranschaulicht.

b) In Grundschulen gibt es fast ausschließlich Lehrerinnen. Nimm Stellung zu dieser Situation.

c) Vergleiche deine Stellungnahme mit der einer Klassenkameradin oder eines Klassenkameraden.

3. Gleichberechtigung?

Beschreibe und deute die Karikatur.

4. Superfrau und Traummann

a) Die Karikatur unten zeigt eine Superfrau. Nimm begründet Stellung zu dieser Aussage.

b) Wie müsste deiner Meinung nach ein Traummann aussehen? Beschreibe.

c) Schreibe deine Gedanken zu den Begriffen auf. Vergleiche anschließend mit deiner Banknachbarin oder deinem Banknachbarn.

Gleichberechtigung

Rolle

Patriarchat

5. Alles eine Ansichtssache?

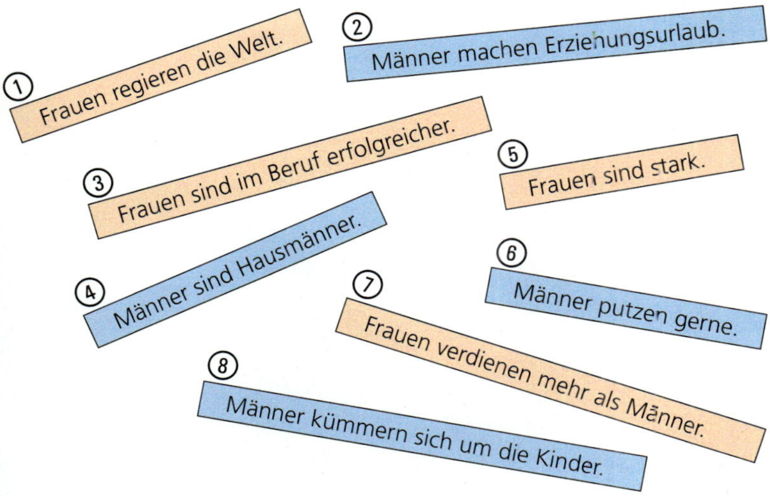

Nimm jeweils Stellung zu den acht Aussagen links.

6. Kennst du dich aus?

Übertrage die Sätze in deine Mappe oder dein Heft und vervollständige sie.

a) Wenn die Verdienste von angestellten Männern und Frauen miteinander verglichen werden sollen, weiß ich, dass als Ergebnis herauskommt, dass ...

b) Werden die Verdienste von Arbeitern und Arbeiterinnen verglichen, kann man feststellen, dass ...

c) In der Land- und Forstwirtschaft sind mehr ... tätig.

d) Im produzierenden Gewerbe arbeiten mehr ... als ...

e) Bei den Dienstleistungen ...

f) Die Zeit, die Väter für die Kinderbetreuung aufbringen, ist ... als die Zeit, die Mütter für diese Tätigkeit aufwenden.

g) Heutzutage sind ... Männer bereit, die Familienarbeit zu übernehmen als früher.

h) Abbildung ① zeigt ... . Sie schrieb über die ungerechte ... zwischen Frauen und Männern. Sie leitete den ...

i) Auf Abbildung ② ist ... zu sehen. Sie kämpfte für ... . Sie schrieb 1791 die ...

j) Ermittle mithilfe des Internets weitere berühmte Frauen der Geschichte. Wodurch wurden sie bekannt?

①

②

Grundbegriffe
- Patriarchat
- Rolle

Kriege und Kriegs-erfahrung

M1 *Kinder im Sudan spielen Krieg.* ▶

Regionale Krisen und Konflikte

„Was spielt ihr?" fragte der alte Mann die Kinder. „Wir spielen Krieg!" Darauf der Alte: „Wie kann man nur Krieg spielen? Ihr wisst doch sicher, wie schlimm der Krieg ist. Ihr solltet Frieden spielen." „Das ist eine gute Idee", sagten die Kinder. Schweigen, Beratung, Tuscheln und wieder Schweigen. Dann trat ein Kind vor und fragte: „Wie spielt man Frieden?"

M1 *Schwieriges Spiel*

Frieden ist für mich ...

...kein Krieg auf der ganzen Welt.
...wenn man wieder Freunde werden kann.
...wenn alle Leute gleich viel Geld haben, sodass niemand neidisch auf den anderen ist.
...unmöglich, es wird niemals überall Frieden geben.
...wenn die Menschen sich miteinander wohl fühlen, dass sie sich nicht streiten und dass sie alles miteinander teilen.

M2 *Äußerungen von Schülerinnen und Schülern einer 8. Klasse zum Thema Frieden*

„War of the world"

Die Schülerinnen und Schüler der 8b gehen in die große Pause. Auf dem Schulhof unterhalten sie sich über Erfahrungen mit Computerspielen. Bei den Jungen sind vor allem Kampf- und Kriegsspiele der Renner. Sven berichtet von seinem neuesten Kauf. „War of the World". In diesem Spiel werden Gefechte und Schlachten durchgespielt. Er erklärt in allen Einzelheiten, wie viele Soldaten und welche Waffensysteme mit welcher Feuerkraft zum Einsatz kommen, wie viele „Feinde" auszuschalten sind.

Avad steht die ganze Zeit daneben. Er wirkt abwesend und fühlt sich sichtlich unwohl. „Ey, was ist los mit dir?" fragt Sven. Avad zögert. Dann sagt er es so, dass es alle hören können: „Ich komme aus Bosnien, das wisst ihr ja. Dort war Krieg, nicht auf dem Bildschirm, sondern wirklich. Ich habe das alles miterlebt. Ich habe Explosionen und Schießereien erlebt, ich habe Tote und Verwundete gesehen. Mein Bruder musste in dem Krieg als Soldat kämpfen. Er wurde am Bein verwundet und humpelt jetzt immer noch."

1 **Zentralafrikanische Republik:** nationale Macht
2 **Tschad:** regionale Vorherrschaft, nationale Macht
3 **D. R. Kongo:** nationale Macht
4 **Äthiopien:** Separatismus (Ogade)
5 **Kenia:** Ressourcen (ethnische Gruppen)
6 **Nigeria:** regionale Vorherrschaft, Bodenschätze
7 **Somalia:** System/Ideologie, nationale Macht
8 **Sudan:** regionale Vorherrschaft, Ressourcen (Darfur)
9 **Kolumbien:** regionale Vorherrschaft, Bodenschätze
10 **Mexiko:** regionale Vorherrschaft (Drogenkartelle)
11 **Indien:** System/Ideologie, Separatismus (Kaschmir)
12 **Myanmar:** Separatismus, System/Ideologie
13 **Pakistan:** System/Ideologie, regionale Vorherrschaft (Sunniten, Schiiten)
14 **Thailand:** Separatismus (südliche Grenzregionen)
15 **Sri Lanka:** Separatismus (Tamilen)
16 **Algerien:** System/Ideologie, nationale Macht (islam. Gruppen)
17 **Iran:** Massenproteste von Regierungsgegnern (Vorwurf: Wahlfälschung)
18 **Irak:** System/Ideologie, Ressourcen, nationale Macht (Sunniten, Schiiten, Kurden)
19 **Israel:** System/Ideologie, regionale Vorherrschaft, Separatismus (Palästinenser)
20 **Libanon:** System/Ideologie, nationale Macht
21 **Türkei:** Autonomie (Kurden)
22 **Afghanistan:** System/Ideologie, Taliban-Anschläge
23 **Georgien:** regionale Vorherrschaft

7011E_3b

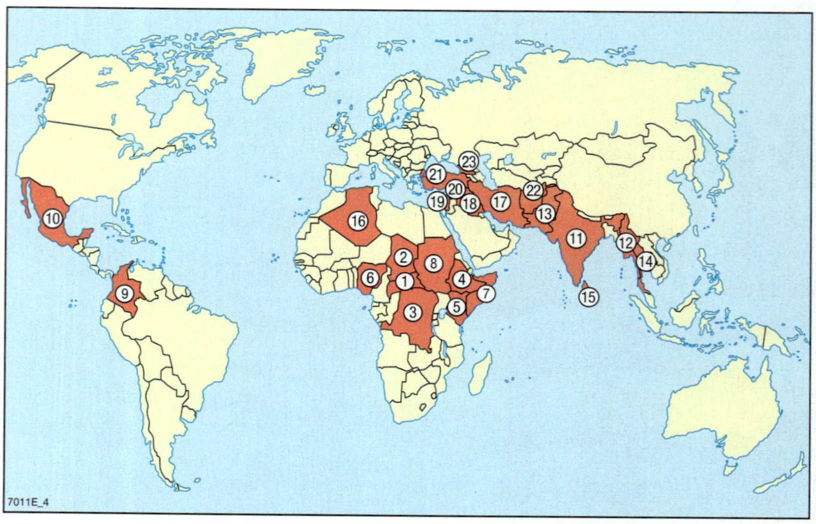

M3 *Regionale Krisen und Konflikte 2007–2009*

Kindersoldaten

Nach Schätzungen von UNICEF kämpfen auf der ganzen Welt rund 300 000 Kinder und Jugendliche als Kindersoldaten. Mindestens 200 000 Kindersoldaten gibt es allein in Afrika. Viele Kinder werden mit brutaler Gewalt zu kriegerischen Kampfhandlungen gezwungen. Sie werden nicht nur als aktive Kämpfer, sondern auch als Kuriere, Spione sowie zur Minenräumung eingesetzt. Die Auswirkungen sind dramatisch. Die Kinder können im Krieg getötet oder verletzt werden. Sie können Arme und Beine verlieren. Wenn sie unverletzt sind, haben sie noch jahrelang Angstträume.

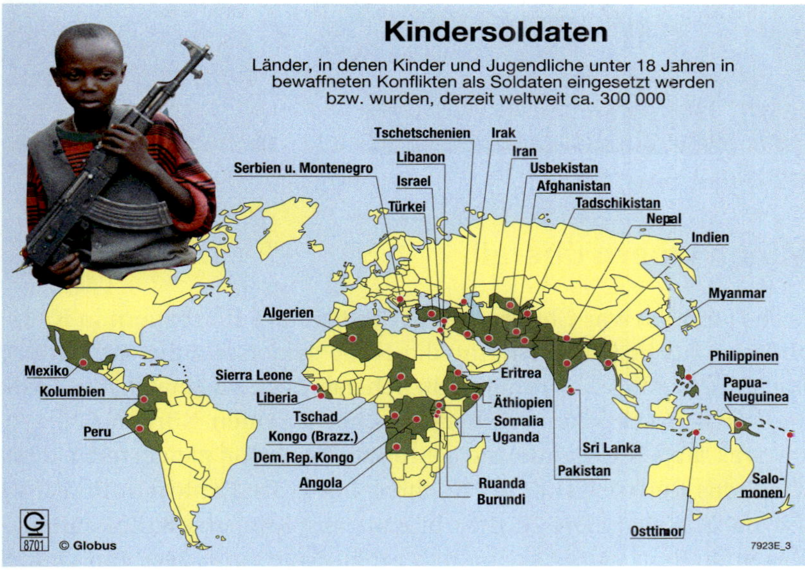

M4 *Kindersoldaten*

M5 *Kindersoldat*

Quelle

Kinder-Dienst an der Waffe
In zahlreichen Ländern werden Kinder zum Dienst an der Waffe gezwungen. Sie werden entführt und aus ihrem Umfeld gerissen. Viele Kinder in den Kriegsgebieten Afrikas haben niemanden, der für sie sorgt. Sie schließen sich Soldaten an, um dem Hungertod zu entgehen. Krieg führende Gruppen ziehen oft Kinder und Jugendliche den Erwachsenen als Soldaten vor, weil junge Leute besser gehorchen. Kindersoldaten bekommen oft keinen oder kaum Sold (Lohn für Soldaten) und begnügen sich mit dem Essen, das sie erhalten.

(Nach: Kampagne „Kindersoldaten – you must act“, in: www.drk.de)

Aufgaben

1 Setzt das Gespräch zwischen Sven und Avad fort.

2 a) Informiere dich über Ursachen, Verlauf und Folgen des Kriegsgeschehens in einem Staat in M3 bei der Arbeitsgruppe Kriegsursachenforschung (www.akuf.de).
b) Verfasse hierzu einen Nachrichtentext.

3 Begründe, weshalb Kinder zu Soldaten werden (Quelle).

4 Vergleiche M3 und M4. Bestimme in M3 die Gebiete, in denen Kinder als Soldaten eingesetzt werden.

Merke
In vielen Ländern werden Kinder zum Dienst an der Waffe gezwungen. Die Auswirkungen sind dramatisch.

Kambodscha – Minen lauern überall

M1 *Landmine*

M2 *Chhorn Na*

Info

Landminen
Landminen sind Sprengkörper, die meistens ein paar Zentimeter tief in der Erde vergraben werden. Sie explodieren, sobald jemand auf sie tritt. Weil sie sehr klein sind, werden sie leicht übersehen. Die meisten Landminen sind „Anti-Personen-Minen", die gegen Menschen eingesetzt werden. Wer auf sie tritt, verliert oft ein oder beide Beine.

Quelle

Konvention gegen Landminen
Am 1. März 1999 trat die Konvention zum Verbot von Anti-Personen-Minen in Kraft. Ihr gehören gegenwärtig 156 Staaten an, allerdings fehlen noch über 40 Staaten, darunter führende Minenproduzenten. Weltweit gibt es noch etwa 100 Millionen Landminen.

(Nach: Wolfgang Kötter in Monitor am 3.12.2007)

Minen lauern überall

Sechs Jahre alt war Chhorn Na, der Sohn eines Reisbauern in Kambodscha, als er wie jeden Tag die Kühe seiner Familie zur Futtersuche trieb. Alles war ruhig. Plötzlich gab es einen gewaltigen Knall und ein schrecklicher Schmerz durchfuhr seinen Körper. Chhorn Na war auf eine **Landmine** getreten. Er verlor gleich nach dem Knall das Bewusstsein. Ein Nachbar hörte die Explosion und trug ihn nach Hause. Die Mutter brachte ihr Kind ins Krankenhaus. Das linke Bein wurde knapp unter dem Knie amputiert. Ein Onkel schnitt ihm einen Stecken zurecht. Er diente ihm als Krücke. „Ich bin auf den Knien zur Schule gekrochen", erzählt Chhorn Na. Er musste sechs Jahre auf Knien leben, bis er eine Prothese bekam.

Minen – tödliche Gefahr für Kinder

Vier bis sechs Millionen Minen wurden in Kambodscha von Soldaten verschiedener Kriegsparteien bis Mitte der 1990er Jahre an wichtigen Stellen knapp unter der Erdoberfläche vergraben. Sie liegen zum Beispiel um Hügel herum, auf Pfaden zu Wasserstellen, an Wegkreuzungen oder unter Schatten spendenden Bäumen. Jeden Monat explodieren mindestens 60 Minen. Sie treffen vor allem die Zivilbevölkerung. Jedes dritte Opfer ist ein Kind. Kambodscha hat die meisten Minenamputierten der Welt: 35 000 Menschen haben durch Minen bereits Füße, Beine oder Arme verloren. Minen sind besonders grausame Waffen, denn sie werden nicht eingesetzt, um ihre Opfer zu töten oder gegnerische Soldaten abzuwehren. Sie sollen Angst verbreiten und die Menschen einschüchtern.

M3 *Minenräumerin Theary Mam*

M4 *Der einbeinige Teddy*

Minenräumung – Arbeit im Schneckentempo

Die Minenräumerin Theary Mam aus Kambodscha berichtet: „Bei der Räumung von Minen komme ich nur sehr langsam voran. Im Durchschnitt schaffe ich 20 – 25 m² am Tag und oft liegen auf einem Quadratmeter vier Minen. Dabei ist meine Arbeit sehr gefährlich, denn die Minen sind unter der Erde nicht zu sehen und oftmals schon seit Jahren von Gras oder Büschen überwuchert, aber noch immer hochexplosiv. Neben uns Minenräumern kommen auch Roboter und Minensuchhunde zum Einsatz, aber auch die sind nicht schneller. Zudem ist die Beseitigung von Minen sehr teuer. Eine Mine zu räumen, kostet etwa 300 bis 1000 Euro. So wird es wohl noch Jahrzehnte dauern, bis Kambodscha minenfrei ist."

Kinder leiden unter Schmerzen und Ausgrenzung

Kinder mit fehlenden Gliedmaßen werden in ihrer Heimat mitunter von Mitschülern gedemütigt. Behinderte Jugendliche haben bei der Suche nach Arbeit große Probleme. Mädchen und Frauen, die durch eine Explosion verstümmelt wurden, finden nur schwer einen Lebenspartner oder werden von ihren Männern verlassen. Kinder von Minenopfern stehen vor dem Nichts, wenn Vater oder Mutter aufgrund ihrer Behinderung keine Chance mehr haben, Geld für den Unterhalt der Familie zu verdienen. Das Kinderhilfswerk der UNO (UNICEF) unterstützt Kinder, die durch Minen verletzt wurden und stellt ihnen Prothesen, Krücken oder einen Rollstuhl zur Verfügung. UNICEF vermittelt den Eltern Grundkenntnisse in Krankengymnastik und der Pflege behinderter Kinder.

Aufgaben

1 a) Erläutere, wie sich das Leben von Chhorn Na verändert hat.
b) Informiere dich, wie ihm und anderen Opfern geholfen werden kann (www.landmine.de/de.titel/de.wiewirhelfen/de.wieundwo/index.html).

2 Was könnten die Gründe dafür sein, dass einige Staaten das Verbot von Landminen nicht unterschrieben haben (Quelle)?

3 Erkunde die Geschichte des einbeinigen Teddybären und berichte über die Maßnahmen des Roten Kreuzes (http://old.roteskreuz.at/1592.html).

Merke
Weltweit gibt es noch etwa 100 Millionen Landminen. Sie treffen vor allem die Zivilbevölkerung. Jedes dritte Opfer ist ein Kind.

Grundbegriff
- Landmine

Rüstung und Waffenhandel

Info

Oxfam
Oxfam ist eine Organisation, die sich weltweit gegen Hunger, Armut und soziale Ungerechtigkeit einsetzt.

Amnesty International
Amnesty International (ai) ist eine Organisation, die sich weltweit für Menschenrechte einsetzt.

Oxfam Deutschland

AMNESTY INTERNATIONAL

M1 *Elfriede Jansen mit den Waffen ihres verstorbenen Mannes*

Eine gelungene „Überraschung"

Heute unterrichtet die neue Referendarin Frau Ulrike Jansen in der 8c. „Unser Thema ist der Waffenhandel. Hierzu möchte ich euch eine Geschichte erzählen. Meine Großmutter ist letzte Woche in ein Altenheim gezogen. Ich habe ihr beim Auspacken geholfen. Plötzlich fand ich in einer Plastiktüte zwei Revolver, drei Pistolen und jede Menge Munition. Meine Oma erklärte mir, dass die Waffen dem Opa gehörten, der Sportschütze war, nun aber schon seit vielen Jahren tot ist. Sie bat mich, die Sachen für sie zu verkaufen. ‚Oma, das geht nicht', sagte ich ihr. ‚Ich spreche mit den Schülern gerade über **Waffenhandel**. Waffen müssen in Deutschland in einem verschlossenen Schrank aufbewahrt werden, getrennt von der Munition. Waffen kann man nicht einfach so verkaufen. Hast du denn einen Waffenbesitzschein? Wenn nicht, müssen wir die Polizei anrufen.' Als dann die Polizei kam, fiel mir ein Stein vom Herzen."

Quelle 1

Waffenerwerb und Besitz
Die Erlaubnis zum Erwerb und Besitz von Waffen wird durch eine Waffenbesitzkarte erteilt. Die Erlaubnis zum Erwerb einer Waffe gilt für die Dauer eines Jahres, die Erlaubnis zum Besitz wird in der Regel unbefristet erteilt.

(§10, Waffengesetz von Deutschland (WaffG)

Quelle 2

Waffen unter Kontrolle!
Konventionelle Waffen sind die wahren Massenvernichtungswaffen unserer Zeit – jedes Jahr sterben Hunderttausende Menschen durch ihren Missbrauch. Dies ist möglich, weil es bislang keine einheitlichen internationalen Regeln gibt, unter welchen Bedingungen Schusswaffen, Panzer, Kampfflugzeuge und andere konventionelle Güter für die **Rüstung** in fremde Länder geliefert werden dürfen.

(Nach:www.oxfam.de)

Quelle 3

Waffenhandel – ohne Kontrolle eine tödliche Gefahr
Der Missbrauch von Waffen fordert jährlich 500 000 Tote und gefährdet in vielen Ländern die Sicherheit und die Rechtsordnung. Jährlich geben die Regierungen in Afrika, Asien und Lateinamerika 22 Milliarden US-$ aus, um Waffen zu kaufen. Dieses Geld würde reichen, um weltweit allen Kindern eine Grundschulausbildung zu sichern und die Kinder- und Müttersterblichkeit um mehr als zwei Drittel zu senken.
Laut Amnesty und Oxfam werden jedes Jahr acht Millionen Waffen produziert. Weltweit dürfte es bereits 639 Millionen Kleinwaffen (Pistolen, Gewehre sowie Maschinengewehre) geben.

(Nach: www.oneworld.at)

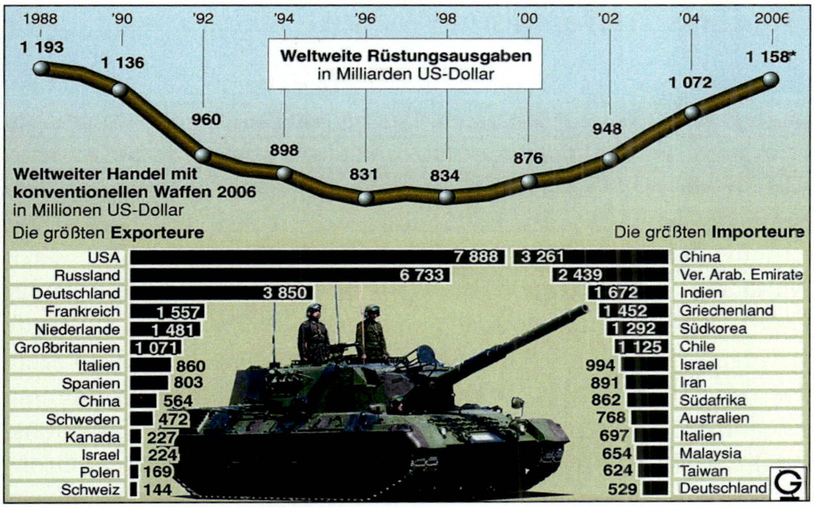

M2 *Milliarden für die Rüstung*

Quelle 5

Parlamentariererklärung

Täglich leben Millionen Männer, Frauen und Kinder in Furcht vor bewaffneter Gewalt – unter anderem deshalb, weil Waffen zu leicht über Landesgrenzen in die Hände jener Menschen und Gruppen gelangen, die sie dazu verwenden, die Grundrechte anderer Menschen zu verletzen. Ein strenges Waffenhandelsabkommen wird dazu beitragen, die gewaltsame Austragung von Konflikten zu verhindern.

(Nach: Parlamentariererklärung, Waffen unter Kontrolle! September 2008)

M3 *Aus dem Filmspot „Tele-Shop Kalaschnikow"*

Aufgaben

1 Erkläre die Vorgehensweise von Frau Ulrike Jansen.

2 Konventionelle Waffen sind die wahren Massenvernichtungswaffen unserer Zeit. Erläutere diese Aussage (Quellen 2 und 3).

3 Begründe, warum sich Parlamentarier auf der ganzen Welt für ein strenges Waffenhandelsabkommen einsetzen.

Quelle 4

„Tele-Shop Kalaschnikow"

Der Filmspot: „Tele-Shop Kalaschnikow" führt im Stil einer TV-Einkaufssendung vor, wie erschreckend einfach tödliche Kriegswaffen in die Hände von verantwortungslosen Menschen gelangen können. Vor edler Verkaufskulisse wird das Schnellfeuergewehr AK-47 „Kalaschnikow" angeboten. Das ist die weltweit verbreitetste Waffe dieser Art. Sie gelangt über dunkle Kanäle an Streitkräfte, Kriminelle oder sogar Kinder. Rechtsfreie Räume in vielen Ländern machen dies möglich. Oxfam und amnesty international fordern die Regierungen auf, unverzüglich mit UN-Verhandlungen zu einem rechtlich verbindlichen Kontrollabkommen („Arms Trade Treaty") zu beginnen.

(Nach: www.oxfam.de)

Merke

Der Missbrauch von Waffen fordert jedes Jahr 500 000 Tote. Parlamentarier fordern ein strenges internationales Waffenhandelsabkommen.

Grundbegriffe

- Rüstung
- Waffenhandel

Friedensbewegung

M1 *Persönlichkeiten der Friedensbewegung*

Frieden schaffen ohne Waffen

Seit dem Ende des 19. Jahrhunderts organisieren sich Menschen, um für den Frieden einzutreten. Bertha von Suttner gilt als eine der führenden Persönlichkeiten der Friedensbewegung in dieser Zeit. Anfang der 1980er entsteht eine neue **Friedensbewegung**. Die **Supermächte** USA und UdSSR bedrohen sich gegenseitig mit Atomwaffen und rüsten immer mehr auf. Die Menschen haben Angst vor einem **Atomkrieg**. Weil Deutschland aufgrund seiner Lage zwischen den Supermächten zuerst betroffen wäre, findet die Bewegung hier zahlreiche Anhänger. Die Menschen befürchten, dass eine Atomrakete in Deutschland einschlägt und schlimme Zerstörungen und Verwüstungen anrichtet. Im Herbst 1983 demonstrieren daher mehrere 100 000 Menschen gleichzeitig in vier Großveranstaltungen gegen die Stationierung amerikanischer Atomwaffen in der Bundesrepublik. Dieser Protest nützt jedoch nichts. Die Mehrheit der Abgeordneten im Deutschen Bundestag stimmt der Stationierung zu.

M2 *Friedensdemonstration in Bonn 1983 gegen die Stationierung von amerikanischen Atomwaffen in Deutschland*

Dieses Zeichen wurde 1958 von dem Künstler Gerald Holtom entworfen. Es hat seinen Ursprung in der britischen **C**ampaign for **N**uclear **D**isarmament (Kampagne zur nuklearen Abrüstung). Deshalb nennt man es auch CND-Zeichen. Es besteht aus einem Kreis und den Buchstaben **N** und **D** des Winkeralphabets.

M3 *Peace-Zeichen (peace = Frieden)*

Info

Die Ostermarsch-Bewegung
Die Ostermarsch-Bewegung entstand 1958 in England. Damals protestierten britische Atomwaffengegner in London. Seither gehen jedes Jahr vor und an Ostern in verschiedenen Ländern Tausende Menschen auf die Straße, um für Frieden und Gerechtigkeit zu demonstrieren. Der erste deutsche Ostermarsch fand 1960 statt. Er stand unter dem Motto „Kampf dem Atomtod“.

Quelle

Tausende bei bundesweiten Ostermärschen
An den traditionellen Ostermärschen gegen Krieg und Gewalt haben sich in zahlreichen Städten in Deutschland mehrere Tausend Menschen beteiligt. Trotz widriger Wetterbedingungen sind etwas mehr Menschen zu den Protesten gekommen als im vergangenen Jahr. Die Proteste sollen bis Ostermontag fortgesetzt werden.
(Nach: tagesschau.de, 22.03.08)

M4 *Ostermarsch im Ruhrgebiet*

Die Taube war schon im Alten Testament ein Symbol für Frieden und Versöhnung: Noah ließ nach der Sintflut eine Taube frei. Als sie wieder zurückkam, hatte sie einen Olivenzweig im Schnabel, ein Zeichen für Noah, dass es Land gab. Der Maler Picasso ließ sich davon inspirieren und entwarf 1949 dieses Symbol zum Weltfriedenskongress.

M5 *Friedenstaube*

Aufgaben

1 Erstelle kurze Biographien (Lebensläufe) zu den in M1 abgebildeten Personen (Lexikon, Internet). Führe dabei unter anderem auf, für welche Ziele sie eintraten und wodurch sie berühmt wurden.

2 Erkläre die Bedeutung der beiden Friedenssymbole in M4 mithilfe von M3 und M5.

3 Liste weitere Zeichen auf, die für den Frieden stehen (Internet).

4 Veranstaltet eine Pro- und Contra-Diskussion darüber, ob in der Schule eine „Friedensbewegung“ sinnvoll ist. Bereitet euch mit einer Sammlung von Argumenten vor.

Merke
Schon immer setzten sich Menschen für den Frieden ein. Seit dem Ende des 19. Jahrhunderts gibt es eine organisierte Friedensbewegung.

Grundbegriffe
- Friedensbewegung
- Supermacht
- Atomkrieg

Kriege und Kriegserfahrung

1. Krisen und Konflikte in der Welt

Wähle eine Krisenregion aus (S. 268 M2) und verfasse einen Bericht oder ein Referat. Führe dazu eine Internet-Recherche durch.

2. Die Ostermarsch-Bewegung

Übertrage den Text in deine Mappe oder dein Heft und ergänze die Lücken.

Die Ostermarsch-Bewegung entstand 1958 in … . Die ersten Proteste richteten sich gegen … . Seitdem wird auf den Ostermärschen in vielen Ländern für … demonstriert.

4. Kinder im Krieg

a) Zeige an folgenden Beispielen auf, inwiefern Kinder besonders von Kriegshandlungen betroffen sind: Kinder in Bosnien, Kinder in Kambodscha.

b) Berichte, wie die Hilfsorganisation Unicef den Kindern in Kriegsgebieten hilft.

5. Friedensbewegung

Beschreibe und erkläre die abgebildeten Symbole.

3. Ein Leben für den Frieden

Die drei abgebildeten Personen haben sich für den Frieden eingesetzt. Sie sind ein Vorbild für die Friedensbewegung.

a) Notiere ihre Namen.

b) Berichte in kurzen Informationstexten über diese drei Persönlichkeiten.

6. Kennst du dich aus?

Oxfam Deutschland

AMNESTY INTERNATIONAL

a) Welche Logos sind hier abgebildet?

b) Berichte über die Organisationen, die diese Logos verwenden.

7. Die UNO – Recherchieren im Internet

a) Finde heraus, was die Abkürzung UNO bedeutet.

b) Welche Aufgaben hat die UNO?

c) Erkläre die Farben und Symbole der Flagge der UNO.

d) Was sind Blauhelm-Soldaten?

e) Welche Aufgaben hat der Sicherheitsrat der UNO?

f) Welche Aufgaben hat die Generalversammlung?

g) Wo ist der Sitz des Internationalen Gerichtshofs?

h) Wer ist zurzeit Generalsekretär?

i) Wie viele Länder sind bisher der UNO beigetreten?

Symbol auf der Flagge der UNO

8. Kindersoldaten

a) Deute die Haltung dieser afrikanischen Kinder.

b) Notiere die Länder in Afrika, in denen Kinder als Soldaten eingesetzt werden bzw. wurden (S. 269 M4).

c) Berichte darüber, wie Kinder in Afrika Soldaten werden.

Grundbegriffe
- Landmine
- Rüstung
- Waffenhandel
- Friedensbewegung
- Supermacht
- Atomkrieg

Arbeitsmethoden aus dem Band 1

Eine GL-Mappe anlegen

Eine GL-Mappe schafft Ordnung.

1. Verwende eine DIN-A4-Mappe sowie gelochte, karierte Blätter. Schreibe mit Füller, zeichne mit Bleistift, male Farbflächen mit Holzfarbstiften.
2. Lege ein Inhaltsverzeichnis an. Gestalte zu jeder Unterrichtsstunde ein Deckblatt. Füge Arbeitsblätter und Kopien ein.
3. Lass auf jedem Blatt am linken Rand fünf Kästchen frei, am oberen und unteren Rand vier Kästchen. Überschrift unterstreichen, Datum einfügen, sorgfältig schreiben.

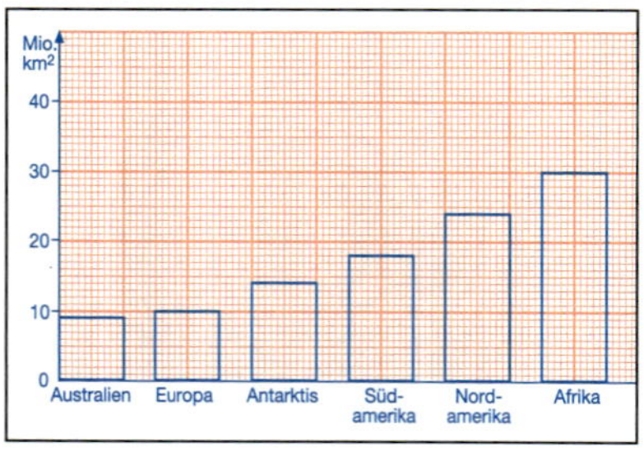

Ein Säulendiagramm zeichnen

Ein Säulendiagramm macht Zahlen, die in einer Tabelle aufgelistet sind, anschaulicher.

1. Zeichne zwei Linien im rechten Winkel. Trage auf der senkrechten Linie die Werte der Tabelle ein.
2. Trage auf der waagerechten Linie die Säulen in der richtigen Länge ein.
3. Gib dem Diagramm eine Unterschrift.

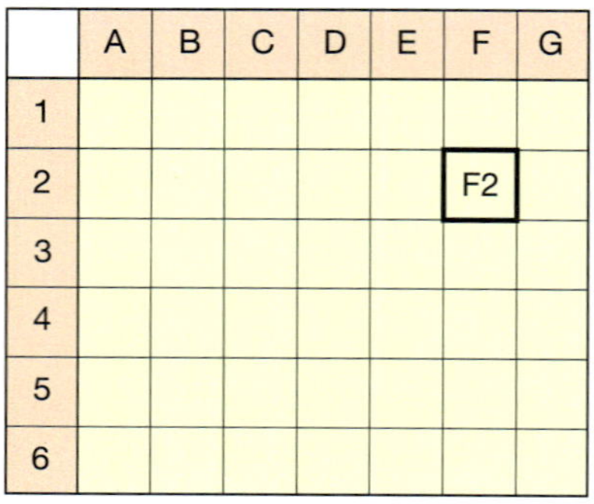

Einen Stadtplan lesen

Ein Stadtplan hilft, sich in einer Stadt zurechtzufinden.

1. Er ist in Planquadrate unterteilt und enthält ein Register mit einem Verzeichnis aller Straßen und Plätze.
2. Suche mithilfe des Registers und der Planquadrate deinen Standort und das Ziel (Straße, öffentliches Gebäude), das du erreichen möchtest.
3. Richte den Stadtplan nach den Himmelsrichtungen aus und gehe zu deinem Ziel.

Den Maßstab nutzen

Ein Maßstab hilft, Entfernungen auf einer Karte abzulesen.

1. Zeichne die Maßstabsleiste einer Karte genau ab und verlängere sie stark.
2. Miss die Strecke, deren Länge du ermitteln willst, mit dem Lineal.
3. Lege das Lineal an die gezeichnete Maßstabsleiste und lies die Entfernung ab.

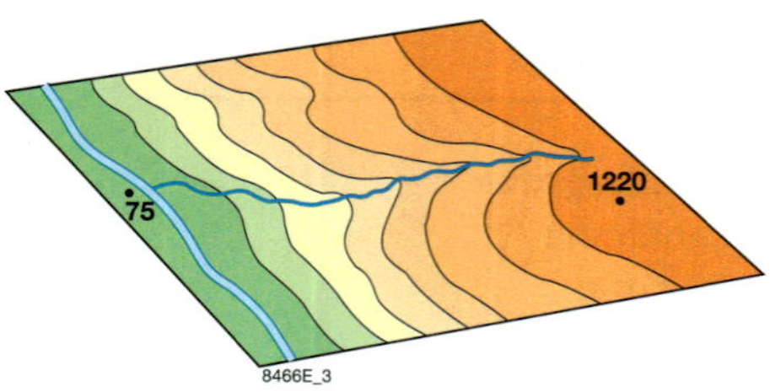

Physische Karten lesen

Physische Karten zeigen die Oberflächenformen der Landschaft, die Lage von Städten, den Verlauf von Flüssen und Einiges mehr.

1. Die Oberflächenformen werden in den Farben Grün, Gelb, Braun dargestellt.
2. Städte werden mit weißen und roten Punkten sowie mit roten Vierecken dargestellt.
3. Flüsse werden als blaue Linien gezeichnet.
4. Außerdem sind Verkehrseinrichtungen und Grenzen eingetragen.

Ein Bild auswerten

Ein Bild veranschaulicht einen Sachverhalt.

1. Orientierung
Beantworte folgende Fragen: Wo ist das Bild aufgenommen? Was zeigt es? Atlas, Lexikon, Internet können helfen.

2. Beschreibung
Beschreibe die Einzelheiten auf dem Bild. Ordne nach Vordergrund, Mittelgrund, Hintergrund oder nach Inhalten (Häuser, Landschaft).

3. Erklärung
Stelle Zusammenhänge zwischen den Einzelheiten her.

4. Zeichnung
Fertige eine Skizze des Bildes mit den wichtigsten Einzelheiten an.

Eine Wandzeitung gestalten

Auf einer Wandzeitung können Informationen über ein Land oder über einen Sachverhalt dargestellt werden.

1. Thema auswählen.
2. Material beschaffen: Fotos, Karten, Texte, Zeichnungen.
3. Einzelthemen festlegen und an Arbeitsgruppen verteilen.
4. Wandzeitung gestalten: Auf Übersichtlichkeit achten, Überfrachtung vermeiden. Themen sollen gut erkennbar sein.

Einen Quellentext untersuchen

Ein Quellentext ermöglicht die Überprüfung und Einordnung geschichtlicher Ereignisse.

Lies den Text langsam und mehrmals durch. Suche unbekannte Wörter im Lexikon.

Beantworte dann die fünf W-Fragen:

1. Was für eine Quelle ist es (Urkunde, Gesetz, Bericht)?
2. Wer hat sie geschrieben?
3. Wann wurde sie geschrieben?
4. Was berichtet sie?
5. Wie wird berichtet?

Quelle 1

Die Räuber der Welt

Als Räuber der Welt durchwühlen die Römer nun auch das Meer, nachdem sich ihren Verwüstungen kein Land mehr bietet. Stehlen, Morden, Rauben bezeichnen sie als „Herrschaft". Unsere Kinder werden zum Sklavendienst herangezogen.

(Nach Tacitus (98 n. Chr.): Rede eines britannischen, von den Römern besiegten Fürsten.
In: B.von Borries: Römische Republik. Weltstaat ohne Frieden und Freiheit. Stuttgart 1980, S. 27)

Einen Bildbrief schreiben

Ein Bildbrief enthält keinen Text, sondern lauter kleine Bilder, die eine Geschichte ergeben. Er eignet sich zur Verständigung von Menschen, die nicht dieselbe Sprache sprechen.

1. Überlegen und Entscheiden, worüber mit verschiedenen Bildern berichtet werden soll (Familiensituation, Alltag).

2. Bildzeichen so einfach wie möglich gestalten, damit sie leicht für andere zu verstehen sind.
Bilder nach Themenbereichen zusammenstellen.
Die eigene Person auf den Bildern verdeutlichen.
Zahlenangaben machen die Bilder leichter lesbar.
Es ist wichtig, den Brief sorgfältig und sauber zu zeichnen.

Minilexikon

Ablass (Seite 117)
Der Erlass oder die Erleichterung von Kirchenstrafen durch den Kauf von Ablassbriefen im 16. Jahrhundert. Daraus entwickelte sich für die katholische Kirche eine gute Einnahmequelle.

Absolutismus (Seite 141)
Regierungsform, in der ein Herrscher die alleinige Macht hat.

Aggression (Seite 154)
Verhaltensweise, bei der ein Lebewesen ein anderes bedroht oder angreift.

Agroforstwirtschaft (Seite 92)
Eine Form der nachhaltigen Nutzung in der Landwirtschaft im → tropischen Regenwald. Es werden Feldfrüchte unter Bäumen angebaut. Die Bäume dienen als Schattenspender und verhindern → Erosion.

Angebot (Seite 130)
In der Wirtschaft die Menge von Gütern und Dienstleistungen, die auf dem Markt angeboten wird.

Antarktis (Seite 74)
Von Inlandeis bedeckter Kontinent am Südpol einschließlich der angrenzenden Meeresgebiete.

Antike (Altertum) (Seite 8)
Die Antike ist die Bezeichnung für das griechisch-römische Altertum von ca. 1000 v.Chr. bis zum Untergang des römischen Kaiserreichs (ca. 500 n.Chr.). Es war die Blütezeit der griechischen und römischen → Hochkultur.

Arbeiterbewegung (Seite 235)
Organisierte Versuche der Arbeiter zur Verbesserung ihrer Lebensbedingungen. Die Verelendung der Arbeiter durch die → Industrialisierung im 19. Jahrhundert führte zu Protestaktionen und Zusammenschlüssen der Arbeiter. In Deutschland entwickelten sich ab 1868 die → Gewerkschaften.

Arktis (Seite 72)
Die zwischen nördlichem Polarkreis und Nordpol liegenden Land- und Meeresgebiete, welche größtenteils mit Eis bedeckt sind.

Atomkrieg (Seite 274)
Ein Krieg, in dem Atomwaffen (auch Kernwaffen genannt)eingesetzt werden. Diese haben eine ungeheure Zerstörungskraft. Atomwaffen stellen eine existenzielle Bedrohung für alles Leben auf der Erde dar.

Aufklärung (Seite 215)
Eine Bewegung in Europa gegen den → Absolutismus. Die Aufklärer hielten alle Menschen von Natur aus für vernunftbegabt. Sie kämpften mit Büchern und Zeitungen gegen Vorurteile und religiöse Vorschriften.

Augsburger Religionsfriede (Seite 122)
Reichsgesetz von 1555. Es besiegelte nach zahlreichen kriegerischen Auseinandersetzungen die Zulassung der beiden Glaubensrichtungen Katholiken und Lutheraner. Die Landesfürsten erhielten Konfessionsfreiheit, d.h. sie bestimmten die → Konfession ihrer Untertanen.

Ausschuss (Seite 43)
Ist der Landtag oder der → Gemeinderat zu groß, um eine Aufgabe zu erledigen, wird ein Ausschuss gebildet. Hierbei handelt es sich um eine kleine Gruppe von Personen, die den Fachverstand haben, Entscheidungen für das größere Gremium vorzubereiten. Das Ergebnis der Arbeit im Ausschuss wird dem Landtag oder dem Gemeinderat zur Abstimmung vorgelegt.

Aussiedler (Seite 168)
Menschen, die die deutsche Staatsangehörigkeit oder Volkszugehörigkeit besitzen und früher (wie ihre Vorfahren) in ost- und südosteuropäischen Ländern lebten. Mittlerweile sind sie in die Bundesrepublik Deutschland eingewandert.

Barock (Seite 148)
Eine Kunst- und Stilrichtung des 17. und 18. Jahrhunderts. Die barocke Stilrichtung fand Ausdruck im alltäg-lichen Leben, z. B. in Bauwerken, Gemälden, Mode und Musik.

Bauernkrieg (Seite 121)
Bauernaufstände in Mitteleuropa führten im frühen 16. Jahrhundert zum deutschen Bauernkrieg (1524/25). Einhergehend mit der → Reformation lehnten sich Bauern gegen die Unterdrückung durch die Grundherren auf (→ Grundherrschaft). Der Bauernkrieg endete mit der Niederlage der Bauern durch die Heere der adeligen Grundherren.

Bedarf (Seite 130)
Dieser Begriff aus der Wirtschaft bezeichnet ein → Bedürfnis nach einem bestimmten Gut, das man mit seinem Geld befriedigen kann.

Bedürfnis (Seite 129)
Jeder Mensch hat Anliegen und Wünsche nach bestimmten Gütern. Diese nennt man in der Wirtschaft Bedürfnisse.

Brandrodung (Seite 90)
Abbrennen von tropischen Waldflächen im Rahmen des → Wanderfeldbaus; weitverbreitet in den → Savannen und im → tropischen Regenwald.

Brettwurzel (Seite 88)
Bis zu 10 m hohe, sternförmig angeordnete Wurzel. Brettwurzeln verleihen den Bäumen im → tropischen Regenwald besondere Standfestigkeit.

Bürger (Seite 25)
Bewohner einer Stadt im → Mittelalter, der Stadtrecht genoss. Freie Bürger waren etwa 70% der Einwohner einer Stadt.

Bürgerbegehren (Seite 45)
In wichtigen kommunalen Angelegenheiten können Bürgerinnen und Bürger einer Stadt oder Gemeinde einen Antrag auf → Bürgerentscheid stellen. Dieser Antrag, der von einem bestimmten Anteil von Wahlberechtigten (zwischen 2 und 17%) unterzeichnet sein muss, wird Bürgerbegehren genannt.

Bürgerentscheid (Seite 45)
Mit einem Bürgerentscheid können die Bürgerinnen und Bürger einer Stadt oder Gemeinde über Fragen des eigenen Wirkungskreises mitentscheiden. Ein Bürgerentscheid kommt u.a. durch ein → Bürgerbegehren zustande.

Bürgerinitiative (Seite 44)
Eine Bürgerinitiative ist der spontane, meist lockere Zusammenschluss von Bürgerinnen und Bürgern zur Durchsetzung ihrer Interessen. Die meisten Bürgerinitiativen setzen sich für bessere Umweltbedingungen ein oder wenden sich gegen Verkehrsplanungen. Betroffene Bürgerinnen und Bürger finden auf diese Weise in unserer Demokratie die Möglichkeit, wichtige Entscheidungen, z. B. der Stadt- und Verkehrsplanung, zu beeinflussen.

Bürgermeisterin/Bürgermeister (Seite 38)
Die Bürgermeisterin oder der Bürgermeister steht einer → Gemeinde vor. Stellung und Aufgaben werden in der Gemeindeordnung geregelt. Der Bürgermeister leitet z. B. die Gemeinderatssitzungen und vertritt die Gemeinde nach außen.

Burg (Seite 22)
Im Mittelalter wohnten die → Ritter auf Burgen. Die Burgen dienten auch zur Verteidigung und zum Schutz der Bewohner. In Kriegszeiten fanden die abhängigen Bauern dort Zuflucht und Sicherheit.

Datumsgrenze (Seite 55)
Eine international vereinbarte Linie im Pazifischen Ozean. Sie folgt etwa dem 180. Längengrad. Wird diese Linie in westlicher Richtung überschritten, muss das Datum einen Tag vorgestellt werden, in östlicher Richtung wird das gleiche Datum zwei Tage lang geschrieben.

Dauerfeldbau (Seite 92)
Das ganze Jahr über betriebener Feldbau, der zudem (im Gegensatz zum → Wanderfeldbau) auf einen Flächenwechsel verzichtet. Er ist vor allem in den Tropen (→ Klimazone) verbreitet.

Deeskalation (Seite 157)
Bezeichnung für den stufenweisen Abbau von → Gewalt während eines → Konflikts.

Dreieckshandel (Seite 110)
Handel, der sich vom 16. bis 19. Jahrhundert zwischen europäischen Staaten, den → Kolonien in Amerika und Gebieten Afrikas entwickelte. Die Europäer bezogen aus ihren amerikanischen Kolonien

Nutzpflanzen und Bodenschätze. In ihren Kolonien setzten sie Menschen aus Afrika als Arbeitssklaven ein. Diese Sklaven tauschten die Europäer gegen billige Waren (Stoffe, Waffen und Alkohol) ein.

Dreifelderwirtschaft (Seite 20)
Eine im → Mittelalter entwickelte Art der Landwirtschaft zur Steigerung der Erträge. Im jährlichen Wechsel wird ein Drittel des Bodens mit Wintergetreide bepflanzt, ein Drittel mit Sommergetreide und das letzte Drittel bleibt unbebaut (brach) bzw. wird als Weide genutzt, damit sich der Boden erholen kann.

Dreißigjähriger Krieg (Seite 123)
Eine Reihe von Macht- und Glaubenskriegen zwischen 1618 und 1648, an denen sich viele europäische Staaten beteiligten. Sie wurden überwiegend in Deutschland ausgefochten und brachten der Bevölkerung unermessliches Leid.

Dürre (Seite 85)
Zeitraum lange anhaltender Trockenheit. Weil das Wasser fehlt, gibt es keine oder geringe Ernteerträge und somit nicht selten Hungerkatastrophen.

Einwohnerantrag (Seite 45)
Mit einem schriftlich gestellten Einwohnerantrag können Einwohner einer → Gemeinde durchsetzen, dass sich der → Gemeinderat in einer öffentlichen Sitzung mit einem bestimmten Problem beschäftigt.

Erdrotation (Seite 54)
Innerhalb von ca. 24 Stunden dreht sich die Erde einmal um ihre eigene Achse. Diese Drehbewegung nennen wir Erdrotation.

Erosion (Seite 92)
Die Abtragung von Boden und Gestein durch Wasser, Eis oder Wind.

Erziehungsmaßregel (Seite 250)
Besondere Strafe, die das Gericht für Jugendliche verhängt, z. B. Arbeitsstunden im Krankenhaus.

Eskalation (Seite 156)
Bezeichnung für die stufenweise Steigerung eines → Konflikts. Die beiden Konfliktparteien verschärfen dabei die Auseinandersetzung von der sachlichen Auseinandersetzung bis zur Anwendung von → Gewalt z. B. durch Beschimpfung oder Bedrohung. Man spricht auch von → Gewaltspirale.

Fachwerkhaus (Seite 18)
Haus, dessen Grundgerüst aus Holz ist. Die Zwischenräume werden mit lehmverschmiertem Flechtwerk oder Ziegeln ausgefüllt.

Felswüste (Seite 80)
Wüstentyp, der fast ausschließlich von kantigem Schutt- und Felsmaterial übersät ist. Er ist auf der Erde viel weiter verbreitet als die → Sandwüste. (→ Kieswüste)

freies Gut (Seite 130)
Ein Gut, das im Gegensatz zum → Wirtschaftsgut nahezu unbegrenzt vorhanden ist und daher kostenlos ist, wie z. B. die Luft zum Atmen oder Sonnenstrahlen.

freiwillige Aufgabe (einer Gemeinde) (Seite 38)
Die Aufgaben einer Gemeinde gliedern sich in → Pflichtaufgaben und freiwillige Aufgaben. Zu den freiwilligen Aufgaben gehören z. B. der Bau eines Schwimmbades, eines Radweges oder eines Jugendzentrums.

Friedensbewegung (Seite 274)
Ende der 1970er Jahre fanden sich Menschen in der Bundesrepublik Deutschland zu einer Friedensbewegung zusammen. Grund war u.a. der Protest gegen die Stationierung amerikanischer Raketen in der Bundesrepublik Deutschland. Bei Großdemonstrationen kam es zu gewalttätigen Auseinandersetzungen mit der Polizei. In den 1980er Jahren arbeitete die Friedensbewegung zunehmend mit der Ökologie-Bewegung zusammen.

Gemeinde (Seite 38)
Eine Gemeinde ist ein Ort (oft mit mehreren Ortsteilen) mit eigener Verwaltung (Gemeindeverwaltung, Rathaus). An der Spitze einer Gemeinde steht der → Bürgermeister oder Oberbürgermeister.

Gemeinderat (Seite 38)
Der Gemeinderat ist die Vertretung einer → Gemeinde. Er besteht aus gewählten Mitgliedern. Er beschließt z. B. den Bau von Kindergärten und bestimmt die Höhe der Gebühren für Müll und Abwasser.

Generalstände (Seite 210)
Im → Absolutismus die Versammlung der Vertreter des Adels, der Geistlichkeit und des dritten → Standes aus allen Gebieten Frankreichs. Wollte der König z. B. neue Steuern erheben, musste er die → Generalstände einberufen.

Gentechnologie (Seite 238)
Wissenschaftliche Erforschung von Genen mit dem Ziel, das Erbgut eines Lebewesens zu verändern. Wissenschaftler erhoffen sich davon vor allem ertragreichere und widerstandsfähigere Pflanzensorten.

Gesellschaftsordnung (Seite 214)
Ein allgemeingültiges politisches Regelwerk, welches das Zusammenleben einer Bevölkerung in einem Staat bestimmt und ordnet. Die Gesellschaftsordnung ist in der → Verfassung eines Staates festgeschrieben. Gesellschaftsordnungen sind z. B. freiheitliche Demokratie oder sozialistisch-kommunistische Diktatur.

Gesetz (Seite 244)
Für alle Mitglieder einer Demokratie bestehende Ordnungsregeln. Das Gesetz regelt die Rechte und Pflichten der Bürgerinnen und Bürger.

Getto (Seite 31)
Gebiet einer Stadt, in dem freiwillig oder erzwungen Angehörige einer bestimmten Bevölkerungsgruppe wohnen, wobei sie dort abgeschottet von anderen Gruppen leben.

Gewalt (Seite 154)
Gewalt ist die Anwendung von Zwang. Man versteht darunter ein zwangsweises Einwirken auf den Willen des Opfers. Die Gewalteinwirkung kann den Willen des Opfers völlig ausschalten, z. B. wenn der Täter sein Opfer niederschlägt. Gewalt gibt es auch gegen Tiere und Sachgegenstände.

Gewaltspirale (Seite 156)
Bezeichnung für die Steigerung eines → Konflikts von der sachlichen Auseinandersetzung bis zur Anwendung von → Gewalt, z. B. durch Beschimpfung oder Bedrohung. Man spricht auch von → Eskalation der Gewalt.

Gewerkschaft (Seite 235)
Zusammenschluss von Arbeitnehmern, um bestimmte wirtschaftliche und soziale Ziele (z. B. höhere Löhne, kürzere Arbeitszeiten, bessere Arbeitsbedingungen) gegenüber den Arbeitgebern durchzusetzen.

gotischer Stil (Seite 8)
Die Gotik betreffend. Dieser Bau- und Kunststil dauerte von etwa 1130 bis zum Anfang des 16. Jahrhunderts. Besonders bedeutend sind die Leistungen der Gotik im Bereich des Kirchenbaus. Kennzeichen gotischer Kirchen sind Spitzbögen, hoch aufragende Türme, eine reiche Verzierung der Fassaden und große Buntglasfenster.

Grundbedürfnis (Seite 129)
Mindestbedarf, den ein Mensch zum Leben braucht. Die wichtigsten Grundbedürfnisse sind Nahrung, Trinkwasser, Kleidung und Unterkunft sowie Bildung, Arbeit und ärztliche Versorgung. (→ Luxusbedürfnis)

Grundgesetz (Seite 245)
Das Grundgesetz der Bundesrepublik Deutschland ist eine Sammlung wichtiger → Gesetze. Es enthält z. B. die Grundrechte der Bürgerinnen und Bürger.

Grundherrschaft (Seite 18)
Organisationsform, die den landwirtschaftlichen Großgrundbesitz vom frühen → Mittelalter bis ins 19. Jahrhundert hinein beeinflusste. Dabei vergab der Grundherr Land an unfreie, sesshafte Bauern zur Bewirtschaftung. Die Bauern waren ihrem Grundherrn dafür zu Frondiensten und Abgaben verpflichtet.

Grundwasseroase (Seite 81)
Oase, die ihr Wasser aus oberflächennahem Grundwasser bezieht. Dieses

Wasser fließt unterirdisch auf einer wasserundurchlässigen Schicht und kann dort, wo es in die Nähe der Erdoberfläche kommt, angezapft werden.

Haushaltsplan (Seite 41)
Jede → Gemeinde stellt zu Beginn eines Jahres einen Haushaltsplan auf. Hier werden die geplanten Ausgaben und die zu erwartenden Einnahmen (z. B. Steuern, Gebühren usw.) gegenübergestellt.

Hochkultur (Seite 106)
Eine besonders weit entwickelte Kultur nennt man Hochkultur. Kennzeichen einer Hochkultur sind Arbeitsteilung und in der Regel die Entwicklung einer Schrift. In Ägypten gab es bereits um 3000 v.Chr. eine frühe Hochkultur.

Höriger (Seite 18)
Im → Mittelalter gehörten die meisten Bauern einem Grundherrn. Ohne Erlaubnis des Herrn durften sie z. B. weder heiraten noch wegziehen. Der Grundherr konnte sein Land verkaufen oder der Kirche schenken. Die Bauern gehörten dann dem neuen Herrn. Deshalb nennt man sie Hörige oder auch Leibeigene.

Humanist (Seite 102)
Anhänger des Humanismus (von lateinisch „humanum“: „menschlich“). Der Humanismus war eine geistige Haltung im 15. und 16. Jahrhundert. Sie forderte die freie Entfaltung der Persönlichkeit durch umfassende Bildung.

Humus (Seite 92)
Alle toten organischen Substanzen in und auf dem Boden, wie vor allem abgestorbene Pflanzenreste. Der Anteil an Humus bestimmt weitgehend die Fruchtbarkeit des Bodens.

Industrialisierung (Seite 228)
Aufkommen und Ausbreitung der Industrie, besonders durch technische Neuerungen und Erfindungen. Die Industrialisierung begann in der zweiten Hälfte des 18. Jahrhunderts in England und breitete sich von dort immer weiter aus.

Industrielle Revolution (Seite 228)
Einschneidende wirtschaftliche und gesellschaftliche Umwälzung, die etwa Mitte des 18. Jahrhunderts durch die in England einsetzende → Industrialisierung ausgelöst wurde. Auslöser war die Erfindung der Dampfmaschine (1769).

Internet (Seiten 52, 196, 202)
(auch World Wide Web oder www)
Weltweite Vernetzung von Computern über Kabel und Funk, die zu vielfältigen Möglichkeiten der Unterhaltung und Informationsbeschaffung führt.

Inuit (Seite 76)
Die Inuit (früher Eskimos genannt) sind die Ureinwohner der arktischen Küstengebiete Grönlands und Nordamerikas. Sie lebten ursprünglich von der Jagd und vom Fischfang. Heute führen sie ein modernes Leben.

Jahreszeit (Seite 57)
Einteilung des Jahres in vier Zeitabschnitte (Frühling, Sommer, Herbst, Winter), die durch die Umdrehung der Erde um die Sonne im Laufe eines Jahres in den gemäßigten Breiten bedingt sind.

Jugendarbeitsschutzgesetz (Seite 244)
Dieses → Gesetz enthält die Vorschriften zum Jugendarbeitsschutz. In Deutschland besteht ein Arbeitsverbot für Jugendliche unter 14 Jahren sowie für Heranwachsende, die noch schulpflichtig sind. Ausnahmen von diesem Verbot für Jugendliche ab 14 Jahren betreffen z. B. landwirtschaftliche Arbeiten (bis zu drei Stunden täglich) und Zeitungen austragen (werktags bis zu zwei Stunden).

Jugendgericht (Seite 250)
Das Jugendgericht ist bei Straftaten von Jugendlichen zwischen 14 und 18 Jahren sowie zum Teil von Heranwachsenden bis 21 Jahren zuständig. Hier wird das → Jugendstrafrecht angewendet.

Jugendschutzgesetz (Seite 244)
Kinder und Jugendliche stehen unter dem besonderen Schutz des Jugendschutzgesetzes. Sie sollen dadurch vor Gefahren bewahrt werden. Die Gebote und Verbote dieses → Gesetzes wenden sich hauptsächlich an Erwachsene, denn sie sind für die Jugendlichen verantwortlich.

Jugendstrafe (Seite 250)
Freiheitsentzug in einer Jugendstrafanstalt mit einer Dauer von mindestens sechs Monaten bis höchstens zehn Jahren.

Jugendstrafrecht (Seite 244)
Es gilt für Jugendliche zwischen 14 und 18 bzw. 21 Jahren und bestimmt Erziehungsmaßnahmen und Strafen, die im → Strafrecht nicht aufgeführt sind.

Karl der Große (Seite 10)
König des Frankenreichs, welches viele Länder des heutigen Europas umfasste. Im Jahr 800 wurde er in Rom zum Kaiser gekrönt. Er machte sich sehr um das Christentum verdient. Nachfahren von ihm teilten das Reich später auf.

Kieswüste (Seite 80)
Wüstentyp, der durch kleinere Steine (Kies) gekennzeichnet ist. Diese besitzen eine abgerundete Form, die durch → Erosion von kantigem Schutt- und Felsmaterial entsteht. (→ Felswüste, → Sandwüste)

Klima (Seite 64)
Das Klima eines Ortes ergibt sich aus den langjährigen Durchschnittswerten des Wetters. Viele Gebiete der Erde haben ähnliche Durchschnittswerte und daher ähnliche Klimate, sodass sie derselben → Klimazone angehören.

Klimadiagramm (Seite 64)
Zeichnerische Darstellung von Temperatur und Niederschlag eines Ortes. Es werden die Durchschnittstemperatur und der durchschnittliche Niederschlag je Monat und Jahr in °C und mm gezeichnet.

Klimazone (Seite 68)
Als Klimazonen werden großräumige Gebiete zusammengefasst, in denen die wesentliche Ausprägung des → Klimas ähnlich ist. Sie erstrecken sich in Gürteln um die Erde und sind im Wesentlichen durch den unterschiedlichen Einfallswinkel der Sonnenstrahlen bedingt. Die Klimazonen heißen Polarzone, Subpolarzone, gemäßigte Zone, Subtropen, Tropen.

Kolonialismus (Seite 112)
Ausweitung der Herrschaftsmacht europäischer Staaten auf nicht europäische Gebiete. Vorrangiges Ziel war die wirtschaftliche Ausbeutung der entsprechenden Völker bzw. Länder.

Kolonie (Seite 110)
Ein abhängiges Gebiet, welches im Besitz eines anderen Staates (Kolonialmacht) ist. Die meisten der heutigen Entwicklungsländer waren bis in das 20. Jahrhundert hinein Kolonien europäischer Staaten.

Konfession (Seite 119)
Der Begriff stammt von dem lateinischen Wort „confessio“: „Bekenntnis“ und ist eine Bezeichnung für eine christliche Glaubensrichtung.

Konflikt (Seite 154)
Bei einem Konflikt treffen gegensätzliche Interessen aufeinander und es kommt daher oft zum Streit. Es ist sinnvoll, Konflikte friedlich zu lösen.

Konquistador (Seite 109)
(Eroberer). Bezeichnung vor allem für die spanischen Eroberer in Lateinamerika. Sie unternahmen im 16. Jahrhundert im Namen der spanischen Krone zum Teil skrupellose Expeditionen zur Erforschung und Eroberung anderer Länder.

Kulturbedürfnis (Seite 129)
Menschliches → Bedürfnis, das sich auf den kulturellen Bereich (z. B. Unterhaltung, Bildung) bezieht, wie z. B. das Bedürfnis Musik zu hören, ins Kino zu gehen oder ein Buch zu lesen.

Kulturepoche (Seite 103)
Ein längerer geschichtlicher Abschnitt mit grundlegenden Gemeinsamkeiten in der Kultur (z. B. Kunst, Architektur), wie z. B. die Kulturepoche der → Renaissance.

Landmine (Seite 270)
Ein Sprengkörper, der meistens ein paar Zentimeter tief in der Erde vergraben ist. Die Landmine explodiert, sobald jemand auf sie tritt. Weil sie sehr klein ist, wird sie leicht übersehen. Schwere Verletzungen, oft der Verlust beider Beine, sind die Folge.

Lehen (Seite 17)
Lehen (Nutzungsrechte) bildeten die Grundlage der gesellschaftlichen Ordnung des → Mittelalters. Der König (Lehnsherr) verlieh seinen Gefolgsmännern Grundbesitz und Ämter als Lehen. Dafür schuldete der Lehnsmann seinem Lehnsherrn lebenslange Treue, Rat und Hilfe sowie Gefolgschaft im Krieg.

Link-Liste (Seite 52)
Die im → Internet von einer → Suchmaschine zu einem eingegebenen Begriff angezeigte Liste mit den Adressen oder Links. Die Link-Liste ist meist sehr lang.

Luxusbedürfnis (Seite 129)
Über die → Grundbedürfnisse hinaus haben Menschen sogenannte Luxusbedürfnisse. Diese sind nicht lebensnotwendig, machen aber vieles schöner oder bequemer, wie z. B. das Bedürfnis nach Süßigkeiten, Schmuck oder Computerspielen.

Manufaktur (Seite 145)
Vorläufer der heutigen Fabriken. Trotz Arbeitsteilung wurde noch vieles in Handarbeit erledigt, sodass die Manufaktur eine Übergangsform vom Handwerk zur Fabrik darstellt.

Markt (Seite 29)
Der Markt war im → Mittelalter neben der Mauer das besondere Kennzeichen einer Stadt. Das Recht, einen Markt abzuhalten, war die Voraussetzung für einen wirtschaftlichen Aufstieg der Stadt. Auf dem städtischen Markt kauften und verkauften die Menschen Waren, wie handwerkliche Erzeugnisse, landwirtschaftliche Güter aus der Umgebung und Fernhandelsgüter.

Marktordnung (Seite 29)
Vorschriften für die Durchführung eines → Marktes. Festgelegt waren im → Mittelalter oft der Preis und die Qualität der Waren. Es hatte Marktfriede zu herrschen. So war das Tragen von Waffen verboten. Wer dagegen verstieß, musste hohe Geldstrafen bezahlen.

Massenmedien (Seite 197)
So nennt man → Medien, mit deren Hilfe Informationen an einen weit verstreuten und großen Personenkreis übermittelt werden.

Massentourismus (Seite 186)
Eine Tourismusform, an der eine große Zahl von Menschen teilnimmt. Neben dem finanziellen Gewinn für die Menschen, die in den Touristengebieten leben, bedeutet der Massentourismus oft eine Gefahr für Natur und Landschaft. Der Begriff wird daher häufig abschätzig im Sinne einer Kritik an den Auswüchsen des Tourismus gebraucht.

Medien (Seite 196)
Zur Verbreitung und zum Austausch von Informationen benutzt man Medien, wie Bücher, Zeitungen, Rundfunk- und Fernsehsendungen, Filme usw. Mithilfe moderner Medien, z. B. dem → Internet, wird der Austausch von Informationen immer schneller.

Menschenrecht (Seite 215)
→ Recht, das jedem Menschen gleichermaßen zusteht, wie z. B. das Recht auf Leben, Unverletzlichkeit der Person, Freiheit, Eigentum und freie Religionsausübung.

Merkantilismus (Seite 145)
Wirtschaftsform des → Absolutismus. Seine Merkmale sind: Einfuhr von billigen Rohstoffen und Ausfuhr von teuren Fertigwaren, um so die Staatseinnahmen zu erhöhen.

Mindmap (Seite 91)
(englisch: „Gedankenkarte“). Zeichnerische Darstellung der Beziehungen zwischen verschiedenen Begriffen. Dieses Begriffsnetz verdeutlicht die großen Zusammenhänge eines übergeordneten Themas.

Mischkultur (Seite 92)
Anbau unterschiedlicher Nutzpflanzen auf einer Fläche. Besonders im → tropischen Regenwald wird damit versucht, den Boden weniger zu beanspruchen.

Mittelalter (Seite 8)
Als Mittelalter bezeichnen wir die europäische Geschichte von etwa 500 bis 1500 n.Chr. Allerdings gibt es auch davon abweichende Einteilungen. Die Zeit vor dem Mittelalter nennt man → Antike (Altertum), die Zeit danach Neuzeit.

Mobbing (Seite 160)
Das Ärgern oder Schikanieren einer Person, z. B. in der Schule, am Arbeitsplatz oder in der Freizeit bezeichnet man als Mobbing. Dabei geht es darum, das Opfer schlecht zu machen und von bestimmten Aktivitäten oder aus einem Personenkreis auszuschließen. Charakteristisch für Mobbing ist, dass die Angriffe über einen längeren Zeitraum immer wieder geschehen und dass sich das Opfer nicht wehren kann, weil es z. B. Angst hat oder schwächer ist.

Mond (Seite 50)
Allgemein ist ein Mond ein Himmelskörper, der einen → Planeten auf einer Umlaufbahn umkreist. „Unser“ Mond begleitet die Erde auf ihrem Weg um die Sonne.

Monokultur (Seite 110)
Langjährige einseitige Nutzung einer bestimmten Fläche durch eine Kulturpflanze (z. B. Kakao, Bananen, Ananas). Monokulturen bestimmen den Anbau auf Plantagen.

Nachfrage (Seite 130)
Die Nachfrage bezeichnet auf dem Markt den Bedarf nach einer Ware oder einer Dienstleistung. In der Haupturlaubszeit ist z. B. die Nachfrage nach Pauschalreisen sehr groß.

Nährstoffkreislauf (Seite 92)
Der schnelle Nährstoffkreislauf ist ein Kennzeichen des → tropischen Regenwaldes. Das herabfallende Laub und Geäst zersetzen sich am Boden rasch zu → Humus, dessen Nährstoffe dann wieder von den Pflanzen aufgenommen werden.

Nahrungskette (Seite 75)
Eine Reihe von Lebewesen, bei der jeweils eine Art die hauptsächliche Nahrungsgrundlage der nächsten (in der Regel größeren) Art ist, z. B. Alge, Krebs, kleiner Fisch, Raubfisch. Letztes Glied der Nahrungskette ist im Allgemeinen der Mensch.

Nationalstaat (Seite 222)
Staat, dessen Bevölkerung ganz oder überwiegend zu derselben Nation gehört.

Nationalversammlung (Seite 211)
Eine gewählte Volksvertretung, die zu außergewöhnlichen Zwecken einberufen wird, besonders zur Verfassungsgebung. In Frankreich ging 1789 aus den → Generalständen die erste Nationalversammlung hervor. Die erste deutsche Nationalversammlung war die Frankfurter Nationalversammlung (1848/49).

Naturvolk (Seite 90)
Menschengruppe, die abgeschirmt von der industrialisierten Zivilisation in nahezu unberührter Natur lebt. Dabei handelt es sich meist um abgelegene und schwer zugängliche Gebiete. Diese Menschen betreiben eine stark naturverbundene Wirtschaft, insbesondere als Jäger, Sammler, Fischer und Hackbauern.

Neue Welt (Seite 104)
Bezeichnung für die Gebiete in Nord- und Südamerika, die nach der Entdeckung durch Kolumbus bekannt wurden.

Nomade (Seite 84)
Angehöriger einer Volksgruppe, z. B. in der → Savanne, der mit seinen Viehherden von Weideplatz zu Weideplatz zieht. Nomaden nehmen all ihren Besitz (Zelte, Kochgeräte, persönliche Dinge usw.) auf ihrer Wanderschaft mit.

Öffentliches Recht (Seite 244)
Regelt Fragen zwischen den Bürgern und dem Staat. Zum öffentlichen Recht gehört auch das → Strafrecht.

Patriarchat (Seite 256)
(Lateinisch: „Vaterherrschaft“). Gesellschaft, in der die Männer Vorrechte gegenüber den Frauen genießen. In einem familiären Patriarchat hat der Vater die oberste Entscheidungsgewalt.

Pfalz (Seite 10)
Im Reich → Karls des Großen gab es keine Hauptstadt. Der Herrscher reiste mit seinem Hofstaat durch sein Herrschaftsgebiet. In den Pfalzen ließ er sich für einige Wochen nieder. Sie lagen über das ganze Reich verstreut. Es waren zumeist gut befestigte große Höfe mit Kirche, Wohngebäuden und Ställen.

Zeitleisten aus den Bänden 1 und 2

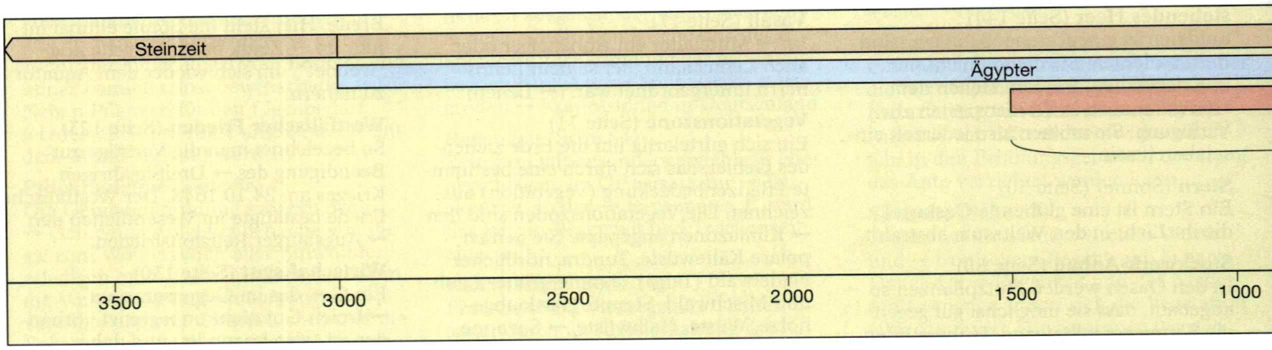

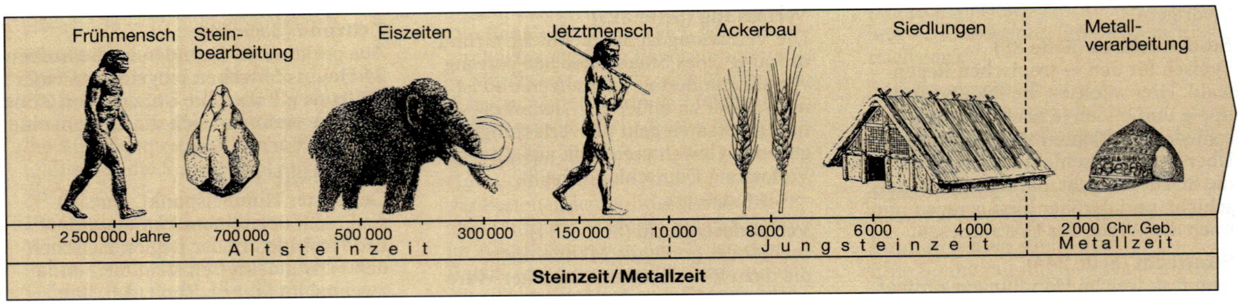

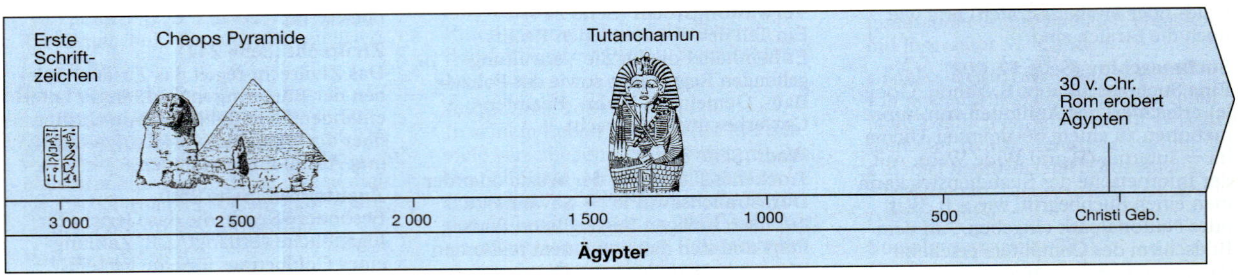

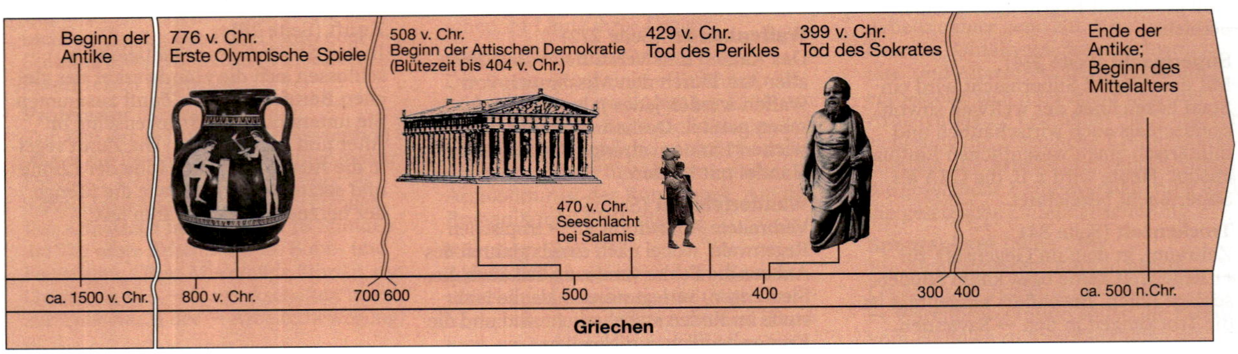

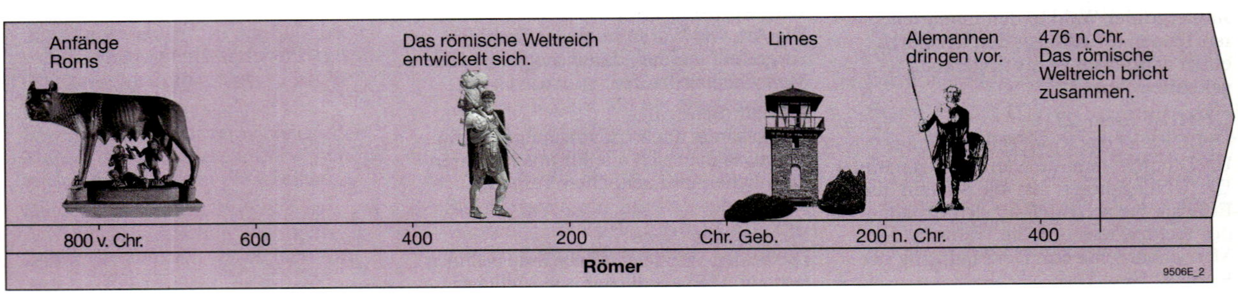

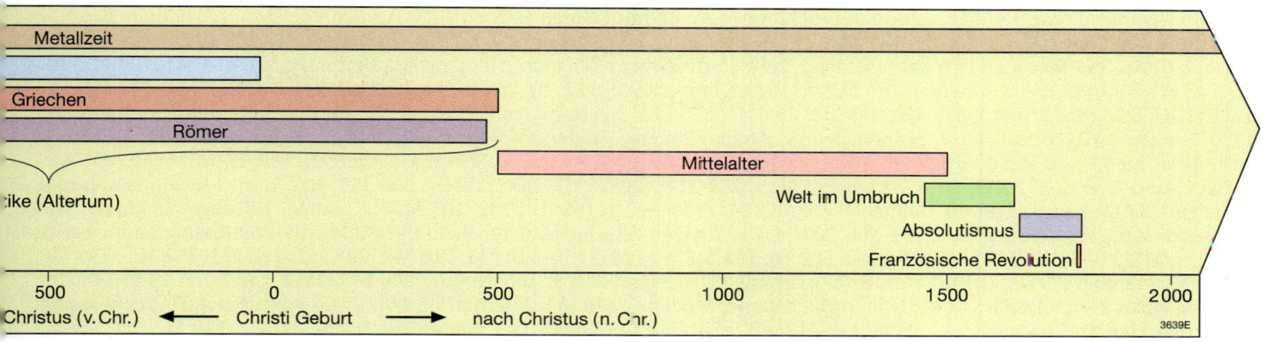

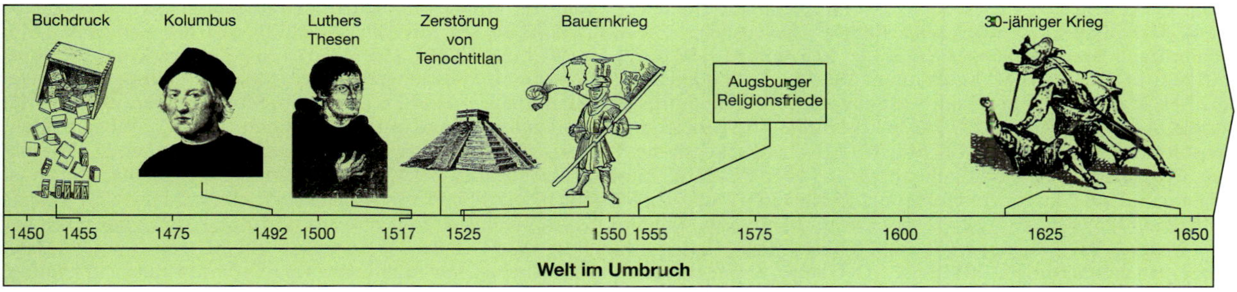

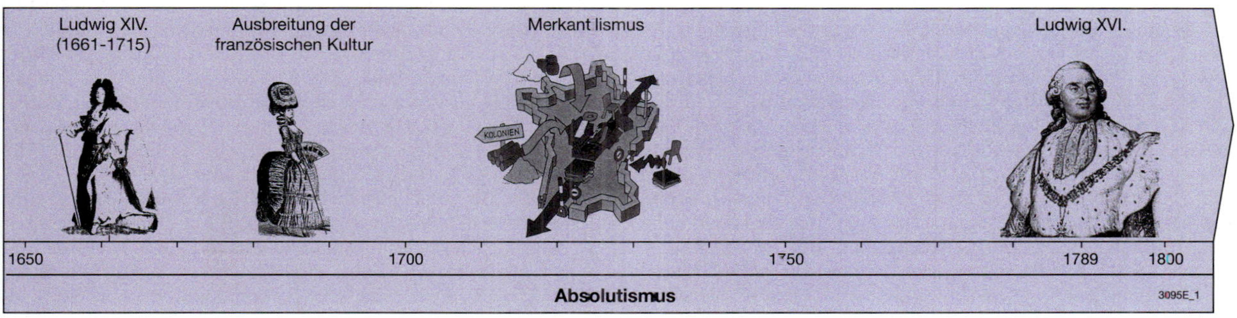

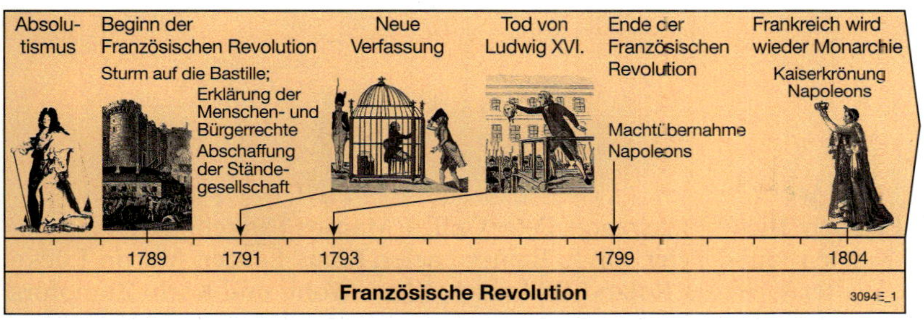

Wie lange dauert ein Jahrhundert?

Ein Jahrhundert ist ein Zeitraum von 100 Jahren.

Hier einige Beispiele:
Das 4. Jahrhundert n.Chr. dauerte von 301 bis 400 n.Chr.
Das 4. Jahrhundert v.Chr. dauerte von 400 bis 301 v.Chr.

Aurimo Stersio

Bildquellen

adpic Bildagentur, Bonn: 182 M1 links unten (Schlutter); Aerophoto, Gummersbach: 127; Agence Photographique de la Réunion des Musées Nationaux, Paris: 10 M1, 147 M4, 217 M3; Agentur Focus, Hamburg: 73 M4 (Klingholz), 87 M2 (Schliack), 181 M6 Abb. 4, 187 M6, 231 M4 (Stoddart/Katz Pictures), 269 M5 (Nachtwey/Magnum); akg-images, Berlin: 16 M1, 118 M1, 120 M1, 123 M4, 142 M1, 143 M2 (Erich Lessing), 146 M2, 151 oben links (Jost Schilgen), 207, 208 M1 rechts, 211 M4, 217 M4, 222 M1, 223 M2, 223 M3, 225 M3, 230 M2, 232 M3, 233 M5, 234 M1, 235 M2, 265 Mitte, 265 unten rechts; amnesty international , Bonn: 273 M3, 277 oben; AMW Pressedienst, München: 153; Archiv Steffens, Braunschweig: 44 M2; Askani, B., Schwetzingen: 20 M1, 34 oben; Associated Press, Frankfurt/Main: 181 M6 Abb. 2 (Kainninger); Astrofoto, Sörth: 51; Auer, H., Seligenstadt: 250 M1; Auswärtiges Amt, Berlin: 271 M3; BASF, Ludwigshafen: 239 M4; Bayer AG, Leverkusen: 239 M3; Bayerisches Nationalmuseum, München: 25 M3; Behnsen, Frank, München: 24 M2, 144, 159 rechts, 162, 163 M2, 163 M3, 163 unten, 165 oben, 165 unten, 218 M1; Bettermann, A., Wendhausen: 197 M4, 202 M1; Bildarchiv Engelmeier, München: 99; Bildarchiv Preußischer Kulturbesitz, Berlin: 14 M1, 14 M2, 30 M3, 104 M1 (Lutz Braun), 108 M3, 114 M1, 139, 210 M3, 216 M2, 224 M2, 228 M1, 232 M1, 236 M2; Bilderberg, Hamburg: 91 M4 (Burkard); Braunschweiger Zeitungsverlag, Braunschweig: 200 M3 (Taylor/BZ vom 23.05.09), 201 M4; Bridgeman Berlin, Berlin: 30 M2 (Biblioteca Estense, Modena), 140 M3, 212 M1, 215 M3; CCC/www.c5.net, Pfaffenhofen: 95 M3 (Walter Hanel); Charmet, J.-L., Paris: 125 Mitte; Christoph & Friends / Das Fotoarchiv, Essen: 84 M2, 148 M2, 167 (Yavuz Arslan); Christophers, J., Köln: 195; Corbis, Düsseldorf: 141 M4 (Archivo Iconografico), 231 M3 rechts (Horner), 243 (Hackenberg); Delphin Verlag, München: 101 M4 (aus: Claphan/Franklin "Atlas der Geschichte"); Domrös, M., Mainz: 191 M5; Dorling Kindersley Limited, GB-London: 23; e.t. archiv, London: 212 M2; Eulenspiegel Verlagsgesellschaft, Berlin: 117 M3; Fotostudio Druwe & Polastri, Weddel: 8, 128 M3, 134 M2, 136 M4; FTI Touristik, München: 55 M2; Gaffga, P., Eggenstein-Leopoldshafen: 69 M3, 179, 180 M1, 186 M1; Gartung, W., Freiburg: 96 Mitte; Gesellschaft für ökologische Forschung, München: 181 M6 Abb. 3 (Zängl), 187 M5 (Zängl); Getty Images, München: 76 M4 (Jupiterimages/P.A.N.), 219 M2 (Pettersson), 264 oben links (Bongarts); Globus Infografik, Hamburg: 197 M3, 259 M5, 262 M2, 269 M4, 273 M2; Greiner, A., Braunschweig: 69 M5 (Fiedler), 90 M2 (Schmidt), 252 Mitte; Haitzinger, Horst, München: 94 M1; Harrer, H., Hüttenberg: 96 unten; Hauck, A., Großostheim: 173 M3, 174 M1, 175 M2, 175 M3; Helga Lade Fotoagentur, Frankfurt/Main: 40 M2 B (Morell), 169 M6 (Röhrig), 176 Mitte (Binder); Hild, H.-H., Vögelsen: 171 M1; Historisches Archiv Krupp, Essen: 230 M1, 233 M4, 233 M6; Historisches Museum, Frankfurt/Main: 224 M1; Historisches Museum Hannover, Hannover: 229 M3, 229 M4; Jörg Müller: 29 M4; Jürgens Ost + Europa Photo, Berlin: 118 M2, 122 M1; Keil, M., Neckargemünd: 81 M5 (Sofam); Keller, J., Wiesbaden: 42 M2; Kesper, Ingrid, Salzkotten: 24 M1, 27 M2, 101 unten rechts, 107 M4, 121 M5, 121 M6, 123 M3, 146 M3, 174 oben; Key Porter Books Ltd., Toronto: 77 M6; Kils, U., Kiel: 75 Mitte; Kipkakomiks, München: 246 M2; Kohn, K., Braunschweig: 157 M3, 177 oben links; KPA Photo Archives, Köln: 69 M4 (Transglobe Agency); Kubenka, H., Wiesbaden: 39 M4; Kunsthalle Hamburg, Hamburg: 116 M1; Königliches Grönländisches Handelsdepartment, Kopenhagen: 76 M3; Lacler, Rainer, , Regensburg: 159 M2; laif, Köln: 181 M6 Abb. 1 (GAFF), 181 M6 Abb. 5 (GAFF); Landratsamt Berchtesgadener Land, Bad Reichenhall: 186 M3; Latz, W., Linz: 65 M4, 115 M3, 115 M4; Lernwerkstatt Steinfurt: 156 M1; LOTOS - FILM, Kaufbeuren: 106 M1; Luftbildverlag Hans Bertram, Memmingerberg: 293; Marcks, Marie, Heidelberg: 262 M1; Mauritius, Mittenwald: 9 M3 (imagebroker/Pape), 40 M2 A (Fuhrmann), 41 M2 E (Witzgall); Mohr, T. , Zermatt: 188 M3; Möhle, A., Braunschweig: 257 M3 links; NASA, USA-Houston: 49; National Maritime Museum, London: 100 M1; Nebel, J., Muggensturm: 57 Mitte, 83 M5, 107 M3, 272 M1; Niedersächsische Staatskanzlei, Hannover: 263 oben rechts; Nußbaum, D., Wiesbaden: 278 oben; Nägele, E., Cheltenham: 185 M4; OKAPIA: 75 M3 (NAS/Holton), 89 M4 (Mercieca); Panther Media, München: 159 unten; Paul Glaser Pressefotografie, Berlin: 255; Pauly, F., Wiesbaden: 247 M5; Picture-Alliance, Frankfurt/Main: 82 M4 (dpa/Sofam), 89 M5 (Patzelt), 112 M1 (Ksiazeh), 118 M3 (dpa/Schulte), 129 M5 rechts, 177 oben rechts (Ostrop), 231 M3 links, 236 M1 (akg-images), 257 M3 rechts, 276 Abb. 1 (epa Hrusa); Pixelio, München: 182 M1 links oben (strowa), 182 M1 rechts unten (Elsa); Porzellanmanufaktur FÜRSTENBERG GmbH, Fürstenberg: 149 M3; Rheinisches Bildarchiv, Köln: 103 M4 links, 124 unten; Riedmiller, A. , Oberzollhausen: 189 M8; Rieger, K.-H., Köln: 18 M3; Rüttger, Edgar, Langlingen: 32, 33, 170; Scala Archives, Bagno a Ripoli/Firenze: 103 M2, 103 M4 rechts; Schaadt, H., Oldenburg: 160 M2, 161 M3, 227 M2; Schmejkal, H.-J., Holle: 149 M4; Schmidt, Roger, Brunsbüttel: 264 unten; Schulthess, E., CH-Zürich: 72 M2; Schönauer-Kornek, Wolfenbüttel: 9 M4, 9 M5, 11 M5, 47 unten, 54 M1, 60 Mitte u. oben, 66 M3, 67, 86 unten links, 90 M3, 102 oben u. unten, 119 M4, 128 M1, 131 M2, 137 Mitte, 184 M2 u. M3, 185 M5, 253, 274 M3 rechts; Seifert, Hannover: 154 M1; Silis-Hoegh, Inuk , DK-Kopenhagen: 96 oben; Stamm, Gießen: 108 M1; Stiftung Haus der Geschichte der Bundesrepublik Deutschland, Bonn: 264 oben rechts; Stürzlinger, G., Pfons: 188 M2; Superbild, Taufkirchen: 176 oben rechts; Sygma, Paris: 219 oben; Thielke, T., Hamburg: 277 unten; Tierbildarchiv Angermayer, Holzkirchen: 89 M7 u. M8; U.S. Department of Defense: 270 M1 (Luis P. Valdespino Jr.); ullstein bild, Berlin: 112 M2 (The Granger Collection), 177 unten, 208 M1 links (Archiv Gerstenberg), 236 M3 (KPA), 263 M3 (JOKER/Petersen), 274 M2, 275 M4 (ddp), 276 Abb. 2 (Camera Press), 276 Abb. 3 (Imagno); Umbruch Bildarchiv, Berlin: 45 M4 (heba); UNICEF, Köln: 270 M2; Universitätsbibliothek Heidelberg: 17 M3, 31 M4; Verkehrsverein Hildesheim: 28 M1; Visum, Hamburg: 159 M1 (Nobel); Weidner, W., Altußheim: 71 M3 rechts; Westermann-Archiv, Braunschweig: 28; Westfälisches Schulmuseum, Dortmund: 26 M1; Wiebel, A., Aurich: 38 M3, 45 M5; Wochenschauverlag, Schwalbach/Taunus: 198 M1; Zartbitter e.V., Köln: 256 M2; Zeitbild Verlag und Agentur für Kommunikation, Berlin: 205 oben; Zwick, M., Brachttal: 155 M3, 156 M2; Österreichische Nationalbibliothek, A-Wien: 19 M4; Österreichisches Rotes Kreuz, A-Wien: 271 M4.

Der Band enthält Beiträge von:

Hanne Auer, Georg Baumbach, Bernhard Detsch, Dieter Engelmann, Peter Gaffga, Martina Fättkenhauer, Angelika Hauck, Jürgen Heller, Claudia Holitzki, Karsten Jonas, Peter Kirch, Rainer Lacler, Klaus Langer, Martin Lücke, Friedrich Pauly, Hans-Joachim Pröchtel, Walter Weidner, Roland Widmann, Klaus Wohlt und Karin Zumpfort.

Hilfreiche Sätze

Karte

Das ist eine Karte.

Es ist eine physische Karte.

Es ist eine thematische Karte.

Die Kartenüberschrift heißt … .

Sie zeigt … (Deutschland/Europa/…).

Das Thema der Karte ist … (Landwirtschaft/ Fremdenverkehr/…).

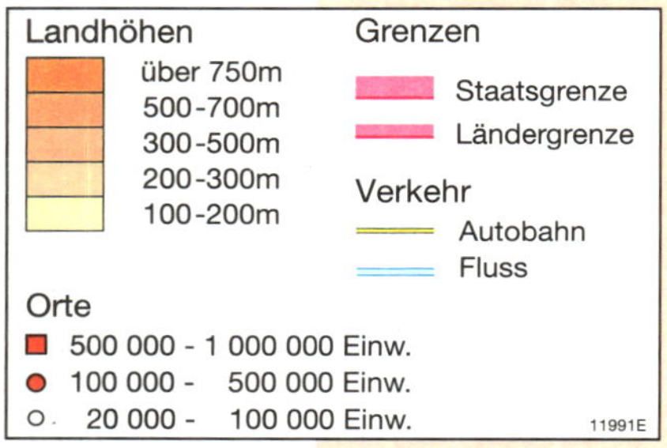

Das ist eine Legende.

Die Farben Grün, Gelb, Braun zeigen die Landhöhen.

Das Gebiet auf der Karte liegt … (tief/hoch/…).

Die Landschaft ist …(flach/hügelig/gebirgig/…).

Die roten und weißen Punkte sind Städte.

Sie liegen … (verstreut/gebündelt/wie an einer Perlenschnur aufgereiht/…).

Die roten Linien sind Grenzen.

Die blauen Linien sind Flüsse.

(Die Stadt liegt am Rhein.)

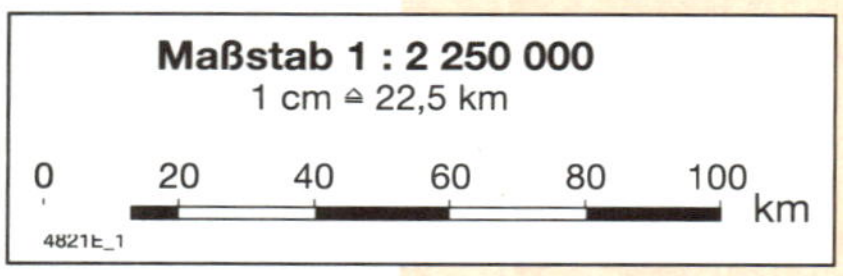

Das ist ein Maßstab.

Mithilfe der Maßstabsleiste kann man Entfernungen ermitteln.

Die Stadt liegt etwa 20 Kilometer südlich von … .

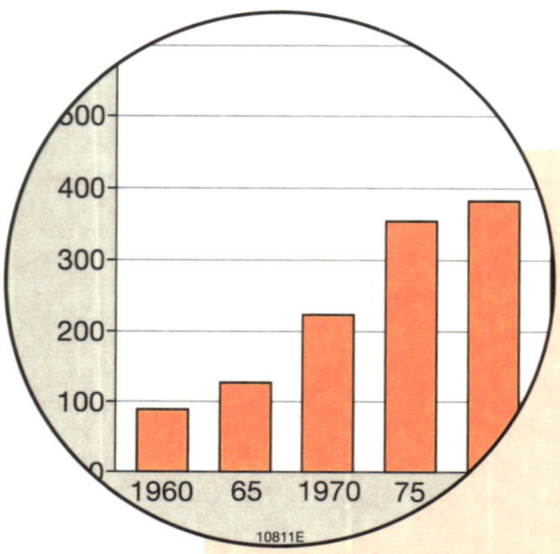

Grafiken

Das ist eine Grafik.

Es handelt sich um ein … (Säulendiagramm/…).

Die Überschrift lautet: … .

Die Säulen zeigen … (die Kontinente/die Besucherzahlen/…).

Die Länge der Säulen zeigt … (die Größe der Kontinente/ Höhe der Besucherzahlen/…).

Es ist Folgendes festzustellen: … (Der größte Kontinent ist …/ der Monat mit den wenigsten Besuchern ist …).

Die Entwicklung hat … (zugenommen/abgenommen/ist etwa gleich geblieben/…).